Veronika Bachmann
Die Welt im Ausnahmezustand

Beihefte zur Zeitschrift für die alttestamentliche Wissenschaft

Herausgegeben von
John Barton · Reinhard G. Kratz
Choon-Leong Seow · Markus Witte

Band 409

Walter de Gruyter · Berlin · New York

Veronika Bachmann

Die Welt im Ausnahmezustand

Eine Untersuchung zu Aussagegehalt
und Theologie des Wächterbuches
(1 Hen 1–36)

Walter de Gruyter · Berlin · New York

♾ Gedruckt auf säurefreiem Papier,
das die US-ANSI-Norm über Haltbarkeit erfüllt.

ISBN 978-3-11-022429-0
ISSN 0934-2575

Bibliografische Information der Deutschen Nationalbibliothek

Die Deutsche Nationalbibliothek verzeichnet diese Publikation in der Deutschen
Nationalbibliografie; detaillierte bibliografische Daten sind im Internet
über http://dnb.d-nb.de abrufbar.

Printed in Germany
Einbandgestaltung: Christopher Schneider, Laufen

Für Thomas

Vorwort

Die vorliegende Arbeit wurde von der Theologischen Fakultät der Universität Zürich im Frühjahrssemester 2009 als Dissertation angenommen; für den Druck ist sie leicht überarbeitet worden. Bei den Herausgebern der Beihefte zur Zeitschrift für die alttestamentliche Wissenschaft, besonders bei Prof. Dr. Markus Witte, bedanke ich mich herzlich für die Aufnahme der Studie in die besagte Reihe. Den Verantwortlichen des Walter de Gruyter-Verlags danke ich für die freundliche und professionelle verlegerische Betreuung.

Ich verdanke es der Unterstützung und Motivation sehr vieler Menschen, dass die vorliegende Dissertation entstehen konnte. Prägend für mein Schaffen blieben stets meine ersten Lehrer im biblischen Fachbereich, Klaus Bieberstein, Christoph Uehlinger, Othmar Keel und Max Küchler. Den Anstoß, mich im Rahmen meines Dissertationsprojektes mit der Henochliteratur zu beschäftigen, gab mir mein Doktorvater, Prof. Dr. Thomas Krüger. Für sein Vertrauen, das er mir während meiner Forschungsjahre entgegengebracht hat, bin ich äußerst dankbar. Wesentliche inhaltliche Anregungen verdanke ich einem einjährigen Studienaufenthalt am *Department of Near Eastern Studies* der *University of Michigan* bei Prof. Dr. Gabriele Boccaccini und seinem Kreis von Studierenden. Dieser Aufenthalt wurde mir durch den Schweizerischen Nationalfonds (SNF) ermöglicht. Großer Dank gebührt darüber hinaus den Mitgliedern der alttestamentlichen Sozietät in Zürich, deren inhaltliche Anregungen und freundschaftliche Begleitung ich genoss, aber auch allen weiteren Mitarbeiterinnen und Mitarbeitern der Fakultät, die zu einer guten Arbeitsatmosphäre beitrugen. Peter Schwagmeier, Konrad Haldimann und Eric Reymond halfen mir bisweilen bei philologischen Fragen weiter, Matteo Silvestrini wurde mir zu einem besonderen Gesprächspartner für Fragen zur Henochliteratur. Prof. Dr. Konrad Schmid danke ich für seinen Einsatz als Zweitgutachter der Arbeit, Annette Schellenberg, eine meiner Vorgängerinnen als wissenschaftliche Assistentin am Lehrstuhl von Thomas Krüger und inzwischen selbst Professorin am *San Francisco Theological Seminary*, für ihre unterschiedlichsten Ratschläge über alle geographischen Distanzen hinweg. Beim Überarbeiten der folgenden Textseiten konnte ich schließlich auf die scharfen Blicke und kritischen Kommentare von Ute Nürnberg, René Schurte, Christine Stark, Regina Mudra-Blanchard und Thomas

Bark zählen. Beim Erstellen der Druckfassung stand mir Klaus Fischer am Ende noch tatkräftig zur Seite.

Der größte Dank gebührt zum Schluss meiner Familie, ganz besonders meinen Eltern, Hanspeter und Katrin Bachmann-Fischer: Sie ließen mir stets die Freiheit, meine Ideen umzusetzen, und unterstützen mich unablässig selbst dann, wenn unklar blieb, wohin mich diese Ideen führen. Gewidmet ist das Buch Thomas Bark. In ihm durfte ich während der vergangenen Jahre in jeder Hinsicht ein unschätzbares Gegenüber finden.

Zürich, im September 2009   Veronika Bachmann

Inhalt

1. Einleitung

כה אמר יהוה צבאות עד ישבו זקנים וזקנות ברחבות ירושלם ואיש משענתו בידו מרב ימים
ורחבות העיר ימלאו ילדים וילדות משחקים ברחבתיה כה אמר יהוה צבאות כי יפלא בעיני
שארית העם הזה בימים ההם גם־בעיני יפלא נאם יהוה צבאות

„So spricht YHWH Zebaot: Es werden wieder Greise und Greisinnen auf
den Plätzen Jerusalems sitzen, alle mit einem Stock in ihrer Hand ob der
Fülle ihres Alters. Und die Plätze der Stadt werden voll sein mit Buben und
Mädchen, die auf ihren Plätzen spielen. So spricht YHWH Zebaot: Wenn
dies dem Rest des Volkes in jenen Tagen zu wunderbar erscheint, muss es
auch mir zu wunderbar erscheinen? Spruch des YHWH Zebaot."

Sach 8,4–6

„Die Tradition der Unterdrückten belehrt uns darüber, dass der ,Ausnah-
mezustand', in dem wir leben, die Regel ist. Wir müssen zu einem Begriff
der Geschichte kommen, der dem entspricht. Dann wird uns als unsere
Aufgabe die Herbeiführung des *wirklichen* Ausnahmezustands vor Augen
stehen (...)."

Walter Benjamin, 1940[1]

Obwohl rund 2400 Jahre zwischen der Abfassung von Sach 8,4–6 und
Walter Benjamins Gedanke liegen, knüpfen beide Texte an eine ähnliche Frage an: Was darf ein Mensch als ,normales Leben' erwarten bzw.
was soll jeder Mensch erwarten dürfen? Die Frage wirft viele Folgefra-
gen auf, z. B. die nach den Maßstäben, was als normal bzw. normierend
gelten soll, Fragen aber auch danach, wer diese Maßstäbe setzt und
wem es überantwortet wird, die Rahmenbedingungen für ein ,norma-
les Leben' zu schaffen und zu gewährleisten. Beide Texte weisen zudem auf die Notwendigkeit hin, dem gegenüber kritisch zu bleiben,
was faktisch zum Normalen geworden ist – selbst wenn vertröstend
davon gesprochen wird, es handle sich um einen ,Ausnahmezustand'.[2]

---

1 Aus seinem Essay *Über den Begriff der Geschichte*, erstmals erschienen in: Horkheimer,
 Max/Adorno, Theodor W. (Hgg.), Walter Benjamin zum Gedächtnis, o. O. 1942, 1–
 16.
2 Vgl. SCHROER, Zeitrechnung (1996), die am Beispiel des Zefanjabuches herausstellt,
 wie Kritik an den ,Zeitvorstellungen der Sieger' in israelitischer Prophetie aussehen
 kann.

Im Zentrum dieser Arbeit steht das Wächterbuch (in der Folge WB), eine Schrift, die heute Teil des ersten Henochbuches (1 Hen 1–36) ist, jedoch ursprünglich als eigenständige Schrift verfasst worden sein dürfte.[3] Wie der Titel der Arbeit vermuten lässt, spielen die oben genannten Fragen auch im WB eine Rolle. Geht es in der Folge darum, mit religionsgeschichtlichem Interesse den Aussagegehalt und das theologische Profil des WB näher zu bestimmen, schließt dies die Untersuchung der Frage mit ein, welche Antworten die Schrift auf die aufgeworfenen Fragen gibt. Es wird sich zeigen, dass das WB ein profiliertes Bild davon vermittelt, wie ein ‚normales Leben' auszusehen hat und woran sich ‚Normalität' und ihr Gegenteil erkennen lassen. Das WB vermag denn auch zu erklären, weshalb selbst richtiges Tun gegenwärtig nicht die Früchte zu tragen vermag, die es unter ‚normalen' Umständen tragen würde: Auf der Erde herrscht ein Ausnahmezustand, den alleine Gott definitiv wird aufheben können.

Den Aussagegehalt des WB zu untersuchen beinhaltet im Rahmen dieser Arbeit, auch Erwägungen in Bezug auf die Intention der Verfasserschaft anzustellen. Aus der Perspektive einer kommunikationsorientierten Linguistik ist es selbstverständlich, dass die Intention der Verfasserschaft nicht zwingend mit dem übereinstimmen muss, was sie der Leserschaft erkennbar mitteilt. Auf die genannten Fragen bezogen verkompliziert dies die Situation, da nicht mehr unbedingt geradlinig vom Textinhalt auf die Verfasserschaft geschlossen werden kann. Auch auf dieser Ebene muss sodann gefragt werden, wer aus welchen Beweggründen heraus und wozu einen Text wie das WB verfasst haben und an dessen Verbreitung interessiert gewesen sein dürfte. Warum genau konnte es für jemanden wichtig sein, die Welt der Leserschaft als eine ‚Welt im Ausnahmezustand' zu präsentieren?

Ansatz und Fragestellung dieser Arbeit wurden aus diesen einleitenden Zeilen bereits in gewissem Maße ersichtlich. Bevor der Text des WB selbst in den Blick kommt, soll es als Erstes ein forschungsgeschichtlicher Überblick ermöglichen, die Ausrichtung der vorliegenden Untersuchung im Horizont der bisherigen Forschung zu verorten. Es wird deutlich werden, dass die Untersuchung an jüngste Tendenzen anknüpft, das WB vermehrt als eigenständige Schrift und literarische Größe in den Blick zu nehmen. Sodann wird es darum gehen, den konkreten Fokus und die Methodik detaillierter zu klären und schließlich den Aufbau der Arbeit zu skizzieren.

---

3   Im Laufe dieses Einleitungskapitels wird hierauf noch näher eingegangen. Für eine deutsche Übersetzung von 1 Hen s. UHLIG, Henochbuch (1984). Eine Übersetzung, die auf den aramäischen Handschriften beruht und daher fragmentarisch bleibt, bietet BEYER, Texte (1984) 225–258.

1.1. Das Wächterbuch in der modernen Forschung

1.1.1. Ausgangslage: Das Wächterbuch als Teil von 1 Hen

Die Forschung zum WB ist stark davon geprägt, dass die Schrift im Laufe ihrer Geschichte Teil einer größeren Textsammlung (1 Hen) geworden ist.[4] Das WB eröffnet die Sammlung, die außerdem das Buch der Bilderreden, das Astronomische Buch, das Buch der Traumvisionen und die Epistel Henochs enthält.

WB	Bilder-reden	Astron. Buch	Traum-visionen	Epistel Henochs	An-hänge	1 Hen
1–36	37–71	72–82	83–90/91	91/92–105	106–108	

Dieser Tatsache verdankt es sich, dass uns das WB heute überhaupt in einem Zustand vorliegt, der es erlaubt, den Text als literarisches Werk wahrzunehmen und in einigermaßen aussagekräftiger Weise zu untersuchen.

1 Hen wird bekanntlich auch ‚Äthiopisches Henochbuch' genannt, eine Bezeichnung, die auf die Bedeutung der Äthiopischen Kirche für die Tradierung des Textes verweist: In vollständiger Form ist 1 Hen und damit auch das WB nur in äthiopischen Manuskripten (in Ge'ez) überliefert.[5] Die Äthiopische

---

4   Als *Erstes* Henochbuch wird die Sammlung in Relation zu zwei weiteren Henoch-korpora bezeichnet. Eine dieser Schriften ist das so genannte Slawische Henochbuch (2 Hen), die andere das Hebräische Henochbuch (3 Hen). Während die Schriften also nach der Sprache benannt werden können, in der sie überliefert sind, hat sich auch die Alternative eingebürgert, sie auf ihr Alter bezogen zu nummerieren: 1 Hen (ca. 3. Jh.–1. Jh. v. Chr./1. Jh. n. Chr.) ist generell älter als 2 Hen und 3 Hen nochmals deutlich jünger als 2 Hen [wohl erst mittelalterlich; zur Schwierigkeit der Datierung von 2 und 3 Hen vgl. DENIS, Littérature (2000) 154–156.161f.]. Im Rahmen dieser Arbeit wird an diese zweite Konvention angeknüpft, da sie aussagekräftiger ist, wenn weniger nach der Rezeption einer Schrift als nach dem Kontext ihrer Entstehung gefragt wird.

5   Für die folgenden Ausführungen vgl. ausführlicher UHLIG, Henochbuch (1984) 470ff. Für den Handschriftenbefund s. auch DENIS, Littérature (2000) 100–133; NI-CKELSBURG, Commentary (2001) 9–17, ferner KNIBB, Book (2007) und STUCKENBRUCK, Traditions (2007), die v. a. in Bezug auf die aramäischen Textzeugen die aktuellste Bestandesaufnahme bieten. NICKELSBURGs Kommentar bietet zudem Angaben darüber, welche Rolle 1 Hen in der Äthiopischen Kirche gespielt hat und noch spielt (ebd. 104–108, dort auch Verweise auf weiterführende Literatur), und vermittelt ei-

Kirche nahm 1 Hen bereits als Sammlung in ihren biblischen Kanon auf – was wohl gerade der Tatsache zu verdanken war, dass 1 Hen eine Sammlung war, wie dies die Argumente des Regenten und Theologen Zarʿa Yāʾqob nahelegen. Er hat sich im 15. Jh. n. Chr. prominent für die Relevanz von 1 Hen für den christlichen Glauben ausgesprochen und damit der Kanonisierung der Sammlung zugearbeitet.[6] Neben den äthiopischen Textfassungen besitzt man heute Fragmente von 1 Hen in syrischer, koptischer, lateinischer, griechischer und aramäischer Sprache, wobei hauptsächlich die griechischen und die in Qumran gefundenen aramäischen Fragmente textkritisch relevant sind.[7] Für das WB gehören dazu einerseits (griechisch) die Achmimfragmente (G^A, auch Gizehfragmente oder Codex Panopolitanus genannt; 5./6. Jh. n. Chr.), und die Fragmente, die in der Chronographie des Synkellos bezeugt sind (G^S; frühes 9. Jh. n. Chr.), andererseits (aramäisch) 4Q201 (4QEnᵃ), 4Q202 (4QEnᵇ), 4Q204 (4QEnᶜ), 4Q205 (4QEnᵈ), 4Q206 (4QEnᵉ) und XQPapEnoch[8].

Für Aussagen zur Geschichte der Textsammlung sind die ältesten aramäischen Textzeugen besonders wichtig. Die These, dass bereits zu Beginn des 1. Jh. v. Chr. ein ‚henochischer Pentateuch' existiert habe, vermochte sich nicht durchzusetzen, findet sich jedoch noch gelegentlich unkritisch rezipiert.[9] Da

---

nen wertvollen Gesamtüberblick über die Rezeption von Henochtraditionen in jüdischen und christlichen Texten bis ins Mittelalter (ebd. 71ff.).

6   Zum aktuellen Kanon der Äthiopischen Kirche und dazu, dass es sinnvoll erscheint, zwischen einem engen und einem weiten Kanon zu unterscheiden, vgl. die knappe Bestandesaufnahme COWLEY, Canon (1974). 1 Hen wie auch das Jubiläenbuch zählen danach zum engeren Kanon. Zu Zarʿa Yāʾqobs konkreten Argumenten s. detaillierter UHLIG, Henochbuch (1984) 470f.

7   Was das Syrische und Koptische angeht, ist nur je ein Fragment überliefert. Syrisch bezeugt ist die Passage 1 Hen 6,1–6, also eine Stelle aus dem WB, koptisch eine Passage aus der Epistel Henochs, speziell aus der so genannten Wochenapokalypse (1 Hen 93,3b–4a.5ab.6c–7a.8cd). In Bezug auf das Lateinische kann kaum mehr eruiert werden, ob einst eine lateinische Fassung von 1 Hen existiert hat [s. NICKELSBURG, Commentary (2001) 14; DENIS, Littérature (2000) 121–123; UHLIG, Henochbuch (1984) 483]. Dass mit 1Q19 ein hebräischer Textzeuge vorliegen soll, wird heute kaum mehr vertreten. Vgl. zu dieser Handschrift unten unter 5.6.1., Anm. 321.

8   Obwohl als fehlerhaft kritisiert, ist für die griechischen Texte BLACK, Apocalypsis (1970) zur Standardedition geworden. Als Standardwerk für die aramäischen Fragmente gilt MILIK, Books (1976). XQPapEnoch, die einzige Handschrift aus Papyrus, die das aramäische WB bezeugt, wurde erst 2005 publiziert [ESHEL/ESHEL, Fragments (2005) 146–157]. Für kleinere Fragmente von 4Q201, die MILIK nicht präsentiert, s. STUCKENBRUCK, 4QEnochᵃ ar (2000). Als wichtigste Editionen des äthiopischen Textes gelten noch immer CHARLES, Version (1906) und KNIBB, Book (1978) (zu den älteren Texteditionen s. unten unter Anm. 15).

9   Die These gelangte durch DIX, Pentateuch (1926) in Umlauf und fand in modifizierter Form Verbreitung durch MILIKs Edition der Qumranfragmente [ders., Books (1976) 4.58]. Gemäß MILIK bestand der Pentateuch ursprünglich nicht aus den fünf Schriften, die heute im äthiopischen Text als Sammlung vorliegen: Das Buch der Bil-

der Handschriftenbefund kein klares Bild abzugeben vermag, herrscht zurzeit eine vorsichtige Zurückhaltung vor, was dessen Auswertung in Hinblick auf feste Textkorpora angeht.[10] Hinsichtlich des WB und des Astronomischen Buches kann davon ausgegangen werden, dass beide als die ältesten Teile von 1 Hen ursprünglich je eigenständig kursierten. Passagen des Astronomischen Buches werden z. B. nie durch Handschriften bezeugt, die noch andere Texte enthalten. Hinzu kommt, dass das kalendarische Material in der einzigen Handschrift, die sich vor das 1. Jh. v. Chr. datieren lässt (4Q208/4QEnastr^a; 3./2. Jh. v. Chr.), noch keinen expliziten Bezug zur Henochfigur aufweist. Sie könnte damit eine Kalenderschrift bezeugen, die noch gar keine ‚Henochschrift' gewesen ist.[11] Dass das WB einstmals als eigenständige Schrift kursierte, lässt sich von 4Q201 und 4Q202 her erwägen, den zwei ältesten Textzeugen für das WB (1. Hälfte und Mitte des 2. Jh. v. Chr.).[12] Erst Handschriften des 1. Jh. v. Chr. bezeugen Passagen des WB neben Passagen anderer Henochschriften (4Q204, 4Q205, 4Q206). Wie unten noch näher ausgeführt wird, nähert sich die vorliegende Untersuchung dem WB vom Standpunkt her, dass es nötig ist, das WB ernsthafter als bisher als eigenständiges Werk aus vormakkabäischer Zeit wahrzunehmen.

Besitzen wir also dank der Tatsache, dass verschiedene Henochschriften zu einem Korpus vereinigt und als solches Korpus tradiert worden sind, einerseits ein komplett überliefertes WB, hat sich daraus andererseits die Tendenz ergeben, das WB im Rahmen dieser Textsammlung zu untersuchen und zu interpretieren. Hierbei ist wertvolle Arbeit geleistet worden. Allerdings verleitete dies oft dazu, das WB von jüngeren Schriften her zu interpretieren. Der Schrift werden in solchen Fällen

---

derreden, das er später als heute üblich ins 3. Jh. n. Chr. datiert, sei erst im Laufe der Texttradierung als Ersatz für das Buch der Riesen eingefügt worden [zur Datierung der Bilderreden s. ebd. 96; die gegenwärtigen Positionen finden sich diskutiert in BOCCACCINI, Messiah (2007); für eine kritische Beurteilung der Annahme, 1 Hen 56,5–8 verweise auf die Invasion der Parther in Palästina im Jahr 40 v. Chr., vgl. ERHO, Nature (2009)]. Kritik an der Pentateuch-These findet sich u. a. in GREEN-FIELD/STONE, Pentateuch (1977); UHLIG, Henochbuch (1984) 469; BLACK, Book (1985) 9ff.; TIGCHELAAR, Prophets (1996) 138–140; KNIBB, Adoption (2001) 405ff.

10   Vgl. stellvertretend hierfür KNIBB, Book (2007); STUCKENBRUCK, Traditions (2007).

11   Siehe hierzu dann erneut weiter unten (Kap. 5.6.1.).

12   Bisher noch kaum diskutiert worden ist der Befund, auf den STUCKENBRUCK, 4QEnoch^a ar (2000) 3 verweist. MILIK hat es unterlassen, in seiner Edition der Qumranfragmente [ders., Books (1976)] einige kleine Fragmente von 4Q201 zu veröffentlichen, was STUCKENBRUCK in DJD 26 nachholt [alle Fragmente von 4Q201 finden sich dann in Langlois, Manuscrit (2008) ediert]. Brisant ist, dass sich von diesen kleinen Fragmenten nicht alle (vgl. insbesondere Fragment 2) der bekannten Wächterbuchfassung zuordnen lassen. Es bleibt damit offen „whether they represent preserved genuine variants of the text or a very different recension of the work which was originally longer in some passages" [STUCKENBRUCK, 4QEnoch^a ar (2000) 3].

Züge zugeschrieben, die sich kaum im Text festmachen lassen, wenn es als eigenständige Schrift gelesen wird. Umgekehrt gibt es durchaus Untersuchungen, die sich ausschließlich Passagen des WB widmen. Solche Arbeiten wiederum neigen dazu, auf Fragestellungen konzentriert zu bleiben, die nicht die Endform des WB und Fragen nach dem Profil dieses Textes im Auge haben. Untersuchungen zum WB in seiner Endform (1 Hen 1–36) bleiben von beiden Seiten her tendenziell auf der Strecke. Bevor dazu übergegangen wird, von diesem Befund her den Ansatz der vorliegenden Arbeit näher zu begründen, soll ein Überblick über die bisherigen Arbeits- und Diskussionsfelder der Veranschaulichung dieser Ausgangslage dienen.

1.1.2. Bisherige Arbeits- und Diskussionsfelder[13]

Texteditorische Arbeiten

Während 1 Hen Eingang in den Kanon der Äthiopischen Kirche gefunden hat, gerieten Sammlung und Einzelschriften in den anderen Kirchen und im Judentum außerhalb Äthiopiens aus dem Blickfeld. James BRUCE brachte 1773 drei äthiopische Handschriften nach England, womit 1 Hen die Aufmerksamkeit der Forschung auf sich zu ziehen begann. 1821 publizierte Richard LAURENCE erstmals eine englische Übersetzung von 1 Hen.[14] In der Folge wurde die Editionsarbeit ein wichtiger Forschungszweig. Immer mehr äthiopische Handschriften konnten in die Arbeit einbezogen werden.[15] Kannte man von den griechischen Textzeugen G^s bereits seit dem 17. Jh., also lange vor der Entdeckung der äthiopischen Handschriften, brachte in den Jahren 1886–

---

13 Für einen forschungsgeschichtlichen Abriss zu 1 Hen insgesamt s. NICKELSBURG, Commentary (2001) 109–125 und bereits NICKELSBURG, Books (1981). Einen Überblick über die frühen Arbeiten zu 1 Hen (1850–1906) vermittelt CHARLES, Enoch (1912) xxx–xlvi.

14 LAURENCE, Book (1821). Der Untertitel des Werks fasst das Geschick der Schrift aus europäischer Warte nochmals zusammen: „An apocryphal production supposed to have been lost for ages but discovered at the close of the last century in Abyssinia." Die erste deutsche Übersetzung ist gut ein Jahrzehnt später erschienen [HOFFMANN, Buch (1833–1838)].

15 Basiert die Transkription in LAURENCE, Libri (1838) noch auf einer einzigen Handschrift, stützt sich DILLMANN, Liber (1851) bereits auf fünf Handschriften. FLEMMING, Buch (1902) liegen vierzehn, CHARLES, Version (1906) wie dann auch KNIBB, Book (1978) dreiundzwanzig Handschriften zugrunde. Bekannt sind heute neunundvierzig äthiopische Handschriften, die in die Zeit vor 1900 datiert werden können [vgl. die Auflistungen in UHLIG, Henochbuch (1984) 473ff. und NICKELSBURG, Commentary (2001) 17].

87 ein Grabfund in Achmim/Panopolis (Oberägypten) G^A zutage.[16] Eine noch größere Sensation folgte im 20. Jh. mit der Entdeckung, dass sich unter den Qumran-Texten zahlreiche Textzeugnisse zu 1 Hen finden. Die meisten dieser aramäischen Fragmente wurden 1976 durch Jozef T. MILIK publiziert.[17] Obwohl es unterdessen zahlreiche Texteditionen von 1 Hen gibt, fehlt z. B. eine kritische Ausgabe des äthiopischen Textes. Die texteditorische Arbeit bleibt damit ein unabgeschlossenes Arbeitsfeld.[18]

Traditions- und rezeptionsgeschichtlich ausgerichtete Arbeiten

Verglichen mit den Texten, die heute Teil der hebräischen Bibel des Judentums und des Alten Testaments der vorherrschenden christlichen Kirchen sind, muten die Erzählstoffe des WB unvertraut an. Zum einen wurde daher schon früh die Frage nach der Herkunft der verarbeiteten Traditionen gestellt: Knüpften die Verfasser des WB an israelitische Traditionen an oder wurden durch das WB fremde Traditionen in eine jüdische Schrift aufgenommen? Während es sich zahlreiche Forscher zur Aufgabe machten, die Nähe zu mesopotamischen Traditionen herauszustellen, gingen andere den Bezüge zu griechischen oder alten kanaanäischen Mythen nach.[19] Zahlreiche Arbeiten handeln umgekehrt von der Weiterführung der im WB aufgegriffenen Traditionen, sei es

---

16 Bei G^S überschneiden sich zwei der drei Fragmente, die das WB bezeugen. G^{S1} enthält 1 Hen 6,1–11,4, G^{S2} 1 Hen 8,4–10,14 und G^{S3} 1 Hen 15,8–16,1.4(?)]. G^A enthält nahezu das ganze WB, nur Kap. 33–36 fehlen. Die Passage 1 Hen 19,3–21,9 ist doppelt bezeugt. Publiziert wurde G^A erstmals im Jahre 1892, u. a. in LODS, Livre (1892).

17 MILIK, Books (1976). Dabei blieb das Buch der Bilderreden unbezeugt, was zu einem wichtigen Argument für eine spätere Datierung dieser Schrift geworden ist. Für die aramäischen Fragmente, die andernorts publiziert worden sind, s. oben Anm. 8.

18 Vgl. NICKELSBURG, Commentary (2001) 125. Eine der jüngsten Auseinandersetzungen zumindest mit dem Text von 1 Hen 6–11 stellt BHAYRO, Shemihazah (2005) dar. Die Arbeit dürfte jedoch kaum breit rezipiert werden [vgl. die zahlreichen Kritikpunkte, die TIGCHELAAR, Rez. Bhayro (2008) auflistet]. Für eine kritische Sichtung der verschiedenen Texteditionen und Übersetzungen s. TIGCHELAAR, Prophets (1996) 144–151.

19 Die Untersuchungen orientieren sich häufig entweder an der Henochfigur [vgl. JANSEN, Henochgestalt (1939); GRELOT, Légende (1958); BORGER, Beschwörungsserie (1974); VANDERKAM, Growth (1984) 23–51; VANDERKAM, Enoch (1995) 1–16] oder aber am Topos der ‚gefallenen Engel‘ [vgl. DELCOR, Mythe (1976); HENDEL, Nephilim (2004)]. Vgl. zudem GLASSON, Influence (1961); HANSON, Rebellion (1977); NICKELSBURG, Apocalyptic (1977); BARTELMUS, Heroentum (1979); KVANVIG, Story (2002); BHAYRO, Library (2006). Selten werden mögliche ägyptische Hintergründe bedacht, vgl. WACKER, Weltordnung (1982) 132ff. (speziell zu 1 Hen 22); BERGER, Art. Henoch (1988) 498; VENTER, Spatiality (2003) 223 (speziell zu den Reiseschilderungen).]

im frühjüdischen Schrifttum oder in späteren jüdischen wie christlichen
Schriften.[20] Obwohl man eine gewisse Fremdheit des WB den biblischen Texten gegenüber konstatiert hat, gibt es mehrere Arbeiten, die
sich der Frage widmen, wie im WB biblische Motive und Stoffe rezipiert worden sind.[21] Die zahlreichen geographischen Angaben in den
Reiseschilderungen (1 Hen 17ff.) haben ferner schon früh die Vermutung aufkommen lassen, die Verfasserschaft habe eine ‚mental map‘
vor Augen gehabt. Es entstanden zahlreiche Arbeiten über die Traditionen einzelner Reisestationen, aber auch zu Vergleichen mit geographischen Modellen griechischer, mesopotamischer, ugaritischer und
ägyptischer Prägung.[22] Dass das WB Stoffe enthält, die sich unterschiedlichen antiken Kulturen zuordnen lassen, dass traditionsgeschichtlich darüber hinaus aber auch starke Bezüge zu jüdischen Schriften ausgemacht werden können, wird heute allgemein wahrgenommen. Es herrscht jedoch kein Konsens darüber, wie dieser Befund
ausgewertet werden soll.[23]

---

20 Für Arbeiten, die die Herkunft *und* Weiterführung von WB-Stoffen untersuchen, vgl.
    VANDERKAM, Growth (1984); Enoch (1995). Der Rezeption der Wächtergeschichte
    gehen z. B. ders., 1 Enoch (1996); REED, Angels (2005) und verschiedene Beiträge in
    AUFFAHRT/STUCKENBRUCK, Fall (2004) nach. Der Rezeption der Henochgestalt wid-
    men sich u. a. ADLER, Enoch (1978); HIMMELFARB, Report (1978); VANDERKAM,
    1 Enoch (1996) 88ff.; REEVES, Heralds (1996) 183–206; FELBER, Henochgestalt (2002).
    Henochs Himmelreise steht bei DEAN-OTTING, Journeys (1984); HIMMELFARB, Ascent
    (1993) im Zentrum. PRUSAK, Woman (1974) geht u. a. vom WB aus jüdischen und
    christlichen Texten nach, die die Schuld am Übel in der Welt Frauen zuschreiben.
21 Die meisten dieser Arbeiten rücken Gen 6,1–4 ins Zentrum [vgl. DIMANT, Use (1988)
    403–406; VANDERKAM, Interpretation (2001); STUCKENBRUCK, Basis (2002); KVANVIG,
    Gen 6,3 (2003); WRIGHT, Origin (2005)]. Weiter gefasst steht die Rezeption biblischer
    Texte z. B. bei VANDERKAM, Theophany (1973); Interpretation (1993); LE ROUX, Use
    (1983); POMYKALA, Profile (1997); WACKER, Wissen (2002); KNIBB, Use (2003) im
    Zentrum. Besonders auf 1 Hen 1–5 bezogen vgl. RAU, Kosmologie (1974) 34–124;
    HARTMAN, Meaning (1979). Insgesamt macht NICKELSBURG, Commentary (2001) vie-
    le Vorschläge für Textbezüge.
22 Vgl. als jüngste ausführliche Aufarbeitung des Themas BAUTCH, Study (2003). Für
    einen forschungsgeschichtlichen Abriss mit den entsprechenden Literaturangaben s.
    ebd. 4–7.
23 So stellt sich etwa die Frage, ob unterschiedliche Traditionsstränge tatsächlich auch
    auf unterschiedliche Quellen verweisen. Ungeklärt bleibt ferner, wie dieser Befund
    in Bezug auf die Ideologie und geographische Lokalisierung des Verfasserkreises
    auszuwerten ist.

Von der Ausdifferenzierung einzelner Traditionsstränge zur Quellenscheidung

Insbesondere die Beobachtung, dass in 1 Hen 6–11 zwei Engel, Šemiḥaza und ʿAsaʾel, als Protagonisten auftreten, hat zu einer Diskussion über unterschiedliche Traditionsstränge innerhalb des WB angeregt und ferner darüber, wie diese Stränge zusammengewachsen sein mögen.[24] Da das Interesse vornehmlich in der Bestimmung zugrundeliegender Quellen bestand, ergaben sich hieraus Funktionsbestimmungen und Textwachstumshypothesen nur zu einzelnen Teilen des WB, nicht aber zum gesamten Text.[25] Textwachstumshypothesen, die das gesamte WB betreffen, finden sich überwiegend in Arbeiten, die sich mit der Redaktionsgeschichte der Textsammlung 1 Hen beschäftigen. In der Folge sollen vier ausgewählte Modelle aufzeigen, wie dabei die Entstehung des WB diskutiert worden ist bzw. aktuell diskutiert wird.

1. Das Modell von Robert H. CHARLES[26] steht hier repräsentativ für Arbeiten aus der Zeit, als die aramäischen Henochfragmente noch nicht bekannt waren. CHARLES ging davon aus, dass mehrere Partien von 1 Hen (Kap. 6–11; 60; 65–69,25; 106–107) einem Noachbuch[27] entstammen. Kap. 12–16 interpretierte er als eine umgestellte Fassung einer Henochvision, die für ihn ursprünglich mit der Überschrift von 14,1 begann.[28] Kap. 17–19 und 20–36 betrachtete er als weitere separate Einheiten, wobei er dem seines Erachtens von griechischen Einflüssen geprägten Teil 17–19 starke Affinitäten zu 20–36 zuschrieb. Die Passage 1 Hen 1–5 betrachtete er als heterogenen Text. Kap. 6–36 haben in seinen Augen spätestens um 170 v. Chr. eine Einheit gebildet, der diese

---

24 Vgl. bereits den Hinweis auf solche Fragen in CHARLES, Enoch (1912) xlvii.13–14. Noch heute rezipiert werden insbesondere HANSON, Rebellion (1977); NICKELSBURG, Apocalyptic (1977); DIMANT, Perspective (1978); NEWSOM, Development (1980); MOLENBERG, Study (1984). Für eine Arbeit erst aus jüngster Zeit vgl. BHAYRO, Shemihazah (2005). Die Untersuchungen beziehen sich dabei meist auf 1 Hen 6–11, am Weitesten gefasst auf 1 Hen 6–19 (so z. B. bei NEWSOM).

25 Vgl. hierzu die Kritik in COLLINS, Issues (1978) und die Erwiderungen darauf in NICKELSBURG, Reflections (1978).

26 CHARLES, Enoch (1912) xlvi–lvi.1–4.

27 Darüber, ob ein Noachbuch je existiert hat oder nicht, wird noch immer debattiert. Ältere Publikationen führen gewöhnlich 1Q19 unter diesem Titel. Vgl. zur Diskussion u. a. GARCÍA MARTÍNEZ, 4QMes. Aram. (1981) [in engl. Fassung erschienen in ders., Qumran (1992) 1–44]; STEINER, Heading (1995); WERMAN, Qumran (1999); BAXTER, Traditions (2006); DIMANT, Fictions (2006) 231–242; STONE, Book(s) (2006).

28 Er rekonstruiert folgenden Aufbau dieser Vision: 14,1 plus einige Verse, die verloren gegangen sind; 13,1–3; 12,3; 13,4–10; 14,2–16,2; 12,4–6 (mit 16,3–4 als Dublette) [CHARLES, Enoch (1912) xlvii.1].

Einleitungskapitel dann beigefügt wurden. Die Entstehungszeit von Kap. 1–5 lag für ihn zwischen der Abfassung von Jub und der Abfassung von Weish. Damit nahm er denn auch an, die Kapitel seien erst im Rahmen der Endredaktion von 1 Hen dem Gesamtwerk als Einleitung vorangestellt worden.

CHARLES' Hypothese gilt heute an vielen Punkten als überholt, und zwar nicht nur, weil man vorsichtiger geworden ist, was Textumstellungen anbelangt. Die Entdeckung der Qumranfragmente erlaubte es, in Bezug auf das Textwachstum einige Fixpunkte zu setzen. Da 4Q201 als älteste Handschrift nur das WB bezeugt und die Kap. 1–5 bereits enthält, kann heute z. B. davon ausgegangen werden, dass diese Kapitel ursprünglich nur das WB eingeleitet haben und dass ihr terminus ad quem in der ersten Hälfte des 2. Jh. v. Chr. anzusetzen ist – der paläographischen Datierung von 4Q201 entsprechend.

2. In seiner Monographie von 1976[29] hat MILIK nicht nur die aramäischen Henochfragmente publiziert, sondern zugleich eine Wachstumshypothese für 1 Hen präsentiert, die ihm vom Handschriftenbefund ausgehend plausibel erschien.[30] Hinsichtlich des WB nahm er an, es habe am Ende des 3. Jh. v. Chr. bereits in der Form von 1 Hen 1–36 vorgelegen. Die Schrift sei entstanden, indem ein judäischer Autor einen bereits vorhandenen Text (Kap. 6–19), der als Henochvision zirkuliert habe, in zwei Schritten erweiterte. Zuerst habe er Kap. 20 und Kap. 21–25 zugefügt, und zwar einerseits, um die Zahl der Erzengel von vier – so bezeugt in 9,1; 10,1.4; 11 – auf sieben zu erhöhen (Kap. 20), und andererseits, um die Passage 17–19 in eine eschatologische Richtung zu überarbeiten (Kap. 21–25). Schließlich habe er die Schrift um die Einleitung (Kap. 1–5) und Kap. 26–36 ergänzt. Die Henochvision, derer sich der Autor bedient habe, betrachtete MILIK als zweiteiliges, ebenfalls den Händen nur eines Verfassers entstammendes Werk. Zu einem ‚historischen' Teil (Kap. 6–13) sei in dieser Schrift in einem ausgewogenen Verhältnis ein Teil „conceived as a letter and bill of indictment"[31] (Kap. 14–19) dazukomponiert worden.

Mit MILIK wurde das WB (inkl. Kap. 1–5) somit dem Handschriftenbefund entsprechend plausibel ins 3. Jh. v. Chr. datiert.[32] Seine Hypothese zum Textwachstum, insbesondere die These, dass 1 Hen 6–19 den ältesten Grundbestand bildet, blieb aber umstritten und wurde

29 MILIK, Books (1976).
30 Zu seiner These, 1 Hen sei schon früh als Pentateuch gestaltet worden, s. bereits oben unter Anm. 9.
31 MILIK, Books (1976) 34f.
32 4Q201 ist seines Erachtens die Abschrift eines bereits zirkulierenden Textes. Diese Position ist heute allgemein akzeptiert [vgl. GARCÍA MARTÍNEZ, Qumran (1992) 63].

kaum rezipiert.[33] Demgegenüber setzte sich die Meinung durch, dass ins WB Quellen eingearbeitet wurden, die einst noch unabhängig von Henochtraditionen kursierten.[34]

3. Die bisherigen Beispiele zeigen, dass die Annahme verbreitet ist, das WB als eine aus relativ großen Textblöcken zusammengebaute Größe zu betrachten.[35] Eibert J. C. TIGCHELAAR versuchte im Rahmen seiner Dissertation ein Modell zu entwickeln, das komplexeren Mechanismen des Textwachstums Rechnung tragen sollte.[36] Grundsätzlich geht er von einer zu Kap. 6–19 zusammengewachsenen Einheit aus, bei der den zwei Texteinheiten Kap. 6–11 und 12–16 als Konklusion Kap. 17–19 angehängt worden seien.[37] Während er Kap. 20 als späteren Zusatz interpretiert, der den Erzählablauf unterbricht, postuliert er ein komplexes Verhältnis zwischen den Reiseberichten 17–19 und 21–25. Hinter 18,6–16 sowie 21–25 vermutet er verschriftlichte Traditionen über die Geographie des Westens. Kap. 19 versteht er als Passage, die rückwirkend vom zweiten Bericht her den ersten Bericht modifiziert. Obwohl er bezüglich 21–32 einen kompositen Charakter ausmacht, geht er davon aus, dass diese Kapitel durch eine übergreifende Struktur als Einheit gestaltet worden sind. Kap. 33–36 und die Einleitungskapitel 1–5

---

33 Vgl. aber z. B. NEWSOM, Development (1980), die ähnlich wie MILIK eine literarische Einheit von Kap. 6–19 postuliert, dabei aber bereits eine differenzierte Hypothese zum Textwachstum dieser Einheit herausarbeitet.

34 Auf starke Kritik stieß schließlich auch MILIKs These, Gen 6,1–4 sei von dieser Henochvision abhängig. Zum aktuellen Diskussionsstand bezüglich der Verhältnisbestimmung zwischen Gen 6,1–4 und dem WB s. unten unter 5.6.2., Anm. 340.

35 Auch die Textwachstumshypothese von SACCHI, die von ihm selbst als „highly complex stratification" [ders., History (2000) 175] charakterisiert wird, bleibt einem solchen Muster verhaftet. Bezüglich 1 Hen 6–36 unterscheidet er einerseits die zwei großen Teile 1 Hen 6–11 (nach seiner Nomenklatur BW1) und 1 Hen 12–36 (BW2). BW1 unterteilt er nochmals in Kap. 6–7 (BW1aα), Kap. 8 (BW1aβ) und Kap. 9–11 (BW1b). Wie CHARLES bringt er diesen Teil mit einem Noachbuch in Verbindung: Ein Verfasser habe sich dessen bedient und daraus den nun vorliegenden Text geschaffen. Bei BW2 unterscheidet er zwischen BW2a (Kap. 12–16), BW2b (α: Kap. 17–19; 21–22; β: Kap. 20) und BW2c (Kap. 23–36). Auf die Einleitungskapitel geht er bei dieser Aufdifferenzierung nicht ein. Nur sehr allgemein erklärt er, sie hätten entweder das WB alleine oder bereits ein kleineres Henochkorpus eingeleitet [vgl. zum Modell insgesamt SACCHI, History (2000) 174–180; Libro (1979)].

36 TIGCHELAAR, Prophets (1996) 152–164.

37 In seinen Augen haben Kap. 6–11 bereits als bestehende Einheit vorgelegen, und 12,1 lässt sich möglicherweise als „editorial addition to an earlier form of 12–16 in order to join the two sections" (ebd. 156) verstehen. Ob die Passage 12–16 erst als Weiterführung von 6–11 verfasst worden ist oder bereits unabhängig vorgelegen hat, will er offen lassen (ebd. 157). Bezüglich Kap. 17–19 wendet er sich explizit gegen MILIK und betont, dass die Passage „does not come from the hand of the author of 1 En. 12–16." (Ebd. 157.)

schreibt er schließlich der Endredaktion zu, für die er den terminus ad quem aufgrund des Handschriftenbefundes im beginnenden 2. Jh. v. Chr. ansetzt. Der unvollständige und inkohärente Charakter von Kap. 33–36 macht es seines Erachtens wenig plausibel, hinter diesen Kapiteln eine eigenständige Schrift zu vermuten. Zweck dieser Passage sei es wohl gewesen, „to give a short list of contents of the *Astronomical Book*, and to stress that Enoch had not only seen the places described in 17–19 and 21–32, but had in fact seen everything."[38] Dass auch die Einleitungskapitel dieser Endredaktion entstammen sollen,[39] begründet er damit, dass an beiden Orten ein astronomisches und meteorologisches Interesse zum Ausdruck komme. Beide Passagen sprächen zudem von einer nicht-korrumpierten Natur.

TIGCHELAARs Beobachtungen und Schlussfolgerungen lassen sich nicht mehr auf ein einfaches Textwachstumsmodell reduzieren.[40] Insbesondere in Bezug auf Kap. 17–32 wirken seine Ausführungen eher als Problemanzeige denn als Lösungsvorschlag. Gerade darin liegt aber auch die Stärke seines Entwurfs früheren Modellen gegenüber, die oftmals gerade das letzte Drittel des WB (Kap. 20/21/23–36) undifferenziert als einen Block behandeln.[41] Komplexer als TIGCHELAAR es suggeriert, gestaltet sich meines Erachtens die Frage nach der Endredaktion. Während er plausibel darlegt, dass Kap. 33–36 einer solchen entstammen dürften, sehe ich keinen Anlass, Kap. 1–5 der gleichen Redaktion zuzuschreiben. Vielleicht lässt ein Vergleich des Vokabulars der beiden Textpassagen auf ein gleiches astronomisches wie meteorologisches Interesse schließen, nicht jedoch eine Analyse des Bedeutungsgehalts der Passagen.[42]

4. Wie es bei pseudepigraphischen und apokryphen Schriften oft der Fall ist, fehlte zu 1 Hen lange Zeit ein umfassendes Kommentarwerk. Seit 2001 liegt der erste Band eines solchen Kommentars vor.[43] Verfasst wurde er von George W. E. NICKELSBURG, der sich jahrzehntelang mit

---

38 TIGCHELAAR, Prophets (1996) 162.
39 Seiner Meinung nach wurde in diese Kapitel ein vorliegender Text eingebaut (1,3–9).
40 Vielleicht liegt darin auch der Grund, dass TIGCHELAARs Hypothese in jüngsten Arbeiten zum WB nur knapp gestreift [vgl. BAUTCH, Study (2003) 18.21] oder gänzlich ignoriert wird [vgl. WRIGHT, Origin (2005)], obwohl seine Dissertation auf Englisch publiziert worden ist.
41 Spätestens die Arbeit von WACKER, Weltordnung (1982), in deren Zentrum 1 Hen 22 steht, sollte aufgezeigt haben, dass in Bezug auf dieses letzte Drittel der Schrift Erwägungen zu einem komplexen Textwachstum angebracht sind.
42 Die Frage nach der Datierung sowohl von Kap. 1–5 als auch von Kap. 33–36 wird unten unter 1.2.1. noch ausführlicher aufgegriffen werden.
43 In vergleichsweise geringem Umfang bieten inzwischen auch OLSON, Enoch (2004); 1 Enoch (2003) Erklärungen zum Text.

frühjüdischen Werken wie 1 Hen beschäftigt hat. NICKELSBURG schlägt darin einen neuen Weg ein, was Überlegungen zum Textwachstum des WB anbelangt.[44] Er geht davon aus, dass zumindest Teile des WB kombiniert mit anderen Passagen von 1 Hen (1 Hen 81,1–82,4; 91; 92–105*) schon vor der Abfassung von 4Q201 als Testament konzipiert worden sind.[45] Wie die ältere Forschung deutet er 1 Hen 6–11 als Passage, die ins WB eingearbeitet worden sei. Dabei hält er an seiner in den 70er-Jahren entwickelten These fest und meint, die Passage sei bis zum Ende des 4. Jh. v. Chr. zu einer Schrift angewachsen, die auf die damaligen Diadochenkriege (323–302 v. Chr.) reagiert habe.[46]

NICKELSBURGs Hypothese, das WB sei als Testament konzipiert worden, hat den Aufbau des Kommentarbandes wesentlich mitbestimmt und ist damit zu einer Hypothese geworden, mit der sich jeder Leser und jede Leserin auseinandersetzen muss. In der Forschung findet sie kaum Zustimmung.[47] Man kann NICKELSBURG zugutehalten, ein diachrones Modell entwickelt zu haben, um schwierige Passagen des Astronomischen Buches (Kap. 81–82) zu erklären. Die Kommentarstruktur diesem Erklärungsmodell unterzuordnen, geschieht klar zu Ungunsten des WB, dem kein eigenständiges Profil mehr zugestanden wird. Dies manifestiert sich etwa darin, dass alleine die Untereinheiten 1 Hen 1–5, 1 Hen 6–11, 1 Hen 12–16, 1 Hen 17–19 und 1 Hen 20–36 zu Kommentareinheiten zusammengefasst präsentiert und hinsichtlich ihrer Funktion und teils auch hinsichtlich ihrer Entstehungszeit detailliert diskutiert werden.[48] Ein besonderes Problem ergibt sich damit für das Verständnis der Einleitungskapitel: Gemäß MILIK und TIGCHELAAR sind sie als Einleitung zum WB und damit zu 1 Hen 6–36 als einer Schrift ungefähr des 3. Jh. v. Chr. verfasst worden, und als solche lassen

---

44 Eine detaillierte Darlegung seiner Hypothese findet sich unten unter Kap. 3, weshalb in der Folge nur knapp darauf eingegangen wird.

45 Seines Erachtens vermögen weder 4Q201 noch 4Q202 zu belegen, dass das WB jemals unabhängig zirkulierte. Da er für die Gegenposition kein starkes Argument vorweisen kann, fügt er relativierend an, dass das WB, falls es unabhängig zirkuliert hätte, jedenfalls früh zu einem Testament ergänzt worden wäre [NICKELSBURG, Commentary (2001) 25].

46 Vgl. hierzu dann auch unten unter 5.5.

47 Der Kommentar umfasst im ersten Band 1 Hen 1–36; 81–108. Der zweite Band, der noch nicht erschienen ist, wird 1 Hen 72–82; 37–71 gewidmet sein. Für kritische Stimmen gegenüber NICKELSBURGs These s. KNIBB, Interpreting (2002); COLLINS, Testament (2003); REED, Identity (2003); VANDERKAM, Response (2003). Positiv rezipiert wird sie in ARGALL, 1 Enoch (1995); MACASKILL, Wisdom (2007).

48 Vgl. hierzu die Kritik in COLLINS, Testament (2003) 373f.

sie sich denn auch interpretieren.[49] Bei NICKELSBURG besitzen sie unter historischem Blickwinkel einen Aussagegehalt nur im Rahmen eines Textes, der uns heute nicht mehr überliefert ist. Die Einleitung auf die Kap. 6–36 hin zu interpretieren, könnte bei diesem Modell nur noch heißen, eine Texteinheit zu interpretieren, die erst durch das Einfügen des Astronomischen Buches in diesen hypothetischen Text entstanden ist. Um eine Schrift des 3. Jh. v. Chr. könnte es sich damit keinesfalls mehr handeln.

Die vier skizzierten Modelle zeigen, dass heute ein Konsens darüber besteht, dass das WB eine komposite Schrift ist, die zu Beginn des 2. Jh. v. Chr. in einer Form vorlag, die der uns bekannten Fassung (inklusive Kap. 1–5) in etwa entspricht. In der Frage, wie sich die Entwicklung bis hin zur Endform des WB in den Details gestaltet hat, gehen die Meinungen auseinander.[50] NICKELSBURG wirft zudem die Frage nach dem Gesamtumfang der Schrift auf: Während üblicherweise davon ausgegangen wird, das WB sei gegen Ende des 3. Jh. v. Chr. als eigenständige Schrift zirkuliert, postuliert er für diese Zeit eine Textfassung, die über Kap. 1–36 hinaus geht und somit nicht dem WB entspricht, wie es uns heute von der äthiopischen Version her vertraut ist. Träfe seine These zu, würde dies für eine Interpretation des WB weitreichende Konsequenzen nach sich ziehen. Eine Interpretation des WB in seiner heute vorliegenden Endform würde für die Rekonstruktion der Religionsgeschichte des 3. Jh. v. Chr. nur noch wenig Aussagekraft besitzen.

Das Wächterbuch im Fokus religionsgeschichtlicher Fragestellungen

Welchem Endtext des WB welche historische Aussagekraft zugeschrieben werden kann, wurde in der Forschung bisher kaum differenziert diskutiert. Geht es um religionsgeschichtliche Fragen, wird meist pauschal von 1 Hen oder den Henochschriften gesprochen, hinter denen man eine spezifische frühjüdische Gruppierung vermutet.[51] Hat bereits

---

49 Vgl. HARTMAN, Meaning (1979), für den die Datierung der Schrift, die er postuliert, allerdings kaum von Bedeutung ist.

50 Diskussionsbedarf besteht außerdem noch in Bezug auf DIMANTs Arbeiten. Seit den 70er-Jahren vertritt sie die Meinung, 1 Hen 6–11 sei nachträglich vor 1 Hen 12–16 eingeschoben worden, und zwar „in order to give the background information necessary to understand the course of events" [dies., Perspective (1978) 323; vgl. dies., Biography (1983) 25; Fragment (2002) 225]. Meines Erachtens ist es kontraintuitiv, dass jemand zuerst eine Fortsetzung (1 Hen 12–16) geschrieben und erst danach klärend angefügt haben soll, was damit vorausgesetzt wurde.

51 Damit werden die Quellen noch in der Art von BOUSSET, Forschungen (1900) bewertet. Nachdem BOUSSET in seinem Überblicksartikel konstatiert, dass es noch eine ungelöste Frage sei, wie viele Hände bei der Abfassung der verschiedenen Teile von

G. H. Dix in den 20er-Jahren des 20. Jh. bezüglich des Trägerkreises der Schriften von „religious rebels", „spiritual revolutionaries" und „the non-conformists of their day"[52] gesprochen, hält ein solcher Tenor bis heute an. Insbesondere bei Verfechtern der These eines so genannten ‚Enochic Judaism' finden sich vergleichbare Charakterisierungen einer Henochgruppierung.[53] Hierbei wird postuliert, dass sich im Rahmen der Neuordnung der Priesterklasse nach der Rückkehr aus dem Exil eine priesterliche Oppositionsbewegung gegenüber einer vorherrschenden zadokidischen Bewegung konstituiert habe. Diese Oppositionsbewegung habe für sich nicht mosaische Traditionen, sondern die Henochmythen ins Zentrum gestellt.[54] Die Verschmelzung des Mythos der Wächterengel (1 Hen 6–8/11) mit Henochtraditionen wird damit bereits für die Perserzeit angenommen.[55] Obwohl die Hypothese eines ‚Enochic Judaism' umstritten bleibt, ist es üblich geworden, dem WB eine priesterkritische und anti- oder zumindest unmosaische Tendenz zuzuschreiben.[56] Vom WB her die Ideologie einer opponierenden

---

1 Hen beteiligt gewesen sind, merkt er an, dass jedenfalls „alle Stücke aus demselben Kreis jüdischer Frommer" (ebd. 371) stammen würden.

52 Dix, Pentateuch (1926) 32.

53 Promotor dieser These ist vor allem BOCCACCINI [vgl. ders., Hypothesis (1998); Roots (2002); Enochians (2007)]. In seinen Werken greift er jedoch bereits Ideen seines Lehrers SACCHI auf [vgl. dessen Aufsatzband SACCHI, Apocalyptic (1997), aber auch ders., Book (2008)]. Im deutschen Sprachraum wird die These prominent von BEDENBENDER vertreten [vgl. insbesondere BEDENBENDER, Gott (2000); Mose (2002); Place (2007)]. Vgl. ferner JACKSON, Judaism (2004), der zwar wie BOCCACCINI von einem ‚Enochic Judaism' spricht, dabei aber noch in einem engeren Sinn als dieser an eine sektenhafte jüdische Gruppierung denkt.

54 In groben Zügen geht auch BARKER von einem solchen Bild aus [vgl. ihr in der Forschung kaum rezipiertes Werk BARKER, Testament (1987); mit dies., Prophet (1988) richtete sie sich dann an ein breiteres Publikum. Für kritische Rezensionen zu den beiden Werken s. TIGCHELAAR, Rez. Barker (1989) und NICKELSBURG, Rez. Barker (1990)]. BARKER geht davon aus, dass alle Henochschriften älter als üblicherweise angenommen sind und vorexilische Traditionen enthalten. Unter Esra habe sich eine Bewegung etabliert, die das Gesetz ins Zentrum gestellt habe, wogegen „the Enochic group kept the ancient Messianic ideal, and had no place for Moses." [dies., Prophet (1988) 108.] Für sie sind die Henochschriften insbesondere für das Neue Testament von Bedeutung, denn dort würden noch immer dieselben beiden Gruppierungen einander gegenüberstehen. Das Christentum habe sich damit aus dieser alten Henochbewegung heraus entwickelt. Zu einer Positionierung BOCCACCINIs gegenüber BARKER vgl. BOCCACCINI, Roots (2002) 93ff. Noch in ders., Hypothesis (1998) 12, Anm. 24 verweist er vorbehaltlos auf BARKER, Prophet (1988) als „[a] presentation of Enochic Judaism for the nonspecialist".

55 Vgl. SACCHI, Libro (1979) 62, bekräftigend ders., Book (2008) 12. Als ablehnende Erwiderung darauf s. z. B. CHARLESWORTH, Text (2008).

56 Für eine kritische Sichtung von BOCCACCINIs Hypothese eines ‚Enochic Judaism' s. beispielsweise VAN PEURSEN, Origins (2001); HEMPEL, Rez. Boccaccini (2004); ALBA-

Gruppierung abzuleiten, manifestiert sich schließlich in Arbeiten jüngerer Zeit, die das WB auf ideologischer Ebene in einen Dialog mit dem Sirachbuch oder mit Kohelet zu bringen versuchen.[57]

Die starke Präsenz der Diskussion um 1 Hen als Zeugnis eines henochischen Judentums ließ in den letzten Jahrzehnten die Frage nach der Bedeutung des WB als Zeugnis für eine Konfrontation des Judentums mit der hellenistischen Welt in den Hintergrund rücken. Noch in den frühen 80er-Jahren gelangten Untersuchungen des WB zum Ergebnis, dessen primäre Funktion sei es gewesen, die kulturelle und religiöse Überfremdung zu bekämpfen.[58] Zaghaft wird heute wieder an solche Überlegungen angeschlossen,[59] doch fehlen bislang substantielle Arbeiten dazu.

Ebenfalls bereits vor der jüngsten Diskussion um ein henochisches Judentum wurde die Relevanz des WB für die Apokalyptikforschung erkannt. Das Alter der Schrift stellte insbesondere die These in Frage, dass die Entstehung der Apokalyptik mit der Erfahrung extremer Bedrängnis im Rahmen des makkabäischen Aufstandes zusammenhängt.[60] Indes wurde aber auch deutlich, dass die Rede vom WB als erster Apokalypse oder als erster apokalyptischer Schrift problematisch ist. Unbestritten bleibt, dass das WB ein wichtiges Glied in der Entwicklungskette sowohl der Gattung ‚Apokalypse' wie auch der Apokalyptik im Sinne einer religiösen Strömung darstellt.[61]

NI, Judaism (2007), aber auch mehrere der Beiträge im Sammelband BOCCACCINI, Origins (2005) 329–435 sowie in ARCARI, Book (2008), dem SACCHI gewidmeten Themenband der Zeitschrift Henoch. Zur Frage, ob es 1 Hen und damit das WB als anti- oder unmosaisch einzuschätzen gilt, vgl. als einen der jüngsten Beiträge NI-CKELSBURG, Wisdom (2007). In einer Außenseiterposition plädiert ELLIOTT für eine starke Präsenz der Bundestheologie im WB [vgl. ders., Survivors (2000), insbes. 245–307; Covenant (2002)]. Für Stimmen gegen die These, das WB enthalte priesterkritische und gegen den Jerusalemer Tempel gerichtete Züge, vgl. PIOVANELLI, Waters (2007) 278; VANDERKAM, Judaism (2007) 20.

57 Zu einer Kontrastierung von 1 Hen und dem WB mit Sir, vgl. die Arbeiten von WRIGHT [ders., Lord (1997); Sirach (2002); Wisdom (2004); 1 Enoch (2007)]. Für eine Verhältnisbestimmung zwischen den Trägerkreisen des WB und Koh vgl. MAZ-ZINGHI, Qohelet (2002).

58 Vgl. insbesondere WACKER, Weltordnung (1982) 308–315.

59 Vgl. z. B. REED, Origins (2008).

60 Für einen knappen Abriss über die Apokalyptikforschung s. KOCH, Apokalyptik (1996).

61 Zum Stichwort ‚Apokalyptik' vgl. KVANVIGs Bemerkung: „The Enoch traditions were not created as apocalyptic. They were transformed into apocalyptic." [ders., Laws (2007) 144]. In Bezug auf die Gattung ‚Apokalypse' bemerkt CHARLESWORTH: „(...) apocalyptic theology seems to appear in 1 En. 1–36 (as well as in 1 En. 72–82) and these books antedate 250 B.C.E., but that does not require that we salute the Book of the Watchers as the earliest apocalypse." [Ders., Text (2008) 41.] RAU, Kosmologie

Ein repräsentatives Bild über die aktuell vorherrschende Art und Weise, das WB religionsgeschichtlich auszuwerten, vermittelt der von Gabriele BOCCACCINI und John J. COLLINS herausgegebene Sammelband ‚The Early Enoch Literature'.[62] Unter den Beiträgen lässt sich eine gewisse Polarisierung feststellen: Während die eine Gruppe von Arbeiten eher auf die Grenzen der Quellenbefunde u. a. für Rückschlüsse von Texten auf ihre Trägergruppen aufmerksam macht, legt die andere das Gewicht weiter auf religionsgeschichtliche Synthesen, wofür die Quellen stark systematisiert in ein Gesamtbild eingebaut werden. Florentino G. GARCÍA MARTÍNEZ, aus dessen Feder das Schlussfazit stammt, konstatiert nicht umsonst, dass die größte Herausforderung nun wohl darin besteht „to verify the existence of a sociological community behind the literary compositions which are the Enochic works, or to disprove totally its existence and dismiss it as a scholarly construct"[63] – wobei er vorsichtig nachträgt, dass Letzteres heißen würde „[to] accept the messiness and limits of the evidence also on this case and [to] go on with the study of the compositions that we have (…)."[64] In jüngeren Arbeiten häufen sich Aufrufe, bei der Auswertung von Quellen achtsam zu sein.[65] Umso mehr erstaunt es, dass kaum Arbeiten existieren, die sich in umfassender Weise dem WB widmen und die Frage nach dem Profil der Verfasserschaft von derjenigen Form des WB her aufwerfen, deren Existenz für das 3. Jh. plausibel postuliert werden kann, nicht aber von einer seiner Vorstufen oder von späteren Henochschriften her.[66] Erst solche Arbeiten werden es erlauben, angemessen darüber zu urteilen, ob und inwiefern das WB religionsgeschichtlich relevante Entwicklungen eingeleitet hat.

(1974) 34–124 steht als Beispiel dafür, wie das WB (im vorliegenden Fall die Einleitungskapitel) auch Untersuchungsobjekt im Rahmen der Diskussion darum geworden ist, ob die Wurzeln der Apokalyptik in der Weisheit oder in der Prophetie liegen. Vgl. kritisch zu dieser Alternativsetzung, die inzwischen als überholt gelten kann, WACKER, Wissen (2002) 115–117.

62   BOCCACCINI/COLLINS, Literature (2007). Für eine Kurzzusammenfassung der Beiträge und eine kritische Würdigung s. BACHMANN, Rez. Boccaccini/Collins (2009).

63   GARCÍA MARTÍNEZ, Conclusion (2007) 334.

64   Ebd. 335.

65   Vgl. REED, Angels (2005) 59.61–69. Für Voten, die sich in besagtem Sinne speziell an Vertreter der Hypothese eines ‚Enochic Judaism' und deren Auswertung des WB richten, s. dies., Interrogating (2005) 339–342; ANDERSON, Communities (2005); REEVES, Notion (2005); VANDERKAM, Hypothesis (2005).

66   Vgl. zu diesem Punkt bereits COLLINS, Issues (1978) 315.

Jüngste Tendenzen

Der bisherige Überblick zeigt, dass das WB in der modernen Forschung zwar in vielerlei Hinsicht untersucht worden ist, dass aber trotzdem an vielen Punkten Fragen offen bleiben und gewisse Projekte, so etwa eine kritische Textedition, bislang fehlen. Während Arbeiten dominieren, die das WB als Konglomerat von Ideen und Traditionen untersuchen, sind Arbeiten, die sich mit dem literarischen Charakter der Schrift beschäftigen, marginal geblieben.[67] In jüngeren Untersuchungen lässt sich allerdings eine Tendenz erkennen, verstärkt nach der Funktion z. B. von Einzelmotiven zu fragen, wodurch der Kotext vermehrt Beachtung findet.[68] Dass im Rahmen der Reihe *Commentaries on Early Jewish Literature* (CEJL) Kommentarbände zu den einzelnen Henochschriften erscheinen, zeugt ferner davon, dass die Relevanz erkannt worden ist, sich der Henochliteratur und damit auch dem WB differenzierter als bisher zuzuwenden.[69] NICKELSBURGs Kommentar wird mit diesen Bänden eine wichtige Ergänzung finden. In welche Richtung sich die Diskussion um ein henochisches Judentum entwickeln wird, kann gegenwärtig schlecht beurteilt werden. Wird sich die Forschung differenzierter als bisher den Einzelschriften zuwenden, sollte zumindest der Blick dafür frei werden, dass das WB religionsgeschichtlich nicht nur eine wertvolle Textquelle ist, wenn es zum Anfangsglied in der Entwicklungskette von Phänomenen wie der Apokalyptik oder eben eines henochischen Judentums erhoben werden kann. Das WB vermehrt im Kontext anderer vormakkabäischer Schriften zu untersuchen – und zwar nicht a priori als Schrift, deren Trägerkreis eine Oppositionsbewegung konstituiert –, könnte damit zu einem der künftigen Forschungsthemen werden.

---

67 Eine Ausnahme stellt HARTMAN, Meaning (1979) als Monographie zu den Einleitungskapiteln dar. In Aufsatzform widmen sich THOM, Aspects (1983) und STOWASSER, Heil (2004), bis zu einem gewissen Grad auch KVANVIG, Origin (2002) und PIOVANELLI, Waters (2007) dem WB als literarische Größe.

68 Vgl. BAUTCH, Study (2003); EGO, Reise (2007); aber auch BERNER, Jahre (2006) (allerdings nur 226–230 zum WB).

69 Bereits erschienen ist der Band zur Epistel Henochs [STUCKENBRUCK, 1 Enoch 91–108 (2007)]. Am Band zum WB arbeitet Devorah DIMANT.

1.2. Fokus und Aufbau der Arbeit

Wenn im Fokus dieser Arbeit Theologie und Aussagegehalt des WB stehen, schließt dies an die jüngsten Tendenzen an, sich dem WB vermehrt als eigenständigem Werk zu widmen und es als literarische Größe ernst zu nehmen. Auf diese Weise soll ein Beitrag zur Wächterbuchforschung in einem Bereich geleistet werden, der bisher wenig ausgelotet wurde. Wie wir gesehen haben, wird das WB in der Regel als Teil der Henochliteratur wahrgenommen, und Thesen über das Henochkorpus fließen in die Umschreibung seines Profils und seines Trägerkreises ein. Das WB in dieser Arbeit als eigenständige Größe in den Blick zu nehmen, stellt zugleich gewissermaßen eine Gegenprüfung zu einem solchen Ansatz dar.

Auf methodischer Ebene müssen vorab v. a. zwei Fragen geklärt werden. Die erste Frage tangiert den Umfang des WB: Für diese Arbeit interessieren weniger die möglichen Vorformen der Schrift, sondern hauptsächlich diejenige Form des WB, von der so plausibel wie möglich angenommen werden darf, sie habe im 3. Jh. v. Chr. als eigenständige Schrift kursiert. Doch welcher Text soll dies gewesen sein?

Dass nach der Textfassung gerade des 3. Jh. v. Chr. gefragt wird, ergibt sich aus folgenden Überlegungen: Zum einen folge ich der etablierten These, dass 4Q201 als Abschrift einen Text bezeugt, der zu Beginn des 2. Jh. v. Chr. bereits verbreitet ist und damit vor 200 entstanden sein dürfte. Zum anderen erachte ich eine Datierung hinter die ptolemäische Zeit zurück als wenig plausibel: Erstens weist der Text einen kompositen Charakter auf, der eine längere Vorgeschichte in Bezug auf die Entwicklung der eingearbeiteten Traditionen wahrscheinlich macht. Da die Angelologie eine wichtige Rolle spielt, kann eine solche Vorgeschichte kaum so früh angesetzt werden, dass sich eine Form des WB, bei der die Engelstoffe bereits mit Henochstoffen verbunden sind, bereits für die Perserzeit postulieren ließe. Zweitens setzen die Bezüge des WB zu Texten aus dem Pentateuch die Etablierung eines autoritativen Schriftkorpus in der Perserzeit voraus. Schließlich wird sich im Laufe der folgenden Untersuchung zeigen, dass die frühe hellenistische Zeit auf einer konzeptionellen wie auch pragmatischen Ebene einen plausiblen Horizont für Theologie wie Aussagegehalt des WB abgibt.

Die zweite Frage stellt sich in Bezug auf das Vorgehen: Wie lassen sich die theologischen Standpunkte und der Aussagegehalt des WB am besten bestimmen? Beide Fragen sollen in der Folge aufgegriffen werden, bevor der Aufbau der Arbeit umrissen und damit zum Hauptteil der Untersuchung übergeleitet wird.

1.2.1. Welches Wächterbuch?

Wie es der Titel der Arbeit nahelegt, wird das WB hier in der klassischen Abgrenzung untersucht (1 Hen 1–36). Damit wird aber nicht auf eine synchrone Analyse abgezielt, die sich diachronen Überlegungen programmatisch verschließen will. Jede Arbeit mit religionshistorischem Fokus steht vor der Herausforderung, dass nicht von allen Kapiteln und Versen mit gleicher Sicherheit gesagt werden kann, sie hätten bereits im 3. Jh. v. Chr. zum WB gehört. An dieser Stelle sollen nicht alle diachronen Überlegungen zur Sprache kommen,[70] sondern die grundsätzlichen Standpunkte dargelegt werden. Sie betreffen insbesondere die Einleitungskapitel (1 Hen 1–5) und die Reiseberichte (1 Hen 17–36).[71] Wie wir gesehen haben, wirft NICKELSBURGs Textwachstumsmodell die Frage auf, ob für das 3. Jh. v. Chr. ein WB postuliert werden muss, das sich von seinem Umfang her über 1 Hen 1–36 hinaus erstreckt. Darauf wird weiter unten (Kap. 3) näher eingegangen werden.

1 Hen 1–5 als Teil einer Wächterbuchfassung des 3. Jh. v. Chr.?

In dieser Arbeit wird der Standpunkt vertreten, dass die Einleitungskapitel mitinterpretiert werden müssen, wenn es darum geht, das WB als Henochschrift des 3. Jh. zu untersuchen. Trotz des Befundes, dass 1 Hen 1–5 in 4Q201 bezeugt ist, zeichnet sich in der Forschung eine starke Tendenz ab, die Passage nicht nur als späteste Redaktionsschicht des WB zu bewerten, sondern ihr damit auch für den Aussagegehalt des WB kaum Wert beizumessen.[72]

---

70 Geht es um kleinräumige Passagen, die es aus diachroner Perspektive zu diskutieren gilt, werden diese nicht hier, sondern im Hauptteil Thema sein.

71 Vgl. zum Aufbau des WB das Schema unten unter Kap. 2.

72 Vgl. bezeichnend dafür z. B. das Schema zum Aufbau von 1 Hen in SACCHI, History (2000) 174, im Rahmen dessen ausschließlich 1 Hen 6–36 als WB bezeichnet wird. Als Einleitung zu Kap. 6–36 werden Kap. 1–5 dagegen noch selbstverständlich bei HARTMAN, Meaning (1979) untersucht. Nur als Lapsus lässt sich OEGEMAs Datierung von Kap. 1–5 in die spät-vorchristliche Zeit in ders., Henochbuch (2001) 134 entschuldigen, was allerdings den Gehalt des gesamten JSHRZ-Einführungsartikels zu 1 Hen in Frage stellt. OEGEMA bietet der unkundigen Leserschaft eine Liste zur Datierung einzelner Passagen von 1 Hen, die er leicht modifiziert von ISAAC, Enoch (1983) 7 übernimmt. Mit dieser Liste präsentiert er sodann als „allgemeinen Konsens zur Entstehungszeit", was ISAAC zur Illustration der Forschungsmeinung in der Ära noch vor der Entdeckung der Qumranfragmente zusammengestellt hat. Für den englischen Sprachraum bietet OLSON, 1 Enoch (2003) eine deutlich solidere Einführung.

Überblickt man die Forschung zum WB, scheint eine solche Tendenz zweifach befördert zu werden. Zum einen wird in der Diskussion um Vorstufen des WB Textformen noch ohne Einleitungskapitel viel Gewicht eingeräumt. Problematisch daran ist nicht per se, dass mögliche Vorstufen und deren Umfang bestimmt werden, sondern dass wichtige Fragen unausgelotet bleiben. Bisher unreflektiert geblieben ist etwa, was es bedeutet, von einer Vorstufe auszugehen, die keine Einleitung besitzt, sondern direkt mit der Wächtergeschichte (1 Hen 6ff.) beginnt. Wie wir oben gesehen haben, wird häufig eine Vorstufe des Umfangs 1 Hen 6–19 postuliert, bei der sich die Wächterstoffe bereits mit Henochstoffen verknüpft finden. Damit wird jedoch stillschweigend angenommen, dass der Leserschaft der Vorstufe zugemutet worden ist, den Sprung zur Synthese mit Henochtraditionen in Kap. 12 literarisch gänzlich unvorbereitet zu meistern. Dabei suggeriert der Inhalt von Kap. 6–11 an keiner Stelle, dass für die Auseinandersetzung mit den Taten der Wächterengel nun auch noch Henoch bemüht werden müsste.[73] Dieser Befund macht es meines Erachtens schwierig, eine henochische Vorstufe vorauszusetzen, die keinerlei einleitende Angaben enthält. Kap. 1–5 schaffen demgegenüber einen klaren Lesehorizont, der es erwarten lässt, dass Henoch in der Fortsetzung der Wächtergeschichte wieder auftreten wird. Angesichts dessen, dass die Aussagekraft der Einleitungskapitel schon in der Diskussion um die Vorformen nie ernsthaft bedacht worden ist, mag es sodann wenig erstaunen, dass die Einleitungspassage zur vernachlässigbaren Größe selbst dann werden kann, wenn vom WB in der klassischen Abgrenzung als 1 Hen 1–36 die Rede ist.

Als Zweites dürfte die These des ‚Enochic Judaism' eine Relativierung des Aussagegehaltes der Einleitungskapitel gegenüber dem restlichen Korpus befördert haben. Obwohl dabei von einer ursprünglich unmosaischen Henochbewegung ausgegangen wird, für die das WB eines der ältesten Zeugnisse darstellt, wird angenommen, dass sich spätestens im Zuge der Ereignisse um Antiochus IV. eine Annäherung zwischen mosaisch-zadokidischen und unmosaisch-henochischen Kräften ergeben habe. Da z. B. 1 Hen 1,4 die Gerichtsepiphanie auf dem Sinai verortet, werden die Einleitungskapitel als Indiz für diese Annäherung gewertet. Durch eine solche Deutung wird die Einleitung aller-

---

73 Der komposite Charakter des WB lässt zu Recht eine mündliche Verbreitung der verschriftlichten Erzählstoffe vermuten. Doch selbst unter der Voraussetzung, dass der Leserschaft Erzählungen über Henoch geläufig waren, lässt sich meines Erachtens keine Vorstufe begründen, die der Leserschaft Sprachzeichen vorenthält, die für den postulierten Kommunikationsvorgang wesentlich sind. Zum Textverständnis, das dieser Arbeit hiermit zugrunde liegt, vgl. das folgende Kapitel (1.2.2.).

dings nicht nur der jüngsten Redaktionsschicht zugeschrieben, sondern darüber hinaus nur noch als Nachtrag zum WB verstanden.[74] Zum eigentlichen, noch unmosaischen WB wird eine Vorform des heute vorliegenden WB erhoben. Ähnlich wie oben wird die Frage ausgeblendet, wie genau sich die unterschiedlichen Fassungen, deren Existenz postuliert wird, als literarische Größen verstehen lassen.

Prinzipiell würde es die in die erste Hälfte des 2. Jh. v. Chr. datierbare Handschrift 4Q201 erlauben, die Einleitungskapitel nach 200 v. Chr. zu datieren. Dies würde aber auch für die restlichen Kapitel des WB gelten, die die Handschrift bezeugt. Für diese Kapitel erwägt allerdings kaum mehr jemand, dass sie erst aus dem 2. Jh. stammen.[75] Allein die Einleitungskapitel erst ins 2. Jh. zu datieren, bleibt schwierig, da allgemein davon ausgegangen wird, dass mit 4Q201 die Abschrift eines Textes vorliegt. Folglich legt sich eine Rückdatierung aller bezeugten Kapitel nahe. Von Vertretern der These eines henochischen Judentums abgesehen, stört sich auf inhaltlicher Ebene denn auch niemand daran, alle durch 4Q201 bezeugten Passagen des WB ins 3. Jh. zu datieren. Eine Datierung ins 2. Jh. basiert im Rahmen der Hypothese eines ‚Enochic Judaism' alleine auf der Annahme, dass ein unmosaisches WB im Rahmen einer ‚Mosaisierung' des Henochjudentums ebenfalls mosaisiert worden ist. Diese Annahme bleibt jedoch umstritten, und auch die vorliegende Untersuchung wird zu Ergebnissen kommen, die eine solche Entwicklung in Frage stellen.

Die Reiseschilderungen (1 Hen 17–36)

Ähnlich wie bei den Einleitungskapiteln handelt es sich bei den Reiseschilderungen nicht um einen Teil des WB, der gemeinhin als dessen Kern angesehen wird. Wenn es um die Frage geht, inwieweit das WB im 3. Jh. v. Chr. diese Kapitel bereits umfasst hat, sieht die Situation schon vom Handschriftenbefund her anders aus als bei den Einleitungskapiteln: Erst 4Q204, 4Q205 und 4Q206, alles Handschriften des 1. Jh. v. Chr., bezeugen Passagen aus 1 Hen 17–36. Dennoch lässt sich daraus nicht einfach schließen, diese ganze Partie sei erst nach dem 3. Jh. verfasst worden. Obwohl TIGCHELAARs Urteil ernst genommen werden muss, dass in den Details komplexe Erweiterungsvorgänge an-

---

74 Entsprechend spät werden die Kapitel denn auch datiert. BEDENBENDER etwa reizt die paläographische Datierung von 4Q201 derart aus, dass sie ihm eine Datierung der Einleitung erst in die makkabäische Zeit erlaubt [ders., Gott (2000) 175.215–217].

75 1 Hen 6–11 wird z. B. noch bei BARTELMUS, Heroentum (1979) 180ff. erst in die Zeit der Ereignisse um Antiochus IV. datiert (vgl. ausführlicher dazu unten unter 5.5., Anm. 284).

zunehmen sind, erlaubt der heterogene Charakter der Kapitel eine relative Datierung größerer Passagen. Einig ist man sich inzwischen darin, die erste Reiseschilderung (1 Hen 17–19) tendenziell älter einzuschätzen als die übrigen Kapitel (1 Hen 20–36).[76]

Die zweite Reiseschilderung stellt eine uneinheitliche Passage dar. Zum einen fällt Kap. 20 aus dem Rahmen, eine Auflistung von Engeln, die eine Kurzbeschreibung ihres jeweiligen Zuständigkeitsbereichs umfasst. Die Meinungen gehen darüber auseinander, ob die darauffolgende eigentliche Reiseschilderung eine Entfaltung dieser Liste darstellt oder nicht. Zum anderen besitzt das WB in der heute vorliegenden Form mit 36,4 zwar einen klaren Schluss, nämlich die Schilderung Henochs, wie er Gott am Ende der Reise gepriesen hat. Dennoch wirken die letzten Reisestationen (Kap. 33–36) im Vergleich zu den Stationen, die in Kap. 21–32 beschrieben werden, seltsam verkürzt. Der Hinweis auf Uriel als Lehrer Henochs in astronomischen Belangen und der Fokus auf die kosmische Einrichtung der Himmelstore erwecken den Anschein, als habe jemand hier nachträglich den Bezug Henochs zum Astronomischen Buch herausstreichen wollen.

Der dargelegte Befund lässt kein klares Urteil über eine absolute Datierung zu. Da der erste Reisebericht vom Aussagegehalt her prägnant an Kap. 16 anschließt, kann für diese Passage meines Erachtens problemlos eine Datierung vor 200 v. Chr. vorgenommen werden. Was den zweiten Teil angeht, sind Differenzierungen nötig. Auch wenn es gute Gründe dafür gibt, den zweiten Reisebericht als vom ersten abhängig zu betrachten, spricht in meinen Augen wenig dafür, den Großteil dieser Passage zeitlich wesentlich später als den ersten Bericht anzusetzen. Wie es die Untersuchung zeigen wird, knüpft der Text, obwohl bisweilen Neues zur Sprache kommt, von der Erzähllinie wie vom ideologischen Standpunkt her an das Vorangehende an. Dass z. B. wieder mehr das Schicksal der Menschen als die Taten und das Schicksal der Wächterengel fokussiert wird, leitet abrundend zu den Einleitungskapiteln zurück.[77] Freilich kann auch eine Passage, die gut an den

---

76 Vgl. WACKER, Weltordnung (1982) 113–122; BAUTCH, Study (2003) 19–22. BAUTCH selbst schließt sich letztlich TIGCHELAARs Position an und vermutet, dass beide Reiseschilderungen „derive from a common tradition" (ebd. 22). Dass es von der Datierung her den zweiten dem erste Reisebericht vorzuziehen gelte, vertrat z. B. noch LODS, Livre (1892) 151f.

77 Für die Vielfalt der Bezüge vgl. BACHMANN, Paradise (2009). Wenn der Text auf die Einleitungskapitel zurückweist, heißt dies allerdings noch nicht, dass es für beide Passagen die gleiche Abfassungszeit zu postulieren gilt. Falls die Passagen unterschiedlichen Händen entstammen sollten, wäre meines Erachtens den Einleitungskapiteln Priorität einzuräumen. Der zweite Reisebericht ließe sich als abrundende Anknüpfung an die Einleitung verstehen.

Kontext anschließt, ein wesentlich späterer Zusatz sein. Würde für einen späten Zusatz optiert, müsste aber eine überzeugende Erklärung vorgebracht werden können, warum das Bedürfnis nach einer solchen Erweiterung erst spät hätte zutage treten sollen. In Bezug auf Kap. 33–36 schließe ich mich dem Urteil TIGCHELAARs an und werte die Passage, jedenfalls 33,3–36,3, als Produkt einer späten Redaktion, die bereits klar vor Augen hatte, dass verschiedene Henochschriften existieren.[78] Da die Kapitel in 4Q204 und 4Q206 bezeugt sind, lässt sich dieser Zusatz am ehesten ins 2. Jh. v. Chr. datieren.[79] Bereits dieser Datierungsvorschlag macht deutlich, dass ich TIGCHELAAR nicht darin folge, die Schluss- und die Einleitungskapitel der gleichen Hand zuzuschreiben. Wie ich oben dargelegt habe, gehe ich zum einen davon aus, dass die Einleitungskapitel bereits Teil einer WB-Fassung des 3. Jh. waren. Zum anderen sehe ich keinen Grund, von möglichen konzeptionellen Bezügen zwingend darauf zu schließen, dass Textpassagen der gleichen Hand entstammen. Selbst wenn Kap. 33–36 konzeptionell einen Bezug zu Kap. 1–5 aufweisen sollten, was ich oben bezweifle, könnte problemlos angenommen werden, dass sich jemand damit auf Kap. 1–5 als bereits vorliegenden Text bezogen hat.

Zusammenfassend lässt sich festhalten, dass ich keinen Anlass sehe, Kap. 17–36 oder Teile davon prinzipiell von der folgenden Untersuchung auszuschließen. Dennoch kann für einige Passagen überzeugender als für andere angenommen werden, sie hätten bereits im 3. Jh. v. Chr. vorgelegen. Gewisse Vorbehalte dürften bei Kap. 20–32 angebracht sein, wobei in Bezug auf Kap. 20, der Engelsliste, offen bleiben muss, ob es sich allenfalls um einen deutlich jüngeren Zusatz handelt oder nicht.[80] Mit größerer Gewissheit kann dagegen davon ausgegangen werden, dass 1 Hen 33,3–36,3 erst aus dem 2. Jh. v. Chr. stammen.

---

78 Für OLSON ist es demgegenüber plausibler anzunehmen, dass das Astronomische Buch überhaupt erst durch diese Passage inspiriert als „self-conscious sequel to the BW [Book of the Watchers]" verfasst worden ist, „incorporating for this purpose actual pseudo-scientific documents known to the authors of both booklets but only alluded to in the BW." [Ders., 1 Enoch (2003) 907, vgl. ebd. 928 und ders., Enoch (2004) 13]. Diese These ist bisher unrezipiert geblieben. Dass das Astronomische Buch in seiner henochischen Form jünger sein könnte als das WB, muss meines Erachtens ernsthaft erwogen werden (s. dazu detaillierter unten unter 5.6.1.). Ein späteres Entstehungsdatum für das Astronomische Buch zu postulieren steht und fällt jedoch nicht mit der These, dass sich die Verfasser bewusst auf 1 Hen 33–36 bezogen haben. Dass die Verse in Bezug auf ihren Kontext fremd bleiben, ließe z. B. ebenso gut den Schluss zu, die Verfasser des Astronomischen Buches selbst hätten die Kapitel ins WB eingefügt, um ihr Werk an das WB anzubinden.

79 Auch das Jubiläenbuch scheint bereits um Henochs astronomische Schriften zu wissen (vgl. hierzu unten unter 5.6.1.).

80 Kap. 20 findet sich in keiner der aramäischen Hss bezeugt.

Die Untersuchung im Hauptteil wird zeigen, dass keine der diskutierten Stellen den Aussagegehalt des WB drastisch verändert. Dies ist ein Grund mehr, diese Stellen unter besagten Vorbehalten in die Textanalyse einzubeziehen. Fallen kleinere Textpassagen konzeptionell aus dem Rahmen, wird dieser Befund im Hauptteil diskutiert werden. In Bezug auf die Reiseschilderungen kann vorwegnehmend angemerkt werden, dass als Ergebnis einer solchen Diskussion 1 Hen 19,1–2 als Nachtrag gewertet werden wird.

1.2.2. Das Wächterbuch als Text

Die Quellenlage in Bezug auf das WB ist oben skizziert worden. Mit dem WB widmet sich die vorliegende Untersuchung somit einem Text, der in der Antike entstanden ist, wobei nur noch Fragmente einer antiken Abschrift überliefert sind. Immerhin lassen sie die Existenz einer Fassung vermuten, die derjenigen Fassung ähnlich ist, die durch mittelalterliche äthiopische Hss in geringfügigen Variationen bezeugt ist. Dieser Befund hat zur Folge, dass es keine letzte Gewissheit darüber gibt, wie die Textform genau ausgesehen hat, die man historisch auswerten möchte. Damit rückt die Frage ins Zentrum, wie auf dieser Grundlage zumindest so angemessen wie möglich nach den theologischen Standpunkten und dem Aussagegehalt des WB gefragt werden kann. Zunächst jedoch soll geklärt werden, was im Rahmen dieser Arbeit überhaupt unter Aussagegehalt und theologischem Profil verstanden wird.

Die Frage nach dem theologischen Profil und dem Aussagegehalt

Textverständnis und Literaturbegriff können in der heutigen Exegese stark variieren.[81] In positivem Sinne zeugt dies davon, dass Entwicklungen in Sprach- und Literaturtheorie wahr- und aufgenommen worden sind. Nicht nur haben sich daraus neue exegetische Ansätze entwickelt. Auch im Rahmen des klassischen historisch-kritischen Ansatzes begann sich eine stärkere Sensibilität für die untersuchten Quellen als literarische Größen zu manifestieren. Die unterschiedlichen Ansätze miteinander in ein Gespräch zu bringen, ist jedoch bis heute nicht leicht. Die jeweiligen Textverständnisse bleiben trotz Prämissen, die

---

81 Vgl. den Sammelband UTZSCHNEIDER/BLUM, Lesarten (2006), der dies im ersten Teil durch die Aufsätze HARDMEIER/HUNZIKER-RODEWALD, Texttheorie (2006); STEINS, Lesen (2006); UTZSCHNEIDER, Literatur (2006) veranschaulicht.

geteilt werden, stark durch die unterschiedlichen Erkenntnisziele beeinflusst.

Da der vorliegenden Arbeit ein religionsgeschichtliches Interesse
zugrunde liegt, bleibt hier das Verständnis eines Textes als kommunikative Größe relevant, als „sprachliche Einheit, die insgesamt als sinn-
volle kommunikative Handlung intendiert oder rezipiert wird."[82] Ein
Text ist damit keine beliebige Folge von Sprachzeichen, sondern eine
sprachliche Einheit, die durch den Verfasser oder die Verfasserin gestaltet worden ist. Aus diesem Blickwinkel kann von einem Text einerseits als Produkt gesprochen werden. In Bezug auf die Rezipienten und
Rezipientinnen bleibt ein Text andererseits ein Prozess, der der Leser-
oder Zuhörerschaft[83] permanente Referenz- und Verknüpfungsleistun-
gen abverlangt.[84] Wenn im Rahmen dieser Arbeit vom Aussagegehalt
die Rede ist, bezieht sich dies idealerweise auf den von der Verfasserschaft[85] intendierten Sinnbildungsprozess bei den Adressaten und
Adressatinnen. Da es jedoch gerade Intention und historische Kontexte
sind, die erschlossen werden müssen, wird der Begriff in einem weniger scharfen Sinn auch für die Bandbreite an Sinnbildungsmöglichkei-
ten benutzt, die sich von den Sprachzeichen her eruieren und gegeneinander abwägen lassen.

Auch wenn der Aussagegehalt eines antiken Textes, wie er uns mit
dem WB vorliegt, sodann nur unscharf und hypothetisch bestimmt
werden kann, bleibt seine bestmögliche Bestimmung für eine religionsgeschichtliche Auswertung dieses Textes von zentraler Bedeutung. Der
forschungsgeschichtliche Abriss hat aufgezeigt, dass das WB immer
wieder als Zeugnis für eine spezifische frühjüdische Bewegung angesehen worden ist. Wertet man den Text allerdings auf konkrete religiös-
theologische Positionen hin aus, ohne den Aussagegehalt der Textein-

---

82 BUSSMANN, Sprachwissenschaft (2002) 683 (Art. Text).

83 Der Einfachheit halber wird in der Folge in Bezug auf das WB meist nur noch von
    der Leserschaft die Rede sein, wobei damit keinesfalls ausgeschlossen werden soll,
    dass das WB als Lese- und Vorlesestück kursiert hat.

84 HARDMEIER/HUNZIKER-RODEWALD, Texttheorie (2006) 16.

85 Im Rahmen dieser Arbeit wird als möglichst offene Bezeichnung für die Seite des
    Textemittenten oder der Textemittentin vornehmlich der abstrakte Ausdruck ‚Ver-
    fasserschaft' verwendet. In der Antike Texte zu produzieren konnte neben der Ar-
    beit, Grundtexte zu komponieren und/oder zu kompilieren, auch das Bearbeiten be-
    reits vorliegender Texte umfassen: Solche Texte konnten gekürzt, mit Glossen
    versehen, an einer bestimmten Stelle fortgeschrieben oder an mehreren Stellen re-
    daktionell bearbeitet werden. Wird von der Verfasserschaft des WB die Rede sein,
    bezweckt der Ausdruck keine Konkretisierung der Art und Weise, wie gearbeitet
    worden ist. Der komposite Charakter des WB legt allerdings nahe, dass die Tätigkeit
    das Bearbeiten vorliegender Texte mit eingeschlossen hat.

heit zu beachten, auf die man sich bezieht, läuft man Gefahr, Sprachzeichen im repräsentationssemantischen Sinne misszuverstehen.[86]
Konkret wird sich z. B. zeigen, dass es verkürzt ist, direkt vom Befund
her, dass an keiner Stelle des WB von Mose die Rede ist, einen un- oder
gar antimosaischen Zug des WB zu postulieren.[87] Für eine tragfähige
Auswertung gilt es jedoch nicht nur dem Aussagegehalt, sondern noch
weiteren Fragen nachzugehen. Eingangs wurde bereits darauf hingewiesen, dass die Sinnbildung, auf die die Verfasserschaft abzielt, noch
nicht identisch sein muss mit dem, was die Verfasserschaft mit dem
Text tatsächlich bezwecken will. Auch diese ‚wahre Absicht' zu bedenken, bleibt wichtig.[88] Wenn es im Rahmen dieser Untersuchung darum
gehen soll, das theologische Profil oder, verkürzt, die Theologie des
WB herauszuarbeiten, bleibt dies ein mit allen genannten Ebenen ver-
knüpftes Unterfangen. Soll der religiös-politische Standort der Verfasserschaft eruiert werden,[89] kann dies nicht geschehen, ohne dass danach gefragt wird, wie religiöse bzw. theologische Aspekte auf der
Ebene der Sprachzeichen aufgegriffen werden, welche Rolle Religiöses
bzw. Theologisches im Rahmen des Aussagegehaltes spielt, und inwiefern Religiöses bzw. Theologisches die Intention der Verfasserschaft
prägt.

Konsequenzen für die Untersuchung

Wenn nun also danach gefragt wird, wie sich der Aussagegehalt und
die theologischen Standpunkte des WB zumindest so angemessen wie
möglich bestimmen lassen, können von den vorangegangenen Ausfüh-

---

86 Vgl. zu dieser Problemanzeige HARDMEIER/HUNZIKER-RODEWALD, Texttheorie
    (2006) 22.39. Dem repräsentationssemantischen Ansatz, bei dem Sprachzeichen als
    „irgendwelche ‚Inhalte' als solche" (ebd. 22) und Texte entsprechend als statische
    Objekte wahrgenommen werden, stellen HARDMEIER/HUNZIKER-RODEWALD den in-
    struktionssemantischen Ansatz gegenüber. Erst Letzterer vermag ihres Erachtens,
    den Sprachzeichen als Werkzeuge der Textkommunikation, die im Rahmen des
    Sinnbildungsprozesses eine je eigentümliche Rolle spielen, Rechnung zu tragen und
    damit Texte als „Partituren der Sinnbildung" (ebd. 39) ernstzunehmen.
87 Vgl. hierzu dann ausführlicher unten unter 5.4.1.
88 Zum Stichwort ‚wahre Absicht' vgl. BRINKER, Textanalyse (⁵2001) 86.96. Bisweilen
    wird auch von der ‚geheimen Intention' gesprochen. Vgl. gerade auf die historische
    Methode bezogen auch SKINNER, Meaning (2002), der für die Ideengeschichte (histo-
    ry of ideas) die Relevanz darlegt, danach zu fragen „what writers are *doing* in saying
    what they say" (ebd. 85).
89 Den religiös-politischen Standort zu erkunden umfasst Fragen nach der religiös-
    ideologischen Einstellung der Verfasserschaft im Vergleich zu möglichen alternati-
    ven Einstellungen, die aus jener Zeit bezeugt sind, jedoch auch Fragen nach der ge-
    sellschaftlichen Verortung der Verfasserschaft.

rungen her mehrere Grundsätze für die vorliegende Untersuchung formuliert werden:

– Ausgangspunkt der Überlegungen soll in der folgenden Arbeit der Text des WB bleiben. Es konnte begründet werden, dass es sinnvoll ist, das WB in der heute vorliegenden Form als Grundlage zu nehmen, womit nicht ausgeschlossen wird, dass gewisse Passagen noch nicht Teil der Fassung des 3. Jh. v. Chr. gewesen sind; diachrone Überlegungen werden also ein Thema bleiben. Die Tatsache, dass der Text in seiner Gesamtfassung nur in Ä überliefert ist, macht ein reflektiertes Vorgehen auf textkritischer Ebene erforderlich.

– Das hier zugrunde liegende Textverständnis sowie der Quellenbefund lassen es sinnvoll erscheinen, den Text des WB von möglichst unterschiedlichen Seiten her zu beleuchten, bevor weitreichende Schlüsse zu Aussagegehalt und theologischem Profil gezogen werden. Im Zentrum der folgenden Ausführungen soll insbesondere das Erfassen der Struktur und des Aufbaus des Textes stehen, das Ausloten der Leserlenkung im Textablauf, jedoch auch die Leserlenkung durch die Rekurrenz von Sprachzeichen. Mit der Untersuchung des Textes aus diesen unterschiedlichen Blickwinkeln wird eine gewisse Redundanz in Kauf genommen, die aber inkohärente Schlussfolgerungen zu vermeiden helfen soll.[90]

– Um der Gefahr verkürzter Deutungen vorzubeugen, die sich durch ein repräsentationssemantisches Verständnis von Sprachzeichen ergeben können, soll dabei insbesondere die Frage nach der Funktion der Sprachzeichen im Rahmen des Sinnbildungsprozesses im Blick bleiben. Die Zeichen sollen als Rezeptionsvorgaben ernst genommen werden.[91]

– Geht es um eine (religions-)historische Auswertung des Textes, muss die Frage nach der Intention der Verfasserschaft differenziert betrachtet werden. Geht es einerseits darum, der intendierten Sinnbildung nachzugehen, muss andererseits die Frage nach der ,wahren Absicht' der Verfasserschaft gestellt werden. Damit ergibt sich die Doppelfrage, wohin die Verfasserschaft ihre Leserschaft in wel-

---

90 Zur bleibenden Gefahr, Eis- statt Exegese zu betreiben, s. HARDMEIER/HUNZIKER-RODEWALD, Texttheorie (2006) 32f.

91 Vgl. hierzu nochmals HARDMEIER/HUNZIKER-RODEWALD, Texttheorie (2006) 22: „Sie [die sprachlichen Elementarzeichen] müssen nach den Leistungsaspekten bestimmt werden, die sie im textkommunikativen Gebrauch in den Sinnbildungsprozess einbringen, und nicht als Abbild von festgelegten Vorstellungen im Sinne eines statischen Zeichenbegriffs (*stat aliquid pro aliquo*)."

cher Absicht zu lenken gedachte, oder, wenn die Frage in Anlehnung an Quentin SKINNER formuliert wird, was die Verfasserschaft tat, wenn sie schrieb, was sie schrieb.[92]

– Einen Text im oben beschriebenen Sinn zu verstehen, schärft das Bewusstsein dafür, wie komplex sich das Verhältnis zwischen dem Inhalt eines Textes und der religiös-politischen Situierung seines Verfasserkreises unter Umständen gestalten kann. Trotz der Vorbehalte, die sich daraus für eine religionsgeschichtliche Auswertung des WB ergeben, sollen im Rahmen der vorliegenden Arbeit gewisse Thesen zu seinem historisch-theologischen Ort entwickelt werden. Angesichts der Tatsache, dass gewisse Bilder sich bereits etabliert haben bzw. bisweilen als etabliert hingestellt werden, soll damit ein konstruktiver Diskussionsbeitrag im Feld der religionsgeschichtlichen Auswertung des WB angestrebt werden.

1.2.3. Zum Aufbau der Arbeit

Das nächste Kapitel (Kap. 2) dient dazu, einen ersten Überblick über den genaueren Inhalt und über den Aufbau des WB zu vermitteln. In Kap. 3 werden formkritische Fragen aufgegriffen und die gängige Zuordnung des WB zu den Apokalypsen, aber auch NICKELSBURGs Zuordnung zur Testamentliteratur diskutiert. Es wird begründet, warum im Rahmen dieser Arbeit auf eine eigentliche Gattungsbestimmung verzichtet, jedoch an der Bestimmung des WB als Segensrede festgehalten wird. Mit Kap. 4, einem kommentierenden Durchgang durch das WB, rückt die Leserlenkung im Textablauf ins Zentrum und bildet die Basis für Überlegungen zu Aussagegehalt und theologischem Profil. In Kap. 5 wiederum werden zentrale Charakteristika und Aussagenkomplexe thematisch geordnet aufgegriffen und präzisiert werden. Im gleichen Zug wird sich dieser Abschnitt am intensivsten mit Thesen auseinandersetzen, die in der Sekundärliteratur zum WB vertreten werden. Der erste Teil widmet sich dem Gottesbild (5.1.) und der Art und Weise, wie das WB von der Schöpfung spricht und ihr Verhältnis zu Gott bestimmt (5.2.). Wird in 5.3. vor allem untersucht, welchen Geschichtshorizont das WB vermittelt, richtet 5.4. den Fokus auf die Konzeption von Wissen und Weisheit. In 5.5. werden die textpragmatische Ebene und insbesondere der Appellcharakter des WB Thema sein. Diesen Abschnitt schließen erste Überlegungen zum Profil der Verfasser- wie der Adressatenschaft ab. Mit der Henochfigur setzt sich zuletzt 5.6.

---

92 Vgl. SKINNER, Meaning (2002).

auseinander. Am Ende der Arbeit (Kap. 6) werden die Ergebnisse rekapituliert und im Rahmen einer Synthese zusammengeführt. Besonderes Gewicht wird darauf gelegt, das theologische Profil prägnanter
als in den vorangehenden Kapiteln zuzuspitzen, um so schließlich die
Frage nach dem möglichen historisch-theologischen Ort des WB zu
beantworten.

2. Inhalt und Aufbau des Wächterbuches

Betrachtet man das WB in seiner Endform, wie sie sich grosso modo in der äthiopischen Version präsentiert,[1] springt ein großer Bruch zwischen 1 Hen 1–5 und 1 Hen 6ff. ins Auge. Bei 1 Hen 1–5 handelt es sich um eine Passage, die den Text als Henoch-Pseudepigraph ausweist (Henoch als Redner) und die ihr Publikum direkt in der 2. Person Plural anspricht (Kap. 2ff.). Zeit und Ort der Redesituation bleiben opak. Mit Kap. 6 beginnt auf literarischer Ebene die eigentliche Geschichte, deren roter Faden sich, wie wir unten sehen werden, bis Kap. 36 fortspinnt. In diesem Teil werden Zeit und Ort der Handlung durchgängig markiert. In diese Geschichte, die in 1 Hen 6–11 auktorial erzählt wird und in der Henoch als Figur unerwähnt bleibt, schaltet sich ab Kap. 12 Henoch wieder ein, und zwar sowohl als Erzähler als auch als Protagonist. Ein Schlussteil, der sich analog zur Einleitung wieder von der Erzählung distanzieren würde, fehlt. Die Gesamtstruktur des WB bleibt also zweiteilig (Einleitung – Hauptteil), wobei der Hauptteil untergliedert werden kann in eine Exposition (Kap. 6–8) und zwei Weiterführungen (Kap. 9–11; 12–36).[2] Bevor in der Folge Einleitung und Hauptteil getrennt näher analysiert werden, sollen einige Auffälligkeiten in Bezug auf den Gesamtaufbau Erwähnung finden.

Wie die Übersicht auf der folgenden Seite zeigt, liegt mit dem WB ein verschachtelt aufgebautes literarisches Werk vor. Der verschachtelte Charakter rührt vornehmlich vom Arrangement der Redeblöcke her. Durch die Überschrift (1,1) präsentiert sich das gesamte WB als eine große, niedergeschriebene Rede Henochs, als seine ‚Segensworte‘[3]

---

1   Zur Frage nach der konkreten Fassung des WB, die in dieser Arbeit untersucht wird, s. die Vorbemerkungen oben unter 1.2.1.

2   Für eine differenziertere Aufgliederung des Hauptteils s. 2.1., Anm. 15.

3   Ä: ፇሉ: በረክት; G: λόγος εὐλογίας. Ar bezeugt den Anfang der Überschrift nicht vollständig. In Anschluss an MILIK, Books (1976) 141 lässt er sich als [מלי ברכתה די ברך] [...] בה]ירין לבח[חנוֹךֶ זֶ[rekonstruieren. Trifft diese Rekonstruktion zu, kann der Text wie in NICKELSBURG, Commentary (2001) 135 übersetzt werden als „The words of the blessing with which Enoch blessed the righteous chosen (…)."

EINLEITUNG (1–5)	1,1	- Buchüberschrift
	1,2–5,9	- Rede Henochs — *Rede Henochs zu den gerechten Erwählten* → Selbstvorstellung, Adressatenschaft wird umrissen → Prophezeiung einer Gerichtstheophanie → Zweiteilige Rede an Hartherzige: 1) Verweis auf Naturphänomene, die beispielhaft Gottes Ordnung repräsentieren; 2) Unheilsansage an Hartherzige, die Gottes Regeln übertreten (verschränkt mit Hinweis auf Heilszusage für Erwählte)

HAUPTTEIL (6–36)	**6–8**	**Wächtergeschichte**
	6	- Plan einer Gruppe von Wächterengeln, sich unter den Menschen Frauen zu nehmen
	7–8	- Ausführung des Plans (Verschränkung mit Wissensvermittlungsmotiv) - Schilderung der katastrophalen Folgen für die irdische Sphäre: (1) Mischlingskinder als gefrässige Riesen, (2) Wissen, das zu gottlosem Handeln führt
	9–11	**Erste Fortführung: Reaktionen in der himmlischen Sphäre**
	9,1–3	- Michael, Sariel, Rafael und Gabriel hören die irdischen Klagen und bringen sie vor Gott
	9,4ff.	- Engel vor Gott — *Rede der Engel Michael, Sariel, Rafael und Gabriel zu Gott*
	10–11	- Gott reagiert u. vergibt Aufträge an die vier Engel — *Rede Gottes zu Sariel* / *Rede Gottes zu Rafael* / *Rede Gottes zu Gabriel* / *Rede Gottes zu Michael*
	12–36	**Zweite Fortführung: Involvierung Henochs**
	12,1f.	- Erzählerische Überleitung zu Henoch, Schilderung seiner aktuellen Situation als Entrückter im Himmel - Auftrag an Henoch, den Wächtern Unheil zu verkünden — *Rede der Engel zu Henoch(/Henoch zu ʿAsaʾel)*
	13,3–10	- Bericht über Ausführung des Auftrags - Folgen: (1) Wächterbittschrift und Inkubation Henochs; (2) in Vision Auftrag an Henoch, die Wächter zurechtzuweisen; (3) Henochs Rückkehr zu den Wächtern u. Ausführung des Auftrags durch Rezitation des Visionsberichtes
	14–36	- Visionsbericht — *Rede Henochs zu den Wächterengeln*
	14,1	→ Buchüberschrift
	14,2–7	→ Beglaubigung und Zusammenfassung der Visionsbotschaft (Bitte abgelehnt)
	14,8–16,4	→ Bericht der **Himmelfahrtsvision**: Weg zum Thronhaus Gottes, Theophanie, Gott teilt Henoch die Botschaft an die Wächter mit — *Rede Gottes zu Henoch* / *Botschaft an die Wächter*
	17–19	→ **Erste Reiseschilderung**: Führung an verschiedenen, für Menschen sonst unzugänglichen Orten vorbei zu den sieben Bergen mit ‚Berg wie Thron Gottes' und zu firmament- und fundamentlosem Ort, Deutung dieses letzten Ortes durch Engel als Gefängnisort für die Wächter — *Engelrede/Uriel zu Henoch*
	20	→ Engelliste
	21–36	→ **Zweite Reiseschilderung**; zu den erwähnten Stationen gehören: - Firmament- und fundamentloser Ort — *Dialog Henoch - Uriel* - Totenberg (D) — *Dialog Rafael - Henoch* - Feuer der Himmelslichter — *Dialog Henoch - Raguel* - Sieben Berge mit Thronberg Gottes und wunderbarem Baum (D) — *Dialog Henoch - Michael* - Erdmitte (Jerusalem) (D) — *Dialog Henoch - Uriel* - Garten der Gerechtigkeit im Osten — *Dialog Henoch - Rafael* - Östliche Erdenden, Niederschrift astronomischer Beobachtungen, Uriel als astronomischer Lehrer - Erdenden aller vier Himmelsrichtungen (N-W-S-O) - Schlussdoxologie Henochs

(rechter Rand, vertikal:) WÄCHTERBUCH ALS SEGENSREDE HENOCHS AN EINE FERNE GENERATION

(D): Doxologie Henochs als Abschluss einer Berichtssequenz (zweite Reiseschilderung)

Übersichtsschema zum Wächterbuch

an die ‚gerechten Erwählten'[4]. Damit sind zugleich der fiktive Autor (Henoch) und die fiktive Leserschaft (die ‚gerechten Erwählten') bestimmt.

Es ist auffällig, dass die Überschrift die einzige klare Leseanweisung für diese Bestimmung bietet. In 1,2 findet man immerhin eine weitere Angabe zur fiktiven Leserschaft, indem Henoch klarstellt, dass sich seine Ausführungen an eine ‚ferne Generation' (דר רחיק)[5] richten. Im Fortgang der Schrift wird die Bestimmung von fiktivem Autor und fiktiver Leserschaft abgesehen von der zweiten Fortführung, bei der Henoch wieder als Erzähler auftritt, nicht mehr explizit aufgegriffen.[6] Zum einen mag dies mit dem kompositen Charakter des WB zusammenhängen. So wurde etwa die *Wächtergeschichte* (Kap. 6–8), aber auch die erste Weiterführung (Kap. 9–11) eingebaut, ohne dass es der Verfasserschaft nötig schien, Henoch auch dort explizit als Erzähler zu nennen. Dass die Passagen eine auktoriale Erzählsituation wiedergeben, von der Einleitung her aber dennoch Teil der Segensrede Henochs bleiben, mag für eine heutige Leserschaft ungewohnt wirken, darf im Kontext antiker Literaturwerke jedoch nicht vorschnell als Inkonsistenz gewertet werden. Weiter unten werden wir zudem sehen, dass im WB ein starker Appellcharakter vorherrscht. Wenn insofern bereits in der Einleitung (vgl. Kap. 2–5) plötzlich unklar wird, wer als fiktiver Leser oder als fiktive Leserin angesprochen wird, muss zum anderen bedacht werden, dass der Text von der (impliziten) Leserschaft tendenziell viel Sinnbildungsarbeit erfordert.

In wenigen Fällen bleiben Redeblöcke unterbestimmt, wie etwa in Kap. 2–5. Ob Henoch als fiktiver Redner hier in Anschluss an 1,9 Gott zitiert, wie er beim künftigen Gericht zu den Frevlern spricht, kann vermutet, aber nicht definitiv bestimmt werden. Im Hauptteil sieht die Situation klarer aus. Am auffälligsten bleibt hier der lange Visionsbericht, über

---

4 Ar lässt sich – ebenfalls mit MILIK, Books (1976) 141 – als [בחֹ]ירין קשיטין rekonstruieren. BEYER, Texte (1984) rekonstruiert determiniert [בחֹ]ירין קשיטיה und übersetzt mit ‚die [wahrhaftigen] Auserwählten', was sich bei ALBERTZ, Religionsgeschichte 2 (1992) 656 umgestellt findet zu ‚auserwählte Wahrhaftige/Gerechte'. UHLIG, Henochbuch (1984) übersetzt von der äthiopischen Vorlage her mit ‚die Auserwählten und Gerechten'.

5 BEYER, Texte (1984) 232 rekonstruiert den einschlägigen Satz in 4Q201 Frg. 1 i 4 folgendermaßen: [... לל]מֹמֹ אנה חֹיק]ר ר[לד]ן דרה להן [ד]על חשבת ולא ...] („[... Aber nicht an die] gegenwärtige Generation [dachte ich (dabei)], sondern für eine ferne (zukünftige) Generation rede ich"). Rezipiert wird üblicherweise die Rekonstruktion von MILIK, Books (1976) 142: [... לל]אֹמֹ אנה חֹיק]ר ר[לד]ן דרה להן [הד]לֹ לא ...] („[... not for] this generation, but for a far-off generation I shall speak").

6 Vgl. allerdings 4.4.2., Anm. 105 zur literarischen Gestaltung der zweiten Reiseschilderung auf Kap. 26–27 hin. In 27,3–4 ist ein zweites Mal von den Gerechten die Rede, die beim Gericht anwesend sein werden, und es scheint, dass damit bewusst an die Überschrift angeknüpft wird.

den Henoch der fiktiven Leserschaft also berichtet, dass er ihn den Wächtern als Antwort auf deren Bitte um Vergebung vorgelesen habe. Die Rede Gottes an Henoch (Kap. 15–16) präsentiert sich als umfangreichster Redeblock innerhalb dieses Visionsberichtes. Sie enthält ihrerseits die Botschaft, die Henoch den Wächtern überbringen soll. Dieser Passage wird für die Interpretation des WB im Allgemeinen eine zentrale Bedeutung zugeschrieben, und dies zu Recht. Sie angemessen auszudeuten kann jedoch kaum geschehen, ohne wahrzunehmen, dass es sich hier um eine besonderst verschachtelte Passage handelt.

Die eigentümliche verschachtelte Form des WB wirft in besonderem Maße die Frage auf, wohin die Verfasserschaft ihre Adressaten und Adressatinnen letztlich lenken möchte, wenn sie die Wächtergeschichte und deren Fortführungen als Segensrede verstanden haben will. In diesem Zusammenhang stellt sich außerdem die Frage, inwiefern auf eine Identifikation der Leserschaft mit der fiktiven Adressatenschaft hingearbeitet wird. Diese Fragen werden die Textuntersuchung ständig begleiten.

Geht es im Folgenden darum, Inhalt und Aufbau von Einleitung und Hauptteil getrennt näher zu betrachten, ist absichtlich nicht die Einleitung, sondern der Hauptteil an den Anfang gestellt. Dadurch soll deutlicher in den Blick kommen, dass und wie die Einleitung nicht nur durch die klare Bestimmung von fiktivem Autor und fiktiver Leserschaft einen wesentlichen Lesehorizont für diese Geschichte aufspannt, sondern ferner dadurch, dass sie die Leserschaft mit einem Konzentrat der im Hauptteil entwickelten Geschichte konfrontiert.

2.1. Die Geschichte von den abtrünnigen Engeln, durch die das Böse in der Welt überhandnahm: 1 Hen 6–36

Der Hauptteil beginnt mit einer knappen Erzählung darüber, wie eine Gruppe von Wächterengeln[7] willentlich von einem ordentlichen Lebenswandel abkommt (1 Hen 6–8). Im Rahmen dieser Arbeit wird diese

---

7   Aramäisch: עירין; griechisch: οἱ ἐγρήγοροι; äthiopisch: ትጉሃን. Für Erwägungen zur genaueren Bedeutung der Bezeichnung vgl. NICKELSBURG, Commentary (2001) 140f. In der aramäischen Fassung des WB scheint sie noch die „chief designation for the heavenly beings" (ebd. 140) zu sein, während sich dann in G und Ä eine Tendenz ausmachen lässt, vor allem die abtrünnigen Engel als Wächter zu bezeichnen. Wenn wir heute vom ‚Wächterbuch' reden, folgen wir im Grunde dieser Tendenz. Die heutige Bezeichnung leitet sich ab vom in G^S genannten Buchtitel: Bevor Synkellos 1 Hen 6ff. zu zitieren beginnt, merkt er an, die Passage stamme ἐκ τοῦ πρώτου βιβλίου Ἐνωχ περὶ τῶν ἐγρηγόρων, also „aus dem ersten Henochbuch über die Wächter".

Erzählung Wächtergeschichte genannt.[8] Sie berichtet aus den Tagen Jereds, also von der biblischen Chronologie her aus vorsintflutlicher Zeit (6,6).[9] Es wird beschrieben, wie sich die Engel, die offensichtlich alle männlichen Geschlechts sind,[10] auf der Erde Menschenfrauen aussuchen und mit ihnen Kinder zeugen. Überdies vermitteln sie den Menschen vielerlei Wissen. Das Spektrum reicht von magisch-medizinischen über astrologische Kenntnisse bis hin zu Kenntnissen der Waffen- und Schmuckherstellung. Die Wissensvermittlung wird dabei größtenteils einem Engel Namens ʿAsaʾel zugeschrieben.[11] Die Taten der Engel werden im Text äußerst negativ beurteilt:[12] Schon bei der Planung, sich Menschenfrauen zu nehmen, wird Šemiḥaza, dem Anführer der Engelsgruppe, klar ein Schuldbewusstsein zugeschrieben (6,3). Dennoch nimmt es die Gruppe auf sich, die Tat zu begehen (6,4–

---

8   Andere Autoren und Autorinnen verwenden den Begriff ‚Wächtergeschichte' oder ‚Story of the Watchers' für Passagen, die über Kap. 8 hinausreichen, so z. B. COLLINS, Imagination (²1998) für Kap. 6–16. Ich möchte die Bezeichnung für 1 Hen 6–8 reservieren, an den beide Weiterführungen anschließen.

9   Diese explizite Zeitangabe fehlt zwar in Ä, einer Lesart, die sich textkritisch aber plausibel als sekundär gegenüber Ar (4Q201 Frg. 1 iii 4) und G (Gˢ) erklären lässt, wie dies bereits DILLMANN, Liber (1851) 92f. herausgearbeitet hat. Bei der Übersetzung vom Griechischen ἐν ταῖς ἡμέραις Ἰάρεδ εἰς τὴν κορυφὴν τοῦ Ἑρμονιείμ ins Äthiopische scheint ταῖς ἡμέραις weggelassen und Ἰάρεδ εἰς als ein Wort gelesen worden zu sein, woraus sich die Lesart „und sie stiegen auf den Ardis (ኣርዲስ) herab" ergab.

10 Das Geschlecht der himmlischen Wesen in 1 Hen scheint wie in anderen zeitgenössischen jüdischen Schriften generell männlich zu sein, nicht nur dann, wenn Geschlechtlichkeit ein Thema wird. Für das WB vermag die Passage 15,3–6 diese Vorstellung zu erhellen: Geistige und damit ewige Wesen brauchen gemäß Gott, der sich hier tadelnd an die abtrünnigen Engel richtet, keine Frauen, da sie sich nicht fortpflanzen müssen. Die fleischlichen und damit sterblichen Menschen(männer) versorgte Gott mit Frauen, damit sie Kinder erhalten und es ihnen auf Erden an nichts mangelt.

11 In Ä ist an den meisten Stellen statt ʿAsaʾel der Name ʾAzāzʾēl (ኣዛዝኤል) bezeugt [für eine Auflistung der Schreibweise des Namens in den verschiedenen Handschriften s. WRIGHT, Origin (2005) 108]. Dieser Befund hat insbesondere HANSON zur These bewogen, das WB spiele bewusst auf das in Lev 16 beschriebene Sündenbockritual an, bei dem es einen Ziegenbock לעזאזל, „für ‚Azaʾzel" in die Wüste zu schicken gilt [vgl. ders., Rebellion (1977) 220–226]. HANSON geht so weit, die Anspielung als „a harsh indictment against the temple cult and its expository tradition" (ebd. 226) zu deuten. Den *textus classicus* of the holiest festival of the cultic calendar" (ebd.) derart frei zu bearbeiten, wie es im WB geschehe, habe nur als Anmaßung empfunden werden können. HANSONs These ist zu Recht mehrfach kritisiert worden (vgl. dazu dann auch unten unter 5.2., Anm. 107). Für eine ausführliche Kritik s. WRIGHT, Origin (2005) 109–114. Die Namensmodifizierung im WB bezeugt allenfalls spätere Assoziationen mit der עזאזל-Gestalt aus Lev 16.

12 Vgl. demgegenüber die Schilderung der Geschichte in Gen 6,1–4, die sich einer negativen Wertung enthält.

6).[13] Die geschilderten Konsequenzen bekräftigen das Urteil. Die Kinder der Engel entwickeln sich zu gefräßigen Riesen, die alles verschlingen, selbst Menschen und ihresgleichen. Durch die Unterweisungen breitet sich Gottlosigkeit (ርስዓ/ἀσέβεια) auf der Welt aus (8,2). Drastisch wird geschildert, wie die Erde klagt (7,6) und wie der Schrei der sterbenden Menschen in den Himmel dringt (8,4).[14]

Henoch bleibt nicht nur in der Wächtergeschichte, sondern auch in deren erster Fortführung (1 Hen 9–11) unerwähnt. Während die Kap. 6–8 in sehr zügigem Erzähltempo in die Komplikation hineinführen,[15] verlangsamt sich das Tempo in Kap. 9–11 insbesondere durch einen aus zwei längeren Reden (Anfrage – Antwort) bestehenden Dialog, der inhaltlich die angespannte Lage etwas entschärft: Gott betrit die Bühne und kündigt Sanktionen an. Konkret wird beschrieben, wie die Klage

---

13 Die Bereitschaft wird durch einen Schwur bekundet, wobei dies eine ätiologische Herleitung des Namens Hermon als Ort des Geschehens erlaubt. Zur möglichen Bedeutung der Negativwertung des Ortes gerade in Bezug auf Diskussionen um die Herkunft der Verfasserschaft des WB, s. unten unter 5.6.3.

14 Diese Zuspitzung entspricht in erster Linie G^A, Ä und – soweit es die Fragmente erkennen lassen – auch Ar. In G^S, wo diese Passage in zwei Varianten wiedergegeben wird, liegt der Erzählstoff der Kap. 7–9 leicht anders gestaltet vor. Das Motiv der Gefräßigkeit der Riesen folgt hier erst nach der Aufzählung der verschiedenen Lehrer und ihrer Kompetenzbereiche. Erst hierauf, also in 8,4, folgt eine Klagepassage. Dabei klagt nicht die Erde, sondern es sind die verbliebenen Menschen, die ihren Rechtsfall bzw. ihr Anliegen vor Gott gebracht wissen wollen. Es handelt sich damit nicht mehr einfach um einen Verzweiflungsschrei, sondern bereits um einen gefasster formulierten Hilferuf (insbesondere bei G^S2 fällt zusätzlich auf, wie gottesfürchtig die Menschen in ihrer Verzweiflung gezeichnet werden: Ihr Fall soll nicht einfach wie in G^S1 ‚vor den Herrn'/ἐνώπιον κυρίου gebracht werden, sondern πρὸς τὸν ὕψιστον und ἐνώπιον τῆς δόξης τῆς μεγάλης, ἐνώπιον τοῦ κυρίου τῶν κυρίων πάντων τῇ μεγαλοσύνῃ), eine Formulierung, die G^S1 den Menschen dann immerhin in 9,3 in den Mund legt).

15 Wurde oben die gesamte Wächtergeschichte als Exposition bezeichnet, auf die sich die beiden Weiterführungen (9–11; 12–36) beziehen, kann in einem strengeren Sinne bereits innerhalb der Wächtergeschichte zwischen Exposition (6,1–7,2) und Komplikation (7,3–8,4) unterschieden werden, die dann mit 9–11 und 12–36 eine Resolution findet (in Bezug auf 12–36 beschränkt sich die eigentliche Resolution genau gesehen auf 14–36, da durch das Bittgesuch der Engel erneut ein Spannungsbogen aufgebaut wird; vgl. dazu die näheren Ausführungen weiter unten). Schematisch ergibt sich damit folgender Aufbau von 1 Hen 6–36:

6,1–7,2	Exposition
7,3–8,4	Komplikation
9–11	Resolution 1
12,1–13,3	Resolution 2a
13,4–10	Infragestellung der Resolution
14–36	Resolution 2b

und die Bitte der Menschenseelen[16], ihren Rechtsfall vor den ‚Höchsten'[17] zu bringen, zu den vier Engeln Michael, Sariel, Rafael und Gabriel[18] gelangen. Gott, dem das Anliegen vorgetragen wird, entsendet die vier daraufhin mit verschiedenen Aufträgen. Der erste dieser Aufträge (10,1–3) verwebt die Wächtergeschichte mit der Geschichte von ‚Lamechs Sohn'[19] und der Sintflut: Sariel soll ihm die alles vernichtende Flut voraussagen und ihm kundtun, wie er sich und seine Familie retten kann. Die weiteren Aufträge beinhalten provisorische Sanktionen gegenüber den Wächterengeln und deren Nachkommen. ʿAsaʾel und Šemiḥaza samt Gefolge sollen unter der Erde eingesperrt werden, deren Söhne umkommen. Längerfristig stellt Gott ein großes, endgültiges Gericht gegen die abtrünnigen Engel in Aussicht, gleichzeitig aber auch ein segensvolles Leben für die gerechten Menschen in einer geheilten

16 Ä benennt die Subjekte der Bitte in 9,3 als ⲓ·⸱ⲁ·ⲧ·: ⲛⲁⲛⲗ, Gᴬ spricht von αἱ ψυχαὶ τῶν ἀνθρώπων und Gˢ¹⁺² sprechen von τὰ πνεύματα καὶ αἱ ψυχαὶ τῶν ἀνθρώπων. Bezüglich Ar erkennt Mɪʟɪᴋ in 4Q202 Frg. 1 iii 11 die Buchstaben ‏נׄפׄשׁ‏ und ergänzt zu ‏נׄפׄשׁ[ת בני‏ ‏אנשא]. Alle Handschriften bezeugen somit eine Verschiebung von der Klage noch lebender Menschen in 8,4 (am deutlichsten in Gˢ¹⁺², etwas weniger klar, da es um die Menschen ‚bei ihrem Untergang/beim Sterben' geht: Ä, Gᴬ und wohl auch Ar) zur Klage nun möglicherweise bereits Verstorbener. Sollte dies zutreffen – spätestens in 9,10 (in Ar nicht bezeugt) sind es eindeutig die Toten, die klagen –, scheint hier zum ersten Mal im WB die Vorstellung auf, dass die Menschen nach ihrem Tod in einer unkörperlichen Form weiterexistieren.

17 Zu den Gottestiteln, die im WB verwendet werden, s. ausführlicher unten unter 5.1. Es fällt auf, dass Gott im Wächterbuch selten ‚Gott' genannt wird, sondern meist in Titeln mit Attributen angesprochen wird, die seine Größe betonen [vgl. demgegenüber z. B. Jub, bei dem dann vorwiegend Gott bzw. Herr benutzt wird. Für eine Auflistung der Gottesprädikationen in Jub s. Bᴏ̈ᴛᴛʀɪᴄʜ, Gottesprädikationen (1997)].

18 In Gˢ¹⁺² werden sie als ‚die vier großen Erzengel' (οἱ τέσσαρες μεγάλοι ἀρχάγγελοι) bezeichnet, in den anderen Hss werden ihre Namen attributlos genannt. Für Sariel schreiben einige Hss ‚Uriel'. Uʜʟɪɢ, Henochbuch (1984) 523, Anm. IX 1b, fragt sich, ob der Engel allenfalls ursprünglich Sariel hieß, später aber in Uriel umbenannt worden sei, oder ob vielleicht einfach beide Namen nebeneinander bestanden hätten. Nɪᴄᴋᴇʟsʙᴜʀɢ, Commentary (2001) 202, Anm. 1b, nimmt an, dass sich die Schwankung durch eine Verwechslung der Buchstaben Omikron und Sigma erklären lässt (CYPIHΛ sei als OYPIHΛ gelesen worden).

19 Nur Gˢ spricht vom ‚Sohn Lamechs' explizit als Noach (10,2) und als Gerechtem (10,3). Gegen Cʜᴀʀʟᴇs, Version (1906) 24, der Ä in 10,2 nach Gˢ ergänzt und gegen Nɪᴄᴋᴇʟsʙᴜʀɢ, Commentary (2001) 215, der Gˢ in 10,2 und 10,3 kommentarlos den anderen Lesarten vorzieht, lässt sich die Lesart von Gˢ meines Erachtens besser als sekundär harmonisierend (so lässt Gˢ auch alle Aufträge mit πορεύου/„Gehe …" beginnen) und explizierend verstehen. In Ar finden sich 10,1–2 nicht bezeugt. Für 10,3 rekonstruiert Mɪʟɪᴋ den hier nur sehr fragmentarisch vorhandenen Text (4Q201 Frg. 1 v 3f.) nach Gˢ, was Cʜᴀʀʟᴇs' und Nɪᴄᴋᴇʟsʙᴜʀɢs Position unterstützen würde. Betrachtet man die einschlägigen Fragmente von 4Q201, legt sich eine Rekonstruktion nach Gˢ allerdings nicht zwingend nahe.

Welt.[20] Wie die Aufträge von den Engeln ausgeführt werden, wird nicht berichtet. Stattdessen beginnt mit Kap. 12 eine zweite Weiterführung der Wächtergeschichte, nun mit Henoch als Ich-Erzähler.

Die zweite Fortführung beginnt mit einer knappen, auktorial erzählten Überleitung, die Henoch wieder das Erzählen zuspielt. Er berichtet, wie er als in den Himmel Entrückter von Engeln den Auftrag erhält, den abtrünnigen Wächterengeln auf der Erde Unheil zu verkünden. Aus diesem Auftrag ergibt sich eine Vermittlungstätigkeit Henochs zwischen Gott und den Wächterengeln, die keinen Zugang mehr zur himmlischen Sphäre haben:[21] Die Wächterengel schicken ihn mit einer Schrift zu Gott zurück, in der sie um Vergebung bitten. Von der himmlischen Sphäre wird Henoch zurück auf die Erde zu den Engeln gesandt, um die Unheilsbotschaft zu bestätigen, dass sie keinen Frieden finden werden (12,6; 16,4). Den größten Raum im ganzen Wächterbuch nehmen die Kap. 14–36 ein. Henoch rezitiert hier vor den abtrünnigen Engeln im Auftrag Gottes das ‚Buch der Worte der Wahrheit/Gerechtigkeit und des Tadels'[22]. Es schildert, was er erlebt hat, als er die Bittschrift der Engel vor Gott gebracht hat. Nach einer kurzen Vorwegnahme des himmlischen Urteils (14,4–7) beschreibt Henoch darin ausführlich, wie er vor den thronenden Gott gelangt ist (14,8–15,1), und gibt dessen Rede an die Engel wieder (15,2–16,4).[23] In Kap. 17–36 schildert er in zwei durch eine Engelsliste (20) voneinander getrennten Reiseberichten (17–19; 21–36), wie ihn nach der Thronvision

---

20   Zu den Sanktionen s. 10,4–6 (gegen ʿAsaʾel); 10,9–10 (gegen die Wächterengel-Nachkommen); 10,11–15 (gegen Šemiḥaza und dessen Gespielen, die sich Menschenfrauen genommen haben, und gegen die Geister ihrer Nachkommen). Zum Gericht s. 10,6; 10,12–14, zur Heilung der Welt s. 10,7; 10,16–11,2.

21   Nach NICKELSBURG, Commentary (2001) 229 haben wir es hier mit Henoch als „the *first* prophet" zu tun.

22   Aramäisch (4Q204 Frg. 1 vi 9): [... ואוכחות קושטא] ספר מלי קושטא (Rekonstruktion nach MILIK, Books (1976) 193); Gᴬ: Βίβλος λόγων δικαιοσύνης καὶ ἐλέγξεως; Ä: ﬞ: ﬞ: ﬞ: ﬞ.

23   Auch UHLIG, Henochbuch (1984) 542ff. deutet diese gesamte Passage als Rede an die Engel. Anders NICKELSBURG, Commentary (2001), der von seiner Interpunktuation her – ansonsten kommentarlos – die Passage 15,7b–16,2 nicht mehr als direkte Rede an die Engel interpretiert. Vgl. in diese Richtung auch TIGCHELAAR, Prophets (1996) 190, der daraus auf einen Zusatz im Sinne einer „secondary aetiological expansion" (ebd.) schließt. Dass in diesen Versen die Engel an keiner Stelle in der 2. Person Plural angesprochen werden, was vielleicht als Argument bemüht werden könnte, zwingt meines Erachtens noch nicht zu einer Ausklammerung aus der direkten Rede an die Engel. Inhaltlich geht es um Erläuterungen zu Wesen und Schicksal der Riesen und deren Geister, was sehr wohl auch deren Väter tangiert (vgl. 10,10.12; 12,6). Durch diese inhaltliche Verschränkung legt sich auch eine Attribuierung als sekundär nicht zwingend nahe.

Engel durch den Kosmos geführt haben und wie ihm dabei verschiedene Orte gezeigt und gedeutet wurden, die Menschen sonst unzugänglich sind. Dazu gehören Orte, die Teil der Struktur des Kosmos sind und mit Naturphänomenen zusammenhängen, die sich aus menschlichem Blickwinkel beobachten lassen: Henoch werden z. B. die ,Schatzkammern aller Winde' (18,1) gezeigt, Orte, an denen Blitz und Donner, Licht und Wasser lagern, der ,Eckstein der Erde' (18,2) oder dann auch die ,Enden der Erde, worauf der Himmel ruht' (33,2). Neben solchen Elementen kosmischer Architektur bekommt Henoch aber auch Orte zu sehen, die explizit mit der Prophezeiung an die Engel zusammenhängen, etwa den Strafort für Sterne, die zur falschen Zeit hervorgekommen sind (18,11–19,3; 21). Er wird im Rahmen der ersten Reiseschilderung mit dem Strafort für die Wächterengel identifiziert.[24] Auch der irdische Thron, auf dem Gott Gericht halten wird, wird ihm vorgeführt (18,8; 24,3–25,7) sowie ein wunderbarer, wohl duftender Baum, der den Menschen nach dem Gericht Freude und langes Leben schenken soll (24–25). Im berühmten Kap. 22 besucht Henoch Felsengewölbe, in denen sich die Seelen verstorbener Menschen bis zum Gericht aufhalten.[25] Bevor das WB mit einer Doxologie Henochs endet, die seiner Ehrfurcht vor der Größe Gottes als Schöpfer Ausdruck verleiht (36,4), schildert Henoch noch knapp, wie ihm en passant der Lauf der Sterne offenbart worden ist (33,1–36,3).

Exkurs 1: Zur Versreihenfolge in 1 Hen 18–19

Wenn ich, wie eben ausgeführt, davon ausgehe, dass im Rahmen des ersten Reiseberichtes der Strafort für die Sterne, die zur falschen Zeit hervorgekommen sind, (18,12–16) zugleich als Strafort für die Wächterengel (19,1) bestimmt wird, behalte ich diejenige Versreihenfolge bei, die alle Textzeugen, inklusive Ar (4Q204), belegen. Trotz des klaren Handschriftenbefundes ist diese Lesart nicht unumstritten und soll daher an dieser Stelle genauer begründet bzw. die These einer Versumstellung kritisch beleuchtet werden. Ein prominenter Vertreter der These einer Umstellung ist NICKELSBURG. In seinem Kommentar folgt er den Erwägungen von DILLMANN und CHARLES in der Umstellung von

---

24 Zu meiner Position bezüglich der Reihenfolge der Verse in Kap. 18–19 s. den folgenden Exkurs.

25 Von einem solchen Ort ist zwar vorher noch nicht explizit die Rede. Wie wir oben unter Anm. 15 gesehen haben, setzt bereits die erste Fortführung der Wächtergeschichte (1 Hen 9–11) die Vorstellung der Existenz menschlicher Seelen voraus. Kap. 22 malt damit aus, wie sich diese Existenz vorstellen lässt.

19,1–2 zwischen 18,11 und 18,12.[26] Parallel zu Kap. 21, aber in der Reihenfolge invertiert, ergibt sich damit eine doppelte Abfolge von Phänomen und Deutung:

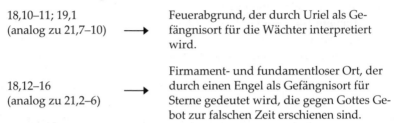

18,10–11; 19,1   Feuerabgrund, der durch Uriel als Ge-
(analog zu 21,7–10) ⟶ fängnisort für die Wächter interpretiert
                        wird.

                        Firmament- und fundamentloser Ort, der
18,12–16   ⟶   durch einen Engel als Gefängnisort für
(analog zu 21,2–6)   Sterne gedeutet wird, die gegen Gottes Ge-
                        bot zur falschen Zeit erschienen sind.

Da NICKELSBURGs Kommentar ein Standardwerk für Forschungen zu 1 Hen geworden ist, soll meine Kritik an einer Textumstellung exemplarisch an dessen Argumenten anknüpfen.

Zum einen führt NICKELSBURG ins Feld, dass in Kap. 18–19 eine Abfolge merkwürdig und ohne Parallele wäre, bei der auf zwei Visionen (Feuerabgrund neben firmament- und fundamentlosem Raum) erst eine Deutung für die zweite Vision (durch den namenlosen Engel) und erst dann eine Deutung für die erste Vision (durch Uriel) folgen würde. Damit hätte er zweifellos recht, würde es sich bei dieser Argumentation nicht um eine petitio principii handeln: NICKELSBURG postuliert damit bereits, dass sich die in 19,1–2 gebotene Deutung (Rede Uriels) auf 18,9b–11 beziehen muss.[27] Dass sich eine der beiden Engelreden auf den Feuerabgrund zu beziehen hat, markiert der Text allerdings nicht. Die Idee, eine der Reden beziehe sich auf den Feuerabgrund, entwickelt NICKELSBURG von Kap. 21 her, in dem Henoch, wie es das obige Schema zeigt, tatsächlich eine Deutung für einen Ort zu hören bekommt, der als tiefer Feuerschlund beschrieben wird. Durch die Umstellung wird das Ende der ersten Reiseschilderung somit dem Anfang der zweiten Reiseschilderung angepasst. Ein solches Vorgehen ist insofern heikel, als die Verhältnisbestimmung zwischen dem ersten und dem zweiten Reisebericht in der Regel so bestimmt wird, dass der zweite Reisebericht als der jüngere gilt.[28] NICKELSBURG selbst geht davon aus, dass der zweite Bericht eine „rewritten and reversed version"[29] des ersten Reiseberichtes darstellt. Nicht alle Autoren und Autorinnen, die ebenfalls von einem sekundären Bericht ausgehen, würden das Innova-

---

26 Vgl. DILLMANN, Henoch (1853) 118f.; CHARLES, Enoch (1912) 42; NICKELSBURG, Commentary (2001) 276.287. Die Verse werden in der Folge z. B. auch bei BAUTCH, Study (2003) umgestellt (vgl. ebd. 130f.).

27 Vgl. NICKELSBURG, Commentary (2001) 287.

28 Vgl. hierzu bereits oben unter 1.2.1. mit Literaturangaben unter Anm. 76.

29 NICKELSBURG, Commentary (2001) 290.

tionspotential des Textes sodann derart eng beurteilen, dass von Kap. 21 klar auf die Form von Kap. 18–19 zurückgeschlossen werden könnte. KNIBB etwa meint gegenüber NICKELSBURGs Argumentation lapidar: „It seems much simpler to assume that 18:9b–19:2 has a different view from chapter 21 and thinks in terms of only one prison (…)."[30] Es kommt hinzu, dass der ‚restaurierte' Parallelismus überhaupt weniger kohärent zu sein scheint, als ihn NICKELSBURG interpretiert haben möchte. Meines Erachtens lesen sich 21,1–6 und 21,7–10 am adäquatesten vor dem Hintergrund der Passage 10,12–13: In Kap. 21 werden Henoch zum einen der Verwahrungsort der Abtrünnigen *vor* dem Gericht gezeigt (21,1–6), zum anderen und neu gegenüber Kap. 18–19 der Strafort *nach* dem Gericht (21,7–10, vgl. den Hinweis analog zu 10,13, dass es um eine *ewige* Verwahrung geht). Demgegenüber beziehen sich sowohl 18,14–16 als auch 19,1, also beide Engeldeutungen in Kap. 18–19, bei dem, was Henoch sieht, auf einen Verwahrungsplatz *vor* dem Gericht. Beide Reden enthalten explizit den Hinweis, dass es sich beim gedeuteten Ort um einen zeitlich begrenzten Verwahrungsort handelt. Anders als Kelley Coblentz BAUTCH[31] hege ich schließlich Zweifel an NICKELSBURGs Annahme, dass „[t]he traditional association of the noun ‚column' and the verb ‚stand' (…) suggests that the pillars in 18:10 [sic; eigentlich 18,11] are the suffering watcher, said to be ‚standing' (19:1) in the chasm."[32] Die Korrelation der Wurzeln beider Begriffe geht nur im Hebräischen auf (עמוד/עמד), was NICKELSBURG selbst einräumt.[33] Problemloser lassen sich die Säulen in meinen Augen analog zu den Windsäulen in 18,2–3 als architektonische Elemente des Kosmos als Bauwerk Gottes deuten. Gott wird damit traditionellem königlichem Prestige entsprechend als großer Bauherr dargestellt.[34] Auch der Verweis auf die Gestalten von 17,1, den BAUTCH ergänzend anbringt, vermag meines Erachtens eine Gleichsetzung der Feuersäulen mit den Wächtern nicht plausibel zu machen.[35]

Ohne Versumstellung stellt der Abgrund von 18,11 (Ä: ጕድጓድ; G: χάσμα) eine weitere Reisestation dar, die – wie alle bisherigen Stationen – nicht kommentiert wird (17,1–18,11). Henoch erblickt über diese unendlich tiefe und hohe Kluft hinweg den Zielpunkt des ersten Reiseberichtes. Erst diesen Ort deutet ein Engel, nämlich als Gefängnisort für

---

30 KNIBB, Use (2003) 177.
31 BAUTCH, Study (2003) 132f.
32 NICKELSBURG, Commentary (2001) 287.
33 Ebd. 285.
34 Zum großen Gewicht, das das WB dem Bild von Gott als König zuschreibt, vgl. detaillierter unten unter Kap. 5.1.
35 BAUTCH, Study (2003) 132f.

Sterne und für das Himmelsheer (18,14) – und zum Himmelsheer gehören bekanntlich auch die Wächter. Die zweite Deutung durch den Engel Uriel (19,1–2) gibt dieser Identifikation des Ortes Nachdruck. Die erste Deutung ergänzend, wird die konkrete Schuld der Wächter und das Schicksal ihrer Frauen erwähnt. In Anbetracht der Funktion dieses ‚wüsten und schrecklichen' Ortes lässt sich der Abgrund von 18,11 in seiner unüberwindbaren vertikalen Ausdehnung als perfekte ‚Gefängniswand' verstehen.[36] Interessanterweise belegt NICKELSBURG unter Verweis auf 1 Hen 86,1–3, Dan 12,3, 1 Hen 104,2 und 1 Hen 82,4–20 selbst, dass sich die Sterne und die Wächter als Abtrünnige assoziieren lassen.[37]

Die eben dargelegte Interpretation vermag in meinen Augen nicht nur die Kohärenz von 18,10–19,3 in der überlieferten Versabfolge offenzulegen, sondern auch NICKELSBURGs Vermutung zum Textwachstum innerhalb dieser Passage zu entkräften, dass nämlich die Passage 18,12–16 sekundär sei.[38] Mit TIGCHELAAR tendiere ich dazu, nicht 18,12–16, sondern 19,1–2 als sekundär zu bewerten. TIGCHELAAR führt an, VV. 12–16 seien „more in tune with the cosmic character of the visions in 17–18", und Kap. 19 lasse sich demgegenüber als Zusatz „in order to relate the journeys to the judgment of the Watchers"[39] verstehen. Seine grundsätzliche Beobachtung lässt sich auf inhaltlicher Ebene weiterführen: Sowohl der Befund, dass die Frauen mit den Sirenen in Verbindung gebracht werden, die in der griechischen Literatur als Chiffre für Verführung stehen konnten, und damit wohl mit der Idee, sie hätten die Engel verführt,[40] als auch die Reduzierung des durch die Geister

---

36   Vgl. die separierende Funktion, die χάσμα z. B. in Lk 16,26 zukommt.
37   NICKELSBURG, Commentary (2001) 288.
38   Ebd. 278.288.
39   TIGCHELAAR, Prophets (1996) 158.
40   Zum Bedeutungsspektrum der Sirenen in der Antike vgl. BÄBLER/NÜNLIST, Art.
      Sirenen (2001). Während von den bekannten Quellen her literarisch eher der Topos
      der Verführung im Vordergrund steht, kommt Sirenen ikonographisch (überwie-
      gend als Mischwesen aus Vogel und Frau) eine zentrale Rolle im Grabkontext zu,
      wo sie ab dem 5. Jh. v. Chr. nicht mehr für das Dämonisch-Bedrohliche stehen, son-
      dern als Wesen fungieren, die die Totenklage ausführen. In der LXX werden Sirenen
      als Bewohnerinnen verwüsteter Stätten aufgezählt (Jer 27,39; Jes 13,21; 34,13; vgl.
      auch Jes 43,20; Ijob 30,29) und damit der Sphäre einer gegenmenschlichen Welt zu-
      geordnet. In Mi 1,8 wird der Aspekt des Klagens in den Vordergrund gestellt. Falls
      1 Hen 19,2 tatsächlich auf eine Assoziation mit den Sirenen in der Rolle der Verführ-
      rerinnen abzielt [vgl. so auch LOADER, Sexuality (2007) 54], würde damit ein deutlich
      anderer Aspekt ins Zentrum gestellt als in den LXX-Belegen. Anders urteilt hier al-
      lerdings KÜCHLER, Schweigen (1986) 296–300. Auch KÜCHLER erwägt eine Deutung
      der Textstelle als „mythologische Fixierung der Frauen in der Rolle als Verführerin-
      nen, die ihre Fähigkeiten nur dazu einsetzen, die Männer zu Tode zu bringen" (ebd.

der Riesen verursachten Übels auf ‚Götzendienst' lassen sich meines
Erachtens gut als nachträgliche Ausdeutung (Beschaffenheit des Übels)
und Weiterführung (Bemerkung über das Schicksal der Frauen, mit
denen sich die Engel vermischt haben) verstehen. Beide Präzisierungen
bleiben in Bezug auf die Gesamtschrift singulär.[41] Falls 19,1–2 zu Recht
als sekundär gelten dürfen, lässt sich ferner erwägen, dass zumindest
die Nennung von Uriel in 19,1 von Kap. 21 abhängt: Da Uriel dort als
Deuteengel in Bezug auf die Strafstätten auftritt, wurde sein Name nun
auch im Rahmen der Ergänzung zu Kap. 19 in eine Reiseschilderung,
die ursprünglich keine Engelsnamen enthielt, eingetragen.[42] [Ende des
Exkurses]

2.2. Die Einleitungskapitel: 1 Hen 1–5

Den Kapiteln 6–37 sind fünf Kapitel vorangestellt. Sie führen Henoch
als Sprecher ein, betonen Henochs Offenbarungsprivilegien und bezeichnen das Wächterbuch als Segensrede[43] für eine ferne Generation.
Knapp, aber umso prägnanter nehmen sie vorweg, was als Hauptaus-
sage der Erzählung in Kap. 6–36 angesehen werden kann, nämlich die
Ankündigung einer Zäsur im Weltenlauf, die zu Ungunsten der Frevler, aber zu Gunsten der Gerechten stattfinden soll. Vorweggenommen
wird zudem die Bestimmung dessen, was als frevelhaft und böse angesehen wird: jegliches Ignorieren und Überschreiten der Ordnung Got-

---

299f.). Letztlich erachtet er es aber doch als plausibler, dass die Verfasserschaft hier
Sirenen als dämonische Klagefrauen vor Augen gehabt haben. Das „narrative
Schicksal" der hübschen und schönen Frauen von Hen 6,1 sei damit gleichwohl ne-
gativ besiegelt worden, denn nun säßen sie „[a]ls heulende Gespenster (…) auf den
Trümmern jener Verwüstung, die aus ihrem Bauche kam!" (Ebd. 299.)

41   Die Idee, die Frauen hätten die Engel verführt, scheint noch in 8,1 von G^S auf. Für
      eine Diskussion dieser Passage s. 4.2., Anm. 12. Die Schuldzuschreibung fällt v. a. in-
      sofern aus dem Rahmen, als im WB ansonsten gerade die Unschuld der Menschen in
      Bezug auf die Frauennahme der Engel betont wird.

42   Vgl. hierzu ebenfalls TIGCHELAAR, Prophets (1996) 159f.

43   Die Tätigkeit des Segnens wird Henoch im Laufe des Wächterbuches noch 5 weitere
      Male zugeschrieben: 12,3; 22,14; 25,7; 27,5; 36,4. Während Henoch in der Überschrift
      die gerechten Erwählten, also Menschen segnet, ist es an den genannten Stellen je-
      doch Gott, der von Henoch jeweils in einem doxologischen Kontext gesegnet wird.
      Gott im Gebet lobpreisend zu segnen – was durch Henoch exemplarisch praktiziert
      wird – wird damit als adäquate Antwort der Menschen auf den einen großen Segen
      präsentiert, den ihnen Henoch im WB im Namen Gottes offenbart (und in der heute
      vorliegenden Textform können auch die weiteren Bücher von 1 Hen unter die Se-
      gensrede subsumiert gelesen werden). Zur Verpflichtung der Geschöpfe Gottes, ih-
      ren Schöpfer zu segnen, s. die Ausführungen zu 1 Hen 36 unten unter Kap. 4.4.2.

tes. Obwohl das Gesagte sehr prägnant klingt, bleibt vieles unterbe-stimmt. Vor allem bleibt offen, warum eine derart heftige Intervention Gottes nötig ist. Der Text ruft nach mehr Informationen, nach Erklä-rungen. Wie wir oben gesehen haben, bietet der Hauptteil der Schrift diese Ausführungen.

Von der Textstruktur her dominiert in 1 Hen 1–5 eine erste Rede Henochs, die mit 1,2–3a eingeleitet wird und sich bis zum Ende der Einleitung (5,9) durchzieht. Zwei Redeblöcke lassen sich unterscheiden: Der erste (1,3b–9) präsentiert sich als Epiphanieankündigung und ver-mittelt eine plastische Vorstellung vom ‚Tag der Bedrängnis‘, der in der Überschrift (1,1) erwähnt wurde. Henoch schildert, wie Gott auf dem Sinai erscheint, um zu richten. Der gewaltige Auftritt Gottes wird ver-anschaulicht wie sonst an keiner Stelle des WB mehr. Wie in 1,1 wird damit auf eine Zukunft jenseits des Gerichts verwiesen, die nur eine Zukunft für die Gerechten ist (1,8–9). Im Unterschied zu 1,1, wo diese Zeit nur negativ als Zeit ohne Feinde umschrieben wird, finden sich hier zwar auch keine sehr konkreten, doch immerhin einige positive Aussagen: Den Gerechten winkt ein segenerfülltes, friedvolles Leben unter der Obhut Gottes. Zudem finden wir hier die einzige Passage der Einleitung, die explizit auf die folgende Wächtergeschichte Bezug nimmt – wenn auch nur dadurch, dass sie die zitternden Wächterengel erwähnt (1,5).[44]

Im zweiten Redeblock (2,1–5,9) spricht Henoch seine Zuhörerschaft in der 2. Person Plural direkt an.[45] Der Abschnitt 2,1–5,3 gestaltet sich als Aneinanderreihung von Aufforderungen. Es wird dazu angehalten, die himmlischen wie die irdischen Werke Gottes zu beobachten und dabei zu sehen, wie diese ihrer Ordnung gemäß funktionieren und diese Ordnung nicht etwa missachten. Dass sich die Aufforderungen an einen ganz bestimmten Teil der ‚fernen Generation‘ richten, lässt sich spätestens von 5,4–9 her erschließen. In 5,4 rügt Henoch die Hart-

---

44 Von dieser Bezugnahme darf ausgegangen werden, auch wenn von G her der Text-befund einige Schwierigkeiten bietet. Anders als in Ä ist dort von glaubenden und singenden Wächtern die Rede.

45 Auf den ersten Blick könnte die Rede in Anschluss an 1,9 auch als die Rede Gottes beim Gericht interpretiert werden, die Henoch sodann proleptisch offenbaren wür-de. Dagegen spricht jedoch die Fortsetzung der Rede ab 5,4: Der fiktive Redner klagt hier einerseits die (fiktive) Zuhörerschaft an, sich ‚gegen ihn [Gott]‘ (4Q201 Frg. 1 ii 13: עלוהי) vergangen zu haben. Von Gott ist also in der 3. Person die Rede. Anderer-seits wird über das Gericht als künftiges Ereignis gesprochen. Beides legt nahe, dass auch in 2,1–5,9 Henoch als fiktiver Redner spricht, und zwar nicht mehr nur das Ge-richt prophezeiend wie in 1,3b–9. Die Ungerechten werden nun direkt angeklagt.

herzigen mit dem Vorwurf, Gottes Auftrag nicht befolgt zu haben,[46] und droht ihnen Unfrieden an. Der Text scheint von 2,1 her nach dem rhetorischen Muster zu funktionieren: „Seht (ihr Hartherzigen), alle Werke/Geschöpfe Gottes beachten ihre Ordnung, nur ihr meint, dies nicht tun zu müssen!". Mit dieser Lesart bleibt die 2. Person Plural auf die Hartherzigen bezogen und 2,1–5,3 fungiert als rhetorische Hinführung auf 5,4.[47] Von der Dramatik her bildet die Stelle 5,4, an der die Angesprochenen pauschal als Hartherzige identifiziert werden, eine Klimax.[48] Mit 5,5–6 wird zusätzlich zum bereits genannten Unfrieden ein ewiger Fluch als Konsequenz der Hartherzigkeit prophezeit. Ab V. 6 werden die Unheilsansagen mit Hinweisen auf Heilszusagen für die Erwählten kontrastiert,[49] und mit VV. 8–9 glätten sich die Wogen schließlich dahingehend, dass nur noch die Heilszusagen thematisiert werden. Mit diesem zweiten Redeblock wird die Adressatenschaft so direkt wie an keiner anderen Stelle im WB angesprochen. Fokussiert die erste Rede auf das Gerichtsereignis, stehen mit der zweiten Rede das Böse bzw. Frevelhafte und seine Konsequenzen im Zentrum. Gewissermaßen abstrahiert von der Wächtergeschichte wird das Böse ganz allgemein als Überschreiten der Ordnung Gottes, als illoyales Verhalten ihm gegenüber bestimmt.[50]

---

46 Der konkrete Vorwurf lautet in Ä und G, nicht durchgehalten (ϯ૦૧ᛃᛃ/ἐμμένω) und den Auftrag (ϯλ૧ᛃᛃ/ἡ ἐντολή) Gottes nicht ausgeführt zu haben. Ar (4Q201 Frg. 1 ii 12f.) spricht von abweichendem Tun (ואנתן שניתן עבדכן) und wohl ebenfalls vom Nichtbefolgen des Auftrags Gottes (die Mehrzahl der Editionen ergänzen nach 5,3 mit ולא תעבדון ממרה).

47 In diese Richtung liest auch NICKELSBURG, Commentary (2001) 152.157f. Vgl. zudem HARTMAN, Meaning (1979) 17.

48 Die Unterbestimmtheit von 2,1–5,3 – noch ist in diesen Versen unklar, wer genau angesprochen wird – kann als suggestives Spannungselement auf 5,4 hin verstanden werden: Die offene Formulierung evoziert, dass sich die Leserschaft generell angesprochen fühlt. Umso brüsker mutet es an, in 5,4ff. plötzlich den Hartherzigen zugeordnet zu werden. Die Leserschaft muss es sich gefallen lassen, durch den Text in ihrer Integrität radikal in Frage gestellt zu werden – was nicht zuletzt zu einer ‚Richtigstellung' drängt und insofern mobilisierende Wirkung entfalten kann.

49 Zu den Unterschieden zwischen G und Ä in dieser Passage s. HARTMAN, Meaning (1979) 18–21.

50 Mit dem Begriffspaar illoyal/loyal beziehe ich mich hier und auch im Folgenden insbesondere auf die Haltung der Geschöpfe Gott gegenüber, die das WB problematisiert bzw. einfordert. Es geht um eine absolute Treue gegenüber Gott, wie sie in bundestheologisch geprägten Texten im Zentrum steht [vgl. z. B. WEINFELD, Art. בְּרִית (1973), der Loyalität als wesentliches Element einer Bundesbeziehung hervorhebt]. Gemäß WB sind alle Geschöpfe dazu aufgerufen, Gott traditionell gesprochen ‚mit ganzem Herzen' zu dienen und zu lobpreisen – im Wissen darum, dass die Pläne und Verfügungen des universalen Herrschers und Schöpfers perfekt und segensvoll-lebensförderlich sind (s. dazu dann vertiefter unten unter 5.1. und 5.2.).

Zusammenfassend lässt sich sagen, dass mit 1 Hen 1–5 eine Hinführung auf die eigentliche Geschichte über die Engel vorliegt, durch die das Böse einen (vermeintlich) permanenten, beherrschenden Platz in der Welt gefunden haben soll. Es ist eine Hinführung, die vorwegnehmend eine thematische Zuspitzung und gewisse Ausdeutungen vornimmt. Mit 2,1–5,9 wird der einleitende Rahmen dazu genutzt, die Adressatenschaft explizit anzusprechen. Die Einleitung steckt durch diese Elemente den Lesehorizont für Kap. 6–36 ab: Die Erzählung wirkt nun wie eine Veranschaulichung dieser einleitenden Zuspitzung. Nochmals, nun aber konkreter und in einen narrativen Rahmen eingebunden, wird in den folgenden Kapiteln durchbuchstabiert:

– dass hinter der enormen Wirkkraft des Bösen und Frevelhaften ein Ordnungsbruch steht, für den die Übeltäter selbst, nicht jedoch Gott oder die Gerechten die Verantwortung tragen (vgl. die Wächtergeschichte und die Deutung der Taten der Wächter und ihrer Nachkommen im Rahmen beider Fortführungen);

– dass Ordnungsbrüche und damit das Böse/Frevelhafte von Gott generell nicht einfach hingenommen werden (vgl. die beiden Weiterführungen der Wächtergeschichte), und

– dass der Einforderung eines guten, gesegneten Lebens durch die Gerechten Rechnung getragen wird, die sich an Gottes Ordnung halten, aber u. U. Opfer von Ordnungsüberschreitungen werden (vgl. ebenfalls die beiden Weiterführungen der Wächtergeschichte).[51]

---

51 Weniger kondensiert, aber ebenfalls wichtige Aspekte thematisierend charakterisiert HARTMAN die Kapitel 1–5 als „an introduction which gives an important clue to the understanding of the whole Book of the Watchers. Chapters 6–36 expound further the authority of Enoch who pronounces his blessing in 1–5. They witness to the ineffable divine majesty who confronts creation in 1:3 ff. They elaborate on the spiritual and transcendent aspects of the state of the apostates from the covenant and on their curse. They give further evidence to the wonderful secrets and ordinances of nature, which stands obedient to the Creator in contrast to fallen angels, erring stars and wicked men. They paint with other dyes the blessed goal of those who have stayed faithful, in righteousness, to the covenant. They expound in mythological language the answer, which was given in more abstract and general terms in 1–5, to people who were 'asking for a meaning' of the life of God's people." [Ders., Meaning (1979) 145.] Zur textpragmatischen Dimension des Gesamttextes, die hier angesprochen wird, s. die in eine etwas andere Richtung weisenden Ausführungen unten unter 5.5. Ferner hoffe ich im Weiteren zu zeigen, dass, was HARTMAN als „the almost wearisome passages of 6–36 on the fall and the punishments of the watchers" (ebd. 143) nennt, doch etwas farbiger und gehaltvoller ist, als er es bewertet.

3. Das Wächterbuch als Segensrede: Überlegungen zur literarischen Gattung

Es herrscht in der Forschung kein Konsens darüber, welcher Gattung das WB angehört. Überhaupt wird die Frage für das Buch insgesamt relativ selten diskutiert. Zu uneinheitlich scheint sein Charakter zu sein, zu sehr wirkt es als Produkt einer Komposition, die sich verschiedenster Bausteine bedient hat. Zahlreicher sind daher die Versuche, die Form wenigstens einzelner solcher Bausteine zu umreißen. Geht man davon aus, dass der Text in seiner Endfassung im oben geschilderten Sinn einen roten Faden besitzt, lässt sich die Frage nach der Gattung jedoch nicht ausklammern.

Am häufigsten und oft ohne die Zuordnung zu hinterfragen wird das WB der Gattung *Apokalypse* zugeordnet.[1] Wesentlich zur Etablierung dieser Zuordnung hat der 1979 erschienene Semeia-Band mit dem Titel *Apokalypse. The Morphology of a Genre* beigetragen. Darin entwickelt COLLINS eine bis heute vielzitierte Definition der Apokalypse als literarischer Gattung und ordnet ihr auch das WB zu.[2] Doch selbst wenn das WB die Einzelelemente enthält, die nach COLLINS eine Subsumierung unter die Apokalypsen nahelegen, bleibt es bei näherem Hinsehen unbefriedigend, das WB als Apokalypse zu bezeichnen. Gemäß COLLINS ist eine Apokalypse

> „(...) *a genre of revelatory literature with a narrative framework, in which a revelation is mediated by an otherworldly being to a human recipient, disclosing a transcendent reality which is both temporal, insofar as it envisages eschatological salvation, and spatial insofar as it involves another, supernatural world.*"[3]

---

1 Vgl. denn auch die kaum problematisierte, pauschale Zuordnung von 1 Hen zu den Apokalypsen in der Reihe JSHRZ und in OTP.

2 Das WB repräsentiert seines Erachtens speziell den Typ IIb, eine Untergruppe von Apokalypsen, die er als „Otherworldly Journeys with Cosmic and/or Political Eschatology" charakterisiert [COLLINS, Apocalypses (1979) 23.37–38]. Für eine Auflistung der einschlägigen Elemente, die nach COLLINS die Gattungsbestimmung rechtfertigen, s. ebd. 28.

3 COLLINS, Morphology (1979) 9. Zu COLLINS' Kritik an anderen Definitionen der Gattung Apokalypse s. ders., Imagination (²1998) 9f. Ebd. 41 wehrt er sich zudem gegen eine Modifizierung seiner Definition, wie sie HELLHOLM, Problem (1986) vorschlägt. Dieser möchte sie erweitert wissen durch *„intended for a group in crisis with the purpose of exhortation and/or consolation by means of divine authority"* (ebd. 27). Nach

Das WB enthält tatsächlich Offenbarungen, die allerdings ineinander verschachtelt sind: Henoch vermittelt einem fernen Publikum eine Segensbotschaft (1,1), er erzählt von Offenbarungen, die an ihn selbst (1,3–9; Kap. 14–36) und an die Engeln ergangen sind, die sich in Anbetracht des Unheils auf der Erde bekümmert an Gott wenden (Kap. 10–11). Bereits mit dem Stichwort ‚Offenbarung' tritt aber zutage, dass es schwieriger ist, COLLINS' Kriterien auf das WB zu übertragen, als es auf den ersten Blick erscheinen mag. Prinzipiell bekommt zwar Henoch, ein Mensch, Wissen von himmlischer Seite offenbart (vgl. 1,2), doch der Text selbst bedient sich für seine Aussagen komplexerer Offenbarungsmuster. Im Falle der langen Passage 1 Hen 14–36 findet sich COLLINS' Bestimmung des Offenbarungsvorgangs etwa gerade in seiner Umkehrung vor: Es ist hier Henoch, also ein Mensch, der den abtrünnigen Engeln und damit überirdischen Wesen die Bedeutung und die Konsequenzen ihres Ordnungsbruchs kundtut. Außerdem wird sich z. B. herausstellen, dass im Rahmen des Aussagegehalts des WB die Unheilsandrohung an die Wächter und die Bestätigung dieser Androhung größeren Raum und größeres Gewicht einnehmen als Aussagen zur eschatologischen Rettung. COLLINS' Definitionsversuch dürfte damit im Rahmen der Apokalyptikforschung gewinnbringend bleiben. Soll die Gattungsbestimmung jedoch dazu beitragen, das Profil des Textes genauer zu erfassen, entpuppt sich eine Zuordnung des WB zu den Apokalypsen als wenig aussagekräftig.[4] Hinzu kommt, dass das WB innerhalb der Apokalyptikdiskussion tendenziell erst als Vor- oder Frühform einer apokalyptischen Schrift betrachtet wird, womit wir am

---

COLLINS muss die Funktion offener gefasst werden, nämlich „to shape one's imaginative perception of a situation and so lay the basis for whatever course of action it exhorts" [ders., Imagination (²1998) 42]. Eine ausführliche kritische Sichtung der Definitionsbemühungen von COLLINS bietet BEDENBENDER, Gott (2000) 48–61.

4   Bereits WACKER, Weltordnung (1982) benennt deutlich Probleme, die mit der Zuordnung eines Texten zu den Apokalypsen aufbrechen können, so etwa, wenn davon ausgegangen wird, dass Apokalypsen eine ‚apokalyptische Eschatologie' eignet. Sie verweist beispielsweise auf die Gefahr, „dass die jeweils herangezogene apokalyptische Schrift selbst als Kompendium eschatologischer Doktrin (miss)verstanden und ihre spezifische Ausprägung ‚apokalyptischer Eschatologie' harmonisierend in eine Entwicklungsgeschichte jüdischer Eschatologie eingebettet wird, d. h. als bloßer Anwendungsfall eines vorgegebenen Lehrgebäudes gilt, statt die Eigentümlichkeiten der je anderen ‚apokalyptischen Eschatologie' für das Verständnis der jeweiligen Schrift fruchtbar zu machen bzw. selbst aus dem Kontext dieser Schrift heraus zu deuten und so einer vorschnellen ‚Definition' von Apokalyptik entgegenzutreten" (ebd. 30). Für eine kritische Beurteilung der Apokalyptikforschung in jüngerer Zeit vgl. TIGCHELAAR, Prophets (1996) 1–12. Für eine jüngste, ausführliche Sichtung der Literatur zur Apokalyptik- und Apokalypsenforschung s. DITOMMASO, Apocalypses (2007).

Ende die fragwürdige Gattung einer ‚präapokalyptischen Apokalypse‘ vor uns hätten.[5] Spätestens an diesem Punkt weist uns die Gattungsgeschichte selbst in gewisse Schranken.

Oben unter 1.1.2. war bereits von NICKELSBURGs These die Rede, dass es sich beim WB um ein *Testament* handle.[6] Seines Erachtens wurde das WB allerdings erst durch das Voranstellen der Einleitungskapitel zu einem solchen geformt, wobei diese Umgestaltung in Anlehnung an die Abschiedsworte von Mose in Dtn 33 vorgenommen worden sei. Der Grundtext, der erweitert wurde, habe die Passagen 1 Hen 6–11; 33–36 vielleicht noch gar nicht enthalten. Umgekehrt geht er davon aus, dass sich ein erstes „full-blown Enochic testament"[7] auf weitere Passagen von 1 Hen erstreckt hat als nur auf diejenigen, die heute dem WB zugeschrieben werden: An 1 Hen 33 bzw. 36 hätten sich direkt 1 Hen 81,1–82,4; 91 und mindestens gewisse Teile von 1 Hen 92–105 angeschlossen, also Teile der Epistel Henochs. 1 Hen 81,1–82,4 versteht er als logischen Abschluss der Reiseschilderungen im WB. Bei 81,1–3 handle es sich konkret um eine siebte Vision Henochs, die in Kap. 20–36 fehle, jedoch von Kap. 20 her vorausgesetzt werde, da dort sieben Engel erwähnt würden. Zugleich diene die Passage 81,1–82,4 als Überleitung zum expliziten Setting einer Unterweisungssituation eines Vaters gegenüber seinen Nachfahren, das sich in der Epistel Henochs vorfindet.[8]

Die Diskussion um die Gattung vermischt sich bei NICKELSBURG stark mit der Frage nach dem Textwachstum, und seine diesbezüglichen Thesen haben keine allgemeine Zustimmung gefunden.[9] Sein Testament ist eine Textform, zu der Teile des WB an einem gewissen Punkt der Textwachstumsphase verarbeitet wurden, die aber durch das Einschieben anderer Henochliteraturpassagen ihr klares Profil wieder

---

5   Selbst bei COLLINS findet sich die Aussage, das WB sei „a composite work, which had no clear precedent for the shape of the whole, but was experimental in genre." [Ders., Testament (2003) 377.] Henochs Himmelfahrt und kosmische Visionen fungieren auch seines Erachtens erst als „the prototype for a long tradition of heavenly ascents, that are most commonly called apocalypses" (ebd.).

6   NICKELSBURG, Commentary (2001) 22–26.335–337. Siehe auch ARGALL, 1 Enoch (1995). ARGALL folgt zwar NICKELSBURG darin, die Passage 1 Hen 81,1–82,3 als Fortführung des WB zu lesen (vgl. ebd. 257–265). An KOLENKOW, Genre (1975) anknüpfend spricht er allerdings spezifischer von einem ‚blessing-revelation testament‘ [vgl. ARGALL, 1 Enoch (1995) 17ff.; s. hierzu ferner die Ausführungen weiter unten].

7   NICKELSBURG, Commentary (2001) 25.

8   Ebd. 22f.

9   Vgl. bereits die knappe kritische Sichtung oben unter 1.1.2. und Anm. 47 mit Literaturangaben. Für eine ausführliche Kritik vgl. speziell KNIBB, Interpreting (2002) 439–442 und REED, Identity (2003) 283–290.

verlor. Die Tatsache, dass eine Testamentform in der Endform nur mehr undeutlich zu erkennen ist, zeugt vom spekulativen Charakter dieser These. Erschwerend kommt hinzu, dass die Gattung Testament in der Forschung eine Größe ohne klares Profil geblieben ist.[10]

Betrachtet man NICKELSBURGs These genauer, fallen erstens inhaltliche Ungereimtheiten bezüglich der Überleitungsfunktion von 1 Hen 81,1–82,4 auf: Mit 1 Hen 14–36 erzählt Henoch den Wächterengeln, was ihm im Rahmen seiner Inkubation bei Dan kundgetan wurde. Die Offenbarungen drehen sich denn auch vorwiegend um das Schicksal der abtrünnigen Engel, das als unwiderruflich unheilvoll festgeschrieben wird. In 81,1–4 stehen nun aber gerade die Menschen und ihr Tun im Zentrum (vgl. 81,2). Obwohl im zweiten Reisebericht das Schicksal zumindest der verstorbenen Menschen angesprochen wird (vgl. insbes. 1 Hen 22), ist es unwahrscheinlich, dass ein Text wie 81,1–4, bei dem nur noch das Schicksal der Menschen im Zentrum steht, einst Teil der Henochrede an die Wächter war und dessen Rede gar beschloss.[11] In Anbetracht der Textlogik ist es meines Erachtens ebenfalls kaum plausibel, 1 Hen 81,5ff. als Bindeglied zwischen dem WB und der Epistel Henochs zu interpretieren. In 13,8–10 wird geschildert, dass Henoch für seine Rede an die Wächter von Dan zu den Engeln zurückkehrt. Von Henochs irdischem Zuhause und von seiner Familie ist an keiner Stelle die Rede, da solche Aspekte irrelevant für die Geschichte sind.[12] Es wäre damit alles andere als logisch, Henoch am Ende der Reiseschilderung statt nach Dan nach Hause gehen und ihn statt zu den Wächtern zu seinem Sohn sprechen zu lassen. NICKELSBURG mutet hier einem Autor oder Redaktor zu, zwei gänzlich unterschiedliche Dialogsituationen miteinander verwechselt zu haben, oder erklärt zumindest nicht, weshalb diese Inkonsistenz nicht ins Gewicht gefallen sein soll.[13]

---

10 Dass einige Apokryphen heute unter der Bezeichnung ,Testament von XY' kursieren, täuscht über diese Tatsache hinweg. Zur Schwierigkeit, die Gattung klar zu umreißen, s. z. B. HOLLANDER, Art. Testamentliteratur (2005), der von einem „nicht eindeutig definierten Typ hell.-jüd. und frühchristl. Pseudepigraphen" (ebd. 176) spricht, oder auch COLLINS, Testaments (1984). Letzterer räumt denn auch ein, dass man wohl mit einer „broader category of 'last words' where the distinctive testamentary framework is lacking" (ebd. 329) rechnen müsse.

11 Da immerhin die Einleitung des WB Menschen und noch nicht spezifisch die Wächter anspricht, ließe sich allenfalls fragen, ob eine abschließende Reisestation in rahmendem Sinn deren Fokus aufgegriffen haben könnte. Doch müsste dies genauer herausgearbeitet werden und bliebe, da keine der frühesten aramäischen WB-Handschriften überhaupt Passagen des zweiten Reiseberichtes bezeugt, in besonderem Maße spekulativ.

12 Vgl. hierzu auch VANDERKAM, Response (2003) 382.

13 Es verwundert, dass diese inhaltliche Inkonsistenz auch bei ARGALL, 1 Enoch (1995) unterschlagen wird, der sich in einem Exkurs speziell der Aufgabe widmet, in NICKELSBURGs Sinn die Zusammengehörigkeit von 1 Hen 20–32 und 1 Hen 81,1–4 zu begründen (ebd. 257–265).

Neben den inhaltlichen Problemen stellt sich die Frage, inwiefern das WB überhaupt der Gattung Testament zugeordnet werden kann, wenn man die Definition einer Testamentschrift genauer betrachtet. COLLINS bestimmt ein Testament als „a discourse delivered in anticipation of imminent death. Typically the speaker is a father addressing his sons, or a leader addressing his people, or his successor. The testament begins by describing in the third person the situation in which the discourse is delivered, and ends with an account of the speaker's death. The actual discourse, however, is delivered in the first person."[14] Im WB finden wir keine Abschiedsszene vor und infolgedessen auch kein Individuum und keine Gruppe, von denen sich Henoch verabschieden würde.[15] NICKELSBURG macht zwar transparent, dass er seine Gattungsbestimmung von Dtn 33 her ableitet, der letzten Segensrede des Mose an das Volk Israel, die er in 1 Hen 1–5 polemisch paraphrasiert sieht.[16] Wie sich aber von dieser Anspielung her das ganze WB als Testament bezeichnen lässt, bleibt offen.[17]

Trotz aller Kritik an der These, dass es sich beim WB um ein Testament oder zumindest um einen Teil davon handelt, führt diese Gattungsbestimmung meines Erachtens weiter als die Subsumierung des Textes unter die Apokalypsen. So trägt sie dem Lesehorizont Rechnung, den die Einleitungskapitel aufspannen: Insgesamt geht es um eine Schrift, die sich segnend (und verfluchend) und damit zukunftsbezogen an – wenn auch ferne – Abkömmlinge Henochs richtet. Die Bestimmung als Testament zeigt eine zentrale Zweckbestimmung der verschiedenen Offenbarungsgeschehnisse an, eine Zweckbestimmung, die mit der Zuordnung zu den Apokalypsen fehlt. Selbst wenn man NICKELSBURGS Textwachstumshypothese nicht teilt, könnte man damit die Gattung

---

14 COLLINS, Testaments (1984) 325. Nach DIMANT, Testament (1982) 82 gehören zu den Hauptkomponenten eines Testaments: „exhortation with ensueing [sic] instructions for future behavior, foretellings and a narrative framework. Sometimes the account of a personal experience is also added." Im deutschsprachigen Raum haben sich dem Testament und seiner Struktur insbesondere BALTZER, [ders., Bundesformular (²1964)] und VON NORDHEIM [ders., Lehre (1980); Lehre (1985)] gewidmet.

15 Vgl. zu diesem Kritikpunkt auch BAUTCH, Study (2003) 16f. COLLINS, Testament (2003) 376 merkt trocken an, es sei in diesem Zusammenhang „perhaps significant that Nickelsburg provides no discussion of the genre testament."

16 Vgl. NICKELSBURG, Commentary (2001) 52.135. An letztgenannter Stelle postuliert NICKELSBURG zudem, dass Henoch „shortly before his final removal from the earth" stehe, eine These, für die es im Text keinen expliziten Anhaltspunkt gibt. Kritisch gegenüber der These, dass sich die Anspielung auf Dtn 33 gattungskritisch auswerten lasse, äußert sich z. B. STUCKENBRUCK, Rez. Nickelsburg (2005). Zu NICKELSBURGS These einer polemischen Tendenz vgl. ausführlicher unten unter 5.4.1.

17 Keineswegs leichter macht er es denjenigen, die seiner Argumentation auf die Spur kommen möchten, wenn er an anderer Stelle die Gattung der Einleitungskapitel (Kap. 1–5) als „prophetic oracle" bestimmt (z. B. ebd. 131).

des WB als Testament bestimmen. Allerdings bleibt die Schwierigkeit bestehen, dass das WB kaum der klassischen Definition eines Testaments entspricht, wie sie oben erwähnt worden ist. Vor allem der Befund, dass an keiner Stelle von einem Abschied die Rede ist – dass es bei Henoch um einen Abschied vor einer Entrückung und nicht vor dem Sterben ginge, darüber könnte man noch hinwegsehen –, dürfte höchstens die Bezeichnung ,quasi-testamentarische Schrift' zulassen.

Was in obiger Definition von COLLINS nicht zum Ausdruck kommt, ist sein vehementes Ablehnen überweltlichen Offenbarungswissens im Rahmen von Testamenten: „A Testament is a farewell address of a father to his sons or a leader to his successors. One of the time-honored components of such farewell speeches was prediction of the future. In Jewish writings of the Hellenistic age, these predictions were naturally influenced by contemporary eschatology. Consequently the genre 'testament' could be used as vehicle for apocalyptic eschatology. *However, in all the works which we have designated as 'apocalypses' the claim that the content is 'revealed' and therefore authoritative is based on the vision or heavenly experience of the fictional author. In testaments, even eschatological testaments, the authority of the prediction is based on the prestige of the patriarch and the fact that it is his farewell address.*"[18] Es ist offensichtlich, dass diese Position auf COLLINS' Abgrenzungsbemühung zwischen den Gattungen Apokalypse und Testament gründet. Indem er die eine Gattung in strikter Abgrenzung zur anderen definiert, schließt er per se die Möglichkeit einer Mischform zwischen Apokalypse und Testament aus. Enthält ein Text überweltliches Offenbarungswissen, muss es sich um eine Apokalypse und kann es sich nicht mehr um ein Testament handeln. Damit reproduziert er, was KOLENKOW in einer Arbeit aus dem Jahre 1975 problematisiert hat.[19] Sie moniert, dass sich die Definition der Testamentliteratur oftmals zu stark an der spezifischen Form von TestXII ausrichte. So werde ignoriert, dass es neben *ethical testaments*, die primär ethische Ermahnungen ins Zentrum rücken würden, die Form der *blessing-revelation testaments* gebe, deren Fokus eher darauf ausgerichtet sei, „knowledge of history and heaven or the future as part of the inheritance"[20] zu vermitteln. Gerade dass die Offenbarungsautorität an Himmelsreisen gebunden würde, sei charakteristisch für die hellenistische Testamentliteratur im Gegensatz etwa zu Abschiedsreden alttestamentlicher Schriften. Als Beispiele nennt sie 1 Hen 91–94, VitAd und TestXII.Lev. Gegen COLLINS räumt sie also für die Testamentliteratur Offenbarungsprivilegien in Form von Visionen und Him-

---

18   COLLINS, Apocalypses (1979) 44; Hervorhebung VB.
19   Vgl. KOLENKOW, Genre (1975). In ähnlicher Form findet sich die Kritik erneut in dies., Testaments I (1986) 262–264. Exemplarisch kritisiert sie insbesondere BALTZER, Formulary (1971).
20   KOLENKOW, Genre (1975) 58.

melsreisen ein, ja sieht darin geradezu ein Merkmal der hellenistischen Testamentliteratur.[21] Dies könnte Anlass dazu geben, bezüglich des WB die Testament-Definition von COLLINS hinter sich zu lassen und auf KOLENKOWs Gattung des *blessing-revelation testament* zurückzugreifen. Dass das Segenstestament, wie man *blessing-revelation testament* vielleicht übersetzen könnte, „authority for revelation history [sic?] (often a trip to or vision of heaven), the revelation itself, and an urging to righteousness (blessing and curse)"[22] enthält, passt auf den ersten Blick tatsächlich sehr gut zum Profil des WB. Hinzu kommt, dass KOLENKOW in einer späteren Arbeit gerade der Testamentliteratur eine Vielgestaltigkeit zuschreibt, die eine Gruppenbildung per se erschweren muss. Ihres Erachtens gehört es zu deren Eigenheiten, dass die Verfasser „feel free to change divine revelation and patriarchal story for their own purposes"[23]. Wenn gerade die Freiheit der individuellen Gestaltung einigendes Merkmal ist, kann es nur schwierig sein, dem WB gattungsgleiche Texte zuzuordnen. KOLENKOW geht in ihren Publikationen allerdings nie so weit, gerade das WB als *blessing-revelation testament* zu bezeichnen. Meines Wissens hat erst ARGALL diese Gattungsbezeichnung explizit für das WB übernommen.[24] Auch die Zurückhaltung KOLENKOWs mag sich vielleicht dadurch erklären, dass im WB die Erwähnung eines Abschieds als Basiselement eines Testaments schlicht und einfach fehlt.[25]

TILLER, der die Schwierigkeiten einer Zuordnung des WB zur Testamentliteratur sieht, schlägt vor, zurückhaltender als NICKELSBURG vom

---

21 Ähnliches scheint DIMANT zu tun, wenn sie schreibt, dass „the combination of pseudonymity with the Testament form is admirably suited to the expression of the particular ideas of the Apocalyptic literature. This may explain the frequency of the form in works of this type." [Dies., Testament (1982) 82.] Leider führt sie diesen Gedanken nicht weiter aus.

22 KOLENKOW, Testaments I (1986) 263. Vgl. dazu bereits dies., Genre (1975). Bezüglich 1 Hen nennt sie wie bereits erwähnt Kap. 91–94 als Beispiel eines solchen *blessing revelation testament* (ebd. 61f.).

23 Dies., Testaments I (1986) 267.

24 Vgl. ARGALL, 1 Enoch (1995). Wie unter Anm. 13 bereits angemerkt wurde, folgt er NICKELSBURG darin, in 1 Hen 81–82 den Abschluss des ursprünglichen Testaments zu sehen. Die Frage nach der Gattung diskutiert er insgesamt kaum. Es geht ihm vor allem darum, die formale Dreiteilung ‚Eröffnung – Hauptteil – Abschluss', die er in Anschluss an HOLLANDER/DE JONGE, Testaments (1985) als die „elements typical of testamentary literature" [ARGALL, 1 Enoch (1995) 35] versteht, aufzuweisen.

25 An diesem Punkt könnte man erwägen, ob es überhaupt passender wäre, die Testamentliteratur – jedenfalls auf die Form des Segenstestaments bezogen – als Spezialform einer Gattung Segensrede zu fassen, womit das WB in KOLENKOWs Sinne unproblematischer als *blessing-revelation speech* bezeichnet werden könnte. Derartige Überlegungen weiterzuführen, würde allerdings den Rahmen dieser Arbeit sprengen.

WB als *„text of mixed genre with a strong testamentary flavor"*[26] zu sprechen. Damit nimmt er in Kauf, auf eine übergreifende Gattungsbestimmung zu verzichten. Dass sich im WB zahlreiche Gattungen und
Formen verschachtelt und verschränkt finden, stimmt zweifellos.[27]
Dennoch stellt sich die Frage, ob auf eine übergreifende formkritische
Bestimmung verzichtet werden muss. Mit dem WB haben wir immerhin eine Schrift vorliegen, die in der Überschrift eine Eigenbezeichnung
enthält. Diese zu übernehmen und somit das WB als *Segensrede*[28] zu
bezeichnen, erachte ich als die nächstliegende und adäquateste Lösung.[29] Die Bestimmung wird dem Befund gerecht, dass das WB Elemente enthält, die sowohl der Testamentliteratur (Zweckbestimmung;
Verheißungskompetenz des Protagonisten; Botschaft an Nachfahren)
als auch den sog. Apokalypsen (Offenbarungswissen und damit Bezüge zu zeitlichen und räumlichen Dimensionen, die den Menschen sonst
verschlossen sind) zugeschrieben werden, ohne den Text zu stark in die
eine oder andere Richtung zu biegen und damit Aporien moderner
Gattungsdefinitionen auf den Text zu übertragen[30]. Um das Textprofil
noch genauer zu erfassen und das WB gegenüber anderen Segensre-

---

26 TILLER, Rez. Nickelsburg (2005); Hervorhebung VB.

27 Vgl. die Auflistung von Formen weiter unten. NICKELSBURG spricht von Kap. 1–5 als
    einem prophetischen Orakel, von Kap. 6–11 als einem *rewritten biblical narrative* (Gen
    6–9), von Kap. 12–16 als einer Prophetenberufungserzählung, von Kap. 17–19 als ei-
    ner Nekyia (vgl. hierzu näher unten unter 4.4.2.) und speziell von 13,7–16,4 als einer
    Traumvision, erwähnt aber auch das Gebet in Kap. 9 und die Doxologien in 22,14;
    25,7; 27,5; 36,4 [vgl. ders., Commentary (2001) 28–35]. Da NICKELSBURG das WB in
    seiner heute vorliegenden Form nicht als eigene Größe, sondern „piecemeal" analy-
    siert, wie es COLLINS, Testament (2003) 374 kritisiert, fehlt bei seinen Ausführungen
    eine genauere Auswertung des Befundes, dass die Einzelgattungen und -formen
    stark ineinander verschachtelt oder miteinander verschränkt vorkommen. Es ist fer-
    ner auffällig, dass das WB Schriften gewisser Gattungen gar nicht direkt präsentiert,
    sondern nur erwähnt. Einerseits geschieht dies in Bezug auf die Bittschrift der ab-
    trünnigen Engel (1 Hen 13,4.6), andererseits in Bezug auf die Niederschrift stern-
    kundlichen Wissens (1 Hen 33,3–4). Die schriftliche Antwort auf die erwähnte Bitt-
    schrift der Engel liegt der Leserschaft mit Kap. 14ff. dann aber wieder ausformuliert
    vor.

28 Zum handschriftlichen Befund der Bezeichnung ‚Segensrede' vgl. bereits oben unter
    Kap. 2, Anm. 3.

29 Von einer für 1 Hen insgesamt zentralen Gattung *words of blessing* spricht bereits
    COUGHENOUR, Enoch (1972) 56–62.176. Da er 1 Hen jedoch in seiner Endgestalt un-
    tersucht und vorwiegend darauf abzielt, den weisheitlichen Charakter der Schrift
    herauszustreichen, tragen seine Überlegungen wenig zu einer differenzierten Gat-
    tungsbestimmung des WB bei.

30 Vgl. hierzu etwa die oben geschilderte Problematik um COLLINS' Testament-
    Definition, die von einem Abgrenzungszwang gegenüber Apokalypsen geprägt ist.

den – innerbiblisch z. B. Gen 27,27–29; 49 oder eben Dtn 33[31] – abzugrenzen, ließe es sich allenfalls noch spezifischer als ‚Segensrede eines gerechten Urvaters' bezeichnen.[32] Eine solche Bestimmung bietet den angemessenen Rahmen dafür, dass Henoch als einer der Urväter Israels *und* der gesamten Menschheit inszeniert werden kann. Damit ist er jemand, der nicht nur Verheißungen, sondern auch weltgeschichtliche Ereignisse der Vergangenheit kundtut bzw. näher zu umschreiben vermag (‚so war es'), die sich mit den Verheißungen in einen bedeutsamen Zusammenhang bringen lassen.

Die von TILLER erkannte Schwierigkeit, dass das WB in Bezug auf seine Form einen singulären Charakter besitzt, bleibt natürlich bestehen, wenn das WB als Segensrede bestimmt wird. Dies impliziert, dass der Bestimmung als Segensrede nur die Bedeutung einer Beobachtung zur Gesamtform zukommen kann, während die eigentliche Gattungsfrage offen bleiben muss. Oben wurde angesprochen, dass das WB in der Apokalyptikforschung als Übergangsschrift betrachtet wird. Diese Beobachtung ist meines Erachtens ernst zu nehmen, indem unabhängig von einer konkreten Gattungszuordnung das innovative Potential des WB bzw. dessen Eingebettetsein in eine Zeit, die Innovationen ermöglichte oder gar erzwang, anerkannt wird. Die hellenistische Epoche, gemeinhin als Entstehungszeit des WB akzeptiert, war eine Zeit, in der sich aus neuen Bedürfnissen und Gegebenheiten heraus neue Möglich-

---

31 Mit diesen Beispielen wurde bereits eine Auswahl getroffen hinsichtlich Segensreden, die von Eltern an ihre Nachfahren bzw. von einer religiösen Leitfigur (Mose) an die Nachfahren der Stämme Israels gerichtet sind. Wie heterogen sich Segenskonstellationen und deren literarische Entfaltung im Bereich der israelitischen Religion gestalten konnten, veranschaulicht LEUENBERGER, Segen (2008). Als Beispiel einer Segensrede aus der jüngeren israelitisch-jüdischen Literatur vgl. Tob 14,3–11. Als leicht jüngere Schrift als das WB ist Jub interessant: Im Rahmen ihrer Nacherzählung der Erzelterngeschichten rückt die Schrift die Segensreden von Eltern an ihre (z. T. ausgewählten) Nachfahren geradezu ins Zentrum und gibt auch solche Segensreden wieder, die in Gen nur angesprochen werden (vgl. z. B. Gen 25,11; in Jub segnet Abraham seine Nachkommen und darunter sogar seinen Enkel Jakob mehrfach; vgl. Jub 20,1–10; 21; 22,10–25.27–30) oder gar nicht erwähnt sind. Letzteres ist hinsichtlich der Segensrede Rebekkas an Jakob in Jub 25,11–23 der Fall. Sie ist ferner interessant, da sie einen ‚Segen der Brüste' enthält – was auf eine Tradition von Segensreden aus dem Mund von Frauen verweisen könnte, die in biblischen Texten kaum bezeugt ist [vgl. immerhin Gen 49,25: Jakob verheißt Josef an dieser Stelle u. a. Gottes ‚Segen der Brüste und des (Mutter-)Schoßes/ברכת שדים ורחם]. Zum ikonographischen Typ einer Frauenfigur, die ihre Brüste präsentiert, der sich in Palästina anhand zahlreicher Tonfigurinen festmachen lässt und auf den ‚Segen der Brüste' verweisen dürfte, vgl. WINTER, Frau (1983) 103–110 und z. B. KEEL, Gott (2008) 36–43.

32 Dazu, dass Henoch im WB nicht etwa durch besondere Weisheit, sondern durch besondere Gerechtigkeit und Dienstbereitschaft gegenüber Gott hervorsticht, s. detaillierter unten unter 5.6.

keiten und Dringlichkeiten für die Gattungsgestaltung ergaben.[33] Vermochten sich die Modifizierungen durchzusetzen, konnte sich dies in der Entwicklung neuer Gattungen manifestieren. Karel VAN DER TOORN verweist in diesem Zusammenhang auf Koh und Sir, zwei Texte, die er als *spiritual testaments* bezeichnet. Mit Rut, Est, Jdt, Tob und Dan 1–6 habe man *adventure stories*, mit der Henoch- und Danielliteratur die apokalyptische Literatur entwickelt.[34] Neue Gattungen entstanden jedoch nicht aus heiterem Himmel. Das Neue ergab sich durch Modifikationen herkömmlicher Gattungen und Formen.[35] Entsprechend fällt unter formgeschichtlicher Perspektive auch in Bezug auf das WB eine dichte Verschränkung mit traditionellen Literaturformen ins Auge. Folgende Beobachtungen lassen sich festhalten:

1. Oben wurde bereits darauf verwiesen, dass das WB eine Vielzahl von Untergattungen enthält. Die meisten davon sind bereits von älteren Texten des antiken Palästina her bekannt. In der Einleitung finden sich Zukunftsansagen und eine große Mahnrede, die wiederum Unheils- und Heilsverheißungen enthält. Zusammen bilden diese den Horizont für einen narrativen Text, der seinerseits insbesondere in den Reden, die er einschließt, diverse geprägt Formen enthält: erneut Zukunftsansagen mit Heils- und Unheilsverheißungen, Beauftragungen, argumentative Passagen, Doxologien, die Schilderung sowohl einer

---

33 Was die neuen *Möglichkeiten* angeht, sind etwa die Veränderungen von zentraler Bedeutung, die VAN DER TOORN herausstreicht: In der hellenistischen Zeit entstand eine für jüdische Verhältnisse neuartige Schulkultur, wodurch das Anlegen von Bibliotheken gefördert wurde und das Lesepublikum stark anwuchs [vgl. ders., Culture (2007) 23–25; vgl. dort auch die weiteren Literaturhinweise zum Thema]. Texte zu verfassen und zu lesen konnte damit eine individuellere Tätigkeit werden als in früheren Zeiten. *Dringlichkeiten* konnten sich umgekehrt von der unumgänglichen Konfrontation mit neuen Mentalitäten, Wertvorstellungen und Ideen her ergeben, die in Palästina durch die Eingliederung in das Ptolemäerreich geschah. Diese Konfrontation dürfte insbesondere die anwachsende Zahl von Juden und Jüdinnen in der Diaspora umgetrieben haben.

34 Vgl. ebd. 25.

35 Die Modifikation von Formen und Gattungen ist freilich nur eines mehrerer Phänomene, die die Literatur der hellenistischen Zeit prägen. Ein weiteres Phänomen, das kaum ohne Einfluss auf die Gattungsgeschichte geblieben sein dürfte, ist die Tendenz, aus unterschiedlichen Gründen unterschiedliche religiöse Traditionen Israels in Texten stärker als bisher miteinander zu verschränken. Ein frühes Beispiel stellen die Chronikbücher dar. Nach ALBERTZ sind es vier Synthesen, auf die die Bücher abzielen: 1) die Synthese von Tora und DtrG, um Letzteres kanonisch aufzuwerten, 2) der Einbezug der Prophetie, wobei das prophetische Mahnen und Warnen ins Zentrum gerückt wird, 3) der Einbezug der Jerusalemer Psalmentradition, um die Einheit von geschichtlicher und kultischer Wirklichkeit aufzuzeigen, 4) der starke Fokus auf eine persönliche Frömmigkeit, die auf die offizielle YHWH-Religion ausgerichtet ist [ders., Religionsgeschichte 2 (1992) 610–618].

Himmelfahrt (inklusive Theophanie) als auch kosmischer Reisen, die Deutereden aus dem Mund von Engeln enthalten. Schließlich enthält das WB mehrere Listen. Dieser Befund bestätigt, dass weniger die Einzelelemente, sondern deren Kombination im Rahmen der israelitisch-jüdischen Literatur neuartig sind. Vormals sind die Formen – sei es in der prophetischen, erzählenden oder weisheitlichen Literatur – tendenziell eigenständiger und weniger verschachtelt verwendet worden. Eigentümlich gegenüber älteren Texten wirkt die Aufnahme von Engelslisten (vgl. 6,7; 8,3; 20), aber auch das inhaltliche Profil der kosmischen Reisen, die in Kap. 17–36 geschildert werden. Im narrativen Teil fällt inhaltlich der stark auf Engelwesen bezogene Fokus ins Auge.[36]

2. Aus dem Blickwinkel prophetischer Schriften fällt auf, dass im WB der Auftritt der klassischen Prophetenfigur fehlt, eines Gottesboten oder einer Gottesbotin also, deren Botschaft sich an die Mitbürger und Mitbürgerinnen oder an die herrschende Klasse richtet und meist eine Reaktion auf gegenwärtige Gegebenheiten darstellt. Zwar stehen im WB ebenfalls Offenbarungen im Zentrum, die ein Offenbarungsprivileg bedingen. Dieses Privileg eignet jedoch im Rahmen des quasi-familiären Settings des WB einem Urvater, der die Offenbarungen als Botschaft zwar nicht an seine direkten, aber immerhin an seine fernen Nachkommen übermittelt (1 Hen 1,2). Die Offenbarungen selbst, die um das Ereignis eines großen künftigen Gerichts kreisen, knüpfen wiederum klar an die Gerichtsprophetie an. Mit ihrem universalen Inhalt und Anspruch übersteigen sie ein familiäres Setting bei Weitem,[37] wo-

---

36 Dieses Setting erinnert an Tob als narrativen Text, der jedenfalls auf katholischer Seite kanonischen Status erlangt hat. Rafael tritt dort als wichtiger Akteur auf. Was die weiteren kanonisch gewordenen Texte betrifft, erscheinen Engel als prominente Akteure mit Eigennamen nur noch in Dan: Michael in Dan 10,13.21; 12,1 und Gabriel in Dan 8,16; 9,21. Eine Bestandesaufnahme zu den Engelwesen, die in früheren israelitisch-jüdischen Texten erwähnt werden, bieten z. B. MACH, Entwicklungsstadien (1992) 10–64; OLYAN, Thousands (1993) 15–18. Zum Wandel, der in nachexilischen Texten in Bezug auf eine Integration von Engel- und auch Dämonenkonzeptionen zu beobachten ist, vgl. MACH, Entwicklungsstadien (1992) 65ff.; DÖRFEL, Engel (1998) (18–22 mit einer Auflistung der jüngeren Deutemuster, die sich in der Forschung finden); SULLIVAN, Angels (2004), aber auch die einschlägigen Beiträge im Sammelband LANGE/LICHTENBERGER/RÖMHELD, Dämonen (2003). Eine Untersuchung zur Dämonologie im WB liegt mit WRIGHT, Origin (2005) vor. Für jüngere, kürzere Forschungsbeiträge zum Engelglauben s. KOCH, Monotheismus (1994); VOLLENWEIDER, Monotheismus (2002); STUCKENBRUCK, 'Angels' (2004); REITERER/NICKLAS u. a., Angels (2007).

37 Obwohl z. B. die Segensreden Isaaks (Gen 27) und Jakobs (Gen 49) ebenfalls die Dimension der Völkerwelt ansprechen, bleiben sie vorwiegend auf eine Verhältnisbestimmung zwischen eigenem Stamm bzw. Volk und den umgebenden Völkern konzentriert. Im WB tritt eine solche Verhältnisbestimmung dadurch in den Hinter-

mit Henoch doch wieder stark in die Nähe einer Prophetenfigur rückt. Der ambivalente Befund wirft die Frage auf, warum man sich zur Abfassungszeit des WB der klassischen Form einer Prophetenschrift nicht mehr bedienen konnte oder wollte. In Bezug auf die Prophetie selbst wird in der Forschung nachexilisch eine Entwicklung hin zur ‚prophetischen Prophetenauslegung‘ postuliert: Wurde die Aktualprophetie zurückgedrängt, konnte dafür die Auslegung prophetischer Schriften als revelatorischer Prozess verstanden werden.[38] In Bezug auf das WB wird damit möglicherweise die Verhältnisbestimmung zu Gen 5,21–24, den genealogischen Notizen zu Henoch, und Gen 6,1–4 als Genesisfassung der Wächtergeschichte von Bedeutung. Das WB erscheint aus dieser Perspektive als Schrift, die sich auf Stellen eines damals bereits als autoritativ geltenden Textes bezieht, die beide einen beträchtlichen Interpretationsspielraum offen lassen. Es präzisiert diese Passagen und versieht sie in dieser Präzisierung mit einer Bedeutung, die in die Gegenwart der impliziten Leserschaft hinein und sogar darüber hinaus reicht. Das WB rückt damit als frühes wenn nicht sogar als frühestes Zeugnis für eine Entwicklung in den Blick, bei der man innerjüdisch die Auslegung auch von Texten, die nicht im engen Sinne prophetische Texte sind, als revelatorischen Prozess zu verstehen und akzeptieren begann. Indem man mit dem WB urgeschichtliche Stoffe nicht nur in besagtem Sinne prophetisch gedeutet, sondern die Offenbarungen auch Henoch als urgeschichtlicher Figur in den Mund gelegt hat, beschritt man jedoch neue Wege nicht nur in der Frage nach dem Sinn der Auslegung religiös autoritativer Texte jenseits des engeren prophetischen Genres. Was Henoch noch über die Botschaft des WB hinaus, aber auch

---

grund, dass keine ethnischen Unterschiede betont werden, sondern allgemein zwischen Gerechten und Nicht-Gerechten unterschieden wird (vgl. aber immerhin 10,21 oder die Art und Weise, wie die Bedeutung Jerusalems in Kap. 24–25 und 25–26 ins Zentrum gestellt wird).

38   Von ‚prophetischer Prophetenauslegung‘ spricht STECK, Prophetenbücher (1996) 125ff., wobei er mit der Begriffswahl bewusst EBELINGs ‚Evangelischer Evangelienauslegung‘ Reverenz erweist (ebd. 128, Anm. 1). STECK bezieht sich mit der ‚prophetischen Prophetenauslegung‘ auf das Phänomen, dass „ausweislich des gegebenen Textbefunds auch die produktiven, fortschreibenden Traditionszuwächse offenbar noch als Verlautbarung des namengebenden Propheten selbst gelten [sollen], als explizit eingeschriebene Formulierung des Sinns, den das überlieferte Prophetenwirken in einem Buchganzen auch für die Zeit viel späterer Weitergabe enthält. Prophetie tradiert sich hier also sozusagen selbst weiter, und zwar in schriftlichem Modus. Tradition steht innerhalb der Prophetenbücher somit nicht neben oder nach Prophetie, sondern auch die aneignende Tradition will abkünftig doch immer noch Prophetie sein.“ (Ebd. 127f.) An STECK anknüpfend spricht LANGE, Interpretation (2003) von einer ‚divinatorischen Hermeneutik‘ und zeigt auf, dass eine solche in hellenistischer Zeit über das antike Judentum hinaus verbreitet war.

weitere prominente Figuren der Geschichte der Menschheit und Israels einer gegenwärtigen Leserschaft zu sagen hätten, schien sich damit zu einem wichtigen Reflexionskomplex zu entwickeln. So jedenfalls könnte das Aufblühen pseudepigraphischer Literatur mit besonderem Offenbarungsanspruch in der Folgezeit gedeutet werden, ohne den Rückgriff auf bekannte Figuren allein als autorisierendes Element interpretieren zu müssen.[39]

3. Mit den Ausführungen zur Verhältnisbestimmung von WB und Prophetie sind bereits die Bezüge des WB zu narrativen Texten angesprochen worden. Das WB lässt sich demnach als Schrift verstehen, die Erzählstoffe präzisiert, wobei als Rahmenstruktur das Vermitteln einer Segensrede Henochs an seine fernen Nachfahren gewählt worden ist. Dieses Setting ist von der erzählenden israelitisch-jüdischen Literatur, insbesondere von den Erzelternerzählungen her grundsätzlich vertraut. Schon dort wird es als Mittel benutzt, um durch den Mund des jeweiligen Erzvaters die künftigen Geschicke der Kinder und deren Nachfahren anzusagen. Finden sich an Nachfahren gerichtete Segensreden in der Literatur somit üblicherweise in Erzählungen eingestreut vor, arbeitet das WB mit einer Umkehrung: Hier nun bildet die Segensrede Henochs den Rahmen, in den sich ab Kap. 6 ein Erzähltext eingebaut findet, der seinerseits nochmals verschiedene Texteinheiten und -untereinheiten enthält. Dies bringt mehrere Eigentümlichkeiten mit sich: (1) Die Segensrede selbst wird ein komplexes literarisches Werk und entspricht damit nicht mehr einer Segensrede, wie sie im Rahmen einer Totenbettszene zu erwarten wäre. Dadurch, dass ein erzählerischer Rahmen fehlt, mag die Leserschaft darüber hinwegsehen, dass es unbestimmt bleibt, inwiefern die Segensrede eine Abschiedsrede Henochs ist. (2) Da nicht mehr erzählt wird, dass sich X mit einer Segensrede an Y wendet, sondern da sich Henoch direkt an eine ferne Nachkommenschaft richtet, sind es nicht mehr Figuren im Text, die auf der Ebene des Plots als primäre Adressaten und Adressatinnen fungieren, sondern die Leser und Leserinnen selbst. Die im Werk enthaltenen Offenbarungen

---

39   Für konkrete Erwägungen zu den Motiven, im Rahmen des WB gerade Henoch als Offenbarungsträger gewählt zu haben, s. unten unter 5.6.
     Offen bleibt damit noch immer die Frage nach der Verhältnisbestimmung zwischen Pseudonymität (pseudonymous authorship) und ‚zugeschriebener Verfasserschaft' (attributed authorship), wie VAN DER TOORN sie thematisiert. Seines Erachtens gilt relativ einfach: „Pseudonymus authorship implies a concept of the author as a source of authority, whereas attributed authorship illuminates the nature of that authority." [Ders., Culture (2007) 38.] Falls obige Ausführungen in die richtige Richtung weisen und bei der Pseudonymität eine divinatorische Hermeneutik im Hintergrund steht, müsste das Verhältnis wohl anders bestimmt werden.

richten sich direkt an sie. (3) Das Erheben der Segensrede zur Obergattung selbst entpuppt sich damit als Mittel, nicht nur die Autorität des Redners als Vermittler von Offenbarungen, sondern auch die prophetische Relevanz des Erzählten zu unterstreichen. Ein weiterer großer Unterschied zu den segnenden Abschiedsreden der Erzelternerzählungen besteht darin, dass dort die Vermittler der Reden zur Autorisierung ihrer Botschaften keiner Offenbarungen bedurften, wie sie Henoch durch Visionen gewährt werden (vgl. bereits 1 Hen 1,2). Mit der Transformation der Segensrede zu einer Obergattung begann man solche offensichtlich zu integrieren, womit dem Wissen der vermittelnden Figur nochmals eine ganz andere Autoritätsbasis verliehen wird.[40] Eine solche Verschiebung mag sich einerseits von Gen 5,21–24 her nahegelegt haben, der genealogischen Notiz, die besagt, dass Henoch mit Gott gegangen und von ihm genommen worden sei. Sie mag sich andererseits getroffen haben mit der Verbreitung von Formen nichtjüdischen hellenistischen Literaturgutes, in dessen Rahmen Offenbarungsereignisse wie Visionen und Reisen über die irdische Sphäre hinaus nicht nur einer spezifischen Klasse von Propheten und Prophetinnen vorbehalten waren, sondern auch anderen Figuren zugeschrieben werden konnte.

4. Konkrete Transformationsspuren von Formen weisheitlichen Schriftguts her auszumachen, gestaltet sich wohl am schwierigsten, weil die ‚Weisheit' gattungskritisch eine sehr heterogene Größe darstellt. Am ehesten lassen sich meines Erachtens Vernetzungen beobachten, was die Trägerschaft der Schriften anbelangt: Beim WB wie bei den weisheitlichen Schriften scheint es um Kreise zu gehen, die ihre Adressaten und Adressatinnen zu einer spezifischen Lebenshaltung motivieren möchten und dabei weniger die Bewältigung punktueller Geschehnisse im Blick haben.[41] Es sind Kreise, die das Funktionieren des Tun-Erge-

---

40   Vgl. hierzu KOLENKOW, Genre (1975) 59 über die Segensreden der Erzväter der Genesiserzählungen: „It is assumed that these patriarchs will be able to make such forecasts; there is no basis of authority given. Often, indeed, these men are not even said to be speaking for God – as in the prophetic or covenantal rationale." Interessant ist in diesem Zusammenhang die Abschiedsrede von Tobit (Tob 14,3ff.). Anders als die Genesisväter beansprucht Tobit nicht mehr seine eigene Autorität für sein Zukunftswissen, sondern beruft sich dazu auf die Propheten, in G^II speziell auf Nahum (14,4), in G^I auf Jona (14,4.8) – relevant ist, dass bei beiden Propheten das Geschick Ninives Thema ist. Durch den Rekurs auf einen Propheten wird die Autoritätsbasis modifiziert: Tobit tritt nicht selbst als Offenbarungsempfänger auf, sondern demonstriert mit seiner Botschaft an Tobias vorbildlich sein Wissen um und sein Vertrauen in die Prophetenworte.

41   Mit diesem Urteil nehme ich natürlich bereits ein Stück weit vorweg, was in der Folge (vgl. insbesondere unten unter 5.5.) als Zweckbestimmung des WB herausge-

hen-Zusammenhangs angesichts der Lebensrealitäten reflektieren, wobei die Antworten auf Fragen, die sie damit aufwerfen, ganz unterschiedlich ausfallen können. Es sind schließlich Kreise, die Interesse auch für universale Wissensbereiche wie den Aufbau des Kosmos zeigen und für die die Schreibtradition wichtig ist. Dass im WB neben enzyklopädischem Wissen (vgl. die Reiseschilderungen) und traditionellem Wissen, dessen Relevanz mit dem WB betont wird,[42] nun auch Offenbarungswissen und dessen Vermittlung eine zentrale Rolle spielt, wirkt, als seien mit dem WB weisheitliche Kreise in die Fußstapfen der Prophetie getreten.[43]

Das WB vor dem Hintergrund der vielschichtigen Transformationsprozesse der hellenistischen Zeit zurückhaltend als Segensrede oder ‚Segensrede eines gerechten Urvaters' zu bezeichnen, bleibt gattungskritisch vor allem darum eine unbefriedigende Lösung, weil sich die Gattung nicht zu etablieren vermocht hat. Oben wurde dargelegt, dass sich mit dieser Bestimmung jedoch gewichtige Probleme umschiffen lassen, die sich mit der Zuschreibung zu anderen Gattungen (Apokalypse, Testament) ergeben. Für eine Bestimmung als Segensrede spricht ferner, dass damit klarer als bei anderen Bestimmungen herausgestellt wird, dass die frühe hellenistische Zeit einen neuen Schub an innovativer literarischer Produktion zugelassen haben muss. Aufgrund der Tatsache, dass dem WB durchaus Elemente der Testamentliteratur und der Apokalypsen eignen, darf meines Erachtens vermutet werden, dass das WB – so wenig erfolgreich es darin war, einer Gattung Segensrede zum Durchbruch zu verhelfen – zur Entwicklung beider Gattungen beigetragen hat. Bekanntlich sind das Testament wie die Apokalypse Größen geblieben, deren Profil debattiert wird. Ein gewisses Maß an Flexibilität, was die Rahmenstruktur und die einzelnen Bausteine angeht, scheint damit auch den Folgegattungen inhärent geworden zu sein.[44] Schließlich darf nicht vergessen werden, dass das WB als Se-

---

arbeitet werden wird. Das WB den Apokalypsen zuzuordnen, erweist sich damit einmal mehr als problematisch, denn diesen wird meist selbstverständlich die Funktion einer konkreten Krisenbewältigung zugeschrieben.

42   Vgl. hierzu detailliert unten unter 5.4.

43   Dass man 1 Hen grundsätzlich zu den Weisheitsschriften zu zählen habe, suggeriert denn etwa auch ARGALL, 1 Enoch (1995) [bekräftigend ders., Wisdoms (2002)]. Für MAZZINGHI, Qohelet (2002) 167 dagegen verweist gerade der Befund, dass das Wissen in den frühen Henochschriften auf Offenbarung beruht, darauf, dass diese wohl nicht zur Weisheitsliteratur gehören. Neben den Arbeiten von ARGALL und MAZZINGHI finden sich in BOCCACCINI, Origins (2002) 157–203 noch weitere Aufsätze zur Verhältnisbestimmung zwischen der Henoch- und der Weisheitsliteratur.

44   Vgl. z. B. VIELHAUER/STRECKER, Apokalyptik (⁶1997) 496f. zum Stichwort ‚Formenmischung' in den Apokalypsen.

gensrede für die weitere Entwicklung der Henochliteratur höchst relevant blieb. Erst wenn man das WB als Segensrede begreift, wird es meines Erachtens nachvollziehbar, wie sich das WB später überhaupt mit weiteren Henochschriften zu einer Art Henochkorpus verbinden ließ. Als Segensrede in beschriebenem Sinn spannt das WB einen offenen Horizont auf, in den sich auch weitere Schriften einbetten ließen, bis hin zu den kalendarischen Texten des Astronomischen Buches.[45] Wer die Endgestalt von 1 Hen vor sich hat, wird sich trotz der diversen Gattungen, die im Laufe der Literargeschichte zusammenfanden, nicht zufällig die Frage stellen, ob 1 Hen 1,1 als Überschrift nur über das WB oder als Überschrift über 1 Hen insgesamt zu verstehen ist.[46]

---

45   Dieser Aspekt findet meines Erachtens bei DIMANT, Biography (1983) zu wenig Beachtung. DIMANT vertritt dort die These, dass das Arrangement der unterschiedlichen Henochschriften (noch ohne das Buch der Bilderreden) entlang biographischer Stationen Henochs gestaltet worden sei, die sich in Jub beschrieben finden. Ich stimme DIMANT durchaus darin zu, dass sich das Anwachsen der Einzelschriften zu einer Sammlung nicht nur zufällig ergeben haben dürfte. Vergleicht man die Biographie Henochs, die Jub entwirft, mit dem henochischen Textkorpus, wirkt DIMANTs Lösung zum einen aber gesucht und würde überzeugenderer Argumente bedürfen. Zum anderen schließt diese Erklärung die Möglichkeit aus, dass gewisse Schriften aus ganz unterschiedlichen Motiven heraus kleinräumiger gruppiert worden sind. KOCH, Laws (2007) arbeitet z. B. einen bedenkenswerten inhaltlichen Bezug zwischen dem Astronomischen Buch und den Bilderreden heraus. In seinen Augen läuft das vorliegende Textganze darauf hinaus, den kosmischen Rahmen zu betonen, den Gott geschaffen hat und der über das Gericht hinaus bestehen bleibt. Thesen zum Anwachsen der Schriften zum heutigen Henochkorpus müssen meines Erachtens von solchen punktuelleren Beobachtungen her entwickelt werden.

46   Oben unter 1.1.2. fand bereits Erwähnung, dass CHARLES noch davon ausging, die Einleitungskapitel seien der Endredaktion von 1 Hen zuzuschreiben.

4. Theologische Problemstellungen und Lösungsansätze im Wächterbuch: Ein Textdurchgang

Mit der Schilderung des Inhalts wurden bereits wichtige theologische Kernpunkte des WB angesprochen. Im Folgenden geht es darum, den Text und seinen Aufbau präziser als bisher nachzuzeichnen. Im Zentrum steht die Aufgabe, Aussagegehalt und Eigenheiten auf theologischer Ebene von Beobachtungen zur Leserlenkung im Textablauf ausgehend zu bestimmen. Es soll vor Augen bleiben, dass der Text mehrere Kommunikationsebenen besitzt und über das plotinterne Kommunikationsgeschehen hinaus auch sein Lesepublikum anspricht.[1] Auf theologischer Ebene geht es weniger darum, einzelne Konzeptionen herauszuarbeiten, als darum, die theologischen Fragestellungen zu erfassen, auf die der Leser oder die Leserin im Rahmen des Sinnbildungsprozesses Antworten bekommt.

4.1. Die Einleitung

Die Einleitungskapitel (Kap. 1–5) berühren primär die Frage danach, was gut und was schlecht ist, und damit verbunden die Frage nach dem Sinn bzw. der Bestimmung des Daseins der Geschöpfe Gottes. Schließlich ist Thema, was mit Geschöpfen geschieht, die gegen diese Bestimmung handeln, und worauf demgegenüber die ‚Guten‘ vertrauen dürfen. Gemäß Kap. 1–5 hat Gott mit der Schöpfung eine perfekte und normative Ordnung geschaffen: Die Bestimmung seiner Geschöpfe ist es, ihr Dasein nach dieser Ordnung auszurichten und Gottes Auftrag zu erfüllen (5,1–2).[2] Worin der Auftrag für jedes Geschöpf genau

---

1 Vgl. bereits COLLINS, Technique (1982) 97: „On one level, we may ask how the revelation functions within the text as an act of communication between Enoch and the Watchers; on another level, we may examine how the entire story of the Watchers plus the revelation functions as a communication between author and reader, and constitutes the message of the book as a whole."

2 Der Wortlaut dieser Verse variiert in den verschiedenen Textzeugnissen. Nach 4Q201 Frg. 1 ii 11–12 hat Gott die Werke geschaffen (עבד כל עבדיה אלין), und diese führen nun seine Bestimmung aus (כלהן עבדין ממרה). Dass die Werke nun seine Be-

besteht, wird kaum spezifiziert. Es scheint um das Einhalten eines gleichförmigen Lebensrhythmus zu gehen, der die Stabilität der Schöpfung gewährt. Jedes Geschöpf/Werk Gottes hat einen zugewiesenen Platz in der Gesamtordnung und leistet – Gott dabei lobend – seinen Beitrag dazu, dass diese wohlgeordnet bleibt. Die Geschöpfe müssen diesen Weg jedoch selbst wählen und damit sozusagen ihre Loyalität gegenüber Gott unter Beweis stellen. Von der Ordnung abzuweichen, ist eine Option, die prinzipiell ergriffen werden kann, was gemäß WB dann aber eben als aufrührerische Tat gegen Gott, den Schöpfer und Ordnungsstifter, geahndet wird. Damit gründet schlechtes/falsches Tun auf einer illoyalen Haltung gegenüber Gott. Diese illoyale Haltung kann bereits im Reden über Gott zum Ausdruck kommen (5,4 und gemäß 4Q204 Frg. 1 i 17 bereits 1,9; vgl. dann auch 27,2).[3] Auch was schlechtes Tun ist, wird damit nur sehr grundsätzlich abgesteckt.[4] Wie bereits angesprochen, wird neben dieser grundsätzlichen Bestimmung des schlechten Tuns betont, dass solches Tun ein unheilvolles Schicksal nach sich zieht (1,1.9; 5,4ff.).[5] Den Abtrünnigen[6] wird weder Erbarmen noch Friede zuteil werden (5,5), unabänderlich wird sie die Sanktion treffen, die Gott persönlich an die Hand nimmt: Er selbst wird auf den Sinai treten, sie dort als Richter ihrer Taten überführen und vertilgen (1,3–9). Zugleich bietet das Schicksal der Abtrünnigen Trost für diejeni-

---

stimmungen ausführen, wird in Ä und G ausführlicher umschrieben: Die Werke dienen Gott/vollbringen für ihn ihre Taten (T1 von ✦ᎦᎮ/ἀποτελέω), weichen nicht ab (T1 von ᎐ᎆᎅ/ἀλλοιόω), alles geschieht ordnungsgemäß (G) bzw. nach Gottes Ordnung (Ä) (ՈhᏜᏜ: Ꮃ᎐᎐Ꮎ: ᎄᎿᎴᎰ: hᏜᏜᏓ: ᎾᎿᎂᎰᎰᏐ: ᎸᏐ ᎐/ὡσπερεί κατά ἐπιταγήν τά πάντα γίνεται).

3   Schon WACKER hat in diesem Sinne erkannt, dass in Kap. 5 der „Vorwurf der Gotteslästerung (…) als Antithese zum Lobpreis der Schöpfergröße" [dies., Weltordnung (1982) 256] formuliert ist.

4   Nach WACKER unterstreicht dabei gerade der Vergleich mit Naturphänomenen den Aspekt, dass es nicht um die Bestimmung konkreter richtiger oder falscher Vergehen, sondern um das Herausstreichen der richtigen oder falschen Grundhaltung geht: „Ebenso wie der Natur ihre Ordnung gegeben ist, der sie nur entsprechen oder zuwiderlaufen kann, geht es auch für den Menschen nicht um partielle Vergehen, sondern um seine grundsätzliche Haltung gegenüber der ihm gegebenen Ordnung." (Ebd. 257.)

5   Dass solches Tun die Gesamtordnung durcheinander bringt und auf diese Weise Schlechtes auch gegenüber anderen Geschöpfen generiert, wird in der Einleitung noch nicht explizit genannt, legt sich aber durch die Bestimmung von Gut und Böse nahe.

6   In Ä werden die Abtrünnigen als ᎈᎸᎮᎧ (1,1), ᎻᎲᎱᎧ (1,1.9; 5,7), ᎧᏁᎈᎧ (1,9; 5,6) und als ᎷᎰᎧᏐ: ᎩᎰ (5,4) bezeichnet, G spricht von ihnen als ἐχθροί (1,1), ἁμαρτωλοί (ἀσεβεῖς) (1,9; 5,6), ἀσεβεῖς (1,9; 5.6.7) und als σκληροκάρδιοι (5,4). In Ar können die Begriffe nur rekonstruiert werden. Generell geht man davon aus, dass die Begriffe רשיעין, חטאין und קשי לבבן benutzt worden sind.

gen, die Gott und seiner etablierten Ordnung treu bleiben.[7] Ihnen wird versichert, in ihrer Loyalität auf Gott und seine Macht über die Abtrünnigen zählen zu können. Es wird eine Zeit der wiederhergestellten Schöpfung angekündigt, in der den Untadeligen erneut das segensvolle Leben gewährt werden soll, das Gott ihnen bei der Schöpfung zugedacht hat (1,8; 5,6/7ff.). Diesmal aber soll der Segen für immer allen Generationen zugesichert sein, da es keine Abtrünnigen mehr geben wird, die Unordnung verursachen könnten, sondern nur noch weise und entsprechend gottesfürchtige Geschöpfe (5,8–9). Ob die Perspektive eines segensvollen Lebens diejenigen, die ihre Loyalität Gott gegenüber bereits in der Zeit vor dem Gericht durch einen gerechten Lebenswandel bezeugt haben, generell, teilweise oder überhaupt persönlich betreffen soll, bleibt in den Einleitungskapiteln unklar. Der Leserschaft signalisiert der Text jedoch unmissverständlich, dass es trotz der Gottlosigkeit auf der Welt immer noch möglich und vor allem immer noch unbedingt geboten ist, gerecht bzw. Gott gegenüber untadelig zu leben. Erst aus der Perspektive der ‚Untadeligen‘ wird denn auch der Sinn des Textes als Segensrede verständlich. Der Text zeichnet aus dieser Perspektive das gegenwärtige Dasein als bedrohtes Dasein und die anvisierte Ordnung als eine in Frage gestellte Ordnung. Nur vor diesem Hintergrund wird nachvollziehbar, dass die Gewissheit von Sanktionen gegenüber den einen als Gewissheit der Zusage Gottes und damit als Segensbotschaft für die anderen verstanden werden kann. Das Verhältnis der Geschöpfe zu ihrem Schöpfer wird dadurch gefestigt: So wie Gott verlässlich hinter seinen (treuen) Geschöpfen steht, vermögen unter diesem Vorzeichen nun auch diese, getrost hinter ihm als geschichtsmächtigem und in ihrem Interesse in den Lauf der Geschichte eingreifenden Gott zu stehen, und sehen sich dazu motiviert, ihn zu loben und ihm trotz widriger Umstände durch ein gottesfürchtiges Leben zu dienen.

Auffällig ist, dass im Rahmen der Einleitungskapitel einzig der Sinai als konkreter Ort genannt wird (1,4). Dort wird Gott in seiner ganzen Macht erscheinen, die Welt erschüttern und seine Richterfunktion ausüben. Bereits Lars HARTMAN, der sich im Rahmen einer Monogra-

---

7   Ä nennt diese den Abtrünnigen gegenüber die ʼⲦⲋ·ⲢⲒ (1,1.3.8; 5,7.8) und die ⲀⲒ·ⲪⲒ (1,1.7.8; 5,6), und in 5,8 werden sie – zumindest auf die Ära nach dem Gericht bezogen – als die Weisen (ⲎⲠⲁⲙ: ⲦⲎⲚ) beschrieben. G benutzt die Begriffe ἐκλεκτοί δίκαιοι (1,1), δίκαιοι (1,1.8; 5,6) und ἐκλεκτοί (1,3.8; 5,7.8). In 5,8 spricht G nicht nur vom weisen, sondern parallel dazu noch vom erleuchteten Menschen. Für Ar schließlich werden analog zu Ä und G die Bezeichnungen קשטין und בחירין rekonstruiert. Zum möglichen Bedeutungsgehalt des Ausdrucks ‚Erwählte‘ im WB, vgl. die Ausführungen im Schlussteil von Kap. 4.

phie mit den Einleitungskapiteln beschäftigt hat, stellt lapidar fest, dass die Erwähnung des Sinai „should have some meaning."[8] Wie wir weiter unten sehen werden, gehen die Meinungen stark auseinander, wenn es um die Konkretisierung dieser Bedeutung geht.[9] Vor dem Hintergrund der obigen Ausführungen liegt es meines Erachtens nahe, den Rekurs auf den Sinai primär als Mittel zu interpretieren, die Macht Gottes in Fragen der richtigen Ordnung und (Wieder-)Herstellung von Ordnung zu unterstreichen. Verschiedene biblische Texte bezeugen, dass sich die Bedeutung des Sinais in der israelitisch-jüdischen Tradition nicht darauf beschränkt, wichtiger Schauplatz der Gesetzgebung in der Geschichte Israels zu sein. In einigen poetischen Texten tritt YHWH majestätisch als Herr des Sinai (אלהים/יהוה זה סיני, Ps 68,9; Ri 5,5) in Erscheinung. Andere umschreiben sein Auftreten ähnlich, auch wenn die Titulatur fehlt (Dtn 33,2; Hab 3ff.).[10] Allen Stellen ist es gemeinsam, dass Gott vom Sinai her herrschaftlich und derart mächtig auftritt, dass selbst die Natur erschüttert wird.[11] Auf die Einleitungskapitel des WB bezogen ist dabei von besonderer Bedeutung, dass Gott in dieser Inszenierung überall als derjenige konzipiert ist, der seinem Volk (Dtn 33,26–29; Hab 3,13; Ri 5,5) bzw. seinen Geschöpfen (Ps 68,11) hilft, seine Feinde jedoch erniedrigt. Wie wir gesehen haben, schreiben auch die Einleitungskapitel des WB Gott eine solche Rolle zu: Den Gerechten wird er wieder ein segensvolles Dasein gewähren, diejenigen aber, die seine Ordnung überschreiten, endgültig bezwingen.

4.2. Die Wächtergeschichte

Die Wächtergeschichte (Kap. 6–8) gibt Antwort auf die Frage, wie das Schlechte in die Welt einbrechen und das Leben auf Erden nachhaltig beeinflussen konnte. Sie beleuchtet also einen zentralen Wendepunkt in der Geschichte der Welt und insbesondere der Menschen. Es wird klargestellt, dass Engel die Verantwortung für die folgenschwere Ordnungsstörung tragen. Im Licht der Erzähllinie um die ‚Frauennahme‘, die zur Geburt der gierig-bösen Mischlingskinder geführt hat (vgl. insbes. Kap. 7), werden die Menschen praktisch ausschließlich als Op-

---

8   HARTMAN, Meaning (1979) 42.
9   Vgl. insbesondere Kap. 5.4.1.
10   Zudem ist bei Hab 3ff. statt vom Sinai in weiterem Sinne vom Gebirge Paran die Rede.
11   Damit greifen die Texte traditionelle Theophaniemotive auf [vgl. JEREMIAS, Theophanie (1977); Art. Theophanie (2005)].

fer der Engelstaten gezeichnet.[12] Nach ihrer Geburt fordern die Riesen ihren Platz auf der Welt ein. Als Wesen, deren Existenz bei der Schöp-

---

12 Gegen NICKELSBURG, Commentary (2001) 195f. betrachte ich die in 1 Hen 8,1 (nur in G[S]!) und 19,2 aufscheinende Idee, dass die Frauen die Wächter verführt haben, als zu einer jüngeren Interpretationslinie der Wächtergeschichte gehörend. Sie bleibt punktuell eingestreut und beeinflusst den Plot nicht weiter. NICKELSBURG selbst verweist auf durchwegs jüngere Texte (TJon Gen 6,2; TestXII.Rub 5), die die Vorstellung von 8,1 (G[S]) und 19,2 teilen (vgl. ebd.). Statt daraus wie z. B. bereits CHARLES, Enoch (1912) 19 zu schließen, dass die Haupterzähllinie der Wächtergeschichte älter sein muss, betrachtet er den durch G[S] bezeugten Versteil als Relikt einer alten Version der Wächtergeschichte, bei der die Engel in einer positiven Rolle auf die Erde gesandt worden seien, um die Menschheit in unterschiedlichen Dingen zu belehren. Da Jub eine solche Tradition bezeugt, ist die These, dass eine solche Version tatsächlich im Umlauf war, durchaus erwägenswert. Wesentlich ist jedoch, dass Jub an keiner Stelle davon spricht, dass die Frauen die Engel verführt hätten. In Jub 4,22 ist unspezifisch die Rede davon, dass die Wächter mit den Töchtern der Menschen sündigten: „Denn jene fingen an, sich zu vereinigen, so dass sie sich verunreinigten mit den Töchtern der Menschen. Und es bezeugte Henoch in betreff ihrer aller." [Übersetzung nach BERGER, Jubiläen (1981) 345.] Somit muss die Idee, dass die Frauen die Engel verführt haben, noch nicht zu dieser alten Erzählversion um die Wächter gehört haben. Der Textbefund weist gerade eher in die Richtung, dass eine frauenfeindliche Interpretation später entwickelt worden ist. Mit seiner These vermag NICKELSBURG zudem nicht zu erklären, weshalb die in G[S] bezeugte Lesart für 8,1 in allen anderen Textzeugnissen (Ä, G[A] und wohl auch Ar, vgl. insbesondere 4Q202) fehlt.

Bezüglich einer möglichen Mitschuld der Menschenfrauen zieht DIMANT, Fragment (2002) bereits von 1 Hen 6,1 her den Schluss, der Text sei „suggesting their seductive nature" [ebd. 229; vgl. bereits dies., Use (1988) 405f.]. DIMANT geht davon aus, dass 1 Hen 6–11 eine Überarbeitung von Gen 6,1ff. repräsentiert. Dass das WB die verführerische Natur der Frauen betont, schließt sie aufgrund des Befundes, dass Gen 6,2 den Frauen nur ein Attribut zuschreibt (MT: כי טבת הנה/LXX: ὅτι καλαί εἰσιν), währenddessen Ä, G[A] (aber nicht G[S]) und wohl auch Ar die Frauen durch zwei Attribute charakterisieren (Ä: ሠናይት und ላህያት/G[A]: ὡραῖαι und καλαί/Ar: שפירין und – rekonstruiert – טבן). Abgesehen davon, dass ich es als heikel erachte, den Text des WB unhinterfragt in Abhängigkeit zum Genesistext zu interpretieren, lässt meines Erachtens die Betonung der Schönheit der Frauen allein – selbst wenn sie stärker ausfällt als in einem anderen Text – noch kein Urteil über die Intentionen der Frauen zu. Die zweifache Attribuierung könnte im Rahmen des WB auch einfach die Perfektion der Schöpfung betonen. Erst mit 8,1 (G[S]) wird meines Erachtens die offene Formulierung von 6,1 in Richtung einer Mitschuld der Frauen enggeführt – laut 8,1 (G[S]) spielten sie klar mit ihren Reizen. Eine ähnliche Position wie DIMANT vertritt z. B. LOADER, Sexuality (2007) 57. Die frauenfeindliche Rezeptionsgeschichte vor Augen, findet es KÜCHLER zumindest verdächtig, „dass da irgendwo schon den Anfängen nicht gewehrt wurde." [Ders., Schweigen (1986) 250.] Dennoch betrachtet er 8,1 (G[S]), wie es hier vertreten wird, klar als spätere Erweiterung, die für die Rekonstruktion des genannten Strangs der Rezeptionsgeschichte von Bedeutung ist [vgl. ebd. 263f.]. Bereits KÜCHLER wendet sich dabei explizit gegen NICKELSBURG, wobei die Kritik bei diesem unrezipiert geblieben ist. In NICKELSBURG, Commentary (2001) wird KÜCHLERs Arbeit gänzlich ignoriert.

fung nicht vorgesehen war – die Engel haben sich selbst als Schöpfer aufgespielt – können sie gar nicht anders, als Gottes Ordnung akut zu gefährden. Anders sieht das Bild im Licht des Erzählstrangs um die Wissensvermittlung aus (vgl. insbesondere Kap. 8): Die Menschen selbst werden hier als regelrecht vom Schlechten infiziert beschrieben. Auch sie werden nun zu Tätern, illoyal gegenüber Gott. Gemäß der Endform der Wächtergeschichte ist also das Übel in der Welt zweifach angelegt,[13] womit die Erzählung die Aspekte menschlicher Unschuld *und* Schuld aufgreift. Gottes gute Schöpfung wurde durch Engel, dann aber auch durch Menschen pervertiert. Beide Formen des Übels zusammen führen in den Anfängen der Geschichte dieses enormen Einbruchs des Bösen zu einem akuten Notstand auf Erden, der die Erde bzw. die Opfer auf ihr dazu drängt, ihre Stimme gegen die Geschehnisse zu erheben (vgl. 7,6; 8,4).[14] Trotz der Schilderung der konkreten Taten und Unterweisungen der Engel bestimmt letztlich auch die Wächtergeschichte das Schlechte sehr grundsätzlich: Schlecht ist, was – in welcher konkreten Form auch immer – gegen Gott und dessen Plan gerichtet ist.

Die Kenntnisse, die die Engel den Menschen weitergeben (7,1; 8,1.3), beinhalten einerseits Beschwörungswissen, magische Praktiken, Wissen um die Zeichen der Himmelskörper (z. B. die כוכבי נחשי) und der Erde (7,1; 8,3; die Vermittlung dieses Wissens geschieht durch Šemiḥaza und seine Genossen), andererseits die Technik der Metallbearbeitung zur Produktion von Waffen und Schmuck und Wissen im Bereich der Herstellung von Schönheitsmitteln wie z. B. Augenschminke (8,1; die Vermittlung dieses Wissens wird ʿAsaʾel zugeschrieben).[15]

---

13   Eine solche Vorstellung scheint auch im Tobitbuch vorausgesetzt zu sein. Auf der einen Seite wird die unschuldige Sara ins Zentrum gestellt, die vom Dämon Aschmodai gequält wird (vgl. Tob 3,7–15). Hier ist es allerdings nicht ein Engel, sondern ein Dämon – gemäß WB (vgl. 15,8–12) immerhin der Sohn eines Engels –, den die Lust dazu treibt, eine Menschenfrau in Besitz zu nehmen [vgl. dann als Kontrast zur Lustgetriebenheit des Dämons Tobias' Liebesbezeugung in Tob 8,7; vgl. zur Figurenkonstellation in Tob generell Ego, Rolle (2003)]. Auf der anderen Seite warnt der Text vor einer falschen Lebenseinstellung, was auf das Problem der Mittäterschaft der Menschen am Bösen in der Welt verweist (vgl. z. B. Tob 4,5). Da in Tob der Glaube an Dämonen in aller Selbstverständlichkeit vorausgesetzt wird, ließe sich für die Wächtergeschichte und ihre Fortführung, die explizit vom Weiterleben der Riesen als Dämonen spricht, allenfalls sogar eine ätiologische Funktion erwägen: In einem kulturellen Kontext, in dem der Glaube an Dämonen stark gewichtet worden ist, mag sie Juden und Jüdinnen eine annehmbare Erklärung des Phänomens geboten haben.

14   Zu den Abweichungen in G s. o. unter 2.1., Anm. 14.

15   Die Textzeugen unterscheiden sich bisweilen in Einzelheiten, bei 8,3 auch in Bezug auf die Namen der Engel, denen einzelne Wissensbereiche zugeordnet werden. Alle

Wenn eben gesagt wurde, das Schlechte finde sich sehr grundsätzlich bestimmt, stellt sich natürlich doch die Frage, welche Bedeutung diesen Konkretionen zukommt. Ähnlich wie bei den Wächterkindern kann gesagt werden, dass jegliches Zusatzwissen, das den Menschen vermittelt wird, ohne dass Gott selbst es den Menschen zugedacht hat, schlecht ist und negative Folgen zeitigen muss.[16] Die Wissensbereiche selbst, um die es geht, drehen sich meines Erachtens verschachtelt und nun auf die Natur der Menschen bezogen um den gleichen Punkt. Es geht um Wissen und Techniken, die alle das Verlangen nach mehr zu fördern und zu stillen helfen, als Gott den Menschen zugewiesen hat. Vertrauen Menschen auf Gott als höchsten, wahren Herrscher, haben sie es nicht nötig, durch Beschwörungswissen, magische Praktiken oder durch das Erkennen von Himmelszeichen selbst Macht über das Schicksal zu erlangen. Sich durch Kriege als Möchtegern-Herrscher der Welt zu gebaren und den Ruhm um sich selbst zum höchsten Ziel zu erheben, erscheint damit blasphemisch und gar lächerlich. Erkennen die Menschen in Gott den Schöpfer eines wunderbaren Universums, haben sie es schließlich auch nicht nötig, sich um aufwändige Schönheitsmittel zu sorgen. Gott hat die Menschen bereits so schön geschaffen (6,1), dass selbst die Engel von ihnen Notiz zu nehmen begannen – jedoch nicht richtig damit umzugehen wussten. Die Schönheit der Schöpfung noch übertrumpfen zu wollen, kann nur anmaßend sein. Zieht man die Frage nach der Bedeutung auf textpragmatischer Ebene weiter, kann man sich unter Einbezug zeitgeschichtlicher Aspekte (Ptolemäerherrschaft) sogar fragen, ob die Verfasserschaft insbesondere mit den Taten, die ʿAsaʾel zugeschrieben werden, absichtlich „gewisse griechische zivilisatorische Errungenschaften kariert und mit dem Ursprung des Bösen verbindet."[17]

Die Wächtergeschichte verdeutlicht gegenüber den Einleitungskapiteln, dass nicht nur das ‚Tun gegen Gott' schlecht ist, sondern dass dieses Tun im Rahmen der Gesamtordnung und damit gegenüber an-

---

einschlägigen Stellen sind auch in Ar bezeugt (4Q201 Frg. 1 iii 15; iv 1–5; 4Q202 Frg. 1 ii 19.26–29; iii 1–5).

16   Vgl. hierzu bereits KÜCHLER, Schweigen (1986), der bezüglich der Existenz der Wächterkinder von der „Dämonie der Begierde" spricht, bezüglich der Wissensvermittlung von der „Dämonie des Wissens über Dinge, die den Menschen eigentlich entzogen sind und deshalb nur Böses aus sich entlassen können." (Ebd. 274.)

17   KÜCHLER, Schweigen (1986) 274. Der Fortgang der Untersuchung wird zeigen, dass sich eine solche These für eine WB-Fassung, die die Wächterstoffe bereits mit Henochstoffen in Verbindung bringt, als durchaus plausibel erweist. NICKELSBURG diskutiert textpragmatische Aspekte in Bezug auf 1 Hen 6–11 in seinem Kommentar leider nur im Rahmen einer Vorform des WB, die noch unabhängig von Henochstoffen kursiert hat. Dabei greift er die Möglichkeit einer karikierenden Absicht der ʿAsaʾel-Notizen kaum auf, sondern richtet den Fokus auf die Zerstörungswut der Riesen, die er mit den Diadochenkriegen in Verbindung bringt (vgl. dazu ausführlicher unten unter 5.5.).

deren Geschöpfen Gottes negative Konsequenzen mit sich bringt. Der Tun-Ergehen-Zusammenhang auf individueller Ebene verliert unter diesen neuen Gegebenheiten seine Wirkmächtigkeit.

4.3. Erste Fortführung

Die erste Fortführung (Kap. 9–11) wirft im Munde der Engel Michael, Sariel, Rafael und Gabriel die Frage nach Gottes Plan in Anbetracht der akuten Notsituation und somit die Frage nach der weiteren Geschichte der Welt unter der Wirkmacht des Bösen auf (9,11). Gott als ‚höchster Herr, höchster Gott, höchster König‘ (vgl. 9,4–5) offenbart ihnen in der folgenden Rede einen mehrstufigen Aktionsplan: In einem ersten Schritt sollen die primären Aufwiegler, die Wächter, gebunden und ihre Nachkommen, die Riesen, in den Tod getrieben werden. Danach soll es einen Gerichtsprozess geben, der die Ordnung nachhaltig wiederherstellt und die Übeltäter endgültig außer Gefecht setzt (10,6.12f.). Die Zeit der wiederhergestellten Ordnung schließlich wird als große Segenszeit dargestellt: als ewig dauernder Festakt sozusagen, der den Sieg über die Aufwiegler besiegelt und die Güte und Großzügigkeit des Herrschers gegenüber seinen treuen Untergebenen zum Ausdruck bringt. Erst hier erhebt sich Gott explizit zum Subjekt einer Handlung: Er selbst wird die himmlischen Schatzkammern des Segens öffnen und auf die Erde herabkommen lassen (11,1).[18] Unklar mag die kurze Anspielung auf die Sintflut in 10,1–3 erscheinen. Es erstaunt, dass der Flut kaum Gewicht zugemessen wird in Bezug auf die Strafaktionen, die Gott einleitet. Der Text lässt überhaupt offen, ob ihr eine Straffunktion zukommt, ob sie also unter die Akutmaßnahmen Gottes fällt oder nicht. Gesagt wird einzig, dass ihr ein Höchstmaß an zerstörerischer Kraft innewohnt.

Die Auffälligkeit, dass die Sintflutnotiz äußerst knapp ausfällt, wird in der Sekundärliteratur in der Regel unter den Tisch gewischt und der Flut, die an keiner anderen Stelle des WB mehr Erwähnung findet, eine zentrale Bedeutung für den Aussagegehalt gar der ganzen Schrift zugesprochen.[19] Dies mag eine

---

18 Je nachdem, ob in 4Q204 Frg. 1 v 2 אדין als Zeitadverb ‚da, dann‘ [so BEYER, Texte (1984) 238] oder als 1. Pers. Sg. des Verbs דין interpretiert wird [so MILIK, Books (1976) 190 und in der Folge die meisten Übersetzungen], präsentiert sich Gott bereits in 10,14 als Akteur, der richtet.

19 Ähnliches kann interessanterweise hinsichtlich der ersten Vision im Buch der Traumvisionen beobachtet werden (1 Hen 83–84), auf die meist irrtümlicherweise als ‚Flutvision‘ Bezug genommen wird [vgl. z. B. UHLIG, Henochbuch (1984) 674, der die Vision mit „das Sintflutgericht" überschreibt, und NICKELSBURG, Commentary (2001)

hartnäckige Nachwirkung der einst prominenten These sein, dass Kap. 9–11 einem Noachbuch entstammen (vgl. oben unter 1.1.2.).[20] Als Bestätigung dafür, dass der Flutgeschichte eine zentrale Bedeutung für Kap. 9–11 zukommt, wird meist noch auf 10,22 verwiesen. Dabei wird V. 22b als klare Anspielung auf Gen 8,21 und Gen 9,11 ausgelegt,[21] eine Deutung, die sich in der Form „(…) und ich werde nicht erneut eine Flut über sie [die Erde] schicken (…)" sogar in einigen äthiopischen Manuskripten expliziert findet. Textkritisch muss diese Textvariante allerdings als sekundär bewertet werden.[22] Bei 10,22 eine inten-

---

345, der den Untertitel „The Flood" setzt]. Demgegenüber tritt KOCH geradezu als einsamer Rufer in der Wüste in Erscheinung. Zurecht unterstreicht er, dass „nothing is said here about water and its destructive force whereas in the later passage about the flood (89,1–9) water will be the source of the catastrophe and no abyss is mentioned. The splitting of the earth in order to swallow up the sinners is predicted again in the description of the end in 90:18.24–27 (…)." [Ders., Laws (2007) 129.]

20 Auf den Gipfel getrieben wird eine solche Lesart z. B. in RUBINKIEWICZs Arbeiten zu 1 Hen 9–11 [vgl. ders., Eschatologie (1984); Noah (1988)]. Seiner Meinung nach richten sich auch noch die Verse, die auf 10,3 folgen, an Noach, obwohl dort klar geschildert wird, dass Gott nun nach Sariel zu Rafael, Gabriel und Michael spricht. Zusammenfassend interpretiert er die Passage 9–11, deren Eschatologie zu untersuchen sein Ziel ist, folgendermaßen: „Die Schlechtigkeit erreicht ein solches Ausmaß, dass Gott beschließt, eine Flut über die Erde kommen zu lassen, damit alles Böse vertilgt und die Erde von aller Sünde gereinigt werde. Gerettet werden soll nur Noach, der Gerechte. Diesem wird auch der Anbruch eines Reiches des Friedens und der Wahrheit auf der vom Unrecht gereinigten Erde offenbart (9–11)." [Ders., Eschatologie (1984) 11.] Verbreiteter finden sich pauschale Äußerungen wie diejenigen FRÖHLICHs zum Inhalt des WB: „The story of the *Book of Watchers* begins with the story of creation, then continues with the story of the Watchers (…), whose sin—the relationship with the daughters of men, or rather the deeds of the giants born from these relationships—provokes the punishment of the Flood." [Dies., Time (1996) 49.]

21 Vgl. NICKELSBURG, Commentary (2001) 228 zu 10,22–11,2: „The sequence of Gen 8:20–9:1 is reproduced in these verses. Verse 22a reiterates the theme of v 20 and thus recalls Noah's sacrifice (Gen 8:20). Verse 22b picks up God's promise not to curse the earth, employing language closer to the version of that promise in Gen 9:11. (…) Verse 22b transforms Gen 9:11 into a promise that no judgment of any sort will again touch the earth." Nach HOFFMANN, Gesetz (1999) 138 findet sich „[d]ie Selbstverpflichtung Gottes, niemals mehr eine Flut über die Erde zu bringen, (…) nicht im Kontext der Sintfluterzählung, wie es eigentlich zu erwarten wäre (und aus dem Buch Genesis bekannt ist), sondern bezeichnenderweise erst als Abschluß der endgültigen, von der Zukunft erwarteten eschatologischen Erneuerung der Erde."

22 Vgl. UHLIG, Henochbuch (1984) 532, Anm. 22 d; NICKELSBURG, Commentary (2001) 219, Anm. 22c. Der Textbefund ist an dieser Stelle schwierig, Ar (4Q201 Frg. 1 vi 4–6) zu fragmentarisch, um weiterzuhelfen. Wie NICKELSBURG bewerte ich MILIKs Vorschlag als die plausibelste Lösung. Er stützt sich primär auf G, setzt aber voraus, dass sich dort eine falsche Satztrennung eingeschlichen hat. MILIK gelangt damit zu folgender Rekonstruktion und Übersetzung von 10,22: ‏[ותדכא כל ארעא מן כל סאב ומן כל‏ ‏טמה ועוד לא אש[‏גר אנה ‏[עליהן מן רגז ומן מכתש עד כל דרי עלמיה ...]‏ („[And the whole earth shall be cleansed from all defilement and from all impurity. And] I will [never again] send [upon them any wrath nor castigation for all generations of worlds.]") [Ders.,

dierte Bezugnahme auf die Flutgeschichte bereits der aramäischen Fassung zuzuschreiben, erachte ich v. a. aus drei Gründen als heikel: 1) Wie gesagt fällt auf, dass eine explizite Bezugnahme erst in Ä bezeugt ist, was dafür spricht, die Analogiesetzung mit der Flutgeschichte als spätere Lesart zu bewerten. Andernfalls bliebe etwa die Frage offen, warum nicht schon G eine klarere sprachliche Anlehnung an die Flutgeschichte angestrebt hat. 2) Auf inhaltlicher Ebene betont 10,22 die Endgültigkeit der Transformation der Welt zurück zum guten Zustand vor dem Einfall des übermäßigen Bösen durch die Taten der Wächter. Die Transformation wird im vorliegenden Kontext als Machterweis Gottes abtrünnigen Geschöpfen gegenüber gezeichnet. Die Menschen werden in der neuen Ära, die Gottes Eingreifen ermöglicht, nur noch gerecht sein, alle Nationen werden den einen, wahren Gott preisen (10,21). Wird gerade Gen 8,21 als Vergleichsgröße gewählt, fällt ein starker Kontrast auf: Die Willensbezeugung Gottes, die Erde nie mehr verfluchen zu wollen, erscheint in Anbetracht dessen, was in 1 Hen 9–11 erzählt wird, als Kapitulation Gottes vor einer pervertierten Welt: Gott akzeptiert, dass die Bewohner und Bewohnerinnen der Welt unabänderlich von bösem Trachten geleitet sind. Würde die Flutgeschichte inhaltlich eine derart wichtige Rolle spielen, wie es oft postuliert wird, wäre es fraglich, warum die Verfasserschaft die inhaltliche Spannung durch 10,22 sozusagen noch betont hätte. 3) In Anbetracht des Gewichts, das der Flutgeschichte bei der Interpretation von 9–11 zugeschrieben wird, erstaunt es schließlich, dass an keiner Stelle gesagt wird, dass die gefräßigen Wächterkinder durch die Flut umkommen sollen. Wo vom konkreten Vorgehen gegen sie gesprochen wird, scheint der Verfasserschaft eine kriegerische Zerstörung vor Augen gestanden zu haben (10,9; 14,6),[23] die sich nicht einfach auf die Geschehnisse beziehen lässt, die in 7,5 geschildert werden.[24] Diese geben überhaupt erst den Grund für das himmlische Eingreifen ab. Allerdings muss eingeräumt werden, dass jüngere Schriften dann durchaus auf die Flut rekurriert haben, um die Zerstörung der Wächterkinder zu erklären. Gemäß dem Buch der Traumvisionen (1 Hen 83–90/91) findet z. B. der bewaffnete Krieg zwischen den Riesen noch

---

Books (1976) 162f.; zur Frage der Übersetzung des Lexems עלמ im WB vgl. dann unten unter Exkurs 4].] Dass es in Ä zu einer Formulierung kommen konnte, die sich auf die Flut bezieht, könnte sich allenfalls daraus ergeben haben, dass sich die griechische Wendung καὶ οὐκέτι πέμψω ἐπ' αὐτούς [„nie mehr werde ich über sie (m. Pl.) schicken"] in Ä zur Wendung ወኢ.ደ..ግም: ከመ: ኣል.ኅ: ዲ.በ.ሃ („und ich werde nicht erneut über sie (f. Sg., Bezugswort ም.ድ.ር/Erde") schicken") gewandelt hat. Die Formulierung mit dem Bezugswort ‚Erde' könnte sodann zur Assoziation mit Gen 9,11 angeregt haben.

23   In Bezug auf 10,9 ist in 4Q202 Frg. 1 iv 6 von einem „Kampf der Zerstörung" (קרב אבדן) die Rede; für 14,6 legen 4Q202 Frg. 1 vi 10 und 4Q204 Frg. 1 vi 16–17 nahe, dass von einem „Schwert der Zerstörung" (חרב אבדן) gesprochen wird, durch das die Nachkommen der Wächter fallen sollen.

24   So z. B. NICKELSBURG, Commentary (2001) 223.

vor dem Ereignis der Flut statt (88,2), die endgültige Zerstörung der Wächter-
kinder geschieht dann aber durch die Flut selbst (89,6).[25] Für Schriften wie das
Buch der Traumvisionen ist damit jedoch bereits eine harmonisierende Ten-
denz anzunehmen. Im WB selbst lässt sich noch kein Bedürfnis erkennen, der
Flut eine Bedeutung zuzuschreiben, die in Konflikt mit der Tradition um die
Strafe der Wächterkinder durch einen gegenseitigen Krieg gekommen wäre.

Neben der Knappheit der Flutnotiz mag erstaunen, dass die Figur des
Noach nur als ‚Sohn Lamechs' erwähnt wird und es – anders als in
anderen Texten über ihn – nicht darum geht, seine Gerechtigkeit herauszustreichen.[26] Wichtig erscheint mir, dass sich Gott mit der Erwähnung der Sintflut und damit überhaupt mit seinen ersten Worten dem
Schicksal der Menschen widmet. Sie bzw. ihre Seelen waren es schließlich, die in ihrer Not zum Himmel geschrien und damit die Engel dazu
gedrängt haben, ihren Rechtsfall vor Gott zu bringen (9,3.10 in Weiterführung von 7,6; 8,4)[27]. Diesen Zusammenhang vor Augen wird durch
die Anspielung vorwegnehmend zugesichert, dass die Generationenfolge der Menschen (vgl. 10,3) selbst in Anbetracht der schlimmsten
Verwüstungen gewährleistet bleibt. Für die Lage der Menschen bleibt
es allerdings bedeutsam, dass die ersten Vorkehrungen Gottes die akute Lage nur entschärfen. So umfasst Gottes Aktionsplan bis zum Gerichtstag noch keine umfassenden Sanktionen bezüglich der Bosheit
unter den Menschen und auch keine gegenüber den auf der Erde
verbleibenden bösen Geistern der toten Riesen, die in der zweiten Fortführung als bleibende Plage für die Menschen thematisiert werden.[28]

25 Vgl. in diesem Zusammenhang STUCKENBRUCK, Angels (2000). In diesem Aufsatz
vergleicht STUCKENBRUCK die unterschiedlichen Varianten, wie in späteren frühjüdischen, dann aber auch in frühchristlichen Texten das Verhältnis von Kampf und Flut
in der Erzählung um die Wächter und ihre Kinder ausgestaltet worden ist. Er macht
dabei auch auf den Unterschied zwischen Schriften aufmerksam, die den Wächterkindern eine Weiterexistenz nach der Flut zugestehen (z. B. das WB), und solchen,
die dies nicht tun (z. B. gerade das Buch der Traumvisionen, bei dem die Flut die
Wächterkinder definitiv zerstört).

26 Siehe dazu bereits oben unter 2.1., Anm. 19. NICKELSBURG kann hier von Noach als
„a type of the righteous who will escape the *final* judgment" [ders., Commentary
(2001) 219] nur sprechen, weil er bezüglich 10,2–3 G^S Priorität einräumt. Mit seiner
Interpretation steht er indes nicht alleine da, vgl. z. B. bereits HANSON, Rebellion
(1977) 200.

27 Ä spricht in 9,3 bezüglich des Anliegens oder eben Rechtsfalles, den die Engel vor
Gott bringen sollen, von ፟ bzw. benutzt in 9,10 das Verb ስቲ. G benutzt in 9,3
die Substantive κρίσις (G^{A+S1}) und δέησις (G^{S2}), in 9,10 das Verb ἐντυγχάνω. Ar scheint
für 9,3 das Verb קבל zu bezeugen, das (jedenfalls im Grundstamm aktiv) ebenfalls
dem juristischen Vokabular zugerechnet werden kann.

28 Inwiefern in dieser ersten Fortführung von einer Doppelnatur der Riesen ausgegangen wird, kann vom Textbefund her nur andeutungsweise eruiert werden. Wahr-

Einzig 10,7 kann als Mobilisierung Rafaels insbesondere gegen das Übel falschen Wissens verstanden werden, wenn dieses Menschen akut bedroht. Bedrängte Menschen in der Zeit vor dem Gericht dürfen damit auf seine Hilfe hoffen.[29] Alles in allem besagt die Rede Gottes, dass der Rechtsanspruch der Menschen zweifach anerkannt wird: Erstens müssen die Verursacher des Übels mit Sanktionen rechnen, zweitens wird die Welt wieder generell und vor allem nachhaltig geordnet werden, womit den treuen Geschöpfen Gottes wieder ein segensvolles Leben winkt – so, wie es zu Beginn der Schöpfung geplant war. Ähnlich wie in den Einleitungskapiteln wird die Leserschaft durch den Text dazu motiviert, ein gottgefälliges Leben zu führen. Vergewissernd wird ihr vor Augen geführt, dass Gott sanktionierend in den ,Lauf der Geschichte des Bösen' eingreifen wird und seine Schöpfung damit trotz temporärer Tumulte im Griff hat, und vergewissernd wird ihr vermittelt, dass es wieder eine Zeit geben wird, in der ein durch Loyalität gegenüber Gott bestimmter Lebenswandel in einem segensvollen Schicksal fruchtet. Ebenfalls mit den Einleitungskapiteln vergleichbar bleibt es dabei unklar, wer genau zu den ,Gerechten, die entkommen' (vgl. 10,17) zählen wird. Durch den expliziten Verweis auf die Seelen der (zu früh) Verstorbenen, die Klage führen (9,3.10), legt sich die Vermutung nahe, dass nicht nur daran gedacht wurde, dass die Geschichte der Welt wieder in rechte Bahnen zu lenken ist, sondern auch daran, dass das ,falsche' Schicksal gewisser Menschen nach einer zweiten Chance für sie ruft. So wären denn mit den ,Gerechten, die entkommen', untadelige, aber in ihrem Schicksal trotzdem vom Bösen geschlagene Menschen gemeint. Direkt auf die Wächtergeschichte zurückbezogen statuiert die Passage für die Leserschaft ein Exempel: Es macht

---

scheinlich spricht 10,15 von den Geistern der Riesen. Gott befehligt hier Michael, die Geister und Wächterabkömmlinge zu vernichten. In Ä werden die Geister als *መናፍስት: ተውኔት*, in G als πνεύματα τῶν κιβδήλων spezifiziert (in Ar fehlt die Passage). Geht man davon aus, dass sich V. 15 auf den Zeitpunkt des Gerichts bezieht, manifestiert sich bereits hier die Vorstellung, dass die Geister der Riesen trotz deren Selbstzerstörung im Kampf noch vor der Bindung ihrer Väter (10,12) bis zum Gericht weiterexistieren. Erst in 14,8–15,1 wird thematisiert werden, was dies an Unheil für die Menschen impliziert. NICKELSBURG, Commentary (2001) 223.225 scheint den Befund enger zu deuten und die Position von Kap. 10 in einem Kontrast zu Kap. 12–16 zu sehen, führt diese Beobachtung aber zu knapp aus, um greifbare Argumente zu bieten.

29 Dieser Auftrag erinnert an die Rolle Rafaels im Buch Tobit. Indem er Sara aus den Fängen des Dämons Aschmodai zu befreien hilft, nimmt er sich dort allerdings ausdrücklich dem durch böse Geister verursachten Übel an. Vor dem Hintergrund des WB ist es damit sogar möglich, das Tobitbuch als eine das WB ergänzende Beispielerzählung dafür zu verstehen, wie man trotz eines schwierigen Umfelds zuversichtlich als gerechter, gottesfürchtiger Mensch bestehen kann.

sich nicht bezahlt, sich durch den ‚Reiz nach mehr' verführen zu lassen, statt im Wissen darum, dass Gott am besten weiß, was für seine Geschöpfe gut ist, gottesfürchtig zu leben, nicht einmal für die sonst so mächtigen und mit großem Wissen ausgestatteten Engel wie Šemiḥaza oder ʽAsaʼel.

4.4. Zweite Fortführung

Nochmals, aber in etwas anderem Gewand, greift die zweite Fortführung (Kap. 12–36) die Frage nach der weiteren Geschichte der Welt unter der Wirkmacht des Bösen und damit nach Gottes Plan auf. Durch Henoch als Mittler zwischen der himmlischen Welt und den Wächtern werden nun diese selbst mit dem Aktionsplan Gottes konfrontiert. Da die Ausführung der Aufträge noch aussteht,[30] stellt sich die Frage, ob sich Gott von den Abtrünnigen nicht doch noch erweichen lässt und seinen Plan zurücknimmt. Für die Seite der ‚Gottestreuen' wirft dies implizit die Frage auf, ob er sich an seine Zusage hält. Der Text bekräftigt Gottes Plan, gegen die Abtrünnigen einzugreifen, in mehreren Stufen. Der Plan wird damit als unumstößlich hingestellt, die vormals machtvollen abtrünnigen Engel geben in ihrem vergeblichen angstvollen Flehen um Vergebung ein erbärmliches Bild ab. Die Engel, die Henoch mit der Unheilsverkündigung beauftragen, künden bereits proleptisch an, dass die Wächter vergeblich klagen und um Vergebung bitten werden (12,5–6). In der Antwort, die Henoch den Engeln auf die darauf tatsächlich in Auftrag gegebene Bittschrift vorträgt, nehmen die Überschrift und die Einleitung das negative Urteil Gottes vorweg (14,1.4–7). Im Hauptteil der Rede Henochs an die Wächter wird die Absage durch das „thunderous judgment by God himself"[31], also

---

30 Der Text stellt nicht eindeutig klar, ob Henochs Sendung zu den Wächtern in Verbindung zu Gottes Auftrag an Michael (10,11) zu verstehen ist, oder ob es sich um einen Auftrag handelt, der unabhängig davon im Vorfeld der Umsetzung der Aufträge, die Gott in Kap. 10–11 den Engeln gegeben hat, spielt. Letzteres legt sich meines Erachtens näher: Erstens würde ein direkter Konnex mit 10,11 die Frage aufwerfen, weshalb Michael den Auftrag nicht selbst ausführt oder nicht zumindest alleine den Auftrag an Henoch weitergibt (nach 12,3 ist es eine ganze Gruppe von Engeln, die Henoch zur Unheilsverheißung beauftragen). Zweitens richtet sich 10,11 ausschließlich an Šemiḥaza und seine ‚Männer', während sich 1 Hen 12ff. auch um das Vergehen der Wissensvermittlung dreht (16,2–3). Der Übergang von Kap. 11 zu Kap. 12 bestätigt aufgrund der schwierigen inhaltlichen Anbindung die These, dass die Wächtergeschichte und ihre unhenochische erste Fortführung als eigenständige literarische Größe in das heute vorliegende WB eingebaut worden sind.

31 NEWSOM, Development (1980) 318.

durch die Rede Gottes, die Henoch übermittelt (15,1–16,4), begründet. Henochs Reiseschilderungen besiegeln die Absage endgültig (Kap. 17ff.). Bei beiden Passagen fällt auf, dass mit der Botschaft der Absage verknüpft Fragen angesprochen werden, die im bisherigen WB ausgeklammert geblieben sind.[32]

4.4.1. Die Gottesrede

Bei der Gottesrede (Kap. 15–16) fällt das eigentliche Negativurteil kurz und bündig aus (16,4): Henoch soll den Wächtern mitteilen, dass sie keinen Frieden haben werden. Ausgiebiger erläutert Gott im Vorspann dazu, inwiefern ihre konkreten Taten Vergehen darstellen: Die Engel, die sich Menschenfrauen nahmen, hätten gegen ihre schöpfungsgemäße Natur gehandelt, die keine körperliche Fortpflanzung vorsehe – als geistige Wesen seien sie per se ewig und nicht wie die Menschen auf eine Generationenfolge und damit auf Frauen angewiesen (15,3–7).[33]

---

32 Da es um neue, ergänzende Fragestellungen geht, bleibt mir NICKELSBURGs Bezeichnung der Passage 1 Hen 12–16 als „reinterpretation of chaps. 6–11" unklar [ders., Commentary (2001) 269; vgl. ebd. 229]. Eine Reinterpretation würde nach meinem Verständnis bereits thematisierte Fragen auf neue Weise beantworten. Auf inhaltlicher Ebene würde dies konkurrierende Vorstellungen implizieren, die ich aber aus dem Text – jedenfalls was die Hauptlinie der Erzählung angeht – nicht herauszulesen vermag. Kap. 12ff. werden literarisch deutlich als eine Fortführung präsentiert (vgl. den Anschluss in 12,1). Damit soll nicht bestritten werden, dass auf der Ebene des Textwachstums vormals nicht-henochische Stoffe in einen neuen Kontext eingebunden worden sind.

33 Mit HIMMELFARB, Kingdom (2006) 24 hege ich Zweifel daran, dass in dieser Passage den Engeln vorgeworfen wird, mit menstruierenden Frauen Geschlechtsverkehr gehabt zu haben. In der Sekundärliteratur findet sich ein solcher Zusammenhang (z. T. bereits für 7,1; 10,11) sehr häufig postuliert [vgl. stellvertretend NICKELSBURG, Commentary (2001) 269.271]. HIMMELFARB erwägt, dass der Ausdruck ‚Fleisch und Blut' den Schlüssel für das Verständnis der Passage abgibt, „since all the appearances of 'blood' in the passage could be read as if part of that pair. Thus, rather than indicating menstrual defilement, 'with the blood of women you have defiled yourselves' could mean that the very fact of marriage is defiling for the Watchers." [Dies., Kingdom (2006) 24.] Wenn HIMMELFARB selbstverständlich von ‚Heirat' spricht, verweist dies auf ihre Deutung der Wächterengel als Priester, deren Vergehen, sich Frauen aus nichtpriesterlichen Familien zu nehmen, das WB kritisiere. Unter diesen Vorzeichen deutet sie in einer früheren Publikation das Blut der Frauen auch als „the blood of virginity" [dies., Ascent (1993) 21]. Zu meinen Vorbehalten gegenüber einer solchen Priester-These, vgl. unten unter 5.2. (Exkurs 3).
    Bleibt man auf der Ebene des Textes, ohne bereits Erwägungen hinsichtlich möglicher allegorischer Deutungen in die Beobachtungen einfließen zu lassen, ergibt sich meines Erachtens nochmals ein anderes Bild. Wie HIMMELFARB gehe ich davon aus, dass den Ausdrücken ‚Fleisch' und ‚Blut' als Wortpaar Beachtung geschenkt

Ihr Verhalten stellt also klar ein Vergehen gegen die Schöpfungsordnung Gottes dar: Gott hat für sie ganz bewusst keine Frauen geschaffen (15,7). Falls 10,15 tatsächlich bereits von der Idee zeugt, dass die Existenz der Wächterkinder nicht gänzlich ausgelöscht ist, nachdem sie sich gegenseitig ermordet haben,[34] finden wir mit der Fortführung der Gottesrede (15,8–16,1) die Konkretisierung dazu. Die Passage beschreibt damit zugleich die bleibenden Konsequenzen der Tat der Engel: Der unsterbliche, geistige Teil der Riesen bleibt zu einem unheilvollen Leben verdammt auf der Erde. Die Menschen sind dem Tun dieser ‚bösen Geister'[35] weiter ausgeliefert. Als Vergehen gegen Gott mit bleibenden negativen Konsequenzen für die Menschen wird sodann knapp auch die Tat der Wissensvermittlung der Engel dargestellt (16,3): Das Wissen, das die Engel vermittelt haben, hat Gott den Menschen nicht zugedacht. Die Engel haben mit der Wissensvermittlung eigenmächtig gehandelt. Das Wissen bleibt nun aber unter den Menschen verbreitet und verführt sie weiter zu eigenmächtigem und damit bösem Tun.[36]

---

werden muss. Fällt das Postulat weg, dass die Heiratspraxis von Priestern das eigentliche Thema ist, handelt 15,4 damit alleine vom Vorwurf an die geistigen, ewigen Engel, mit den Menschenfrauen Geschlechtsverkehr gehabt zu haben, also etwas getan zu haben, dessen nur die sterblichen Menschen (‚Fleisch und Blut') bedürfen. Wird im Text insistiert, dass sich die Engel verunreinigt haben (15,3.4), bezieht sich dies meines Erachtens wie bereits in 7,1 und 10,11 in funktionalem Sinne auf diese Ordnungsüberschreitung/Sünde und schließt damit an einen durchaus gängigen Sprachgebrauch von ‚sich verunreinigen' an (vgl. v. a. die Verwendung von טמא im prophetischen Schrifttum). Die Tatsache, dass von Fleisch und Blut die Rede ist, dürfte dabei aber nicht nur den Unterschied zur geistigen Natur der Engel betonen, sondern insbesondere damit zu tun haben, dass sich damit, dem damaligen Wissen entsprechend, der Vorgang des Zeugens beschreiben ließ. Und der Zeugungsvorgang war es ja gerade, der zum Übel der Existenz der Wächterkinder geführt hat. Unterstützt wird eine solche Deutung durch Weish 7,1–2 [vgl. NICKELSBURG, Commentary (2001) 272]. Im Kontext einer Darstellung dessen, was es heißt, Mensch zu sein, besagen die zwei Verse: „(...) Im Schoß der Mutter wurde ich zu Fleisch geformt, zu dem das Blut in zehn Monaten gerann durch den Samen des Mannes und die Lust, die im Beischlaf hinzukam." (EÜ) Als Letztes darf der Schluss von 1 Hen 15,4 keinesfalls ignoriert werden. Er signalisiert der Leserschaft, ein Phänomen beschrieben bekommen zu haben, das für die Menschen normal und, wie 15,5 weiterführt, gottgewollt ist. In 15,4 einen Verweis auf eine Verunreinigung der Engel durch Menstruationsblut zu sehen, würde nun in absurder Weise suggerieren, dass es für Menschen üblich und geboten ist, ihren Geschlechtsverkehr auf die Zeit zu legen, in der die Frau menstruiert.

34 Siehe dazu oben unter 4.3., Anm. 28.

35 Ä: *መንፈሳት፡ እኩያን*; G: πνεύματα πονηρά.

36 Der beschriebene Fokus lässt NEWSOMs Beobachtung zum Verhältnis zwischen Kap. 6–11 und Kap. 12–16 zustimmen: „Whereas chaps. 6–11 are concerned with the immediate consequences of the Watchers' sins, the devastation of the earth and its restoration, the author of chaps. 12–16 seems more interested in the *nature* of that sin, a

4.4.2. Die Reiseschilderungen Henochs

Besiegelt wird das negative Urteil Gottes durch die visionäre ,Reichs-
besichtigung', die Henoch im Anschluss an die Rede Gottes gewährt
wird (Kap. 17–36).

Die Bezeichnung ,Reichsbesichtigung' übernehme ich in Anlehnung an NEW-
SOM.[37] Sie entwickelt die These, dass Kap. 17–19 am besten als eine „tour of the
royal dominion"[38] im Kontext altorientalischer Diplomatiepraxis verständlich
seien. Die gesamte Passage 1 Hen 6–19 sei „both in its dramatic event and in its
detail"[39] königlich geprägt. So kreisen Kap. 6–11 ihres Erachtens um das Thema
,Rebellion gegen den göttlichen König', während Kap. 12–16 Gott explizit als
König im Himmel thematisieren.[40] Auch für Henochs Reise lege sich damit ein
Deutemuster königlicher Praxis oder Ideologie nahe. Auf 2 Kön 20 verweisend,
wo beschrieben wird, wie König Hiskija Gesandten des babylonischen Königs
seine Güter zeigt, schließt sie: „Just as Hezekiah's tour demonstrated his value
as an ally, the tour of the heavenly realm given to Enoch functions as proof of
the efficiency of the divine administration and hence of the efficacy of the divine decree of judgment."[41] Entsprechend erkennt sie in den verschiedenen
Phänomenen, die Henoch vorgeführt werden, Elemente königlichen Prunks
und königlicher Macht. Durch die Beschreibung von Gottes Schöpfung als
großartigem Bauprojekt werde Gott in der Rolle des Königs als Bauherr *par
excellence* präsentiert, und die Wohlgeordnetheit seiner Schöpfung verweise
nicht nur auf Gottes Weisheit, die staunen lasse, sondern, wie es für altorientalische Herrscherfiguren wichtig gewesen sei, auf Weisheit auch als Machtmit-
tel.[42] Die Vision, klimaktisch auf die Szene der gefangenen Sterne hinführend,

---

topic he pursues in a speculative, almost theoretical manner." [Dies., Development
(1980) 315.]

    KÜCHLER, Schweigen (1986) 283–286 erachtet in Bezug auf 16,3 Ä als Lesart, die
G^A vorgezogen werden muss. In der Übersetzung ergibt sich seines Erachtens sodann die Fassung: „und jetzt: Ihr wart im Himmel, aber Geheimnisse wurden euch
noch nicht geoffenbart, und ein nichtiges Geheimnis kennt ihr." Daraus zieht er den
Gedanken noch weiter, was die ,Natur' der Sünde der Wissensvermittlung angeht:
Seines Erachtens eröffnet der Text damit, dass es bei der Wissensvermittlung, von
der in Kap. 6–8 die Rede ist, im Grunde nur um die „Mitteilung von Pseudogeheim-
nissen an die Frauen" (ebd. 285) gegangen sei. Damit sei „die Wissensvermittlung (...) nicht nur als illegitim, sondern vielmehr als unqualifiziert" (ebd. 286)
gebrandmarkt.

37   NEWSOM, Development (1980) 323–328.
38   Ebd. 325.
39   Ebd.
40   Hierbei stützt sie sich bereits auf HANSON, Rebellion (1977).
41   NEWSOM, Development (1980) 325.
42   NEWSOM verweist auf die bekannte Geschichte von Salomo und der Königin von
    Saba

fokussiere damit insgesamt „on the relationship between God's skillful administration and the effectiveness of his judgment against rebels"[43].

NEWSOMS These wurde – meines Erachtens zu Unrecht – kaum positiv rezipiert. Gemäß COLLINS[44] erklärt das Modell königlicher Diplomatiepraxis die Eigenheiten der Reise Henochs zu wenig: Es trage dem Aspekt zu wenig Rechnung, dass Henoch Einblick in verborgene Sphären bekomme, und vermöge den Zusammenhang zwischen Kosmos und Gericht nicht zu erhellen. COLLINS zieht generell ein negatives Fazit: „The attempt to clarify Enoch's journey from a traditio-historical viewpoint has hitherto had very limited success, and progress in this area is unlikely without new discoveries."[45]

NICKELSBURG lehnt NEWSOMS These ebenfalls ab. Optimistischer als COLLINS plädiert er dafür, den Reisebericht alternativ dazu als *nekyia* zu verstehen, als Schilderung einer Reise in die Welt der Toten, wie man sie aus der hellenistischen Literatur kennt.[46] BAUTCH, die NICKELSBURG und VANDERKAM folgt,[47] sieht zwar Unterschiede zwischen den bekannten *nekyia*-Beispielen und 1 Hen 17–19, bleibt aber doch bei dieser Gattungsbestimmung: Einerseits sei auch in Kap. 17–19 die deutende Begleitfigur zentral, andererseits gehe es ebenfalls darum, den Zusammenhang von individuellem Verhalten und Schicksal nach dem Tod herauszustreichen.[48] Schließlich spricht sie die Funktion der Theodizee an: „The *nekyia* not only provided images of Hades but also offered the comfort of theodicy; just and wicked deeds precipitate reward or punishment in the afterlife. Enoch's journeys in 1 Henoch 17–19 serve a similar purpose."[49] Obwohl BAUTCH mit den genannten Aspekten zweifellos Eigenheiten von 1 Hen 17–19 anspricht, bleiben die Argumente für die Bestimmung der Gattung als *nekyia* in meinen Augen unzureichend. Mit Ausnahme des Punktes, dass die Kap. 17–19 von einer visionären Reise mit Begleitern handeln, betreffen alle genannten Eigenheiten das WB insgesamt, ohne dass jedoch heute noch jemand behaupten würde, das ganze WB sei eine *nekyia*.[50] Zudem interessiert in Kap. 17–19 – 1 Hen 19,2 ausgenommen – das Schicksal von Menschen, ob lebend oder tot, an keiner Stelle, und eine Bezugnahme auf den Tartaros ist nur postulierbar, wenn die weiter oben als unplausibel erwiesene Versumstellung vorgenommen wird, bei der die Rede Uriels als Deutung der in 18,11 genannten

---

43   Ebd. 327.
44   COLLINS, Technique (1982) 104. Vgl. auch ders., Imagination (²1998) 57.
45   COLLINS, Technique (1982) 107.
46   Vgl. NICKELSBURG, Commentary (2001) 31.280; Literatur (1981) 54.66 (Anm. 27), aber auch VANDERKAM, Growth (1984) 135–140, insbes. Anm. 94 und 100. NICKELSBURG schließt dabei bereits an Überlegungen von GLASSON, Influence (1961) 8–11 an.
47   Vgl. BAUTCH, Study (2003) bes. 30.248–253.
48   Vgl. ebd. 251.
49   Ebd. 253.
50   Vgl. noch anders GLASSON, Influence (1961) 8.

Kluft verstanden wird.[51] Henoch werden ferner zwar verborgene Sphären vorgeführt, doch es sind nicht die Sphären, in die Menschen oder andere Wesen nach ihrem Tod gelangen. Entsprechend sind es auch nicht Totengeister, durch die Henoch Wissen vermittelt bekommt oder an die er sich aus eigenem Interesse wendet, um Antworten auf spezifische Fragen zu bekommen. Henoch wird unmittelbar nach seiner Audienz bei Gott durch Engel, die Gott sehr nahe stehen, in dessen Reich herumgeführt.

Als Gesamtbild ergibt sich, dass 1 Hen 17–19 durchaus Elemente enthält, die an eine *nekyia* erinnern, dass aber das Profil der Passage von der klassischen Form einer *nekyia* dennoch zu stark abweicht, um dieser Gattung zugeordnet zu werden. Weitet man den Reisebericht Henochs auf Kap. 17–36 aus, lassen sich zwar mehr Elemente einer *nekyia* entdecken, doch auch damit bleiben die Hauptcharakteristika der Vision für eine solche Gattungsbestimmung zu wenig prägnant.[52] Am ehesten darf man somit wohl Marie-Theres WACKER zustimmen, die zurückhaltender als NICKELSBURG nur 1 Hen 22 als *nekyia* bezeichnet.[53] Für Kap. 17–19 wie für die Reiseberichte insgesamt bleibt es nötig, eine treffendere Zuordnung zu finden. In einer Rezension von BAUTCHs Arbeit schlägt SCOTT vor, in Bezug auf 17–19 statt von einer *nekyia* von einem *periodos ges* zu sprechen und den ersten Reisebericht damit der „'around-the-earth journey' literature"[54] zuzuordnen. Mit SCOTTs Vorschlag dürften, und zwar auf beide Reiseberichte bezogen, einige der genannten Probleme obsolet werden. Da wir es bei den Berichten mit einer Untergattung des WB zu tun haben, bleibt es letztlich wichtig, ihre literarische Einbettung zu beachten, denn, wie es NEWSOM ausdrückt: „(…) a form like the heavenly journey may be used for a variety of purposes, so that one must interrogate the selection of details and their organization for clues as to the function which a heavenly journey serves in a given context."[55] Da NEWSOM diesen Vorsatz ernst nimmt und für ihre These auch der übergeordneten narrativen Linie großes Gewicht einräumt, bewerte ich ihr Deutemuster noch immer als das plausibelste. Jedenfalls besitzt es im Rahmen des WB eine größere Aussagekraft, als wenn an eine *nekyia* gedacht wird.

Gott lässt Henoch vorführen, wie sein Plan wohldurchdacht und vorausschauend in die Gesamtschöpfung eingebaut ist: Neben der generellen kosmischen Architektur existieren bereits die zur Jurisdiktion gehörigen Einrichtungen wie ein Gerichtsthron und Gefängnisorte. Gottes

---

51   Vgl. Exkurs 1 oben unter 2.1. Dort wird auch dargelegt, warum es sich bei 19,2 um einen späteren Zusatz handeln dürfte.

52   Vgl. diesbezüglich auch VENTER, Spatiality (2003) 217.223, der gegenüber der *nekyia* ägyptische Parallelen stärker ins Feld führen möchte.

53   WACKER, Weltordnung (1982) 312.

54   SCOTT, Rez. Bautch (2005), der seinerseits auf ROMM, Edges (1992) 26–31 verweist, bei dem sich die Gattung thematisiert findet.

55   NEWSOM, Development (1980) 324.

Reich ist perfekt ausgestattet und funktioniert damit über die irdische Raum- und Zeitdimension hinweg in seinem Dienst und nach seinem Plan. Sollten gewisse Geschöpfe abtrünnig werden und versuchen, die Ordnung Gottes aus dem Lot zu bringen, so ist für diesen Fall längst vorgesorgt. Durch die Reichsbesichtigung soll Henoch diese Botschaft nach seiner Rückkehr auf die Erde den Abtrünnigen anschaulich vor Augen halten können. Vor allem aber weiß die Leserschaft durch die Lektüre natürlich darum. Henoch gibt zwei Reiseschilderungen wieder. Sie unterscheiden sich inhaltlich und werden durch eine Liste mit Engelnamen getrennt präsentiert. Obschon die drei Passagen, die erste Reiseschilderung (17–19), die Engelsliste (20) sowie die zweite Reiseschilderung (21–36) ihr je eigenes Profil besitzen, zielen alle drei letztlich darauf ab, die genannte Botschaft zu unterstreichen.

Die erste Reiseschilderung (Kap. 17–19)[56] erfüllt die eben erwähnte Zweckbestimmung am prägnantesten. Von den kosmischen Elementen ausgehend (17,1–18,5) bekommt Henoch Gottes großartige Schöpfung bis hin zu den Jurisdiktionseinrichtungen für jene abtrünnigen Himmelswesen (18,6–19,3) zu sehen, an die sich Henochs Rede vom narrativen Plot her denn auch primär richtet.[57] Auf die Schau des irdischen Gottesthrones, der auf das große Gericht und den generellen Status Gottes als Weltenherrscher verweist,[58] folgt die Schau eines Ortes jenseits einer immensen Kluft. Durch einen Engel wird er als Gefängnisort für die Sterne und das Himmelsheer ‚bis zur Zeit der Vollendung ihrer Schuld‘ (18,16) gedeutet. Inhaltlich fällt 19,1–2 aus dem Rahmen. Die Passage präzisiert das Wesen der Sünde der Engel, die sich Frauen nahmen, aber auch das Schicksal dieser Frauen. Die Sünde wird als Verführung der Menschen zum Götzendienst bestimmt,[59] und durch

---

56 Die Versreihenfolge, die hier postuliert wird, wird oben unter 2.1. (Exkurs 1) diskutiert.

57 Unten unter 5.3.1., Anm. 139 wird näher ausgeführt werden, inwiefern in der Sekundärliteratur Henochs Schau der kosmischen Architektur bisweilen mit dem Jjobbuch in ein Gespräch gebracht wird. Beide Texte führen der Leserschaft die Idee vor Augen führen, dass Gott mit dem Kosmos in großartiger Weise weit mehr geplant hat, als es sich Menschen vorstellen können. Obwohl Henoch zahlreiche kosmische Phänomene gezeigt werden, bleibt auch sein Offenbarungswissen letztlich ein Ausnahmewissen, das v. a. unterstreicht, wie perfekt Gott die Welt geschaffen hat und wie souverän er damit selbst dann bleibt, wenn gewisse Geschöpfe seine Ordnung missachten (für Näheres zum Stichwort ‚Ausnahmewissen‘ s. unten unter 5.4.2.).

58 Obwohl 18,8 nur besagt, dass der Berg ‚wie der Thron Gottes‘ sei, gehe ich im Anschluss an BAUTCH, Study (2003) 120–125 davon aus, dass damit der Sinai als Gerichtsort Gottes gemeint ist (vgl. 1,4ff.).

59 Da in 19,1 von Dämonen die Rede ist, erwägt KÜCHLER, Schweigen (1986) 293f. einen Zusammenhang mit den Ausführungen zu den Wächterkinder-Geistern in 15,9–16,1.

das negative Verdikt, dass die Frauen zu Sirenen werden, wird auf deren Mitschuld angespielt.[60] Obwohl die konkrete Bestimmung der Sünde auffällt, bleibt sie immerhin im Rahmen der bisher geäußerten Grundannahmen zum Wesen der Bösen. Die Anspielung auf eine Mitschuld der Frauen läuft der bisherigen Erzähllinie des WB jedoch entgegen. Die Wächtergeschichte inklusive ihrer beiden Fortführungen will die originäre Verantwortung für das Böse in der Welt gerade nicht den Menschen zuschreiben, sondern den Wächtern. Eine Mitschuld der Menschen – und zwar der Männer wie der Frauen – wird zwar benannt, aber sie ergibt sich als Konsequenz der Taten der Engel: Die Engel verleiteten durch das Wissen und die Techniken, die sie den Menschen vermittelt haben, auch diese zu schuldhaftem Tun. Bezüglich 19,1 kann angeführt werden, dass bereits 18,15 ein konkretes Vergehen beschreibt. Der Vers verweist auf die Tat gewisser Sterne, nicht zu der Zeit erschienen zu sein, die Gott ihnen geboten hatte. Diese Aussage fügt sich meines Erachtens deutlich besser in den Kontext ein als 19,1. Zum einen behält der Text seinen kosmischen Charakter; auch bei Ijob 38,31 erscheint das Motiv gebundener Sterne eingebettet in die Auflistung kosmischer Phänomene, um die Größe Gottes zu veranschaulichen. Der Text bezieht sich dabei explizit auf das Siebengestirn. In Einklang mit der Einleitung, die allerdings in positiver Weise auf die Gestirne Bezug nimmt (Kap. 2–5), lässt sich die Aussage zum anderen als Verweis auf die grundsätzliche Beschaffenheit von ‚gut' und ‚böse' verstehen – es geht um das Befolgen oder eben Nichtbefolgen von Gottes Ordnung – und dadurch mit den Vergehen der Wächterengel in Verbindung bringen.[61]

Wenn ich die Passage auf den Vorwurf von Götzendienst hin aufschlüssle, folge ich der vorherrschenden Meinung [vgl. z. B. NICKELSBURG, Commentary (2001) 287].

60 Zum Stichwort ‚Sirenen' vgl. bereits die Ausführungen oben unter Exkurs 1, Anm. 40. Die vorherrschende Meinung ablehnend folgt OLSON bei seiner Übersetzung Ä. Seines Erachtens besagt der Text also nicht, dass die Frauen zu Sirenen, sondern ‚wie Friedfertige' werden [vgl. ders., 1 Enoch (2003) 913; Enoch (2004) 55.268–269]. Im Gegensatz zur Meinung, die hier vertreten wird, und zur Meinung KÜCHLERs (s. hierzu ebenfalls Exkurs 1, Anm. 40), sieht OLSON das Schicksal der Frauen in 19,2 damit positiv enden: Endlich seien sie „released from their husbands' authority" [ders., 1 Enoch (2003) 913] und hätten damit endlich Frieden.

61 Vgl. auch 1 Hen 86,1–3. Im Rahmen der nacherzählten Wächtergeschichte ist dort von den Engeln selbst als Sternen die Rede.
    Das Motiv von himmlischen Wesen, die freveln, konnte die Verfasserschaft bei ihren Adressaten und Adressatinnen wohl als bekannt voraussetzen (vgl. z. B. das Spiel mit dem Motiv in Jes 14,12, aber eben auch Ijob 38,21). In der Forschung werden für die Sterne in 1 Hen 18 mehrere konkrete Traditionsanknüpfungen diskutiert, vgl. BAUTCH, Study (2003) 147–151. BAUTCH selbst tendiert dazu, eine Assoziation mit den Plejaden zu favorisieren, die im Alten Orient als gebundene rebellische Söh-

Die Engelsliste (Kap. 20) wird in der Forschungsliteratur gerne übergangen, wenn es um die Frage nach theologischen Aussagen geht.[62] Schon der Textbefund für diese Stelle ist schwierig. Inhaltlich erinnert die Liste an Kap. 8. In 8,3 finden sich Engel und ihre Unterweisungskompetenzen aufgelistet. Die Beschreibung der Kompetenzen findet allerdings in einem äußerst negativen Kontext statt (vgl. 8,4): Die Engel werden als Experten darin gezeichnet, gegen Gottes Ordnung zu handeln bzw. unheilvolles Wissen an die Menschen zu vermitteln. Die Liste in Kap. 20 bildet einen bedeutungsvollen Kontrapunkt zu dieser Auflistung. Auch hier geht es um Zuständigkeitsbereiche von Engeln, doch diesmal in Zusammenhang mit der Bewahrung der göttlichen Ordnung. Damit wiederum knüpft Kap. 20 an Kap. 9–11 an, wo Gott den Engeln Sariel, Rafael, Gabriel und Michael spezifische Aufträge erteilt. Ging es dort um eine Zusicherung des Überlebens der Menschheit, Sanktionen gegen die abtrünnigen Engel, das Aufreiben ihrer Kinder gegeneinander und schließlich die Reinigung und Heilung der Erde, werden auch in Kap. 20 wieder das Schicksal der Menschen (vgl. 20,3.5) und Sanktionen gegen übermenschliche Abtrünnige (insbes. 20,4) erwähnt. Mit 20,7 rekurriert das WB erstmals auf die Paradiesgeschichte (vgl. Kap. 32) und damit auf eine weitere Geschichte, bei der es um eine Übertretung der göttlichen Ordnung geht, aber eben auch darum, dass Gott durchgreift.[63] Auf die Vorfälle der abtrünnigen Wächter bezogen, aber auch über sie hinaus reichend, werden hier

---

ne des Enmešarra gedeutet worden sind. Für diese Zuordnung könnte sprechen, dass das Siebengestirn (hebr. כימה) nicht nur in Ijob 38,31, sondern auch in Am 5,8 und Ijob 9,9 erwähnt wird.

Eine meines Erachtens wenig überzeugende Lesart schlägt STOWASSER, Heil (2004) 34 vor. In seinen Augen enthält die Passage auf textpragmatischer Ebene eine Aufforderung zur Umkehr, da für die Sterne nur eine Bußzeit und keine ewige Strafe vorgesehen sei. Gerade Letzteres wird im Text aber an keiner Stelle gesagt. Unten unter 5.5. wird genauer ausgeführt werden, dass das WB in der Tat einen starken Appellcharakter besitzt, der die Leserschaft dazu anhält, sich (wieder) einem gottesfürchtigen Lebenswandel zuzuwenden. In Bezug auf Kap. 18 scheint es mir aber plausibler, einen Impetus zu einer solchen Umkehr gerade von der Schilderung her zu bedenken, wie heftig die Maßnahmen gegen alle sind, die die Ordnung Gottes überschreiten. Der motivierende Punkt wäre sodann, das Schicksal der Sterne (und der abtrünnigen Wächter) gerade nicht teilen zu wollen.

62 NICKELSBURG, Commentary (2001) 294 etwa deutet die Passage relativ oberflächlich als Gegenstück zu 1 Hen 6,7–8, der Namensliste der Führer der abtrünnigen Wächterengel. Literarisch erfülle sie nur die Funktion, die zwei Reiseberichte zu trennen und die Engel einzuführen, die Henoch in der Folge geleiten. DAVIDSON, Angels (1992) 77 hat demgegenüber erkannt, dass „this chapter gives the [...] impression of a world under divine control."

63 Vgl. zu Letzterem die Ausführungen weiter unten zu 1 Hen 32.

sozusagen die himmlischen Sicherheitsbeauftragten präsentiert. Durch die erste Reiseschilderung wurde bereits veranschaulicht, dass Gott die Geschichte durch die Architektur des Kosmos übergeschichtlich im Griff behält. Nun zeigt sich, dass er sie auch durch das entsprechende, der Sterblichkeit enthobene himmlische Personal überzeitlich unter Kontrolle hat und damit letztlich seinem Ansinnen unterworfen hält. Gottes Souveränität zeigt sich in der durchdachten Strukturierung seines Reiches auf jeder Ebene, die für ein machtvolles Königtum zentral ist. Als himmlischer Herrscher übersteigen seine Mittel dabei allerdings nochmals alle irdischen Dimensionen.

Die zweite Reiseschilderung (Kap. 21–36) lässt sich wieder eher im Rahmen der ersten Reiseschilderung verstehen, präsentiert sich aber als weniger prägnant gestaltet. Sie besitzt einen integrierenden und explizierenden Charakter, verknüpft die Vision mit Bildern bisher nicht erwähnter Traditionen und thematisiert damit z. T. auch neue theologische Fragen. Sie ist insofern mit der Engelsliste verklammert, als die dort erwähnten Engel nun als Deuteengel auftreten, und zwar in der gleichen Reihenfolge und den Zuständigkeitsbereichen entsprechend, die ihnen dort zugeschrieben werden.[64] Mit 21,7–10 wird eine Feuersäulenkluft in anderer Funktion als in Kap. 18 erwähnt: Während in Kap. 18 die unüberwindbare Abgrenzung des Gefängnisortes der Himmelwesen gegenüber dem restlichen Kosmos im Vordergrund steht (s. o.), geht es hier um einen eigenständigen Gefängnisort, nämlich um den feurigen Ort, der die Engel *nach* dem Gericht gefangen halten wird. Damit nimmt Kap. 21 die Schicksalsverheißung von 10,6.13 auf und präzisiert gegenüber Kap. 18, dass auch dieser ewige Verwahrungsort bereits existiert.

Mit Kap. 22 werden neu das Schicksal der verstorbenen Menschen und deren Aufenthalt bis zum Gericht thematisiert.[65] In der Forschung

---

64 Die exakte Entsprechung wird an zwei Punkten gestört: Erstens ist der textkritische Befund am Ende von Kap. 20 heikel. Während die Liste in Ä und in G^{A1} mit Gabriel aufhört, der in Kap. 32 als Deuteengel fungiert, und nur sechs Engel nennt (G^{A1} schließt dennoch mit der Bemerkung, dies seien die Namen der *sieben* Erzengel), erwähnt G^{A2} nach Gabriel noch einen Engel Namens Remiel, den Gott über die ‚Auf(er)stehenden' (ἐπὶ τῶν ἀνισταμένων) gestellt habe. Zweitens tritt am Ende des zweiten Reiseberichts nach Gabriel noch Uriel als Henochs Lehrer im Bereich der Sternkunde auf. Die Entsprechung gilt also streng gesehen nur für 20,1–7 gegenüber Kap. 21–32. Gegen eine Verklammerung von Kap. 20 mit Kap. 21ff. s. z. B. DÖRFEL, Engel (1998) 211f.214.

65 Zum gesamten Kapitel s. insbesondere WACKER, Weltordnung (1982). WACKERS Arbeit ist singulär geblieben nicht nur darin, wie ausführlich sie sich einer einzelnen Reisestation widmet, sondern auch in ihrer Art und Weise, Text-, Literar- und Traditionsgeschichte sorgfältig zusammenzubringen.

wird das Augenmerk vorwiegend auf 1 Hen 22 gerichtet, wenn es um Untersuchungen frühjüdischer Auferstehungsvorstellungen geht. Obschon der Passage diesbezüglich viel Gewicht zugesprochen wird, findet man im Text keine klaren Aussagen dazu. Über die Seelen der Gerechten wird einzig gesagt, dass sie in einer hellen Höhle verweilen (22,9). Negativ wird sodann formuliert, dass gewisse Seelen *nicht* auferweckt würden (22,13), was suggeriert, dass es anderen Seelen anders ergeht.[66] Liest man die Passage in ihrem weiteren Kontext, wird hier – von der Einleitung abgesehen – erstmals klargestellt, dass auch die Menschen gerichtet werden (22,4.11). Dass sie überhaupt in die Rebellion gegen Gott involviert sind, hat die Wächtergeschichte anhand des Erzählstrangs der Wissensvermittlung bereits herausgestellt. Gemäß VV. 8–13 winkt bereits nach dem Tod je nach Lebensweise ein unterschiedliches Schicksal. Der Text unterstreicht damit, dass Menschen unterschiedlich in diese Rebellion involviert sein können.[67] Kap. 22 schafft einen Bezug zu den Einleitungskapiteln, die noch nicht den engeren Fokus der Wächtergeschichte teilen, jedoch vorwegnehmen, dass es frevelnde Menschen gibt, denen ein unheilvolles Schicksal droht. Die Anknüpfung an die Kain-Abel-Geschichte (22,5–7) erinnert an die schreienden und anklagenden Menschen(-seelen) im Kontext von 1 Hen 8–9, besonders an 9,3.10. In Kap. 22 scheint Abels Totengeist (vgl. Gen 4,10) prototypisch für sie alle als klagendes Opfer zu stehen[68]

---

66   Dennoch kursieren in der Forschung Deutungen darüber, was gemäß Kap. 22 unter Auferstehung gemeint ist. Gemäß WACKER, Weltordnung (1982) 286 geht es um eine den Gerechten vorbehaltene „Wiedererstarkung des kraftlosen Schattens zu einem vollen menschlichen Leben in der Heilszeit".

67   Nach WACKER, Weltordnung (1982) bilden allerdings VV. 1–4* mit der Idee erst *eines* Gefängnisortes für alle Totengeister bis zum Gericht die Grundschicht von Kap. 22. Dort würden die Toten „die für sie stillstehende Zeit bis zum Gerichtstag, der die Scheidung von gerechten und Frevlern definitiv herauführt", überbrücken (ebd. 178). Erst mit 22,8–13 sei dann die Vorstellung einer Unterteilung der Geister bereits vor dem Gericht in den Text eingebaut worden. Hinsichtlich 22,13 führt WACKER Überlegungen von HOFFMANN, Die Toten (³1978) weiter und schlägt vor, dass sich diese Stelle auf jüdische Apostaten als Komplizen nichtjüdischer Gesetzesloser bezieht [WACKER, Weltordnung (1982) 190–193]. Während eine solche Lesart bei BLACK, Book (1985) 168 noch als erwägenswert erwähnt wird, wird sie in jüngeren Kommentaren weder rezipiert noch diskutiert: NICKELSBURG, Commentary (2001) 308f. verweist zwar auf eine andere Frage bezogen auf das einschlägige Kapitel bei WACKER, erwähnt aber einzig ihre im Folgekapitel entwickelte These [dies., Weltordnung (1982) 193–195], dass zusätzlich an Menschen gedacht worden sein könnte, die bereits durch die Sintflut gerichtet worden sind. Ohne Literaturangabe und nähere Erläuterung vermutet OLSON, Enoch (2004) 58, der Text könnte sich auf die „antediluvian wicked, who were 'partners of the lawless ones'" beziehen.

68   WACKER, Weltordnung (1982) 182f. stellt zu Recht klar, dass es nicht um Abel als Prototyp des Gerechten geht, sondern des Ermordeten. Sie verweist darauf, dass die

und die Wächtergeschichte mit der biblischen Urgeschichte zu verbinden. Die typologische Bezugnahme zeigt, dass die Genesistraditionen
für die Verfasserschaft oder die überarbeitende Redaktion und damit
wohl auch für ihre Adressatenschaft als wichtige Deuteelemente fungieren.

Auf den ersten Blick mag die Bezugnahme auf Kain und Abel irritieren, suggeriert doch das WB, wie es Ida FRÖHLICH formuliert, ein „golden age following
creation"[69]: Bevor die Wächter auf die Erde gekommen sind, scheint der Lauf
der Welt ordentlich vonstatten gegangen zu sein. Der Verweis auf die Bluttat
von Kain als Sohn des ersten Menschenpaares wirkt im Rahmen eines solchen
Gesamtbildes störend. Hierbei muss jedoch bedacht werden, dass die Geschöpfe Gottes laut WB generell die Möglichkeit haben, eine loyale oder illoyale
Haltung Gott gegenüber einzunehmen. Ihre Treue zu Gott müssen sie mit jedem Werk, mit jedem Gedanken unter Beweis stellen (vgl. Kap. 2–5). Aufrührerische Taten konnte es damit bereits geben, bevor die Wächterengel abtrünnig
wurden – nur dass diese früheren Taten in ihrer Wirkmächtigkeit die Menschheit als ganze nie derart stark zu betreffen vermocht haben, wie es dann die
Vergehen der Engel taten. Somit markieren die Engelstaten eine Zäsur dahingehend, dass das Ausmaß der Vergehen und ihrer Folgen alles Bisherige übertreffen. Es handelt sich dagegen nicht um eine Zäsur im Sinne dessen, dass
damit das Böse originär in die Welt eingebrochen wäre.[70] Daher kann es sich
als nützlich erweisen, in Bezug auf das WB von einer Abstufung zwischen
Freveltaten zu reden: Es gibt einerseits Freveltaten, die die Ordnung gefährden,
andererseits solche, die die Ordnung stören. Zieht man eine solche Abstufung

---

Tradition eines ‚gerechten Abels' erst in Schriften ab dem 1. Jh. n. Chr. bezeugt ist.
„Das Interesse an Gen 4 in vorchristlicher Zeit konzentriert sich auf den Täter und
das Opfer, auf die durch Kains Tat in die Welt eingebrochene Sünde", schließt sie
(ebd. 183). Wie 22,8–13 betrachtet sie die Bezugnahme auf Kain und Abel als sekundär gegenüber 22,1–4* (vgl. dazu ebd. 128f.).

69   FRÖHLICH, Time (1996) 60. Der Terminus ‚goldenes Zeitalter' darf allerdings nicht
dahingehend missverstanden werden, dass das WB an eine Zeit ohne jedes menschliche Übel gedacht hat, wie es FRÖHLICH suggeriert, wenn sie im Vergleich mit Gen
behauptet, dass der Regelbruch der Wächter es war, „what brings upon humanity
the burdens of toil, giving birth and death (Gen 2–3)" (ebd.). Gemäß WB hat Gott für
die Menschen als ideales Leben ein Dasein in ewiger Generationenfolge vorgesehen,
bei dem landwirtschaftliches Arbeiten, Geburt und Tod gerade die zentralen Eckpfeiler sind. Die Ideale des WB bringen damit sozusagen eine sehr genügsame Haltung zum Ausdruck, die Rahmenbedingungen realen Lebens werden akzeptiert.

70   Vgl. in diesem Sinne auch OLSON, 1 Enoch (2003) 913: „The Watchers' sin is (…) not
offered in the BW as an explanation of the *origin* of evil, as has sometimes been
claimed, but simply as the most devastating irruption."

in Betracht, vermag die Bezugnahme auf Kain und Abel das ideologische Grundgerüst des WB nicht ins Wanken zu bringen.[71]

Kap. 22 kann, wie es WACKER vorschlägt, als „Szenarium der Prozess-vorbereitung"[72] verstanden werden. Obwohl als Teil der Reiseschilderung präsentiert, parallelisiert es aus diesem Blickwinkel Kap. 8–9 und die darauffolgenden Rede Gottes (Kap. 10–11). Es unterstreicht, dass Gottes Plan bezüglich der provisorischen Sanktionen (Prozessvorbereitung) wie dann auch des Prozesses selbst nicht nur auf die himmlischen (Wächter) oder halbhimmlischen Wesen (Wächterkinder) ausgerichtet ist, sondern ebenso die Menschen(-seelen) im Blick hat.

In Kap. 24–25 wird erneut das Thema des irdischen Gerichtsthrons Gottes aufgegriffen (vgl. 1,3–9; 18,6–8). Während in 18,6–8 ausschließlich betont worden ist, dass der Thronberg und seine benachbarten Berge aus prächtigen Edelsteinen geschaffen sind, wird in Kap. 24–25 das Baummotiv aufgegriffen und entfaltet: Der Thronberg wird als von wohlduftenden Bäumen umrundet dargestellt. Ein Baum wird als noch wunderbarer als alle anderen herausgestellt. In der Forschung wird er meist als Lebensbaum bezeichnet.[73] Der Engel Michael erklärt Henoch, dass der Baum und sein außerordentlicher Segen nach dem Gericht den Gerechten übergeben werden. Mit 25,5 scheint die Vorstellung des

---

71 Somit erübrigt sich auch BEDENBENDERs Kunstgriff [vgl. ähnlich bereits SACCHI, Macht (1994) 116f.]. Seines Erachtens kann Kains Sünde aus der Warte der WB-Ideologie nur akzeptiert werden, weil sie erst „nach dem Fall der Sterne am vierten Schöpfungstag" [BEDENBENDER, Gott (2000) 188] erfolgt ist. Gemäß WB braucht es keine Initialsünde, die die weiteren Sünden erst ermöglicht. Selbst wenn sich die Erzählung von Kain und Abel und die in Gen nicht bezeugte Geschichte von Sternen, die zur falschen Zeit erschienen sind, zeitlich anordnen lassen, können beide gänzlich unabhängig voneinander als Analogiefälle dienen. Und wie sich zeigen ließ, tun sie dies auch in unterschiedlicher Weise: Während mit der Erwähnung der Untat der Sterne in Kap. 18 und 21 einmal mehr die Vorstellung des Bösen als eine Übertretung der Ordnung Gottes unterstrichen wird, geht es bei der Bezugnahme auf Kain und Abel im Rahmen von Kap. 22 primär um die Opfer-Täter-Konstellation.

72 WACKER, Weltordnung (1982) 230.

73 Die Bezeichnung ‚Lebensbaum' erscheint im Text selbst nicht. Zwar enthalten G und Ä in 25,5 den Begriff ‚Leben', woraus sich eine solche Bezeichnung ableiten ließe. In der Forschung hat sich allerdings die Meinung durchgesetzt, dass Ar an besagter Stelle nicht לחיין, sondern die Verbform להוא enthalten hat [vgl. NICKELSBURG, Commentary (2001) 313]. Die Rede vom ‚Lebensbaum' hat sich v. a. im deutschen Sprachraum eingebürgert, um damit – allerdings wenig präzis – vorwiegend in der Ikonographie Baumdarstellungen zu benennen, bei denen der nährende und lebensbewahrende Charakter eines Baumes im Vordergrund steht [vgl. SCHROER, Art. Lebensbaum (2002)]. Wie wir weiter unten noch sehen werden, sind die meisten heutigen Interpreten und Interpretinnen der Meinung, der Baum von Kap. 24–25 beziehe sich konkret auf den in Gen 2–3 genannten עץ החיים (Gen 2,9; 3,22.24).

neuen Jerusalems auf.[74] Gemäß Michael wird der Baum nach dem Gericht vom Fuße des Thronberges dorthin verpflanzt werden. Obwohl Jerusalem nicht explizit genannt wird, bezeugt die Anspielung auf den ‚heiligen Ort beim Gotteshaus', um den sich der Segen sammeln wird, so deutlich wie bisher an keiner Stelle, dass gemäß WB die ‚Halacha Israels' die Idealordnung für die Menschheit verkörpert – dies trotz des universalen Fokus der Einleitung, der Wächtergeschichte und ihrer Fortführungen.[75] Mit Jerusalem als geographischem Zentrum des israelitisch-jüdischen Glaubens wird in Kap. 24–25 ein gewichtiger Ort in den Reisebericht eingewoben, der in der ersten Reiseschilderung noch keine Erwähnung fand. Des Weiteren konkretisieren Kap. 24–25 möglicherweise die Vorstellung des Schicksals der Gerechten: Falls nach 25,7 alle Gerechten eine segensvolle Existenz erwarten dürfen, wird der Segen des Baumes auch denjenigen gewährt werden, die vor dem Gericht zwar gerecht gelebt haben, jedoch die Früchte eines solchen Lebenswandels nicht ernten konnten. Einmal mehr jedoch stellt der Text klar, dass die Menschheit auch nach dem Gericht in Form einer kontinuierlichen Generationenfolge weiterexistieren wird. Den Menschen wird kein ewiges Leben gewährt (vgl. 25,6).[76] Dem bisherigen Gesamtbild entsprechend geht es um eine Restitution, bei der die Menschen im Rahmen der ursprünglichen Ordnung irdische, sterbliche Wesen bleiben. Auf den ersten Blick scheint diesem Bild die als singulär herausgestrichene Gabe des Baumes entgegenzulaufen. Wird damit gesagt, dass das irdische Leben nach dem Gericht qualitativ wesentlich anders sein wird als das Leben vor der Zeit, in der die Wächter ungehorsam geworden sind? Wird Gott nicht nur seine gute Ordnung wiederherstellen, sondern sie modifizieren, da seine erste Ordnung nicht gut genug gewesen ist? In 5,8–9 wurde statt vom Baum und dessen Segen bereits von der Weisheit gesprochen, die den Erwählten als Sondergabe verheißen wird. Die Weisheit lässt sich dort als Größe verstehen, die auf das Funktionieren der Schöpfungsordnung verweist. Das WB greift damit weisheitliche Vorstellungen auf und teilt den Anspruch, dass eine weise Person ein segensvolles Leben nicht nur verdient, sondern

74   Vgl. NICKELSBURG, Commentary (2001) 312–316.
75   Vgl. in diese Richtung bereits 10,21. Vgl. Texte wie Jes 2,1–4; 51,4–5; 56; Jer 16,19–21; Mi 4,1–3 oder Ps 22,28–30; 67; 72; 86,8–10; 96; 100; 117, an die damit angeknüpft wird. Auch in Tob, u. a. in der Abschiedsrede Tobits (14,6), wird das Motiv der Völker, die sich YHWH zuwenden, aufgegriffen.
76   Vgl. so noch DILLMANN, Henoch (1853) 130. Bereits CHARLES, Enoch (1912) 53 unterstreicht, dass es um ein langes, nicht aber um ein ewiges Leben gehe. Umso mehr erstaunt es, dass NICKELSBURG Jerusalem jüngst wieder als „the source of eternal life" [ders., Commentary (2001) 315] bezeichnen bzw. behaupten kann, dass „[e]ternal life will be enjoyed in Jerusalem" (ebd. 323).

tatsächlich gewährt bekommt. Da die Gegenwart gemäß WB nun aber gerade dadurch geprägt ist, dass ein solcher Tun-Ergehen-Zusammenhang nicht garantiert ist, stellen Gerechtigkeit und Weisheit temporär auseinandergerissene Größen dar: Zwar ist es möglich und wäre nötig, unter den gegebenen Umständen gerecht zu leben, doch die Gaben der Weisheit kann man damit nicht erwarten. Erst wenn der Zeitenlauf wieder ordentlich ist, werden die zwei Größen wieder zusammengehen.[77] In Kap. 5 geht es damit nicht um die Beschreibung einer anderen, besseren Ordnung, als Gott sie bei der Schöpfung vor Augen hatte, sondern um die Beschreibung der Rückkehr zu dieser Ordnung. Auch die in 11,1 genannte Verheißung kann in dieses Bild eingeordnet werden: Gott wird nach dem Gericht ‚die Schatzkammern des Segens‘ (wieder) öffnen. Um zu ergründen, ob sich Kap. 24–25 konzeptionell von den genannten Stellen abhebt oder nicht, ist es unerlässlich, das Bild des Baumes genauer zu untersuchen. Der nachfolgende Exkurs zeigt auf, dass es angebracht ist, Kap. 24–25 gerade im Licht von Kap. 5 zu lesen.

Exkurs 2: Der Baum von 1 Hen 24–25[78]

Seit das WB im Fokus historisch-kritischer Forschung steht, wird bezüglich der Kap. 24–25 primär versucht, die Lokalisierung des Lebensbaumes im Verhältnis zum Garten Eden, wie er in Gen 2–3 beschrieben wird, zu bestimmen.[79] Anlass zu diesem Fragenkomplex gab insbesondere die Auffälligkeit, dass in Kap. 32 – erst hier thematisiert das WB Eden – nur vom Baum der Erkenntnis, nicht aber vom Lebensbaum die Rede ist, dass der Lebensbaum jedoch in Kap. 24–25 erwähnt wird. Nur

---

77 Der Topos, unter Verweis auf die Abwesenheit der Weisheit zu illustrieren, dass auf Erden nicht die Ordnung herrscht, die herrschen sollte, findet sich innerhalb der Henochliteratur dann als prägnante Sentenz in Kap. 42 (Buch der Bilderreden) formuliert. Vgl. dazu dann auch unten unter 5.4.2.

78 Siehe zum Folgenden z. T. noch ergänzend BACHMANN, Paradise (2009).

79 Exemplarisch sei hier verwiesen auf DILLMANN, Henoch (1853) 129f., der darüber nachsinnt, ob „Gott von diesem Lebensbaum auch noch andere Exemplare geschaffen hat" (129) oder ob es sich nur um eine temporäre Umpflanzung des einen Paradiesbaum handle, auf CHARLES, Enoch (1912) 53, der von einer „materialistic conception of the tree of life based on Gen. 2^9 3^{22}" (ebd.) spricht und von einer Umpflanzung des Baums aus dem Garten Eden in einen nordwestlichen Garten und dann nach Jerusalem ausgeht, auf GRELOT, Géographie (1958) 43, der ein „dédoublement du paradis" (ebd.) postuliert, auf MILIK, Pays (1958) 77; Books (1976) 35–41 und schließlich einmal mehr auf NICKELSBURG, Commentary (2001), der ganz selbstverständlich konstatiert: „According to the present text, God has transplanted it [den Baum] from the original paradise in the east (see chap. 32) to the present inaccessible location, where it will remain until the universal judgment (…)" (ebd. 314).

wenige Arbeiten widmeten sich in der Folge der Frage, was die Verfasserschaft durch den Einbezug des Lebensbaumes jenseits der Frage einer Umpflanzung aus dem Garten Eden bezweckt haben mag. Warum der Baum in Kap. 24–25 derart prominent erwähnt wird, schien kaum zu interessieren. In seinem Aufsatz über das Gartenmotiv in frühjüdischen Texten[80] beantwortet TIGCHELAAR diese Frage zwar nicht direkt, problematisiert aber die vorherrschende Diskussion, die sich in Spekulationen über Umpflanzungen des Lebensbaumes erschöpft. GRELOTs und MILIKs harmonisierende Erwägungen kritisierend versucht er, die Spannung zwischen dem Befund in Genesis und im WB traditionsgeschichtlich wegzuerklären. Dass die Wächtergeschichte womöglich nicht direkt von Gen 6,1–4 abhängig sei, könne auch für 1 Hen 32 in Bezug auf Gen 2–3 gelten. Es gelte in Betracht zu ziehen, dass „Enoch does not interpret Genesis, but relies on the same traditions"[81]. Für 1 Hen 32 meint er entsprechend: „1 Enoch's description with only the Tree of Knowledge in the Pardes may reflect an original tradition without the Tree of Life."[82] Wenn es also gar keinen Lebensbaum im Paradies gegeben hat, erübrigt sich die Frage nach mehrstufigen Verpflanzungen oder nach Überlegungen, wie viele Lebensbäume oder Paradiese es in den Köpfen der Verfasserschaft und des Adressatenkreises gegeben haben mag. Zwar hat TIGCHELAAR mit seiner Arbeit den Weg dafür freigemacht, den in 1 Hen 24–25 erwähnten Baum nicht mehr in engster Abhängigkeit von der Paradiesgeschichte zu interpretieren. Wie dieser Baum zu deuten ist, interessiert ihn dann allerdings nicht weiter. Zudem lässt sich seine traditionsgeschichtliche Lösung des Problems kritisieren. Jutta KRISPENZ etwa argumentiert dafür, dass es für Gen 2–3 gerade der Lebensbaum sein dürfte, den man als „in alledem das tragende und von der Tradition getragene Motiv"[83] bewerten muss. Den literarkritischen Schluss, auf den sich TIGCHELAAR beruft und der in der Tat von zahlreichen Exegeten gezogen wird,[84] kritisiert

---

80 TIGCHELAAR, Eden (1999).

81 Ebd. 45.

82 Ebd. 46.

83 KRISPENZ, Bäume (2004) 314.

84 Vgl. KRISPENZ, Bäume (2004) 301, Anm. 3 für eine Auflistung von Arbeiten, die von zwei Bäumen bzw. nur einem ursprünglichen Baum ausgehen. Exemplarisch bezieht sie sich bei ihrer Kritik auf WITTE, Urgeschichte (1998). Nach WITTE wurde das Motiv des Lebensbaumes in Gen 2–3 erst endredaktionell eingefügt und entstammt aufgrund einer inhaltlichen und stilistischen Parallele der gleichen Hand wie Gen 6,1–4. KRISPENZ geht in ihrer Arbeit nicht näher auf diesen Punkt ein. An dieser Stelle soll daher kurz die Frage aufgegriffen werden, wie tragfähig WITTEs Zuordnung der Passagen, die vom Lebensbaum handeln, zur gleichen Redaktionsstufe wie Gen 6,1–4 ist. Nach WITTE sind es drei Parallelen, die eine solche Zuordnung nahelegen: Ers

sie als zu verkürzt; der Lebensbaum lässt sich ihres Erachtens nicht als Nachtrag interpretieren. Sie legt demgegenüber dar, wie Gen 2–3 vor dem Hintergrund ägyptischer Jenseitsvorstellungen verstanden werden kann – der Text positioniere sich diesen gegenüber jedoch gerade in Abgrenzung, so jedenfalls, dass „der kundige Leser zugleich den Hintergrund sieht und die Abweichung von diesem Hintergrund"[85]. Nur über das Motiv des Lebensbaumes ägyptischer Jenseitsvorstellungen konnte Gen 2–3 gemäß KRISPENZ abgrenzend ‚das Jenseits nüchtern ins Diesseits holen'. Das Motiv des Baumes der Erkenntnis wurde in ihren Augen erst in Zusammenhang mit dem Lebensbaum entwickelt: Die Verfasserschaft habe hierzu an die in Ägypten ebenfalls prominente Tradition eines Baumpaares angeknüpft.

In seiner Arbeit über die geographische Struktur von 1 Hen 21–32 stellt STOCK-HESKETH einige Überlegungen zu einer von Gen 2–3 unabhängigen Deutung des Lebensbaumes in Kap. 24–25 an.[86] Er versucht, Henochs Reiseschilderung in Mustern von Kreisbewegungen und Spiegelungen zu lesen. Problematischerweise kümmert er sich kaum um die Textgrundlage, was den Wert seiner Ausführungen erheblich schmälert, da er wichtige Thesen an fragwürdigen Textvarianten auf-

---

tens werde sowohl mit Gen 3,22 als auch mit Gen 6,3 „über den bereits im Ansatz gescheiterten Versuch des Menschen reflektiert, durch eine Berührung der göttlichen Welt, zu der einerseits der Baum des Lebens, andererseits die Elohim-Söhne gehören, ewiges Leben zu erreichen." [Ders., Urgeschichte (1998) 82.] Zweitens könne in Gen 3,22 wie auch in Gen 6,2 das Überschreiten der Grenze zwischen irdischer und himmlischer Welt am Terminus לקח festgemacht werden, und drittens stehe hinter der Formulierung כאחד ממנו (Gen 3,22) wie in Gen 6,1–4 die Vorstellung eines himmlischen Hofstaates (vgl. ebd.). Die erste Parallele, die WITTE sieht, relativiert sich insofern, als es in Gen 6,1–4 wie im WB die himmlischen Wesen sind, die die Grenzüberschreitung initiieren. Gerade der Ausdruck ויקחו להם נשים מכל אשר בחרו (Gen 6,2) dürfte darauf verweisen, dass kaum von einer Einwilligung der Menschenfrauen und somit auch nicht von einem Grenzüberschreitungsversuch der Menschen die Rede sein kann. Bezüglich לקח fällt außerdem auf, dass der Terminus in 3,22 problemlos als Rückbezug auf 3,6 gelesen werden kann („Sie [die Frau] nahm von seinen Früchten"/ותקח מפריו), eine Stelle, die WITTE der „jahwistischen" Urgeschichte zuschreibt, obschon לקח benutzt wird. Meines Erachtens wirkt es vor diesem Hintergrund wenig überzeugend, die Verwendung von לקח in 3,22 nicht oder nicht nur als Rückbezug auf 3,6 zu verstehen, sondern primär als Indiz für einen redaktionellen Konnex mit Gen 6,1–4 ins Feld zu führen. Wenn sodann im Grunde nur noch die Beobachtung die redaktionsgeschichtliche These zu untermauern vermag, dass beiden Texten die Vorstellung eines himmlischen Hofstaates zugrunde liegt, kann insgesamt kaum mehr von einer überzeugenden Argumentation gesprochen werden.

85 KRISPENZ, Bäume (2004) 314.
86 STOCK-HESKETH, Circles (2000).

hängt.[87] An der Textkritik scheitert z. B. seine Gegenüberstellung des ‚Lebensbaumes' in Kap. 24–25 mit einem ‚Gerichtsbaum' in 29,2, die es ihm erlaubt, von einer auf geographischer Ebene spiegelbildlich angelegten Polarität von Leben und Tod zu sprechen. Er geht gar so weit, beide Bäume als „representations of the two natures of the same tree"[88] zu interpretieren, eine Idee, die schon aus einem traditionsgeschichtlichen Blickwinkel fragwürdig ist. Den Baum der Erkenntnis von 1 Hen 32 bringt er in der Folge überraschenderweise nicht mit beiden genannten Bäumen in Verbindung, sondern in klassischer Manier nur mit dem ‚Lebensbaum' von Kap. 24–25. Seine Überlegungen gehen dabei kaum in eine neue Richtung: Seinem Grundanliegen entsprechend erkennt er eine spiegelbildliche Anordnung zwischen der Genesiserzählung und 1 Hen 24–25: „The Genesis account of the first age, where Adam is forbidden to eat from the tree and excluded from the holy place, will find its enantiomorph in the final age, when the righteous will enter into the holy place and be fed with the tree's fruit."[89] Muss STOCK-HESKETHs erste Deutung als Interpretation einer modernen WB-Übersetzung, die bezüglich der traditionsgeschichtlichen Einbettung noch dazu den historischen Kontext ignoriert, als unbrauchbar eingestuft werden, verweist seine zweite Deutung einmal mehr auf die Problematik eines jeden Versuchs, 1 Hen 24–25 primär im Horizont von Gen 2–3 und 1 Hen 32 zu lesen. Implizit postulieren alle diese Interpretationen, dass die Leserschaft Kap. 24–25 erst von Kap. 32 her, also rückblickend verstehen kann. Die Frage, warum eine rückblickende Deutung und keine eigenständige Aussagekraft des Baumes angestrebt worden ist, die sich der Leserschaft bereits beim ersten Lesedurchgang erschließen würde, wird dabei nicht einmal gestellt.

---

87   Zur Kritik an seiner mangelnden textkritischen Sorgfalt s. ausführlich BAUTCH, Study (2003) 181–183. STOCK-HESKETH scheint bloß die OTP-Übersetzung zur Hand genommen zu haben, die praktisch ausschließlich die äthiopische Handschrift Tānāsee 9 wiedergibt.

88   STOCK-HESKETH, Circles (2000) 39. Für die These, dass es die Tradition einer Gegenüberstellung eines Lebensbaumes mit einem Baum des Todes gab, mit dem er dann seinen ‚Gerichtsbaum' in Verbindung bringt, beruft er sich auf JAMES, Tree (1966) 211 (diese Angabe ist allerdings falsch: Was er zitiert, findet sich ebd. 201). JAMES untersucht in seinem Kapitel jedoch lediglich die Rolle, die der Lebensbaum in Zusammenhang mit dem Totenkult und mit Jenseitsvorstellungen verschiedener Kulturräume spielen konnte. Auf einen ‚Baum des Todes' kommt er allein bezüglich Gen 2–3 zu sprechen, wo er die Auffälligkeit konstatiert, dass der Baum der Erkenntnis vom Inhalt der Erzählung her „virtually a tree of death" darstelle (ebd. 221). Für einen ‚Gerichtsbaum', wie ihn STOCK-HESKETH in 1 Hen 29,2 sehen will, bietet JAMES' Arbeit keinen Anhaltspunkt.

89   STOCK-HESKETH, Circles (2000) 47.

Einen anderen Deutungsversuch als STOCK-HESKETH unternimmt BAUTCH im Rahmen ihrer Dissertation über die Geographie des ersten Reiseberichts.[90] Sie kommt darauf allerdings nur am Rande zu sprechen und will damit ihrer These Nachdruck verleihen, dass es sich mit dem in 18,8 und in 24,3ff. erwähnten Thronberg um den Sinai handle. Auch BAUTCH sieht einen möglichen Zusammenhang mit Gen 2–3, versucht jedoch anders als die bisher erwähnten Autoren, den Motivkomplex durch ein tertium comparationis zu entschlüsseln. Sie verweist auf Schriften, die zwar deutlich jünger sind als das WB, die aber den Lebensbaum – z. T. explizit an das Gartenmotiv anknüpfend – mit der Tora in Verbindung bringen oder gar mit ihr identifizieren.[91] Sie schließt daraus, dass hier mit dem Baum das lebensspendende Gesetz gemeint sein könnte und erwägt gar weiter, dass „the theophany, God's descent on Sinai (…), has already occurred from the perspective of the audience in the form of events at Sinai described in Exodus."[92] Während die Weiterführung zu weit geht – im WB wird die Theophanie klar in der Zukunft der Adressatenschaft angesetzt (vgl. 1 Hen 1) – stellt die Assoziation mit dem Gesetz eine interessante These dar, die allenfalls modifizierend aufgegriffen werden kann. Problematisch bleibt, dass BAUTCH von späteren Textbelegen her eine Idee in frühere Texte zurückprojiziert. Es stellt sich damit die Frage, ob es neben den späten Texten, die BAUTCH erwähnt, und dem stets als Referenz herangezogenen Text Gen 2–3 nicht andere Texte gibt, die Aufschluss über das Baum-Motiv in Kap. 24–25 geben könnten. Bereits DILLMANN verweist in seinem Kommentar auf die Erwähnung des Lebensbaumes in Spr 3,18; 11,30; 13,12; 15,4, den einzigen Stellen der Hebräischen Bibel, die neben Gen 2,9; 3,22.24 explizit von einem עץ (ה)חיים reden, geht jedoch inhaltlich nicht näher auf die Passagen ein.[93] Die Stellen erwei-

---

90 BAUTCH, Study (2003).

91 Ebd. 123f. Als Belege nennt sie Pseudo-Philo 11,15 und Pirqe Rabbi Eliezer 14a ii. In den Fußnoten verweist sie zudem auf Ps 1,2–3 und auf PsSal 14,1–4, wo das Bild eines Lebensbaumes für die Gesetzestreuen selbst benutzt wird: Während in Ps 1 der gottesfürchtige Mensch, der Freude hat am Gesetz YHWHs (בתורת יהוה חפצו), mit einem nimmer welkenden Fruchtbaum verglichen wird, umschreibt PsSal 14 die ‚Heiligen des Herrn' (ὅσιοι κυρίου) explizit als das Paradies Gottes und als Lebensbäume (ὁ παράδεισος τοῦ κυρίου τὰ ξύλα τῆς ζωῆς). Parallel zu Ps 1,2–3 hätte sie zudem auf Jer 17,8 verweisen können, eine Stelle, die das gleiche Bild aufgreift. Dass dort nicht explizit vom Gesetz die Rede ist, ändert die Bedeutung nur gering, ist doch immerhin jemand im Blick, der sein Vertrauen ganz in YHWH setzt (oder wie es 17,7 kunstvoll formuliert: יבטח ביהוה והיה יהוה מבטחו), was zumindest implizit an einen Lebenswandel gemäß den Geboten YHWHs denken lässt.

92 BAUTCH, Study (2003) 124.

93 DILLMANN, Henoch (1853) 129.

sen sich für 1 Hen 24–25 allerdings durchaus als aussagekräftig: Spr
3,18 besagt, dass die Weisheit für alle, die sie erfassen, zu einem Lebensbaum werde. Nach Spr 11,30 stellt der Lebensbaum die Frucht
eines gerechten Lebenswandels dar (עץ־צדיק פרי/ἐκ καρποῦ
δικαιοσύνης φύεται δένδρον ζωῆς). Spr 13,12 stellt die Erwartung, die in
Erfüllung geht, mit einem Lebensbaum gleich (ועץ חיים תאוה באה), und
Spr 15,4 spricht schließlich davon, dass eine heilende Zunge im Gegensatz zu einer falschen Zunge ein Lebensbaum sei (מרפא לשון עץ חיים).
Vor allem die in Spr 3,18 und 11,30 mit dem Lebensbaum in Verbindung gebrachten Aspekte spielen auch im WB eine zentrale Rolle.
Weisheit wird in 1 Hen 5, wie wir gesehen haben, insbesondere für die
Zeit nach dem Gericht verheißen. Es wird eine Zeit sein, in der es nur
noch Gerechte gibt, und eine Zeit, in der diesen Gerechten ein segensreiches Leben zukommen wird, wozu ein langes Leben gehört (vgl. Spr
3,16).[94] Diese Beobachtung lässt in Erwägung ziehen, den Baum von

---

94 Nach PLÖGER, Sprüche (1981) kann man alle genannten Stellen in Spr „im Sinne
    veranschaulichender Metaphern für ein heilvolles Leben verstehen" (ebd. 37). Es
    scheint genau diese Vorstellung zu sein, die das WB für die Zeit nach dem Gericht
    imaginiert. Allerdings verdeutlichen Kap. 24–25, wie weit Metaphern und Weltbild
    in antiken Texten verschränkt werden konnten. Nicht ohne Grund wird für die Rei-
    seberichte Henochs oft die Bezeichnung ‚mythische Geographie' benutzt. Die infor-
    mativen und performativen Dimensionen [vgl. dazu die methodischen Überlegun-
    gen in NIELSEN, Hope (1989)] einer solchen ‚Geographie' präzise herauszuarbeiten,
    steht in der Forschung noch an. Dass im WB ein funktionierender Tun-Ergehen-Zu-
    sammenhang erst wieder in der Zukunft denkbar wird, könnte auch Spr 13,12 für
    das WB in besonderer Weise aussagekräftig werden lassen: Mit der Zeit nach dem
    Gericht wird die Erwartung der Gerechten erfüllt. Spr 15,4 könnte dem gegenüber
    mit der Vorstellung des WB zusammengebracht werden, dass eine loyale Haltung
    gegenüber Gott bereits beim Denken bzw. bei dessen Ausdruck im Reden beginnt
    (vgl. 1,9 nach 4Q204; 5,4; 27,2).
       Was die Rezeptionsgeschichte angeht, ist es interessant zu sehen, dass in
    4 Makk 18,16 im Rahmen der Rede der Mutter der sieben zu Tode gefolterten Söh-
    nen explizit Spr 3,18 zitiert wird (hier aber wohl mit Gott als Subjekt statt der Weis-
    heit). Die Mutter erwähnt in der Rede, wie der Vater die Kinder ehemals in den bib-
    lischen Texten unterwiesen habe und zitiert dabei in erbauendem Sinn selbst
    nochmals Sentenzen aus den verschiedenen Schriften, an die sich die Söhne (und na-
    türlich die Leserschaft) nun im Kontext des Martyriums erinnern mögen: „(…) Er las
    euch vor: Abels Ermordung durch Kain, Isaaks Opferung, Josef im Gefängnis. Er
    sprach zu euch über den Eiferer Pinhas, er belehrte euch über die (Jünglinge) im
    Feuer, Hananja, Asarja und Mischaël. Er rühmte auch den Daniel in der Löwengrube
    und pries ihn glücklich. Er brachte euch auch die Schrift des Jesaja in Erinnerung, in
    der es heißt: ‚Auch wenn du durch Feuer schreitest, soll die Flamme dich nicht
    verbrennen.' Er sang euch etwas vom Psalmendichter David, der da sagt: ‚Zahlreich
    sind die Bedrängnisse der Gerechten.' *Er zitiert euch aus den Sprüchen Salomos die Stel-
    le: ‚Ein Baum des Lebens ist er für die, die seinen Willen tun.'* Er machte mit Ezechiel ver-
    traut, der da fragt: ‚Werden denn diese verdorrten Gebeine leben?' Er vergaß bei

Kap. 24–25 nicht in Konkurrenz zu Kap. 5 zu deuten, sondern umgekehrt in Korrelation dazu. Eine Deutung des Baumes im Zusammenhang mit der Weisheit gewinnt nicht zuletzt an Profil, wenn an das Selbstlob der Weisheit in Sir 24,3–22 gedacht wird.[95] In VV. 12–22 schildert die Weisheit, wie sie zu einem prächtigen und wohlduftenden Baum mit reicher Frucht herangewachsen ist, der nährt und vor dem Bösen schützt. Obwohl in Sirach wie im Buch der Sprüche im Gegensatz zum WB die optimistische Sicht vertreten wird, dass das Funktionieren des Tun-Ergehen-Zusammenhangs nie in eine Krise gekommen ist, lässt sich die Vorstellung der Weisheit von Sir 24 auf das WB übertragen. Nur eben, dass im WB davon ausgegangen wird, dass es eine Wende in der Geschichte gegeben hat, die die Weisheit unter den Menschen zurückgedrängt hat, und dass entsprechend wieder eine Wende nötig ist, bis sich die Weisheit von neuem etablieren kann.

Als Fazit lässt sich festhalten, dass es in eine problematische Richtung führt, 1 Hen 24–25 von Kap. 32 und Gen 2–3 her zu deuten. Von Kap. 5 her lässt sich der Baum schlüssig als Bild der verheißenen Weisheit verstehen, die sich nach dem Gericht, wenn das Böse endgültig bezwungen ist, zum Segen der Menschheit ausbreiten wird. Beim Lebensbaum an die Gabe der Weisheit zu denken, wird dem Erzählduktus gerecht und erfordert keine komplizierte Rückwärtsdeutung von Kap. 32 her. Weiter engt diese Deutung das Bedeutungsspektrum nicht vorschnell ein: Von Kap. 32 her gelesen wird eine Konnotation des Lebensbaumes mit der Weisheit ausgeschlossen, da der Lebensbaum eine Gegengröße zum Baum der Erkenntnis wird. Diese Einschränkung ist nicht nötig, wenn die Aussagekraft der Baummetaphorik über die Paradieserzählung hinaus beachtet wird.[96] Merkte CHARLES für Kap.

---

seiner Unterweisung auch nicht den Gesang, den Mose lehrte, wo es heißt: ‚Ich werde töten, und ich werde lebendig machen. Das ist euer Leben und die Länge eurer Tage.'" [4 Makk 18,11–19, Übersetzung nach KLAUCK, Makkabäerbuch (1989); Hervorhebung VB.] Damit scheint eine eschatologische Konnotierung das Lebensbaummotiv in frühjüdischen Schriften definitiv eingeholt zu haben, nachdem einer solchen mit der Schöpfungserzählung von Gen 2–3 wahrscheinlich noch bewusst entgegengewirkt worden war.

95 Vgl. diesbezüglich auch Sir 1,11–20, eine Stelle, die die Gottesfurcht als Anfang der Weisheit rühmt und dabei mit Elementen aus dem Bildkomplex des Lebensbaumes spielt. Wem die Bilder des Lebensbaumes zugeschrieben werden, wechselt. In VV. 12.16 kommen sie der Gottesfurcht zu, während V. 20 wieder von der Weisheit als Baum spricht: Die Gottesfurcht bildet dort die Wurzel der Weisheit, langes Leben sind ihre Zweige.

96 Siehe hierzu ausführlicher BACHMANN, Paradise (2009). Nach EDELMAN, Iconography (2006) ist es gar anzunehmen, dass der Baum als ikonographisches Motiv für die Weisheit auf Stempelsiegeln Palästinas verbreitet gewesen ist. Als Begründung verweist sie ebenfalls auf Spr 3,18. Im Zentrum ihrer Untersuchung stehen drei

24–25 schließlich noch irritiert an, dass „according to 20[7], we should expect Gabriel here"[97], stört es nun auch nicht mehr, dass Michael als Deuteengel auftritt. Soll Kap. 20 herangezogen werden, passt Michael, dem laut 20,5 die guten Menschen überantwortet sind, sehr gut an diesen Ort mit dem Baum, dessen Segenskraft die Segenskraft der Weisheit für die Gerechten zum Ausdruck bringt. [Ende des Exkurses]

Der Exkurs hat aufgezeigt, dass der Baum von Kap. 24–25 ein bedeutungsvolles Bild für die verheißene Weisheit abgibt. Wird der Baum als Bild für die Weisheit verstanden, ergibt sich kein konzeptioneller Unterschied gegenüber Kap. 5 und 11. Alle Passagen beziehen sich auf die Restitution der Ordnung, die durch die Taten der Wächterengel aus dem Gleichgewicht gebracht worden ist. An keiner Stelle wird angedeutet, dass sich die Qualität der Zeit vor und nach der Ära, die durch die Taten der Wächterengel negativ beeinflusst ist, unterscheidet. Der Eindruck, dass von einer qualitativ unvergleichlichen Heilszeit die Rede ist, mag entstehen, da im Text nur eine Gegenüberstellung der gegenwärtigen Zeit mit der Zeit nach dem Gericht im Blickfeld ist. Die Zeit vor dem großen Ordnungsverstoß der Engel bleibt ausgeblendet. Doch schon damals musste eine gerechte Lebensführung ein segensvolles Leben impliziert haben. Weisheit, Gerechtigkeit und Segen bedingen sich unter ‚normalen' Bedingungen wechselseitig, daran hält das WB fest.[98]

Obwohl auch die Kap. 26–27 nicht explizit von Jerusalem sprechen, wird hier deutlich an die Topographie dieses Ortes angeknüpft.[99] Nachdem es in Kap. 22 um den Aufenthaltsort der Menschenseelen bis zum Gericht ging, kommt hier der Strafort für die abtrünnigen Men-

---

Siegel, auf denen je ein von zwei Menschen flankierter Baum zu sehen ist. Sie schließt mit der Bemerkung, dass „Wisdom's iconographic depiction as a tree constitutes a distinct subgenre of tree imagery that needs to be recognized as an independent category in its own right." (Ebd. 152.) Trifft ihre These zu, dass das Motiv sogar als ikonographischer Typ bekannt war, würde dies die hier vorgeschlagene Deutung von Kap. 24–25 zusätzlich stützen. Dass die Aussagekraft des Motivs von Bäumen auch hinsichtlich Gen 2–3 selbst sorgfältig bedacht werden muss, veranschaulicht die bereits erwähnte Arbeit KRISPENZ, Bäume (2004).

97 CHARLES, Enoch (1912) 52.

98 Diesen grundlegenden Zusammenhang, den das WB postuliert, ignoriert z. B. RO-SENKRANZ, Paradies (1995), wenn sie im Zusammenhang mit der Paradiesvorstellung wie oben problematisiert selektiv 1 Hen 24–25 und 1 Hen 32 miteinander vergleicht und daraus zur Überzeugung gelangt: „Das endgültige Heil ist keine Rückkehr zu den urzeitlichen idealen Bedingungen!" (Ebd. 35.)

99 Zu Jerusalem als Zentrum der Welt vgl. bereits Ez 38,12. Jerusalem als Zentrum der Welt wird für die Vorstellungswelt von Jub eine wichtige Rolle spielen. In Jub 8,19 wird insbesondere vom Berg Zion als der „Mitte des Nabels der Erde" gesprochen.

schen ins Blickfeld. Sie werden als Verfluchte angesprochen, ihr Vergehen einmal mehr als vermessene Rede gegenüber Gott umrissen. Dies
spannt einen Bogen zurück zu Kap. 5, insbesondere zu 5,4–7. Es wird
Nachdruck auf die falsche Haltung gegenüber Gott gelegt, die die Welt
in die gegenwärtige Lage gebracht hat.[100] Über die Strafe selbst wird
wenig ausgesagt.[101] Indes wird betont, dass die Gerechten Zeugen der
Bestrafung sein werden (27,3).[102] Die Passage veranschaulicht, dass sie
Gottes Vorgehen gegen die Frevler bestätigt bekommen und Gott segnen werden (27,3–4).[103] Indem die Kap. 26–27 Traditionen eschatologischer Deutungen der Täler um die Stadt Jerusalem aufgreifen,[104] ver-

---

100 Anders muss dies NICKELSBURG verstehen, wenn er die Stelle folgendermaßen
kommentiert: „Strikingly, this verse refers to the judgment not of those who have
committed wicked deeds, but of those who have spoken arrogantly against God and
his glory." [Ders., Commentary (2001) 319].

101 Die wenigen Informationen präzise zu erfassen, fällt noch dazu schwer, da der
Textbefund in 27,2 mehrdeutig ist. So deutet z. B. Uriel – NICKELSBURG, Commentary
(2001) 319 emendiert den Namen aufgrund von 20,6 zu Sariel – das Tal als verfluch-
tes Tal, das ‚für die Verfluchten bis in Ewigkeit' sei. Die Umschreibung ‚bis in Ewigkeit' (እስከ፡ ለዓለም/μέχρι αἰῶνος) ist zweideutig: Entweder sind die Verfluchten auf
ewig verflucht, oder sie sind als Verfluchte zu einem ewigen Dasein in diesem Tal
verdammt. In den modernen Übersetzungen finden sich beide Interpretationen, wobei die Zweideutigkeit nie problematisiert wird. Letztlich bleibt damit unklar, ob es
sich beim Tal nur um den Gerichtsort oder auch um den Strafort nach dem Gericht
handelt.

102 Ä spricht geradezu von einem ‚gerechten Schauprozess vor den Gerechten', der
gegen die Frevler stattfinden werde (ይከውን፡ ለዕሌሆሙ፡ አርአያ፡ ከነዓ፡ ዘበ፡ ጽድቅ፡
በትዕዩም፡ ጸድቃን፡). Etwas weniger Akzent auf die Schau legt G. Dort wird in V. 2f. gesagt, dass das Tal in den Tagen des wahren Gerichtes der Platz für die Frevler *vor
den Gerechten* sei: ὧδε ἔσται τὸ οἰκητήριον (...) ἐν ταῖς ἡμέραις τῆς κρίσεως τῆς ἀληθινῆς
ἐναντίον τῶν δικαίων.

103 Zum schwierigen Textbefund von 27,3–4 s. Anm. 158 unter Exkurs 4. Ansonsten
zeichnet der Abschluss des Geschichtsabrisses von den ‚Vorvätern' bis zur Zeit nach
dem Gericht in Jub 23,9–31 ein sehr ähnliches Bild. Dort heißt es für die Zeit nach
der Umkehr der Kinder Israels zu YHWH: „Dann wird der Herr heilen seine Sklaven, und sie werden sich erheben, und sie werden einen großen Frieden schauen.
Und sie werden seine Feinde vertreiben. Und die Gerechten werden schauen und
Dank sagen und sich freuen bis in die Ewigkeit der Ewigkeit in Freude. Und sie
werden an ihren Feinden all deren Gericht sehen und all ihre Verfluchung. Und ihre
Knochen werden in der Erde ruhen. Und ihr Geist wird viel Freude haben, und sie
werden erkennen, dass es der Herr ist, der Gericht hält und der Güte wirkt an Hun-
derten und an Tausenden und an allen, die ihn lieben." [Übersetzung nach BERGER,
Jubiläen (1981)].

104 Siehe hierzu insbesondere BIEBERSTEIN, Ort (1998); Gehenna (2001), aber auch bereits
WACKER, Weltordnung (1982) 234–257. Ihres Erachtens hat allerdings erst ein späterer Redaktor die verfluchte Schlucht und den gesegneten Ort als „Kulisse eines Gerichtsprozesses vor den Augen der Gerechten, die als die ‚Lobpreisenden' den aus
dem Tempel zur Richtstätte strömenden Jahweverehrern im Schlussbild der triojesa-

mögen sie Gott einmal mehr als großen Herrscher und Schöpfer zu konzipieren, der zugunsten seiner treuen Geschöpfe gegen Feinde durchgreift. Auf pragmatischer Ebene unterstreichen sie die Relevanz, unbeirrt einen gottgefälligen Lebenswandel zu führen. Eindringlich werden diejenigen, die laut WB fürchten müssen, das Schicksal der Frevler zu teilen, aufgerufen, ihren Lebenswandel zu verändern. Insgesamt herrscht weniger ein drohender als ein motivierender Grundton vor. Ein Bogen zu den Einleitungskapiteln wird nicht nur auf der Ebene der Einzelmotive, sondern auch auf pragmatischer Ebene gespannt. Obschon das Lesepublikum in Kap. 26–27 nicht in der zweiten Person Plural angesprochen wird wie in der Einleitung, spricht das WB dieses nirgendwo sonst direkter an als an diesen beiden Stellen.[105]

Mit dem Paradies der Gerechtigkeit[106] erwähnt Kap. 32 einen wichtigen Ort der Erzähltradition Israels, der wie Jerusalem in der ersten Reiseschilderung keine Erwähnung findet. Kap. 32 bildet den Abschluss der Beschreibung von Regionen mit besonderen Bäumen (28,1ff.). Das Gewicht, das der Beschreibung der unterschiedlichen Bäume, ihrer Früchte und Eigenheiten zugemessen wird, verweist darauf, dass nicht mehr die Entfaltung des Bauplans des Kosmos im Zentrum steht, sondern dass es eher darum geht, dem Kosmos Phänomene zuzuordnen, die man ‚sonst noch so kennt'. Im Kontext der Baumlandschaften sind insbesondere pflanzliche Luxusgüter und deren Herkunft das Thema. Der Text suggeriert, dass Gott auch diese Landschaften und natürlichen Reichtümer bewusst in den Kosmos eingebaut hat. Es verleiht der Reiseschilderung Authentizität, dass bekannte Phänomene

---

janischen Sammlung entsprechen", mit Hinnomtal und Tempelberg identifiziert (ebd. 254).

105 Zu 36,4 als dritte wichtige Stelle vgl. weiter unten. Auch Kap. 22 könnte unter Umständen hier eingereiht werden. Meines Erachtens bereitet diese Passage die Kap. 26–27 aber eher vor: Nachdem der Erzählfokus spätestens ab Kap. 12 ausschließlich auf das Geschick der Wächter gerichtet ist, bekommt die Leserschaft mit Kap. 22 in Erinnerung gerufen, dass auch das menschliche Handeln durchaus von Belang ist und geahndet wird. Ohne solche Vorbereitung würde das Motiv des Menschengerichts in Kap. 26–27 zu abrupt auftauchen, um im Rahmen der Erzählung verständlich zu sein. Eine Steigerung auf Kap. 26–27 zu lässt sich weiter vom Identifikationspotential her beobachten: Während Kap. 22 erst eine Identifikation der ‚Opfer einer unordentlichen Zeit' mit Abel als Klagendem erlaubt, kann sich die Leserschaft in Kap. 26–27 mit den Gerechten identifizieren, die nicht mehr klagen müssen, sondern nun endlich das Gericht vorgeführt bekommen und Frieden finden können. Dies wiederum knüpft an die Überschrift des WB an (1,1), in der die fiktive Leserschaft als die ‚gerechten Erwählten' bestimmt wird, die am Tag der Bedrängnis, dem Gerichtstag, anwesend sein werden. Ein solches Identifikationsangebot fördert eine Angleichung der impliziten an die fiktive Leserschaft.

106 Ar (4Q206 Frg. 1 xxvi 21): [א]טשק סדרפ; Ä: ፀ፡፡ ፈ፡፡; G: ὁ παράδεισος τῆς δικαιοσύνης.

angesprochen werden.[107] Aus heutigem Blickwinkel mag es irritieren, dass sich der Baum der Erkenntnis in diese Schilderungen eingebettet findet und diese abschließt, da somit Reales mit Mythischem vermischt wird.[108] Diese Vermischung prägt jedoch das WB insgesamt und entspricht durchaus der antiken Art und Weise, Welt und Kosmos wahrzunehmen und zu beschreiben.[109] Die Erwähnung des Paradieses scheint wie die Erwähnung von Kain und Abel in Kap. 22 auf den ersten Blick nicht zum Plot des WB zu passen: Eine Transformation der Lebensqualität der Menschen wie diejenige, auf die mit Kap. 32 angespielt wird, scheint im WB, das einen wesentlichen Bruch bezüglich des menschlichen Daseins erst mit der Frauennahme und Wissensvermittlung der Wächterengel zeichnet, keinen Platz zu haben. Wie wir jedoch gesehen haben, schließt das Geschichtsbild des WB Ordnungsbrüche vor den Engelstaten nicht per se aus. Weiterhin gehört es wesentlich zur Paradiesgeschichte, die mit Kap. 32 aufgerufen wird, dass die Ordnungsbrüche durch Gott sanktioniert worden sind.

Damit bleibt die Frage offen, welche Aussageabsicht hinter der Erwähnung des Paradieses und des Baumes der Erkenntnis vermutet werden kann. Nach TIGCHELAAR muss danach gar nicht weiter gefragt werden. Da er im Text „no eschatological meaning for readers" ausmachen kann, geht er davon aus „that the short depiction of the Pardes of Righteousness was placed at the end of Enoch's journey to the East in order to complete the description of the East, and not because of some special importance of this location."[110] Es mag durchaus ein An-

---

107 Vgl. ähnlich NICKELSBURG, Commentary (2001) 323. Die Bezugnahme auf spezifische Realien bewegte MILIK dazu, auf die Lebenswelt des Autors zu schließen und zu vermuten, dass dieser als Gewürz- und Parfümhändler tätig war [ders., Books (1976) 26–28.36–37], eine These, die bis heute rezipiert wird. Zurecht fordert NICKELSBURG mehr Sorgfalt bei der Rekonstruktion lebensweltlicher Hintergründe ein, wenn er lakonisch anmerkt: „The descriptions prove that the author was a spice and perfume merchant no more than the Gospel of Luke proves that its author was a physician." [Ders., Commentary (2001) 323.]

108 Vgl. etwa auch das Eritreische Meer, das neben den pflanzlichen Produkten unter den Realien Erwähnung findet (32,2).

109 Vgl. hierzu etwa KEEL, Bildsymbolik (⁵1996), der bezüglich der altorientalischen Vorstellung der Welt von einer „Osmose zwischen Tatsächlichem und Symbolischem" spricht (ebd. 47). Zum gegenwärtigen Diskurs um das antike und besonders das altorientalisch-biblische Weltbild als ‚vorneuzeitlichem' Weltbild s. JANOWSKI, Weltbild (2001). Mit dem Bedeutungs- und Transformationspotential von ‚Mythischem' in Propheten- und Psalmentexten beschäftigt sich z. B. der Sammelband IR-SIGLER, Mythisches (2004).

110 TIGCHELAAR, Eden (1999) 42. NICKELSBURG, Commentary (2001) 323 stellt sich die Frage ebenfalls. Zu Recht demontiert er die These von GIL, Enoch (1969). GIL deutet die ab Kap. 28 erwähnten Pflanzen als „symbol of resurrection for the elect" (ebd. II)

liegen gewesen sein, den aus der Erzähltradition bekannten Ort im Rahmen der Reiseschilderungen zu erwähnen. Dies lässt sich ebenso für die Erwähnung von Jerusalem in Kap. 25 und Kap. 26–27 vermuten. Jedoch auch die Passagen, die Jerusalem erwähnen, vervollständigen

---

und schließt daraus, dass Henoch in dieser Passage das ‚Land des ewigen Lebens‛ als Perspektive für die Erwählten gezeigt werde [dazu, dass sowieso erst spätere Texte Eden mit einem künftigen Paradies in Verbindung bringen, vgl. TIGCHELAAR, Eden (1999)]. NICKELSBURGs eigene Antwort beschränkt sich darauf, eine doppelte Symmetrie zu konstatieren, zu der die Passage beitrage, wobei er an seine Interpretation von Kap. 24–25 anschließt: Einerseits seien es die je sieben Berge, die Jerusalem ostwärts (Kap. 32,1) und westwärts (Kap. 24) rahmen würden (hier unterschlägt er, dass Ar in 32,1 die Zahl sieben gegenüber G und Ä gerade nicht erwähnt), andererseits die zwei Paradiese mit den entsprechenden Bäumen. Erneut lässt sich gegen diese These BAUTCH, Study (2003) anführen, die meines Erachtens überzeugend darlegt, dass es sich beim in Kap. 24 genannten ‚Thronberg Gottes‛ um den Sinai, nicht um ein nordwestlich gelegenes Paradies handelt. Oben wurde schließlich aufgezeigt, inwiefern es problematisch ist, den Baum von Kap. 24–25 von Kap. 32 her zu interpretieren.

HIMMELFARB meint zum einen ähnlich wie TIGCHELAAR, dass „the Garden was so important a sight for the mythic geography of the biblical tradition that omitting it would also provoke comment." [Dies., Ascent (1993) 74.] Zum anderen postuliert sie generell eine starke Abhängigkeit des WB von Ezechiels Tempelvision (Ez 40–48). Für die Kap. 17–36 bewertet sie die Reise Ezechiels sogar als „primary model" (ebd. 73). Das WB habe auf einen Verweis auf den Garten Eden also auch darum nicht verzichten können, weil Ezechiel deutlich auf ihn anspiele. Indem das WB eine eigene Reisestation daraus gemacht habe, sei es allerdings weiter gegangen als die Ezechielvision. HIMMELFARB geht außerdem davon aus, dass im WB gewisse Details der Paradieserzählung ausgeblendet werden mussten, um ideologische Spannungen zu verhindern [vgl. ähnlich REED, Angels (2005) 51].

Eine bedenkenswerte, m. W. jedoch unrezipiert gebliebene Deutung für die Erwähnung des urzeitlichen Paradieses in 1 Hen 32 bietet COUGHENOUR, Enoch (1972) 146f. Seines Erachtens untermauert 1 Hen 32 die These, dass „part of Enoch's task in overviewing creation and the destinies of the righteous and wicked through his journeys is to show the inadequacy of that wisdom which is gained outside of god's granting" (ebd. 147). Wie die Geschichte um den Ungehorsam der Wächterengel exemplifiziere die Paradiesgeschichte, dass „the 'wisdom' learned through disobedience is imperfect, partial, and worthy of condemnation. 'Wisdom' thus possessed is of no value for righteousness or for fellowship with God" (ebd.). Wie ich es im Folgenden darlegen werde, spielt es tatsächlich keine geringe Rolle, dass mit der Paradiesgeschichte das Thema ‚Wissensvermittlung als Verfehlung‛ aufgegriffen wird. Doch sollte der Hauptfokus von 1 Hen 32 genereller gefasst werden. Zu meiner Kritik daran, dass bisweilen wie hier bei COUGHENOUR von ‚Weisheit‛ statt von ‚Wissen‛ gesprochen wird, vgl. unten unter Kap. 5.4.2. In diesem Zusammenhang geht denn auch die These von STOWASSER, Heil (2004) 44f. eindeutig zu weit, dass durch 1 Hen 32 die Exklusivität der ‚Henochweisheit‛ herausgestellt werde. Sie alleine gewährleiste, nicht gerichtet zu werden. Wie es im entsprechenden Abschnitt noch genauer dargelegt wird, sind es nicht Henochs Offenbarungen, deren Kenntnis oder Unkenntnis als Kriterium für das Gericht fungieren.

damit nicht nur das geographische Bild. Die Bezugnahme wurde je mit Aspekten verbunden, die für die Pragmatik des WB von Belang sind. Damit scheint es sinnvoll zu sein, die Frage, worauf der Verweis auf die Paradiesgeschichte abzielt, tiefer auszuloten, als es TIGCHELAAR tut.[111] Fritz STOLZ bezeichnet Paradiesgeschichten allgemein als Transformationsmythen.[112] Bezüglich Gen 2–3 streicht er die Figur der Schlange als Kulturbringerin heraus, die sich gerade dadurch aber angemaßt habe, sich in Gottes Verfügungsbereich einzumischen.[113] Aufschlussreich für die Frage nach der Aussagekraft von 1 Hen 32 im Rahmen des WB ist aber noch eine weitere Transformationsgeschichte. In Ez 28,13–19 wird der Fall des Fürsten von Tyrus in Analogie zur Genesiserzählung beschrieben: Der Fürst hat sein gesegnetes Dasein im Garten Eden verspielt, indem er aus Hochmut Böses zu tun begann. Vergleicht man das WB mit Gen 2–3 und Ez 28,13ff., ist es augenfällig, dass alle Texte in zentraler Weise von einer Transformation in Zusammenhang mit einer Übertretung der göttlichen Ordnung handeln, die Gottes Durchgreifen provoziert und vorführt. Gen 2–3 und das WB korrelieren darüber hinaus, was den Akt der Wissensvermittlung als Verfehlung angeht.[114] Als besonders sinngeladen erscheint der Bezug auf Eden, wenn man mit STOLZ soweit geht, die Wächtergeschichte als „kosmologische Ausweitung" der Paradieserzählung zu interpretieren.[115] Trifft es zu, dass der Bezug auf Gen 2–3 in 1 Hen 32 mit dem prototypischen Charakter von Gen 2–3 als Transformationsgeschichte in Verbindung gebracht werden kann, wird hier durch die Anknüpfung an einen traditionellen Erzählstoff, aus dem sich eine eigene Reisestation formen ließ, einer der Hauptaussagen der Wächtergeschichte und ihrer Fortsetzungen Prägnanz verliehen: Das urgeschichtliche Paradies wird im Kontext des WB zum Sinnbild dafür, dass Überheblich-

---

111 Die bisherigen Ausführungen dürften bereits zum Ausdruck gebracht haben, dass es problematisch ist, den Aussagegehalt des zweiten Reiseberichtes von vornherein auf einen eschatologischen Aussagegehalt zu reduzieren, wie es bei TIGCHELAARs Argumentation geschieht.

112 Vgl. STOLZ, Art. Paradies I (1995) 706.

113 Vgl. ders., Art. Paradies II (1995)708: „Zentral am Geschehen beteiligt ist die Schlange, mit den typischen Zügen eines Kulturbringers: Der Fortschritt zu den jetzigen kulturellen Verhältnissen ist als Frevel und Eingriff in Gottes Verfügungsbereich dargestellt (…)."

114 Dass die Schlange in 1 Hen 32 unerwähnt bleibt, mag die Analogie vielleicht auf den Wissenserwerb der Menschen beschränken. Vielleicht reichte die Erwähnung des Baumes und des ersten Menschenpaares aber auch aus, um die restlichen Elemente der Erzählung in Erinnerung zu rufen.

115 STOLZ, Art. Paradies II (1995) 710.

keit im Sinne des Überschreitens von Ordnungen und Grenzen unvermeidlich Gottes machtvolles Durchgreifen nach sich zieht.[116] Der Text schwenkt mit Kap. 33 zügig zu kosmischen Phänomenen wie dem Sternenlauf, den Winden und den Himmelsrichtungen über. Anschließend an Kap. 28–32 ist in 33,1 noch kurz von einem weiteren Ort die Rede, der eigentümliche Phänomene beherbergt (33,1). Hier dürfte die allgemeine Vorstellung aufgegriffen worden sein, dass gewisse Regionen mythische Tiere beheimaten.[117] In 33,2 kommen architektonische Strukturen des Kosmos zur Sprache, was an die erste Reiseschilderung, insbesondere an 18,1–5 erinnert. Mit Kap. 33–36 stehen also wieder allgemein der Aufbau und das Funktionieren der kosmischen Ordnung im Zentrum.[118] Zugleich wird hier inhaltlich auf henochische Erzähltraditionen Bezug genommen, wie sie sonst im WB keine Rolle spielen, jedoch für das Astronomische Buch zentral sind: Zum einen wird eine Ätiologie für Henochs astronomische Kompetenz geboten. Die Unterweisung durch Uriel und das Anfertigen von Schriften, die dieses Wissen enthalten, werden so präsentiert, als hätten sie sich en passant während der Reichsbesichtigung ereignet (33,3–4). Zum

---

116 Weiter oben wurde bereits erwähnt, dass sich damit auch der Sinn von 1 Hen 20,7 erhellen lässt. Weshalb der Paradiesgarten in Kap. 32 als ‚Garten der Gerechtigkeit/Wahrheit‘ (s. Anm. 106 oben) bezeichnet wird, bleibt schwierig zu bestimmen. Man könnte z. B. erwägen, ob der Name darauf verweist, dass der Garten noch die schöpfungsgemäße ordentliche und damit die ‚wahre/gerechte‘ Lebenswelt repräsentiert, die den Gerechten eigentlich zukommen würde. Mit Jub lässt sich beobachten, dass der Ort zum Platz des ‚Gerichtsschreibers‘ Henoch werden konnte, der Gerechtigkeit gewährleistet: „Und er [Henoch] wurde genommen aus der Mitte der Menschenkinder. Und wir [die Engel] führten ihn in den Garten Eden zu Größe und Ehre. Und siehe, er schreibt dort das Gericht und das Urteil der Welt und alle Bosheit der Menschenkinder." [Jub 4,24, Übersetzung nach BERGER, Jubiläen (1981)]. Ein kurzer Verweis auf den Garten Eden als Wohnort der Erwählten und Gerechten generell, damit aber insbesondere auch als Bleibe von Henoch, findet sich dann im Buch der Bilderreden (1 Hen 60,8).

117 Vgl. dazu NICKELSBURG, Commentary (2001) 329f. und bereits ältere Kommentare wie DILLMANN, Henoch (1853) 135. NICKELSBURG verweist insbesondere auf kartographische Traditionen, an die angeknüpft worden sein könnte.

118 Im Rahmen seiner synchronen Lektüre des WB sieht STOWASSER, Heil (2004) 34 einen Bogen, der von Kap. 2 (Beschreibung der kosmischen Ordnung anhand der Gestirnsbahnen) über Kap. 18 (durchbrochene Ordnung der Gestirne) bis zu Kap. 33 und 36 (Verweis auf die wiederhergestellte Ordnung der Gestirne) gespannt wird. Obwohl damit die ungehorsamen Sterne von Kap. 18 besser in den Gesamttext eingebettet erscheinen, konstruiert STOWASSER damit eine Ereignisfolge, die der Text nicht hergibt. Sowohl Kap. 2 wie Kap. 33 und 36 präsentieren die Gestirnsordnung zeitlich unspezifiziert als Ordnung eines perfekten Schöpfers. Während in Kap. 2 vom Kontext her deren Normativität für die Gestirne im Vordergrund steht, verweisen Kap. 33 und 36 im Rahmen des Reiseberichtes auf die perfekte Ordnung, die Gott geschaffen hat.

anderen wird bei der Erwähnung der Windtore auf die Funktion der Winde hingewiesen. Die Vorstellung, die in 34,3 zum Ausdruck kommt, dass Winde für die Erde positiv oder negativ sein können, finden wir ebenfalls im Astronomischen Buch genauer ausgeführt (1 Hen 76; vgl. auch Sir 39,28).

Das WB schließt mit Henochs Schilderung, wie er Gott in Anbetracht der Dinge, die ihm vorgeführt worden sind, gesegnet/gepriesen hat. Diese Schlussdoxologie ist die letzte einer Reihe von Doxologien im WB (22,14; 25,7; 27,5; 36,4). Sie alle finden sich innerhalb der zweiten Reiseschilderung. Während die ersten drei Doxologien allein Henochs Ehrfurcht vor Gott und seiner Schöpfung Ausdruck verleihen, weitet Henoch die Schlussdoxologie auf die Engel und die Menschen aus.[119] Auf kleinstem Raum formuliert er damit eine Zweckbestimmung des Daseins der Geschöpfe Gottes: Sie sind dazu da, Gottes Schöpfung fortwährend in ihrer Pracht wahrzunehmen, sie zu rühmen und Gott zu segnen.[120] Diese Zweckbestimmung geht einher mit der grundsätzlichen normativen Setzung des WB, sich Gott und seiner Ordnung gegenüber nicht aufrührerisch, sondern loyal und respektvoll zu verhalten. Die Tatsache, dass diesem Verhalten in 36,4 in Form eines Gebetes Ausdruck verliehen wird, erhellt einmal mehr, dass sich Freveltaten im WB als das Aussprechen harter Worte gegen Gott charakterisieren lassen (vgl. 1,9 nach 4Q204 Frg. 1 i 17; 5,4; 27,2). Indem explizit die Menschen *und* die Engel erwähnt werden, werden in der Schlusspassage zwei wichtige Linien zusammengeführt, die bisher nur minim verschränkt wurden: Die eine Linie ist vom Plot der Wächtergeschichte her vorgegeben. Bei ihr steht das Vergehen der Engel im Zentrum, denen Henoch mit der zweiten Fortführung die definitive Unheilsbotschaft verkündet. Die andere Linie beginnt mit der Einleitung und sucht expliziter als die Wächtergeschichte und ihre Fortführungen einen Bezug zur Leserschaft herzustellen. Sie bricht mit der Wächtergeschichte und ihren Fortführungen nicht gänzlich ab, rückt aber in den Hintergrund. Wenn in 36,4 die ideale Haltung gegenüber Gott und der Schöpfung durch Henoch vorexerziert und als für Engel und Menschen

---

119 Ar (4Q204 Frg. 1 xiii 29f.) enthält keine aussagekräftigen Überreste der Schlussdoxologie und G bezeugt die Passage nicht, womit man sich hier nur auf Ä stützen kann. Dort variieren die Hss in der Formulierung, ob Gott und sein Werk nun die Engel, Seelen und Menschen oder aber nur die Engel und die Seelen der Menschen zu Lobpreis und Ehrfurcht veranlassen sollen.

120 Vgl. WACKER, Weltordnung (1982) 301, wonach 36,4 „programmatisch den theologischen Ansatz von Hen 1–36 zusammen[fasst]." Zugleich verweist sie auf Texte wie Neh 9,10–17; Ps 9,2ff; 71,15–20; 135,5–12; 136,3–26; Ijob 5,9ff.; 37,5–12.14–24, die die Rede von Gott, der ‚große Wunder getan hat' als traditionelle Formel ausweisen.

normativ hingestellt wird, bringt dies den Erzählplot der Wächtergeschichte und den Bezug zur Leserschaft geschickt zusammen.[121] Das
normativ inszenierte (Segens-)Gebet ist aus Henochs Perspektive Ausdruck der Anerkennung, dass die Schöpfung Gottes als Werk seiner
Macht nicht aus den Angeln gehoben werden kann und dass sich Gottes Pläne nicht manipulieren lassen, wie es sich die Wächter erhofft
haben. Es stellt Henochs Ehrerweisung und Vertrauensbekundung dar.
Auf textpragmatischer Ebene kann ein Appell ausgemacht werden, die
Hoffnung definitiv in diese Beständigkeit zu setzen, die allen Umsturz-
versuchen übergeordnet ist. Nur so wird man sich wie Henoch als
durch Gott gestützt verstehen und sich zu den Erwählten zählen dürfen, wie sie in 1,1.3.8; 5,7–8; 25,5[122] erwähnt werden.

Der Ausdruck ‚Erwählte' (G: ἐκλεκτοί; Ä: ሕ‧ሩ‧ያን) findet sich in den aramäischen
Fragmenten des WB nur für 1,1 (4Q201 Frg. 1 i 1) fragmentarisch als [... יריןֿ]בחֿ
bezeugt. Wenn wir dennoch postulieren, dass der Ausdruck auch an den ande-

---

121 Angesichts des Gewichts, das Henoch hier als Vorbildfigur in Bezug auf seine Haltung Gott gegenüber beigemessen wird, erstaunt es, dass in der Literatur, die Henochtraditionen aufgreift, die Rezeption anderer Aspekte überwiegt. Dazu gehören
Henochs Entrückung, seine Seherfähigkeit, seine Funktion als Gerichtsankündiger
bzw. als Überführer von Frevlern und seine Rolle als Astronomiekundiger [vgl.
KVANVIG, Roots (1988) 40–158, VANDERKAM, Enoch (1995) passim]. Von der LXX
hergeleitet stehen seine Gerechtigkeit und Gottgefälligkeit immerhin im Zentrum
von Weish 4,7ff., und auch Sir 44,16 (G) spricht vom gottgefälligen Henoch. In
TestXII ist an mehreren Stellen vom ‚Buch des gerechten Henoch' die Rede. Erst
Hebr 11,5 erwähnt Henoch neben anderen biblischen Figuren ausdrücklich als ex-
emplarischen Gläubigen – dies wiederum allein unter Verweis auf den LXX-Text
von Gen 5,22.24, wo es im Gegensatz zum MT-Text heißt, dass Henoch Gott gefallen
habe (in MT heißt es, dass Henoch mit Gott/האלהים gegangen sei).
122 Bleibt die Verwendung des Ausdrucks im WB zahlenmäßig übersichtlich, zeichnet
sich das Buch der Bilderreden, die jüngste Schrift des Korpus von 1 Hen, durch eine
besondere Häufung des Ausdrucks aus. Dieser Befund ließ SCHRENK im ThWNT
noch zum pauschalen und despektierlichen Urteil über 1 Hen insgesamt hinreißen,
dass „der Ausdruck, bis zur Maßlosigkeit gebraucht, (…) hier abgegriffenste Mün-
ze" werde [ders., Art. ἐκλεκτός (1942) 188]. Neben dem WB und dem Buch der Bilderreden enthalten weder das Astronomische Buch noch das Buch der Traumvisionen
den Ausdruck. In der Epistel Henochs taucht er an zwei Stellen auf, die beide zur so
genannten Wochenapokalypse gehören (93,2.10; vgl. aber auch VV. 5.8). Von Ar
(4Q212 Frg. 1 ii 23) her ist zudem in Erwägung zu ziehen, dass Henoch im Titel der
Epistel als Erwählter bezeichnet wird. In 94,4 findet sich schließlich der Aufruf ‚Gerechtigkeit und ein erwähltes Leben zu wählen'. Bereits mit der Epistel Henochs
zeichnet sich in der Begriffsbestimmung ein Wandel gegenüber dem WB ab. Mit
dem späten Buch der Bilderreden findet sich nicht nur die Schrift mit der dichtesten
Verwendung des Ausdrucks. In dieser Schrift wird bekanntlich die Vorstellung eines ‚Menschensohnes' mit spezifischer eschatologischer Funktion entfaltet, wobei
vom ‚Menschensohn' als besonderem Erwählten die Rede ist. Dies legt einen weiteren Bedeutungswandel nahe [vgl. hierzu z. B. VANDERKAM, Enoch (1995) 135–142].

ren Stellen ursprünglich ist, stellt sich die Frage, worin seine Bedeutungsnuance gegenüber dem Ausdruck ‚Gerechte' besteht und inwieweit der Ausdruck zur Ideologie des WB passt. Von den bisherigen Ausführungen her legt sich meines Erachtens folgendes Verständnis nahe: Gott hat bereits beim Schaffen seiner Werke und Geschöpfe entschieden, hinter denjenigen zu stehen und den Lauf der Geschichte letztlich zugunsten derjenigen zu wenden, die ihm gegenüber loyal sind und seine Ordnung respektieren. In diesem Sinne ist ausgewählt, wer sich an Gottes Schöpfungsordnung hält bzw. traditionell ausgedrückt ‚den Weg YHWHs beachtet' und Gott ‚mit ganzem Herzen dient'. Verweist der Ausdruck ‚gerecht' auf das Einhalten der Ordnung von Seiten der Geschöpfe,[123] umfasst der Begriff ‚erwählt' demgegenüber den Aspekt der Gunst Gottes, den gerechtes Tun gemäß WB impliziert. Eine solche Bestimmung geht einher mit der Beobachtung von SEEBASS zur hebräischen Wurzel בחר. Bei בחר sei es charakteristisch, dass „die Maßstäbe, nach denen gewählt wird, ganz überprüfbar"[124] seien. Im WB finden sich als maßgebliches Kriterium für das Erwähltsein die Loyalität gegenüber Gott und das Respektieren seiner Ordnung. Der segensvolle Zuspruch wird nicht willkürlich gewährt oder vorenthalten, sondern es geht um eine Zusage, die von Gott her an eine ganz bestimmte Bedingung geknüpft ist. Dadurch wird aber auch das Spezifische an der Erwählungskonzeption des WB sichtbar: Gemäß WB muss ein Individuum im Laufe seiner Existenz durch die Wahlmöglichkeiten, die ihm zugestanden werden, trotz des Erwähltseins permanent unter Beweis stellen, dass es sich für und nicht gegen Gott, den höchsten König und seinen Schöpfer entscheidet. Diese Tatsache, dass das der Erwählung zugrunde liegende Kriterium einer ständigen Bestätigung bedarf, könnte den Eindruck erwecken, es handle sich um ein Bundesverhältnis. Auch ein Bund verlangt Treue und lässt sich brechen, womit die mit dem Bund einhergehenden Zugeständnisse nichtig werden.[125] Allerdings ist es beim WB so, dass die Zusage von Gott her seit der Schöpfung festgesetzt ist. Solange der Schöpfungsplan beachtet und verwirklicht wird, bleibt Gott über alle Zeiten hinweg allen Geschöpfen gegenüber zuverlässiger Beistand. Somit scheint der Ausdruck ‚Erwählte' eher auf die allgemeine Verhältnisbestimmung zwischen Schöpfer und Geschöpfen im WB als auf einen

---

123 Vgl. NICKELSBURG, Commentary (2001) 147. Auch laut NICKELSBURG bezieht sich der Ausdruck ‚gerecht' auf die „faithful obedience to God's will".

124 SEEBASS, Art. בָּחַר (1973) 595.

125 Vgl. WEINFELD, Art. בְּרִית (1973) 793–798. Relativ direkt bringt NICKELSBURG den Ausdruck ‚Erwählte' mit der Idee des Bundes zusammen, denn seines Erachtens bezeichnet er „the remnant or portion of Israel that lived out its covenantal responsibilities" [ders., Commentary (2001) 147]. NICKELSBURG lässt jedoch offen, von welcher Bundeskonzeption das WB, das den Begriff an keiner Stelle erwähnt, ausgeht. Gerade in Anbetracht der offenen Diskussion hinsichtlich der Frage nach der Verhältnisbestimmung zwischen WB und Tora [vgl. hierzu beispielsweise BAUTCH, Study (2003) 289ff., aber auch unten unter 5.4.] wäre eine Präzisierung wünschenswert.

konkreten Bund Gottes mit der Schöpfung zu verweisen, wobei sich aber bundestheologische Konzeptionen in die Verhältnisbestimmung integrieren ließen. Gottes grundsätzliche Zusage an seine Schöpfung bleibt, während die einzelnen Geschöpfe die Wahl haben, sich in Gottes Gunst zu stellen oder diese Gunst uneinsichtig zu verspielen. Das WB exerziert von der Wächtergeschichte ausgehend vor, was es heißt, das Falsche gewählt zu haben: Die Geschichte um die Wächter und deren Schicksal steht als große Mahnung, die Wahl anders als die Wächterengel zu treffen und das grundsätzliche Erwähltsein nicht leichtfertig zu verspielen. Indem das WB das Kriterium der Loyalität an den Schöpfungsakt anbindet und damit auf die gesamte Schöpfung über alle Zeiten hinweg bezieht, unterscheidet sich die Idee der Erwählung im WB von der Konzeption einer ,Volkserwählung', wie sie vor allem im dtn/dtr Schriftgut belegt ist und in Jub dann sogar schöpfungstheologisch verankert wird. Gemäß WB ist allen Menschen die Chance gegeben, zu den Erwählten zu gehören, während aber auch alle, auch die Abkömmlinge Israels, dazu angehalten sind, ihren Lebenswandel bewusst nach dem Erwählungskriterium auszurichten. Letzteres legt nahe, wenn nach dem historischen Ort des WB gefragt wird, einen Abfassungskontext in Zusammenhang mit einer innerjüdischen Mobilisierungsbewegung in Betracht zu ziehen.[126]

Obwohl die zweite Reiseschilderung neue Akzente setzt, zieht sie inhaltlich den mit der ersten Reiseschilderung eröffneten Bogen weiter, dass der Kosmos baulich und personell dafür eingerichtet ist, jedem Aufbegehren gegen Gott und seine Ordnung machtvoll entgegenzutreten. Sie illustriert, dass Gottes Plan in der Schöpfung manifest und die Schöpfung damit Ausdruck der Souveränität Gottes ist. Einmal mehr wird bekräftigt, dass die Wächter und analog zu ihnen auch die frevelnden Menschen (vgl. Kap. 22; 27) im Unrecht und dem Untergang geweiht sind und die ,Gerechten' auf Gottes Beistand zählen können. An zwei Punkten unterscheidet sich die zweite Reiseschilderung wesentlich von der ersten: Kommt hier zum einen das Schicksal der Menschen wieder stärker in den Blick, finden sich zum anderen mehrere explizite Bezugnahmen auf bisher unerwähnt gebliebenes traditionelles Wissen und Erzählgut (Kap. 22: Kain-Abel-Geschichte; Kap. 24–25: Vorstellungen eines ,neuen Jerusalems' und Verwendung der Baummetapher für die Weisheit; Kap. 26–27: Traditionen um die Topographie Jerusalems; Kap. 32: Paradieserzählung). Es zeigte sich, dass die Bezüge durchgängig eine Lesart erlauben, die den Aussagegehalt des WB unterstreicht. Das Bemühen darum, in sinnstiftender Absicht an traditionelle Erzählstoffe anzuknüpfen, legt nahe, dass die Verfasserschaft die traditionellen Quellen schätzte und sie nicht abwerten oder

---

126 Vgl. ausführlicher dazu dann unten unter Kap. 5.5.

gar ersetzen wollte, selbst wenn das WB andere Momente des Ge-
schichtslaufs als wesentlich herausstreicht als z. B. Gen 2–9.[127] Am we-
nigsten lässt sich die Erwähnung der Kalenderkompetenz Henochs in
Kap. 33 mit dem Plot des WB und der der literarischen Funktion der
zwei Reiseschilderungen in Einklang bringen.[128] Es sind höchstens Henochs Offenbarungsprivileg und die Geordnetheit der Natur, die den
astronomischen Kenntnissen zugrunde liegt, die sich inhaltlich des
Näheren mit dem WB in Verbindung bringen lassen. Die Passage zielt
damit eher darauf ab, verschiedene Henochtraditionen und vielleicht
sogar konkrete Henochschriften miteinander zu verknüpfen, als den
Aussagegehalt des WB zu stützen.[129] Eine besondere Rolle im Gesamtaufbau des WB spielt dagegen wieder die Schlussdoxologie, die nicht
nur die Reihung von Doxologien innerhalb der zweiten Reiseschilderung abschließt, sondern zugleich Sinnlinien zusammenführt, die über
die Reiseschilderung hinausgehen. Damit rundet sie den Reisebericht
und das WB ab. Henoch behält mit diesem Schluss das letzte Wort –
nicht etwa die Wächterengel, deren unheilvolles Schicksal er mit seiner
Rede besiegelt. Die Wächterengel dürften inzwischen tatsächlich
‚mundtot' sein. Der Leserschaft obliegt es zu entscheiden, auf welcher
Seite sie steht bzw. stehen will.

---

127 Was nicht ausschließt, dass das WB in gewissen jüdischen Kreisen nicht beliebt war.
   BEDENBENDERs Versuch, Spuren einer negativen Rezeption in den unterschiedlichen
   Büchern des Pentateuch festzumachen, vermag meines Erachtens nicht zu überzeugen [vgl. besonders ders., Theologie (2000); Traces (2002)].
128 Die Inkongruenz, die sich durch Kap. 33 hinsichtlich der Rolle Uriels gegenüber der
   Engelsliste in Kap. 20 ergibt, verstärkt diesen Eindruck. Zur möglichen Anspielung
   von Gen 5,23 auf eine alte Erzähltradition, die Henoch eine spezielle Nähe zu astronomischem Wissen nachsagt, s. unten unter 5.6.
129 Zur These, dass 1 Hen 33 nachträglich als Verweis auf das Astronomische Buch eingebaut worden ist, s. bereits oben unter 1.2.1.

5. Zentrale Aussagenkomplexe

Obwohl das WB in seiner Endgestalt Spuren einer Wachstumsgeschichte aufweist, sind sein Plot und sein Vorstellungshorizont im Großen und Ganzen kohärent. Gott und die angemessene Haltung ihm gegenüber spielen eine zentrale Rolle. Unangemessenes Verhalten wird als Affront gegen Gott und als Störung der von Gott vorgesehenen guten Ordnung dargestellt. Was vordergründig als Unordnung erscheint, bleibt laut WB aber eingebettet in Gottes kosmische Ordnung. Es wird vorgeführt, wie Gottes Plan letztlich immer obsiegt und dass bestraft wird, wer gegen Gott aufbegehrt und dadurch unter Umständen auch Geschöpfe in Mitleidenschaft zieht, die einen richtigen Lebenswandel führen. Der Textdurchgang verdeutlichte bereits, dass mit diesem Inhalt ein starker appellativer Zug einhergeht. Der Text signalisiert, dass es um einen ernst gemeinten Sinngehalt geht und dass umgesetzt werden soll, was als normative Botschaft vermittelt wird.

Bot der Textdurchgang die Möglichkeit, dem Sinnbildungsprozess entlang des Aufbaus des WB nachzugehen, sollen im Folgenden die wichtigsten Charakteristika und Aussagenkomplexe des WB thematisch geordnet aufgegriffen und präzisiert werden. Stärker als bisher sollen im gleichen Zug Thesen aus der Sekundärliteratur in den Blick kommen und im Lichte der Ergebnisse dieser Arbeit diskutiert werden.

Den Auftakt wird eine Untersuchung des Gottesbildes machen (5.1.). Es wird sich zeigen, dass das WB bis hin zu den Gottestitulaturen großes Gewicht darauf legt, die universale Macht Gottes herauszustreichen. Wie das WB das Verhältnis der Schöpfung zu Gott zeichnet und welche Zweckbestimmung der Schöpfung es damit vornimmt, wird Thema des zweiten Abschnitts sein (5.2.). In Bezug auf die Rolle der Engel wird hier als Exkurs 3 auch die in der Sekundärliteratur weit verbreitete These zu diskutieren sein, dass das WB auf eine Analogiesetzung von Engeln und Priestern abzielt. Der dritte Abschnitt (5.3.) wird sich dem Geschichtsverständnis des WB widmen. Im Rahmen eines Exkurses wird die Frage nach der Bedeutung des Lexems עלם im WB erörtert, was sich rückwirkend auch als bedeutsam für die Interpretation der Gottestitulaturen erweisen wird. Ausführungen zur Funktion von Geschichtsbezügen und speziell zur Frage, ob das WB mit einer Urzeit-Endzeit-Typologie arbeitet, beenden diesen Abschnitt. Bereits die Diskussion der Bedeutung des Baumes, von dem in 1 Hen

24–25 die Rede ist, hat zutage gebracht, dass das WB eine eigentümliche Position in Bezug auf die Präsenz oder eben Nicht-Präsenz der Weisheit in der Welt vertritt. Unter 5.4. soll dem Verständnis von Weisheit und Wissen noch näher nachgegangen werden. Im Zentrum wird vor allem die Frage stehen, wie das Offenbarungswissen Henochs zu gewichten ist. In diesem Zusammenhang wird denn auch diskutiert werden müssen, wie statthaft es ist, dem WB eine un- oder antimosaische Tendenz zuzuschreiben, wie es in zahlreichen Arbeiten zum WB oder zu 1 Hen geschieht. Unter 5.5. soll der Appellcharakter des WB, von dem schon einige Male die Rede war, genauer untersucht werden. Der Abschnitt wird Gedanken zur Textpragmatik insgesamt umfassen und damit die Diskussion von Zweckbestimmungen einschließen, die in der Sekundärliteratur für das WB vorgenommen werden. Obwohl die Rolle der Henochfigur bereits unter 5.4. Thema sein wird, soll sich der fünfte Abschnitt (5.6.) über die Wissens- und Weisheitsthematik hinaus nochmals eingehend mit ihr auseinandersetzen. Angesichts dessen, dass hier nicht die Ansicht vertreten wird, Henoch habe als Gegenfigur zu Mose fungiert, soll abschließend alternativen Beweggründen der Verfasserschaft dafür nachgegangen werden, Henoch als Erzähler und Protagonisten ins Zentrum zu stellen.

5.1. Gott als Herrscher par excellence, Urheber und Garant der universalen Ordnung

Im WB dominiert das Bild von Gott als perfektem universalem König. Darauf verweisen nicht zuletzt die Gottesbezeichnungen, die im WB praktisch durchwegs aus Ehrentiteln bestehen, die die Größe Gottes betonen.[1]

In den aramäischen Fragmenten finden sich nur wenige Gottesbezeichnungen bezeugt. Von Gott ist als dem Heiligen die Rede[2], Gottes Größe wird betont[3]. Weiter erscheint die Bezeichnung ‚Herr'/מרא,[4] in 9,4 spezifiziert als מרא עלמא.[5]

---

1   Siehe hierzu auch NICKELSBURG, Commentary (2001) 42f. NICKELSBURG geht hier den Gottesbezeichnungen in 1 Hen insgesamt nach, was das Profil der einzelnen Schriften leider einebnet. Er kommt zum Schluss, dass „the Enochic authors think of God principally as king" (ebd. 43).
2   4Q201 Frg. 1 i 5 für 1 Hen 1,3.
3   Ebd.; 4Q202 Frg. 1 iii 14 für 9,4; 4Q204 Frg. 1 vi 10 für 14,2; 4Q205 Frg. 1 xi 2 für 22,14.
4   4Q202 für 9,4 und 10,9 (Frg. 1 iii 14 und Frg. 1 iv 5).

Die genannten Bezeichnungen entsprechen den Bezeichnungen in Ä und G mehrheitlich. Aus dem Rahmen fällt einzig die Lesart der Handschrift 4Q205 für eine der Gottestitulaturen in 22,14: Henoch segnet hier in seiner ersten Doxologie Gott als den ‚wahrhaftigen/gerechten Richter‘ ([... א]קושׁט דין). Weder in Ä noch in G ist eine solche Bezeichnung je bezeugt.[6] Ä und G sprechen in 22,14 immerhin vom ‚Herrn der Gerechtigkeit‘[7], wobei auch dies eine singuläre Titulatur bleibt.

Bezüglich der Textstellen, die in Ar nicht bezeugt sind, lässt sich folgender Befund festhalten: Die Bezeichnung ‚Gott‘[8] ohne weiteres Attribut tritt nur wenige Male, und dies vor allem in den Einleitungskapiteln auf. ‚Heilig‘ als Epitheton für Gott kommt neben 1,3 nur an vier Stellen vor (1,2; 10,1; 14,1; 25,3; dazu nur in G: 12,3). Es sind hauptsächlich Passagen, an denen der Erzähler zu schildern beginnt, wie Gott – als ‚Heiliger und Großer‘ –, eine Aktivität initiiert, initiieren wird oder initiiert hat.[9] Obwohl wie ‚Gott‘ auch ‚Herr‘, ‚der Große‘, und ‚der Höchste‘ alleine auftreten können,[10] finden sich mehrheitlich kombi-

---

5   Zur Schwierigkeit, ob damit ‚Herr der Ewigkeit‘, ‚Herr der Welt‘ oder nochmals eine andere Bedeutung gemeint ist, s. weiter unten und insbesondere Exkurs 4 (Kap. 5.3.1.).

6   In der Interpretation von דין als ‚Richter‘ (dayyān) folge ich BEYER, Texte (1984) 241. NICKELSBURG, Commentary (2001) 300 liest ‚Gericht‘ (dīn) und folgt damit der Übersetzung von MILIK, Books (1976) 218, der diese nicht näher erläutert. Solange der Konsonantenbestand problemlos als Gottestitel gelesen werden kann, sehe ich keinen Grund, Henoch das Segnen eines Ereignisses zuzuschreiben.

7   G: κύριε ὁ τῆς δικαιοσύνης; Ä: እግዚአ፡ (ለብሐት፡ መ)ጽድቅ.

8   ὁ θεός/አምላክ. In Ä findet sich parallel zum griechischen ὁ θεός bisweilen auch der Ausdruck እግዚአብሐር, der – trotz wörtlicher Bedeutung ‚Herr des Landes‘ – im Äthiopischen neben አምላክ zu einem feststehenden Begriff für ‚Gott‘ geworden ist.

9   Dies abgesehen von 1,2 und in engerem Sinne auch von 12,3, wo es laut G die ‚Wächter des großen Heiligen‘ sind, die Henoch zur Unheilsansage gegenüber der Wächter beauftragen. In 1,3 beginnt Henoch zu erzählen, wie Gott auf dem Sinai erscheinen wird. 10,1 berichtet, wie Gott sich vor den vier Erzengeln zu den Geschehnissen auf der Erde zu äußern beginnt. 14,1 bildet den Anfang der Rezitation Henochs vor den Engeln, die Gott befohlen habe. In 25,3 schließlich erwähnt der Deuteengel Michael, dass Gott auf seinem irdischen Thron erscheinen wird. ‚Heiliger und Großer‘ (in 25,3 spricht G vom ‚Heiligen der Herrlichkeit‘) scheint damit ein Doppeltitel zu sein, mit dem der Erzähler seinen Respekt vor Gott ausdrückt, wenn er über ihn zu erzählen beginnt.

10   Die Bezeichnung ‚Herr‘ (ὁ κύριος/እግዚአ) erscheint tendenziell dann, wenn innerhalb einer Erzählung über Gott gesprochen wird. Auch wenn der Text das Gebot Gottes erwähnt, spricht er durchweg vom ‚Gebot des Herrn‘ (5,4; 18,15; 21,6). ‚Der Große‘ (ὁ μέγας/ዓቢይ) erscheint nur in 14,2 für sich allein, dort – wie schon eine der Stellen, die vom ‚Heiligen und Großen‘ reden – im Rahmen von Henochs Einleitung der Rezitation vor den Wächtern, die dazu dient, Henochs Worte als von Gott vorbestimmt und autorisiert erscheinen zu lassen. Schlicht als ‚Höchsten‘ (ὁ ὕψιστος/አዕአ) bezeichnen die sterbenden Menschen Gott, wenn sie im Kontext der Wächtergeschichte darum flehen, dass ihr Rechtsfall vor ihn gelangt (Ä: 9,3; G: 8,4; 9,3). Mit diesem

nierte Bezeichnungen. Solche kumulierten Epitheta verweisen primär auf die Größe und Pracht, die Gott zugeschrieben wird.[11] Auch durch die Superlative ‚Herr der Herren', ‚Gott der Götter' und ‚König der Könige' wird Gottes unvergleichbare und höchste Position im Universum beschworen.[12] Gott eine Macht zuzuschreiben, die alle und insbesondere menschliche Kategorien übersteigt, geschieht über das WB hinweg zudem immer wieder, indem Gott als Gott, Herr oder König der Welt/Ewigkeit bezeichnet wird.[13] Dass dieser Titel unterschiedlich übersetzt wird, hängt mit dem Lexem ῾lm bzw. αἰών zusammen, das im Titel auftritt. Im Aramäischen, Äthiopischen und Griechischen kann damit eine räumliche oder eine zeitliche Sphäre gemeint sein, was bedingt, dass für die Übersetzung die spezifische grammatikalische Konstruktion sowie der Kontext mitbedacht werden müssen.[14] Es bleiben drei Stellen, an denen kombinierte Gottestitel andere Aspekte als die Größe und Macht Gottes hervorheben, wobei die Titel an diesen Stellen je stark durch den Kontext geprägt sind. So reden die Erzengel in G[S2], wenn sie um der flehenden Menschen willen vor Gott treten (9,4), diesen u. a. als ‚Gott der Menschen' an – was wohl an sein Verantwortungsbewusstsein appellieren dürfte. Die abtrünnigen Wächterengel wiederum bitten Henoch, ihre Petition vor den ‚Herrn des Himmels' zu bringen (13,4). Der darauffolgende Satz erläutert, dass sie vor Scham über ihre Tat nicht mehr mit ihm reden und ihre Augen zum Himmel erheben können. Hier

---

Titel schreiben sie ihm natürlich implizit bereits die Macht zu, über den schlimmsten Mächten zu stehen, denen sie sich ausgeliefert sehen. Dass die Klagenden in ihrer Annahme aus Autorensicht recht gehen, reflektiert das zweite Auftreten der Bezeichnung in 10,1: Gott reagiert auf die Konfrontation mit den Geschehnissen laut Erzähler nicht nur als ‚Heiliger und Großer', sondern als ‚Höchster' *und* ‚Heiliger und Großer'.

11   Als Varianten finden sich erwähnt: ‚seine Majestät' oder ‚seine Herrlichkeit' (5,4; 27,2.5), ‚große Herrlichkeit' (8,4 G[S2]; 9,3 G[S1]; 14,20), ‚Herr der Herrlichkeit' (22,14; 25,3 Ä; 27,3.5; 36,4), ‚Herr der Majestät' (12,3), ‚großer Herr' (25,3 G) und ‚Gott der Herrlichkeit' (25,7). ‚Majestät' steht hier für die Substantive ἡ μεγαλωσύνη und ዐቢይ, die sich beide vom entsprechenden Adjektiv für ‚groß' ableiten lassen. Mit ‚Herrlichkeit' übersetze ich ἡ δόξα und ስብሐት.

12   Alle diese Superlative finden sich im Kontext der Intervention, die die Menschen über die Engel bei Gott einfordern: ‚Herr der Herren' oder ‚Herr aller Herren' erscheint in 8,4 G[S2]; 9,3 G[S1]; 9,4, ‚Gott der Götter' in 9,4 und ‚König der Könige' in 9,4 Ä und 9,4 G[S].

13   Der Titel ‚Gott der Welt/Ewigkeit' erscheint in 1,4; 9,4 G[S1], der Titel ‚Herr der Welt/Ewigkeit' ebenfalls in 9,4 G[S1] und in 4Q202, wie wir bereits oben gesehen haben. Von ‚König der Welt/Ewigkeit' sprechen schließlich 9,4 G[A]; 12,3; 25,3.5.7; 27,3 (mit einer Partizipialform formuliert zudem 22,14).

14   Was die Konstruktion angeht, finden sich im WB folgende Muster bezeugt (‚x' steht für einen Titel wie Gott, Herr oder König): x ῾lm᾽ (4Q202 1 iii 14 für 9,4); x τοῦ αἰῶνος (G für 1,4; 25,3.5.7; 27,3) x τῶν αἰώνων (G[S1] zweimal und G[A] je einmal für 9,4; 12,3); x ዓለም (Ä für 1,4; 12,3); x ለዓለም (Ä für 25,3.5.7; 27,3). Zur Diskussion des Befundes und zu meinen Übersetzungsvorschlägen s. Exkurs 4 unten unter 5.3.1.

wird also die Sphärentrennung angesprochen, die die Engel nicht respektiert haben, die sie nun aber selbst betrifft. Vom ‚Richter/Herrn der Gerechtigkeit' (22,14) war schließlich bereits oben die Rede. Dass hier Gott im Munde Henochs in seiner richterlichen Funktion gelobt wird, überrascht im Kontext der betreffenden Reisestation nicht: Henoch wurde eben vorgeführt, wie Gott die Menschen nach deren Tod gemäß ihren Taten und ihrem Schicksals sorgfältig separiert und somit alle so zur Rechenschaft zieht, wie sie es verdienen – wie es ein guter Richter tut. Spätestens von den Kontexten dieser drei ‚ausscherenden' Bezeichnungen her wird klar, dass letztlich auch durch diese Titulaturen die universale Macht Gottes – nun aber spezifische Machtbereiche ansprechend – unterstrichen wird.

Gott als Universalherrscher ist laut WB in der für Menschen im Normalfall unzugänglichen himmlischen Sphäre zu Hause – dort ist sein Palast, dort thront er, umgeben von einem funktional ausdifferenzierten Heer himmlischer Wesen. Engel in besonderen Positionen erlauben es ihm, zentrale Aufgaben zu delegieren. Sie sind wohl in der Regel auch die einzigen, denen es zusteht, mit Anliegen direkt an ihn zu gelangen – eine Szenerie, die in Kap. 9–11 veranschaulicht wird. Dass Henoch als menschlicher Bote zwischen der irdischen und himmlischen Sphäre den Urteilsspruch und die Urteilsbegründung für die Wächter direkt von Gott zu hören bekommt, kann gegenüber den Wächtern (und der Leserschaft) nur die Ernsthaftigkeit des Vergehens unterstreichen. Schon für die Reichsführung reichen dann wieder Engel als Begleiter Henochs – auch hier aber handelt es sich immerhin um sehr hochrangige Himmelswesen.

Vom himmlischen Wohnsitz aus herrscht Gott über den ganzen Kosmos, ein Universum, das er selbst als wohlgeordnetes Ganzes erschaffen hat und das gewährleistet, dass alle Geschöpfe nach ihrer Ordnung existieren können. Als absoluter Herrscher ist Gott keinem Maßstab unterworfen, was gut und schlecht ist: Es ist seine Ordnung, die diesen Maßstab vorgibt. Sich an seine Ordnung zu halten, ist gut, sie zu überschreiten, ist schlecht.

Dass die Geschöpfe – nicht nur Menschen, sondern z. B. auch Gestirne, die durch das Erfüllen ihres Ordnungsauftrag ihren Teil zur Gesamtordnung beitragen – prinzipiell frei darin sind, das Gute oder das Schlechte zu wählen, unterstreicht die Analogie zwischen der Vorstellung weltlicher Herrscher und der Vorstellung von Gott als Universalherrscher. Wie ein weltlicher Herrscher hat sich Gott der Gefahr zu stellen, dass es Abtrünnige geben kann, also Wesen, die sich nicht an die vorgegebene Ordnung halten. Als perfekter Herrscher ist Gott im WB jedoch auch für diesen Fall gewappnet: Keine andere Macht ist stärker als er. Er ist fähig, in Unordnung geratene Bereiche der Schöpfung wieder zu ordnen und seine Feinde zu besiegen. Das juristische Regelwerk dazu hat er – Räumlichkeiten und Personal umfassend – in seine Schöpfung eingebaut. Seine Geschöpfe anerkennen Gott als Herrscher und zollen ihm Respekt, indem sie also Acht geben auf die ihnen je zugeschriebene Ordnung und diese einhalten. Folgen sie ihr nicht und lehnen sie sich in diesem Sinn gegen ihren Herrscher und Schöpfer auf, sind sie mit den Konsequenzen konfrontiert, die abtrünniges Verhalten, das die Wohlgeordnetheit gefährden kann, aber auch schlicht eine Majestätsbeleidigung ist, mit sich bringt. Das WB erwähnt zum einen Akutmaßnahmen: Die Hauptverantwortlichen werden gebunden und damit sicher verwahrt. Zum anderen verheißt es als Maßnahme gegen die Abtrünnigen eine künftige Restituierung der Schöpfungsordnung durch Gottes fulminantes Auftreten als Richter. Damit knüpft das WB an die in den prophetischen Schriften bezeugte Vorstellung des ‚Tages YHWHs' an.[15] Die Verheißung, dass Gott direkt in den Weltenlauf eingreifen wird, präsentiert Gott als einen Herrscher, der sich definitiv um diejenigen kümmert und zu kümmern fähig ist, die ihm treu sind und treu bleiben.[16]

Obwohl der ‚Tag YHWHs' inzwischen zu einem zentralen Stichwort einer synchronen bzw. intertextuellen Lesart des Zwölfprophetenbuches geworden ist, kann auf diachroner Ebene eine gewisse Entwicklungslinie ausgemacht werden.[17] In älteren Prophetentexten wurde der ‚Tag YHWHs' noch eher als

---

15 MICHEL, Art. Gericht (1991) sieht verschiedene nichtprophetische Texte der nachexilischen Zeit einem Vorstellungskomplex entsprechen, der „strukturelle Entsprechungen zu der volkstümlichen Vorstellung vom Tage Jahwes" (ebd. 802) aufweist. Wie die folgenden Ausführungen zeigen, ließe sich das sodann auch das WB zu diesen dazuzählen.

16 Damit entspricht die Gerichtsvorstellung im WB weitgehend JANOWSKIs drittem Typ eines richterlichen Auftreten Gottes, der ‚rettenden Gerechtigkeit': „Das G.[ericht] Gottes ist danach eine Funktion seiner Gerechtigkeit, die vorfindliches Unrecht durchkreuzt und die ambivalente Wirklichkeit zur Ordnungsstruktur der Gerechtigkeit formt." [Ders., Gericht (2000) 734]. Laut JANOWSKI finden sich in den alttestamentlichen Texten neben dieser Vorstellung der ‚rettenden Gerechtigkeit' zum einen noch die Form des Gerichtsgedankens, dass sich Gott *nach* seinem Richten erbarmt (Typ ‚Umkehr'), zum anderen die Idee, dass er sich erbarmt *statt* zu richten (Typ ‚Reue') [vgl. JANOWSKI, Gericht (2000); ASSMANN/JANOWSKI u. a., Richten (1998) 20–28]. Neben JANOWSKI unterstreicht z. B. auch KOCH, Gerechtigkeit (1998) den rettenden Aspekt der Gerechtigkeit im Alten Israel.

17 Der starke Konnex zum Dodekapropheton ergibt sich vom Befund her, dass 13 der 16 expliziten Formulierungen יום־יהוה dort auftreten [Joël 1,15; 2,1.11; 3,4; 4,14; Am 5,18(2x).20; Obd 15; Zef 1,7.14(2x); Mal 3,23. Außerhalb des Zwölfprophetenbuches: Jes 13,6.9; Ez 13,5]. Für jüngere Arbeiten, die daran interessiert sind, der Bedeutung des Ausdrucks diachron nachzugehen, und die dabei auch auf Einzelprobleme sowie auf ältere Literatur verweisen, s. SÆBØ, Art. יום (1982) 583ff.; FOHRER, Tag

punktuelles Eingreifen Gottes verstanden – wohl von Kriegsereignissen her, bei denen der Sieg über Feinde dem machtvollen Auftreten YHWHs zugeschrieben worden ist. Insbesondere Am, aber auch ältere Passagen von Zef und von Joël zeichnen diesen Tag aber in aufrüttelnden Drohworten als Unheilsereignis nicht gegenüber Feinden, sondern gegenüber YHWHs Volk selbst. Jüngere ‚Tag YHWHs'-Texte des Dodekapropheton bezeugen eine „eschatologische Uminterpretation"[18] und geben wieder vermehrt der Vorstellung Ausdruck, dass es sich letztlich um ein Heilsereignis für das Gottesvolk handelt. Trotz Unterschieden in den Details interpretieren diese Passagen den Tag als universales Weltgericht. Mal 3,13–21 z. B. scheidet zwischen Frevlern und Gerechten, womit Heil und Rettung allen Gerechten verheißen wird.[19] Das geahndete Fehl-

---

JHWHs (1991); BARTON, Day (2004); BECK, „Tag YHWHs" (2005) und SCHWESIG, Tag-JHWHs-Dichtungen (2006). Kritisch mit den verschiedenen intertextuell oder synchron ausgerichteten Arbeiten setzen sich dabei insbesondere die letzten drei Autoren auseinander. SCHWESIG verfolgt dabei einen stärker integrierenden Ansatz als etwa BECK und präsentiert im Anschluss an die diachrone auch eine synchrone Lektüre. BARTON unterzieht in seinem Aufsatz exemplarisch RENDTORFFs kanonische Lesart der ‚Tag YHWHs'-Texte einer kritischen Sichtung [vgl. diesbezüglich RENDTORFF, Book (1997); Alas (2001) bzw. in deutscher Fassung ‚Tag Jhwhs' (2002)].

18   FOHRER, Tag JHWHs (1991) 39. BECK spricht von einer „Eschatologisierung in frühapokalyptischen Farben" [ders., „Tag YHWHs" (2005) 312]. Kritisch gegenüber der Annahme eines wesentlichen Weiterentwicklung mit diesen jüngeren Texten äußert sich dagegen BARTON, der in Amos' negativer Umdeutung nur ein ‚Zwischenspiel' sieht: „Rather than the Day of Yahweh developing from an early hope into the hostile act of divine judgment foretold by Amos, and then into a universal day of vengeance in Joel, it seems rather that people in Israel before and after Amos shared a very similar set of beliefs: a day was coming soon when God would vindicate Israel, overthrow 'the nations', and establish a new world order with Israel at its head. Amos represents, not a stage in the evolution of this set of beliefs, but really an interlude in which it was temporarily replaced—for those who took any notice of him!—by a theory that Yahweh was actually hostile to Israel. Most people never believed this, and after Amos the older and more comforting view simply reasserted itself." [Ders., Day (2004) 73.] Ich stimme BARTON darin zu, dass sich die entsprechenden Am-Stellen und auch einige spätere Tag-YHWHs-Texte, die Gott gegen sein eigenes Volk Hand anlegen sehen, von einer bestehenden und wohl auch vorherrschenden Vorstellung eines positiven Eingreifens Gottes absetzen. Die Beobachtungen von BECK und SCHWESIG sprechen jedoch dagegen, dass diese unverändert blieb. Beide zeigen auf, dass die Vorstellung um den Tag YHWHs längst nicht nur darin variieren kann, ob Gottes Eingriff positiv oder negativ gegenüber dem Volk YHWHs gedacht wird. Nicht zuletzt wandelt sich die Vorstellung mit den jüngsten Prophetenpassagen dahingehend, dass das Scheiden zwischen denen, die gerettet und bestraft bzw. besiegt werden, nicht mehr entlang einer ethnischen Grenze verläuft, sondern als von anderen Kriterien abhängig beschrieben wird – wie es dies auch das WB bezeugt.

19   BECK, „Tag YHWHs" (2005) erkennt individualisierende Bedingungen auch in Joël 3,1–5bα (ebd. 182.313f.), Zef 2,1–3 (ebd. 133–135.314) und Mal 3,22 (ebd. 304f.314). Eine „differenzierte völkerpositive Sicht" (ebd. 254) spricht er schließlich Sach 14 zu.

verhalten wird damit individualisiert, d. h. es wird nicht mehr – in einigen
Texten nicht mehr nur – das ‚Volk YHWHs' den ‚anderen Völkern' gegenübergestellt. Die späteren ‚Tag YHWHs'-Passagen vor Augen, lässt sich sodann
auch die Vorstellung des Auftreten Gottes als Richter, wie sie im WB aufscheint, als Manifestation dieses Vorstellungskomplexes lesen. Im WB steht
dieses Ereignis für einen gewaltigen Souveränitätsakt Gottes gegen die Frevler
und zugunsten seiner loyalen Untergebenen, der ‚Gerechten', womit an die
positive Konnotation des Ausdrucks – es geht primär um ein Heilsereignis –
angeknüpft und eine individualisierte Kriteriologie betont wird. Nur die Abtrünnigen müssen sich fürchten. Sie haben ihre Rettung verspielt (vom engeren
Plot her die Wächterengel) oder müssen aufpassen, sie nicht zu verspielen (von
der Textpragmatik her die Adressatenschaft). Bereits die erste Fortführung der
Wächtergeschichte, dann aber vor allem Henochs Rede vor den abtrünnigen
Engeln (Kap. 14–36) bringt dies hinlänglich zum Ausdruck. Die Strafe der einen
ist somit die segensvolle Rettung der anderen.[20]

Aus den Beobachtungen zum Gottesbild lässt sich schließen, dass das
WB Gott als Herrscher darstellt, wie es der antiken Herrscherideologie

---

Vgl. hierzu auch SCHWESIG, Tag-JHWHs-Dichtungen (2006) 133 (zu Joël 3,1–5).234–
236 (zu Sach 14).268f. (zu Mal 3,17–21).

20   Eine solche Korrelation von Strafe und Segen mag vielleicht auch in Est 8–9 bei der
Aktion der jüdischen Bevölkerung, ihre Feinde zu ermorden, durchscheinen. Im
Kontext antijüdischer Anfeindungen, die sich durch ein königliches Edikt, das der
Emporkömmling Haman initiiert hat, zu einer existenziellen Bedrohung steigern,
wendet sich das Blatt dank eines Gegenedikts, zu dem Ester verhelfen konnte: „Es
war der Tag, an dem die Gegner der Juden gehofft hatten, sie zu überwältigen. Doch
nun überwältigten umgekehrt die Juden ihre Feinde." (Est 9,1 nach der hebräischen
Fassung) Dass die jüdische Bevölkerung bei diesem Strafakt selbst Hand anlegt, erinnert an 1 Hen 27,3. Dort wird verheißen, dass die Gerechten dem Gericht beiwoh-
nen werden (vgl. so dann auch Jub 23,30). Das ‚Handanlegen' in Est mag davon rühren, dass es dort im Gegensatz zum WB nicht um übermenschliche Feinde geht, die
im Rahmen der Rettungsaktion zu bezwingen sind. Nicht zuletzt die griechische
Langfassung, die die Geschichte durch einen Traum Mordechais rahmt, bezeugt
aber, dass der Bedrohung trotzdem eine kosmische Dimension zugeschrieben und
die Rettung trotz der weltlichen Akteure und Akteurinnen als Eingriff Gottes verstanden werden konnte. In diesem Traum schreien die Menschen, das ‚Volk der Gerechten', in ihrer Not zu Gott – was wiederum an 1 Hen 8–9 erinnert. Im Traum
heißt es sodann: „Auf ihr Rufen hin wurde aus einer kleinen Quelle ein großer Strom
mit viel Wasser. Licht und Sonne schienen wieder; die Niedrigen wurden erhöht,
und sie vernichteten die Angesehenen." (Est 1,1i–k) In Est findet sich insgesamt also
ein erstaunlich ähnliches Muster wie im WB, nur dass in Est auf einen konkreten
Missstand hin entfaltet wird, was sich im WB als Prozess über Generationen hin erstreckt. Dazu, dass Est auch für das Bild von Gott als Universalherrscher eine interessante Vergleichsgröße abgibt, s. Anm. 25.

des Großraums Syrien, Mesopotamien und auch Ägyptens entspricht:[21] Jegliches Handeln des Herrschers steht im Auftrag, ‚die Ordnung zu wahren'. ‚Ordnung' ist dabei positiv konnotiert. Sie korreliert mit dem Wohl des Volkes, das zu fördern also wesentlich zur Pflicht des Herrschers gehört.[22] Obwohl der Herrscher im politischen, militärischen, administrativen und wirtschaftlichen Bereich die höchste Autorität besitzt und seine ‚Taten' wesentlich sind, setzt er seinen Willen in der Praxis primär durch das Delegieren von Aufgaben um. Im WB werden diese herrschaftlichen Züge stark herausgestrichen, gegenüber den Möglichkeiten menschlicher Herrschaft jedoch ins Übermenschliche und Überweltliche gesteigert. Gott ist ewiger und absoluter Herrscher. Er ist, um für das Wohl seiner Untergebenen zu sorgen, nicht auf Berater angewiesen, sondern weiß alles selbst (vgl. 9,11; 14,22) und kann daher auch keine Fehler begehen. Sein Reich umfasst den gesamten Kosmos, und als Ordnungsstifter per se sind auch Raum und Zeit nicht Rahmenbedingungen, die ihm vorgegeben wären, sondern Ausdruck seines Gestaltungswillens. Es ist anzunehmen, dass sich das Gottesbild im WB genauer betrachtet an die altorientalische Herrscherideologie in hellenistischem Gewand anlehnt, wie sie etwa auch in Dan und Est zum Ausdruck kommt. Diese Ideologie bringt bekannte Elemente mit einer neuartigen Form von Absolutismus zusammen.[23] Auffallend ist,

---

21 Für das Folgende s. CANCIK-KIRSCHBAUM/EDER u. a., Art. Herrschaft (1998); Art. Herrscher (1998). Zur schon lange vor dem WB bestehenden, komplexen ‚Geschichte YHWHs als König' s. z. B. DIETRICH, Gott (2002), der allerdings die nachexilische Phase dieser Geschichte noch stark entlang von PLÖGERs nicht unumstrittenem Muster ‚Theokratie versus Eschatologie' [vgl. ders., Theokratie (1959)] entfaltet. Für die hellenistisch-römische Zeit s. z. B. CAMPONOVO, Königtum (1983) und den Sammelband HENGEL/SCHWEMER, Königsherrschaft (1991), wobei Letztere in ihrem Vorwort CAMPONOVOs Arbeit einer harschen Kritik unterziehen.

22 Für die erste Hälfte des 1. Jt. v. Chr. vgl. diesbezüglich etwa die bekannte Inschrift des Kilamuwa aus Zincirli (KAI 24; 2. Hälfte 9. Jh. v. Chr.). Das propagandistische Selbstbild von Ptolemäus II. wird z. B. im Lobgedicht entfaltet, das von Theokrit überliefert ist [s. HUNTER, Encomium (2003) als jüngste kommentierte Edition des Textes; die englische Übersetzung der relevanten Passage findet sich in AUSTIN, World (2006) 448f.].

23 Die Zäsur in der Königsideologie wird oft mit Alexander dem Großen zusammengebracht. In der Tat hat Alexander ein neues, hellenistisches Herrscherbild etabliert, das nicht zuletzt den römischen Kaiserkult geprägt hat [vgl. z. B. EDER, Art. Herrscher (1998)]. Dazu, dass die Entwicklung hin zu dieser Königsideologie stark mit dem Klischee persischer Herrschaft zusammenhängt und dass diese Ideologie gerade auch dem Bild von Zeus neuartige Züge zukommen ließ, s. z. B. MÜLLER, König (1991). Bezüglich der griechischen Wahrnehmung der persischen Könige zitiert MÜLLER u. a. Herodots Schilderung, wie der Mederkönig Deiokes im 7. Jh. v. Chr. die Hauptstadt Ekbatana gegründet und als Erstes auf folgender Bestimmung beharrt habe: „Keiner durfte beim König eintreten; alles verhandelte er durch Boten;

dass im WB an keiner Stelle von menschlich-weltlichen Herrschern die Rede ist – es ist nur die Rede von der Menschheit insgesamt, die Gott als Teil seiner Gesamtschöpfung geschaffen hat. Wird differenziert, dann nicht nach den Maßstäben einer politischen oder ethnischen Gesellschaftsstruktur, sondern gemäß dem Verhältnis zu Gott (Gerechte vs. Frevler).[24] Indem das WB keine menschlichen Herrscher erwähnt, unterscheidet es sich wiederum von Dan und Est, die beide unmissverständlich die Grenzen weltlicher Herrschaft gegenüber Gott als wahrem Universalherrscher herausstreichen.[25]

---

niemand bekam den König zu Gesicht. (…) Diese feierlichen Vorschriften für seine Umgebung gab er, damit seine Altersgenossen, die mit ihm aufgewachsen waren, aus ebenso vornehmer Familie stammten und ihm an Tüchtigkeit nicht nachstanden, nicht missgünstig und aufrührerisch wurden. Sie sollten ihn für ein Wesen anderer Art halten, wenn sie ihn nicht sahen." [Historien I, 99, zitiert nach MÜLLER, König (1991) 37.] Folgendes Zitat aus der pseudoaristotelischen Schrift *De mundo* veranschaulicht, wie das klischierte Bild persischer Herrscher auf Gottheiten übertragen worden ist: „Vielmehr (muss man sich Gottes Walten nach dem vorstellen), was vom Großkönig berichtet wird. Denn des Kambyses, des Xerxes und Darius Hofhaltung war einer feierlichen und überragenden Erhabenheit zuliebe prächtig ausgeschmückt; er selbst, so lautet die Kunde, thronte zu Susa oder Ekbatana, für jedermann unsichtbar, in einem wunderbaren, von Gold, Elektron und Elfenbein strahlenden Königsschloss und Palastbezirk; viele aufeinanderfolgende Torwege und Vorhallen, die eine Entfernung von vielen Stadien trennte, waren durch eherne Türen und mächtige Mauern gesichert. Außerhalb aber standen geschmückt bereit die ersten und angesehensten Männer, teils für den Dienst um den König selbst bestimmt, als Leibgarde und Gefolge, teils als Wächter der einzelnen Höfe sogenannte Türhüter und Horcher, damit der König selbst, den man als Herrn und Gott anredete, alles sehe, alles höre." [Pseudo-Aristoteles, *De mundo*, 398a; Übersetzung nach H. STROHM, zitiert nach MÜLLER, König (1991) 38.]

24 Wie sich theokratische Vorstellungen bereits in vorhellenistischer Zeit im israelitischen Schrifttum manifestieren konnten, zeigt mit Blick auf die Psalmenbücher IV und V z. B. LEUENBERGER, Konzeptionen (2004).

25 Bezüglich Dan vgl. die im Kernbestand wohl mehrheitlich vormakkabäischen Hofgeschichten. Insbesondere Dan 3–6 vermittelt die Grundbotschaft, dass ein irdischer Herrscher, mag er der machtvollste auf Erden sein und wie die involvierten Könige sogar Weltgeschichte geschrieben haben, machtlos ist gegenüber Daniels Gott. Während Belschazzar den uneinsichtigen Herrscher verkörpert, den ein früher Tod ereilt, werden Nebukadnezzar und Darius als vorbildliche Herrscher präsentiert, weil sie den Gott des jüdischen Exulanten als den wahren und ewigen König anerkennen [vgl. Dan 3,95(28)–96(29); 4,14.22–23.29.31–34; 5,18–24; 6,27–28]. Die griechische Textfassung von Dan 3 unterstreicht durch das Gebet Asarjas und den Lobgesang aller drei zum Tode Verurteilten noch stärker als der aramäische Text, dass Gott der wahre Gerechte und Höchste ist, dem die gesamte Schöpfung Ehrerbietung schuldet. Die Erzähllinie, die betont, dass der Gott Daniels der souveräne Herrscher gegenüber jeder weltlichen Macht ist, wird mit Dan 7–8 weitergezogen, Texten also, die deutliche Anspielungen auf die Herrschaft von Antiochus IV. enthalten. Diesmal ist es Daniel selbst, der durch Visionen zu erkennen bekommt, dass selbst die schlimmste und

Wenn wir davon ausgehen, dass sich das Gottesbild im WB sehr eng am Muster herrschaftsideologischer Ideale orientiert, wie sie in der Zeit der Abfassung des Textes präsent gewesen sind, erhellt dies das Verständnis des Textes an einigen Punkten. So mag z. B. die Szenerie von Kap. 9–11 auf den ersten Blick wirken, als müsse Gott von seinen Engeln erst dazu aufgerüttelt werden, etwas gegen das Chaos, das auf Erden herrscht, zu unternehmen – sonst wäre er passiv geblieben und hätte die Wächter und ihre Söhne weiter walten lassen. Wenn wir uns vor Augen halten, dass sich gerade die Unnahbarkeit eines Herrschers und der Akt des Delegierens als Zeichen der Souveränität wahrnehmen ließen, wandelt sich das Bild. In der Tat räumen die Engel in 9,11 expli-

---

frevelhafteste Herrschaft – passend ergehen die Visionen in der Regierungszeit des ‚bösen' Königs Belschazzar – am Ende in eine Heilszeit für das ‚Volk der Heiligen des Höchsten' (Dan 7,18.22.27; 8,24) übergeführt wird. Im Kontext der Ereignisse unter Antiochus wird damit die generelle Botschaft ‚vor Gott ist der mächtigste Herrscher machtlos' kühn zugespitzt zur Botschaft ‚vor Gott ist selbst der furchtbarste Herrscher machtlos'. Was Gott der literarischen Danielfigur an rettender Unterstützung gewährt hat, fordert die Leserschaft nun für sich ein.

Im Esterbuch, das ebenfalls am Hof eines fremden Herrschers spielt, findet sich die Herrscherideologie in der Art, wie sie das WB auf Gott überträgt, anhand der Figur des Ahasveros bzw. Artaxerxes eindringlich inszeniert: Der König ist von einem ausdifferenzierten Hofstaat umgeben, der seinen Willen ausführt. Direkter Zugang zum König wird nur ausgewählten Personen gewährt. Wird einerseits Unnahbarkeit zelebriert, scheint andererseits das Zur-Schau-Stellen des königlichen Reichtums und das Offerieren üppiger Festmähler wichtig zu sein. Schließlich muss bei ungehorsamem oder verschwörerischem Verhalten hart durchgegriffen werden. Obwohl der Gott Esters und Mordechais dem König nicht wie bei Dan direkt seine Souveränität vor Augen hält, werden die Grenzen des irdischen Herrschers deutlich markiert. In der hebräischen Textfassung geschieht dies durch die Schilderung des königlichen Alltags: Ahasveros ist für seine Entscheide auf Berater angewiesen. Von diesen Beratern kann er bisweilen aber auch falsch beraten werden und muss u. U. sein Urteil revidieren. Zwar greift er hart gegen ungehorsame Untertanen durch, doch braucht er verlässliche Quellen, die ihn z. B. über die Gefahr einer Verschwörung informieren. Der wohl jüngere griechische Langtext bringt einerseits expliziter zum Ausdruck, dass die Geschichte, die für die jüdische Bevölkerung zu einem guten Ende führt, nicht zuletzt dank Gottes Eingreifen zu seinen Gunsten so glücklich verlaufen ist. In Est 6,1 etwa ist es laut dieser Textfassung ausdrücklich Gott, der den König nicht einschlafen lässt und ihn damit auf die Idee kommen lässt, dass Mordechai noch eine Belohnung zugute hat. Andererseits bietet diese Fassung mehrere längere Passagen, die im hebräischen Text fehlen, die jedoch das Gottesbild explizieren und dadurch den Kontrast zwischen weltlichem und himmlischem Herrscher herausstreichen. Dazu gehören insbesondere die Rahmenerzählung von Mordechais Traum und die Gebete von Mordechai und Ester, bevor Letztere vor den König tritt. Im Traum gerät das ‚Volk der Gerechten' auf der Welt in akute Bedrängnis. Das Schreien der Menschen erhörend, wendet Gott die Geschehnisse, aus Dunkel wird Licht. In den Gebeten wird ebenfalls das Bild eines Gottes beschworen, der rettend eingreift und demonstriert, dass er souverän über allen anderen Mächten steht.

zit ein, dass Gott alles weiß, noch bevor es geschieht, was impliziert, dass bereits ein Plan existiert. Dass sie an Gott gelangen, verweist damit auf ihre eigene Ratlosigkeit und zielt nicht darauf ab, eine Schwäche Gottes offenzulegen.[26] Zieht man den Gedanken des umfassenden Wissens konsequent weiter, wusste Gott letztlich darum, dass die Engel an ihn gelangen würden, um ihre Aufträge entgegenzunehmen. Insgesamt trägt also die Passage 1 Hen 9–11 – entgegen möglichen ersten Bedenken – wesentlich dazu bei, dass sich das WB als Exposé königlicher Problemlösung verstehen lässt. Mit dem Zug des distanzierten Herrschers, dessen Erlasse unumstößlich sind (vgl. Dan; Est), dürfte umgekehrt zusammenhängen, dass das WB seinem Gott kaum zugesteht, im Fall von Verstößen Barmherzigkeit walten zu lassen.[27] Im Rahmen des WB unterstreicht dies die Verlässlichkeit Gottes im Einsatz für seine treuen Untergebenen. Es ist wesentlich, dass der Versuch der Wächter, an Gottes Barmherzigkeit zu appellieren, scheitert. Gott gibt im WB die Kriterien, nach denen er seine Geschöpfe beurteilt, ein und für allemal festgelegt vor. Alles andere würde seine Verlässlichkeit in Frage stellen.[28]

---

26   Allerdings präsentiert die Rede der Engel wohl auch absichtlich eine Rhetorik, die den Respekt der Untergebenen vor Gott ausdrückt. Doch dass die genannte Bemerkung damit eine bloße Floskel wäre oder gar einen ironischen Zug enthalten würde, dürfte gerade im Kontext der Wächtergeschichte unwahrscheinlich sein. Die Vorstellung, dass Gott keinen Rat braucht – und damit letztlich auch keine Hinweise auf Geschehnisse durch sein Personal – findet sich erneut in 14,22 betont, dort jedoch ausdrücklich nicht im Rahmen einer Rede, sondern in konstatierender Form.

27   Dass Vergebung und Barmherzigkeit im WB als durchaus wichtige Aspekte thematisiert werden, vertritt STOWASSER, Heil (2004). Seines Erachtens signalisieren dies v. a. Kap. 5 und 18. Seine Interpretation von Kap. 18 wurde bereits oben unter 4.4.2., Anm. 61 kritisiert.

28   Dazu passt nicht zuletzt der Befund, dass die Beziehung zwischen Gott und seinen Geschöpfen an keiner Stelle des WB durch das Bild von Gott als Vater oder durch das Bild von den Geschöpfen Gottes als dessen Kinder dargestellt wird, Bilder, die in biblischen wie außerbiblischen Texten sonst durchaus Verwendung finden, auch verwoben mit dem Bild von Gott als König, wie dies z. B. Ps 89 bezeugt. Für Gott als Vater in den frühjüdischen Schriften s. insbesondere STROTMANN, Vater (1991); Vaterschaft (2002) 10–12, für Gott als Vater im Alten Testament z. B. BÖCKLER, Gott (2000); Vater (2005) und TASKER, Literature (2004), wobei Letzterer neben den alttestamentlichen Texten zwar auch mesopotamische, ugaritische und ägyptische Vorstellungen untersucht, jedoch für eine traditionsgeschichtliche Fragestellung zu stark auf eine ‚biblische Theologie der Vaterschaft Gottes' abzielt und STROTMANNs wie BÖCKLERs Arbeiten ignoriert. HÄUSL, Gott (2004) erinnert daran, dass biblische Texte im Rahmen der Familienmetapher durchaus auch von Gott als Mutter reden können, ein Bild, das sich jedoch – wohl in Anbetracht des höheren Status eines Vaters – in keiner Schrift als prägendes Gottesbild durchgesetzt hat. Mit der Anrede von Gottheiten als ‚Vater und Mutter' in den Religionen der Umwelt des antiken Palästinas setzt sich z. B. JÜNGLING, Doppelmetapher (1994) auseinander. Anders als das

Wohl noch stärker als die vordergründige Passivität von Gott in Kap. 9ff. mag bei der Lektüre verwundern, warum Gott als perfekter Universalherrscher und Schöpfer seinen Geschöpfen überhaupt die Möglichkeit gewährt, zwischen dem Guten und dem Bösen zu wählen. Wie geht dies zusammen mit der Tendenz des WB, Gott als souveränen und perfekten Herrscher und Schöpfer zu zeichnen? Es sind meines Erachtens verschiedene Faktoren, die hier zusammenspielen. Erstens muss der appellative Zug des WB in Erinnerung gerufen werden. Der starke Appellcharakter verweist darauf, dass die Beobachtung, dass es Menschen gibt, die eine gute oder eben eine falsche Lebensweise wählen, ganz einfach den Erfahrungshintergrund der Verfasserschaft dargestellt hat. Die Möglichkeit des Bösen per se zu negieren, würde die Schrift ihrer wesentlichsten Funktion berauben, nämlich die Leserschaft zum Lebenswandel zu motivieren, der als der richtige angesehen wird.[29] Hält man sich die oben beschriebene Herrscherideologie vor

---

WB knüpft dann Jub explizit an die Vater-Sohn-Metapher an (vgl. Jub 1,24.25.28; 2,20; 16,18; 19,29): Gott als Vater für seinen ‚Sohn Israel' greift dort immer wieder in die Geschichte ein. Als Vater ist er parteiisch und darf dies auch sein. Er kann seinem Sohn Sonderprivilegien einräumen, übt sich ihm gegenüber in Geduld und zeigt sich bisweilen barmherzig, kann seine Meinung also ändern. Dank dieser Modifizierung gelang es dem Jub, trotz der Aufnahme von WB-Erzählstoffen ganz andere Akzente zu setzen und damit den Anliegen gerecht zu werden, die seiner Verfasserschaft in einem veränderten historischen und wohl auch sozialen Kontext wichtig waren. Dass gewisse Texte das Bild von Gott als Vater und das Bild von Gott als König durchaus kombinieren können, mag damit zusammenhängen, dass trotz gewisser Eigentümlichkeiten ähnliche Aspekte damit ausgedrückt werden können. So handelt es sich beim Vater-Sohn-Verhältnis wie beim Verhältnis vom König zu seinen Untertanen um ein wechselseitiges Verhältnis. Können die Vater- wie die Königsrolle die Verantwortung für Fürsorge, Schutz und Rechtsbeistand implizieren, so ist es Kindern wie Untertanen geboten, ihrem Vater bzw. ihrem König Ehrerbietung und Gehorsam entgegenzubringen. Das Spezifikum der Vorstellung von Gott als Vater gegenüber anderen Gottesbildern bringt STROTMANN folgendermaßen auf den Punkt: „Anders als die Göttlichkeit Gottes oder das Herr- und Herrschersein Gottes garantiert die Vaterschaft Gottes die Kontinuität einer grundsätzlich positiven, heilvollen Beziehung zwischen Gott und Mensch, vor allem zwischen Gott und Israel, auch dann, wenn der Mensch nicht den Willen Gottes tut und nicht gehorsam ist." [Dies., Vater (1991) 378.]

29 Genauer betrachtet wird im WB die Gefahr, durch das Zumuten der Wahl, richtig oder falsch zu leben, erstaunlich gering eingeschätzt: Die Menschen scheinen vor den Taten der Wächterengel nicht in besonderem Maß gefährdet gewesen zu sein, das Falsche zu wählen, bzw. Fehlverhalten ließ sich im Rahmen des Tun-Ergehen-Zusammenhangs korrigieren. Erst der Einfluss der Engelstaten brachte diesen Mechanismus aus dem Lot. Steht die Menschheit einmal nicht mehr unter diesem Einfluss, was in der Zeit nach dem Gericht der Fall sein wird, kann also wieder mit einer permanent guten, ordentlichen Zeit gerechnet werden. Das Szenarium, dass erneut gewisse Engel auf die Idee kommen könnten, sich gegen Gott aufzulehnen,

Augen, fällt zweitens auf, dass Loyalitätsbezeugungen eine zentrale
Rolle spielen. Im Rahmen des WB kann sodann das Festhalten an der
Idee, dass die Geschöpfe Gottes aus eigener Einsicht den richtigen Weg
wählen und gehen, als Beweis der höchsten, wirklichen Treue Gott
gegenüber verstanden werden. Drittens kommt damit schließlich in
den Blick, dass gerade die Existenz des Bösen die Souveränität von
Herrscherfiguren zu unterstreichen vermag. Bereits im Kontext der
älteren Herrscherideologie existierte der Topos vom machtvollen Herrscher, der allen Feinden und aufrührerischen Kräften gewachsen war.
Gott zeigt sich im WB gegen eine Verschwörung gar in seinem heiligen,
himmlischen Umkreis gewachsen. Insgesamt lässt sich erwägen, dass
es primär textpragmatische Aspekte waren, die das Bild von Gott als
perfektem und damit auch siegreichem Herrscher als adäquatestes Bild
Verwendung finden ließen – auch wenn gerade dieses Bild zur Spannung führt, dass der Weltenlauf zumindest temporär aus seiner geordneten Bahn geworfen und damit die Souveränität Gottes im strengen
Sinn keine vollkommene Souveränität ist.[30]

Dass der Verfasserschaft das Herausstreichen der Souveränität Gottes wichtig war, wird nicht zuletzt an der eigentümlichen Antwort des
WB auf die Theodizeefrage sichtbar.[31] Wohl teilt das WB mit Texten,

---

wird im WB nicht durchgespielt. Dass die Wächtertaten ein weltgeschichtliches
Drama hervorzurufen imstande waren, das Gott bravourös zum Guten wenden
wird, dürfte gemäß WB selbst für die himmlischen Wesen, die die Lebenswelt anderer Geschöpfe offensichtlich schwerwiegend stören können, nachhaltig ein Exempel
statuiert haben.

30 Hier kommt noch deutlicher als an anderen Stellen die Schwierigkeit in den Blick,
ein Mikro-Modell (irdischer Herrscher, der – iterativ – Ordnungsstörungen zu behe-
ben hat) auf ein Makro-Modell zu übertragen (Gott des WB, der einer einmaligen
Ordnungsstörung Herr zu werden hat). Im nächsten Kapitel wird denn auch die
Frage Thema werden, warum die Intervention Gottes nicht schon längst stattgefunden hat. Gott kann in dieser Hinsicht gar als sadistisch oder sein Administrationsapparat als zu träge kritisiert werden. Die rabbinische Literatur präsentiert demgegenüber ein praktikableres, mit weniger Administrativaufwand behaftetes Modell,
wenn sie den Tagesablauf Gottes folgendermaßen beschreibt: „Zwölf Stunden hat
der Tag; in den ersten drei Stunden sitzt der Heilige, gepriesen sei er, und befasst
sich mit der Tora; in den anderen sitzt er und richtet die ganze Welt, und sobald er
sieht, dass die Welt sich der Vernichtung schuldig macht, erhebt er sich vom Stuhle
des Rechtes und setzt sich auf den Stuhl der Barmherzigkeit; in den dritten sitzt er
und ernährt die ganze Welt, von den gehörnten Büffeln bis zu den Nissen der Läuse;
in den vierten sitzt der Heilige, gepriesen sei er, und scherzt mit dem Levjathan,
denn es heißt: *der Levjathan, den du geschaffen hast, um mit ihm zu spielen!?*" [bT Avoda
Zara 3b; Übersetzung nach GOLDSCHMIDT, Talmud (1929–1936).]

31 Für verschiedene Modelle, wie insbesondere alttestamentliche Texte mit der Theodizeefrage umgehen, vgl. den Systematisierungsversuch von BIEBERSTEIN, Leiden
(2001). Bezüglich jüngerer frühjüdischer Texte s. CHARLESWORTH, Theodicy (2003).

die üblicherweise herangezogen werden, wenn es um die Theodizeefrage geht, das Bewusstsein dafür, dass es Gerechte gib, die ein schlechtes Schicksal ereilt, wobei davon ausgegangen wird, dass dies nicht so sein sollte. Statt nach einer Lösung zu suchen, wie Gott doch als gerechter Gott verstanden werden kann, immunisiert das WB diesen gegenüber der Theodizeefrage in mehrfacher Hinsicht: Erstens wird Gott als Universalherrscher inszeniert, der als Ordnungs*stifter* per se über der Frage steht, ob er gerecht oder ungerecht ist. Dass er laut WB zu Recht Herrscherautorität einfordert, suggeriert allerdings, dass er nicht nur als legitimer, sondern zugleich als guter Herrscher angesehen wird und die Weltordnung eine sittliche Weltordnung darstellt, was die Reiseschilderungen Henochs unterstreichen.[32] Die Möglichkeit, dass ein Herrscher schlecht sein könnte, was im menschlich-weltlichen Bereich durchaus erfahrbar ist und vielleicht von der Verfasserschaft des Wächterbuches selbst erfahren worden ist, wird für den obersten Herrscher des Universums, den wahren, ewigen Herrscher, ausgeschlossen. Herrscherideologie wird beim Wort genommen, wenn sie auf Gott übertragen wird bzw. Gott ist *der* exemplarische Herrscher. Zweitens verhindert die Tatsache, dass Gott im WB nicht als Initiant des Bösen auftritt, dass ‚klagende Gerechte' in Versuchung geraten könnten, Gott die Verantwortung für den Missstand zuzuschreiben, dass der Tun-Ergehen-Zusammenhang durcheinander geraten ist. Schließlich lassen sich die Vorkehrungen, die Gott beim Schaffen des Kosmos getroffen hat, um gegen abtrünnige Geschöpfe vorgehen zu können, als Tatbeweis interpretieren: Dass er Sanktionen gegen mögliche Ordnungsbrüche eingeplant hat, signalisiert, dass er seinen (loyalen) Geschöpfen keinesfalls Schlechtes wünschen würde, sondern sich um sie kümmert.[33]

Im Sammelband LAATO/DE MOOR, Theodicy (2003), dem CHARLESWORTHs Beitrag entstammt, findet sich die Thematik zudem hinsichtlich der Literatur der Nachbarkulturen Israels, hinsichtlich einzelner alttestamentlicher und frühjüdischer Schriften und schließlich hinsichtlich der neutestamentlichen und rabbinischen Literatur erörtert.

32 Gedanken dieser Art scheinen – zwar in einen ganz anderen Erzählkontext und in ein anderes Geschichtsbild eingebunden – auch im Ijobbuch auf. Während insbesondere in den Elihu-Reden (Ijob 32–37) Gottes Übermacht und Unergründbarkeit, daneben aber trotzdem seine Gerechtigkeit und Zuverlässigkeit im Rechtsprechen zur Sprache kommen (vgl. 37,23), betonen die Reden Gottes (Ijob 38–41) speziell dessen Rolle als Schöpfer und Bewahrer einer perfekten Ordnung, die für Menschen letztlich undurchschaubar bleibt.

33 Womit sich das Problem im Grunde allerdings nur verschiebt: Gott musste damit bereits beim Schaffen des Universums in Kauf genommen haben, dass es Ordnungsverstöße geben kann, die ihre Opfer einfordern.

Das Gottesbild des WB ist Ausdruck einer spezifischen Art und Weise, Traditionsbezüge, Gegenwartsdeutung und normative Anliegen unter einen Hut zu bringen. In seiner Art, YHWH, den Schöpfergott, in der beschriebenen Art und Weise konsequent und deutlich in der Rolle eines distanzierten Universalherrschers zu zeichnen, setzt sich das WB von anderen, älteren wie jüngeren Schriften ab.[34] Eine solche Inszenierung passt nicht mehr, sobald ein Text die Volkserwählung ins Zentrum rücken will (vgl. Jub)[35] oder wenn auf anthropologischer Ebene das Thema der Schuldbewältigung brisant wird. Spätestens dann stellen sich – und stellten sich bereits lange vor der Abfassung des WB – Fragen nach der Barmherzigkeit und Güte Gottes gerade fehlbaren Menschen gegenüber. Beim WB stehen, wie es die folgenden Kapitel noch verdeutlichen werden, andere Themen im Zentrum.

5.2. Die Schöpfung im Dienste Gottes

Vor dem Hintergrund des eben beschriebenen Gottesbildes erscheint die Schöpfung im WB als eine Art *perpetuum mobile*: Gott schuf die verschiedenen Geschöpfe und den Kosmos und entwarf die dazugehörige Ordnung. Nun liegt es an den Geschöpfen, diese Ordnung zu reproduzieren und damit einen gleichförmigen Fortgang der Schöpfung zu sichern. Das Dasein der Geschöpfe ist in diesem Sinne primär ein dienendes Dasein. Sie erfüllen je ihre Pflicht gegenüber ihrem Herrn, dem sie ihre Existenz verdanken und der über allem thront. Er ist für sie kein Erzieher, der sich immer wieder geduldig seinen ‚Kindern‘ zuwendet, eingreifend korrigiert und in diesem Zusammenhang zwar züchtigt, doch Fehlern letztlich mit Barmherzigkeit begegnet.[36] Fehlverhalten stellt ein ernstes Vergehen dar, da sich ein Geschöpf damit

---

34 Ähnlich geprägte Inszenierungen Gottes finden sich z. B. in poetischen Texten wie Sir 39,12–35. Die Inszenierung findet dort allerdings auf deutlich kleinerem Raum und etwa ohne Hinweis auf Gottes ‚Beamtenapparat‘ statt, der im WB eine prominente Rolle spielt. Die himmlische Revolte und deren Niederschlagung durch den machtvollen himmlischen Herrscher, die im WB Thema ist, klingt in Jes 24,21–23 an, wobei ähnlich wie im WB das strafrechtliche Vorgehen Gottes gegen die Frevler Thema wird (auf einen Gefängnisaufenthalt folgt die Strafe). Solche Texte bilden literarisch aber eben relativ kleine Einheiten und entfalten das Gottesbild nicht in einem narrativen Rahmen.

35 Jub kam bereits oben unter 5.1., Anm. 28 zur Sprache. Die Vater-Sohn-Beziehung, die Jub in Kontrast zum WB herausstreicht, erlaubt partielle Favorisierungen und Verstoßungen, die den Zügen Gottes im WB entgegenlaufen würden.

36 Zum Stichwort ‚Gott als Vater‘ s. bereits oben unter 5.1., Anm. 28.

gegen den Ordnungsstifter wendet und die Ordnung gefährdet.[37] Niemand, auch keine ausgewählte Gruppe wie etwa die Engel oder ein spezifisches Volk, darf grundsätzlich auf Vergebung hoffen.[38] Hingegen steht fest, dass Gott auf der Seite der Loyalen steht, die damit, ob in ruhigen oder bewegten Zeiten, ein gerechtes, unschuldiges Leben führen. Für ruhige Zeiten – dies war auf Erden die Zeit, bevor die Engel sich Menschenfrauen nahmen, und dies wird erneut die Zeit nach dem Gericht sein – bedeutet dies für die Menschen, dass der Tun-Ergehen-Zusammenhang positiv aufgeht: Den treuen Gerechten ist ein segensvolles Dasein geschenkt. Wie es 1 Hen 5,9 beschreibt, ist es ihnen vergönnt, erst nach einem erfüllten Leben in hohem Alter zu sterben:

> „(…) und sie [die Erwählten] werden nicht sterben durch Plage und Zorn(-gericht), sondern die Zahl ihrer Lebenstage vollenden, und ihr Leben wird zunehmen im Frieden, und die Jahre ihrer Freude werden viele sein in ewiger Freude und Frieden an allen Tagen ihres Lebens."[39]

Gott steht aber eben auch auf Seiten der Loyalen, wenn deren Dasein durch Unruhestifter negativ tangiert wird, denn er lässt die Taten Letzterer nicht ungeahndet. Dass dem so ist – dass die treuen Gerechten insgesamt zuversichtlich sein und sich zu Recht als Erwählte verstehen dürfen,[40] die Abtrünnigen jedoch den Richtspruch und die Strafe Gottes zu fürchten haben –, scheint dabei wichtiger zu sein als das Wie und Wann des konkreten Eingreifen Gottes, ob es nun die Frevler oder die Gerechten betrifft.[41] Dies findet seine Bestätigung z. B. darin, dass kein

---

37 Vgl. hierzu bereits WACKERs Feststellung zur paradigmatischen Rolle der Naturphänomene: „Pflanzen, Wind und Sterne sind wie die Menschen Geschöpfe Gottes, gehorchen mit ihrem Verhalten nach der ihnen gegebenen Ordnung seinem Befehl und erkennen darin seine Schöpfermacht an. Umgekehrt bedeutet ihr Abweichen von der gesetzten Ordnung Auflehnung gegen den Schöpfer (…)." [Dies., Weltordnung (1982) 298.]

38 Gerade in dieser Hinsicht fällt erneut ein großer Unterschied zwischen dem WB und Jub auf. Dort besitzt das Volk Israel deutliche Privilegien gegenüber den anderen Völkern.

39 Übersetzung nach UHLIG, Henochbuch (1984).

40 Zum Ausdruck ‚Erwählte' s. die näheren Ausführungen oben unter 4.4.2.

41 Dies geht einher mit der generellen Beobachtung von NICKELSBURG, Construction (1991), dass „the texts in *1 Enoch* devote relatively little space to speculations about the *time* of the end" (ebd. 54). Vgl. weiter das Votum von COLLINS, Technique (1982), dass speziell das WB „does not convey a sense of imminent eschatology, which is characteristic of some apocalypses. It is sufficient that there in an eventual judgment." (Ebd. 109.) Stimmt man bezüglich 1 Hen 22 der These von WACKER zu, dass die Grundschrift von einem nicht ausdifferenzierten ‚Warteraum' gehandelt habe (s. 4.4.2., Anm. 67), kann immerhin die nachträgliche Ausdifferenzierung als Bemühen darum gelesen werden, sich auch das ‚Wie' genauer auszumalen. Doch auch diese Ausdifferenzierung lässt sich als Hervorhebung von Gottes Souveränität interpretie-

Wert darauf gelegt wird, das Schicksal der gerechten Menschen genauer zu umreißen.[42] Sich – gerade in Anbetracht von Alternativen – dem Willen Gottes unterzuordnen, wird letztlich gut sein, vermittelt das WB als Botschaft, denn Gott sorgt dafür, dass der Tun-Ergehen-Zusammenhang letztlich immer aufgeht. Mehr als diese Botschaft braucht es offenbar nicht.

Was die menschliche Lebenswelt angeht, vermittelt das WB das Idealbild einer eher rural ausgerichteten Gesellschaft, in der aber auch Schrift tradiert wird.[43] Da Menschen sterbliche Wesen sind, ist die Familiengründung wesentlich. Nur durch Kinder kann die Generationenfolge gewährleistet bleiben, auf der das Dasein der Menschheit insgesamt gründet (vgl. 1 Hen 15). Sich um Familie, Tradition und um die zum Leben notwendigen Landwirtschaftserträge zu kümmern, erlaubt die friedliche und moderate Lebensweise, in deren Rahmen sich Gott

---

ren, wodurch das ‚Dass' zentral bleibt: Henoch und der Leserschaft wird anhand der Vorkehrungen nun eben auch bezüglich der Menschen, die unterschiedlich in die Freveltaten involviert sein können, vorgeführt, wie ausgeklügelt Gott den Kosmos gestaltet hat.

42 Wie es die Einleitung offen lässt, ob die Perspektive eines segensvollen Lebens die Gottesfürchtigen der Zeit vor dem Gericht generell, teilweise oder überhaupt nicht betrifft – die Verheißung kann sich schlicht darauf beziehen, dass die *Menschheit* wieder ‚funktionstüchtig' wird –, führt die erste Fortführung nicht genauer aus, wer genau zu den ‚Gerechten, die entkommen' (10,17) gehört, wird in Kap. 22 nicht genannt, was mit den Gerechten in der hellen Höhle weiter geschehen wird, und erläutert der Deuteengel in Kap. 27 nicht, welche Gerechten es nun genau sind, welche die Strafe der Abtrünnigen vorgeführt bekommen.

43 Gewissermaßen lässt bereits das WB als schriftliches Dokument darauf schließen, dass das Idealbild auch Schriftkundigkeit umfasst: Der fiktive Henoch rechnet mit Kindeskindern der ‚fernen Generation', die mit der Schrift umzugehen wissen (zu seiner Rolle als Schreiber s. unten unter 5.6.). Textintern könnte 14,3 eine solche Sichtweise stützen. Dort heißt es, Gott habe die Menschen dazu geschaffen, ‚Worte der Erkenntnis' zu verstehen (4Q204: מנדע ‎[מל ‎ למבינות ‎[...]; Ä: ዶለብዉ: ቃለ: አእምሮ). Das Folgeproblem, dass es insbesondere in schlechten Zeiten ‚richtige' und ‚falsche' Schriften oder Schreiber geben kann, wird im WB nur indirekt thematisiert, einerseits im Vorwurf an die ‚Hartherzigen', stolze und harte Worte gegen Gott zu äußern (vgl. 1,9 nach 4Q204; 5,4; 27,2), andererseits durch die Bezeichnung von Henoch als ‚Schreiber der Gerechtigkeit' (12,4; 15,1). Falls sich diese Bezeichnung nicht ausschließlich auf Henochs Funktion als Mittler zwischen Gott und den abtrünnigen Engeln bezieht, ihnen deren gerechtes Schicksal zu verheißen, könnte sie suggerieren, dass es auch ‚ungerechte' Schreiber gibt. COLLINS zieht gar in Erwägung, dass es – Unzucht in prophetischer Manier als Metapher für religiöse Untreue verstanden – möglich sei „to take the story of the descent of the Watchers as a metaphorical expression of illicit revelation" [ders., Technique (1982) 102]. Dazu, dass das WB klar von einem Gegensatz zwischen richtiger und falscher Unterweisung ausgeht (ob dabei spezifische Schriften mitgemeint worden sind oder nicht), s. dann unten unter Kap. 5.4.2.

und seine Werke gebührend preisen lassen. So zu leben – dabei *und* damit Gott zu preisen –, gewährt Segen, Freude und Beständigkeit und ist der Beitrag der Menschen dazu, die Schöpfung in ihrer Gesamtordnung am Laufen zu halten. Es ist also kein Ideal jenseits menschlicher Grundbedingungen, das vom WB hochgehalten wird. Selbst Reproduktionsarbeit und schließlich das Sterben sind von Gott für den Menschen vorgesehen und damit grundsätzlich gut. Das im WB beschriebene Ideal beinhaltet demnach auch Aspekte, die auf subjektiver Ebene unangenehm sind. Von den Menschen wird sozusagen eingefordert, zwischen ‚guten Übeln' und ‚schlechten Übeln' zu unterscheiden. Die ‚guten' müssen akzeptiert werden. Der realistische Zug, der sich dem WB damit immerhin zuschreiben lässt, wird dadurch relativiert, dass das WB durch das Festhalten am Tun-Ergehen-Zusammenhang im Rahmen einer Lebensspanne ein Ideal zum Normalfall erklärt.[44]

Was es für Menschen heißt, nach der Ordnung Gottes zu leben, wird im WB inhaltlich kaum bestimmt. Es scheint vorausgesetzt zu werden, dass die Lebensweise, die Gott gefällt, bekannt ist und daher nicht weiter erläutert werden muss. Es geht also um Altbekanntes bzw. um Althergebrachtes. Dieses ‚alte Wissen' ist das ‚rettende Wissen', das Gott der Menschheit zu deren Wohl und im Rahmen ihrer Funktion im Schöpfungsganzen zugedacht hat.[45] Dem WB kann damit ein konserva-

---

44 Hierin hebt sich das WB von der älteren Stoa ab, der das WB konzeptionell an gewissen Punkten nahe kommt, was weiter unten noch Thema sein wird (vgl. insbesondere Kap. 5.4.2.). Laut stoischem Gedankengut bedingt das ‚normale' Leben aufgrund der polaren Struktur der Wirklichkeit die Realität des Bösen [vgl. hierzu z. B. WICKE-REUTER, Providenz (2000) 36ff. mit Textbeispielen]. Gibt es leidende Gerechte, ist dies kein Indiz für eine ‚Ausnahmezeit', wie sie das WB postuliert.

45 Zum Stichwort ‚rettendes Wissen' in 1 Hen und in Einzelpartien davon s. z. B. WACKER, Wissen (2002), aber auch unten unter 5.4.2. In der Sekundärliteratur wird bisweilen auf 1 Hen 10,2–3 als Stelle verwiesen, die auf den Gegensatz zwischen von Engeln und von Gott zugedachtem Wissen anspielt: Das rettende Wissen für Lamechs Sohn Noach ist ihm von Gott zugedacht; ein Engel vermittelt es ihm in Gottes Auftrag. Rettendes Wissen ist es, da es von Gott autorisiert ist. Demgegenüber alles andere als rettend ist das Wissen, das die Wächterengel den Menschen vermittelt haben, ohne von Gott dafür beauftragt worden zu sein. Dieses Wissen kann nur Unheil heraufbeschwören. Mittels der Wächtergeschichte wird also eine klare Linie zwischen ‚falsch-unheilvoller' und ‚richtig-heilvoller' Unterweisung gezogen, wobei als Kriterium ausschlaggebend ist, ob das Wissen einem Wesen oder einer ganzen Spezies von Gott als dem Schöpfer zugestanden wird oder nicht. Bemerkenswert ist, dass in 10,2–3 das ‚rettende Wissen' von der Tradition der Fluterzählungen her eigentlich ein technisches Wissen (Schiffsbau) für eine singuläre Situation ist. Da im WB nicht spezifiziert wird, was der Engel Noach lehrt, kann das entsprechende Wissen hier nun gesamthaft für ‚rettendes Wissen' stehen. Umgekehrt stört es kaum, wenn trotzdem an den Schiffsbau gedacht wird: Da auch die Unterweisungen der

tiv-traditionalistischer Charakterzug zugeschrieben werden, der optimistisch ist, was die menschliche Fähigkeit angeht, das Gute zu erkennen. Neuerungen, Veränderungen von Regeln und Gewohnheiten, werden als gefährlich eingestuft, da sie vom Altbewährten ablenken (vgl. 5,8) und den Lauf der Schöpfung im Nachhall der Engelstaten stören. So wird man denn auch kaum von einer spezifischen ‚Henochweisheit' alternativ zu den vorherrschenden traditionellen Weisungen sprechen können, die im WB hochgehalten werden.[46] Beim ‚Henochwissen' scheint es viel eher um ein Evozieren der Einsicht zu gehen, dass Gottes Ordnung gut ist und dass es falsch wäre, nach mehr oder anderem streben zu wollen. Die Engel haben deutlich genug vorgemacht, wohin dies führt.

Dürften, was insbesondere die Kommunikationsebene Verfasserschaft – Lesepublikum angeht, zum einen lokale Regeln und Gegebenheiten eine zentrale Rolle spielen, fällt zum anderen der universale Zug des WB und sein Fokus auf die Menschheit als ganze, als Spezies auf. So legt das WB z. B. klar dar, dass sich nach dem Gericht die Menschheit insgesamt wieder ungestört ihrer Aufgabe widmen kann, Gott zu dienen. Inwiefern die Restitution auch Individuen eine Wiedergutmachung zusichert, denen durch die Turbulenzen vor dem Gericht trotz guter Lebensführung nicht das segensvolle Leben vergönnt war, das ihnen gemäß Tun-Ergehen-Zusammenhang eigentlich zustehen würde, wird kaum erläutert. Die Menschheitsgeschichte scheint wichtiger zu sein als die individuelle Geschichte oder eine spezifische Volksgeschichte. Was eine soziale Ausdifferenzierung der Menschen angeht, werden nur minimale Grenzen gezogen, gesellschaftliche oder gesellschaftlich-religiöse Hierarchien werden keine erwähnt:[47] Der Daseinsordnung der menschlichen Spezies entsprechend – Menschen sind sterbliche Wesen aus ‚Fleisch und Blut' (15,4) – gibt es zum einen Männer und Frauen, zum anderen Menschen, die sterben, und andere, die neu geboren werden und dadurch die Generationenfolge sichern

---

Wächterengel, insbesondere ʿAsaʾels Unterweisungen, handwerkliches Wissen umfassen, passt der Schiffsbau als Pendant dazu.

46 Wie unter 5.4. näher ausgeführt wird, hängt mit der Frage nach der Art der Weisungen, auf die sich das WB bezieht, die Diskussion um eine mögliche ‚toraferne' Tendenz des WB zusammen. Ob sich die hier genannten Weisungen in diesem Sinne als ‚mosaische Tora' bezeichnen lassen, ist heikel zu entscheiden. Um die Frage zu klären, müssten wir erstens die Abfassungszeit des WB genauer eingrenzen können (zu den herkömmlichen Datierungsvorschlägen s. bereits oben unter 1.1.2.) und zweitens das Verständnis von ‚Tora' oder eben ‚mosaischer Tora' für genau diese Zeit und den spezifischen Verfasserkreis kennen.

47 Als Ausnahme kommt in 10,21 die Existenz verschiedener Nationen (አሕዛብ/λαοί) in den Blick.

(1 Hen 15). Über die Menschheit hinaus auch alle anderen Geschöpfe einschließend, postuliert das WB auf moralischer Ebene, dass es potentiell die gehorsamen Gerechten auf der einen Seite und die gegen Gott aufbegehrenden Abtrünnigen auf der anderen Seite gibt, wobei die Ersteren durch die Folgen der Freveltaten der Letzteren zu Schaden kommen können. Einzig 1 Hen 22 scheint auf die menschliche Spezies bezogen Positionen zwischen diesen beiden Polen zu bedenken. Dass allen Geschöpfen prinzipiell die gleichen zwei Optionen gegeben sind, einigt die gesamte Schöpfung über die himmlische wie irdische Sphäre hinweg bzw. impliziert eine Gruppierung der Geschöpfe unabhängig ihrer Zugehörigkeit zu einer bestimmten Spezies.[48] Was die Menschen angeht, spielen diesbezüglich also Faktoren wie Herkunft, Geschlecht oder gesellschaftlicher Rang keine Rolle.[49] Aufgrund des universalen

---

48 Daher erachte ich es als heikel, was das WB betrifft von einem ontologischen Dualismus als „absolute distinction between divine beings and humans" zu sprechen, wie dies z. B. NICKELSBURG, Construction (1991) 60 vorschlägt [vgl. so dann auch ders., Commentary (2001) 40f.; Roots (2002) 336; Response Koch (2003); vgl. kritisch KOCH, Response (2003)]. Neben dem ontologischen Dualismus spricht er 1 Hen insgesamt noch einen zeitlichen (Gegenwart versus neue Ära nach dem Gericht) und einen kosmischen Dualismus (himmlische versus irdische Sphäre) zu, wobei ich auch diese anderen beiden ‚Dualismen' als zu starke Zuspitzung von zweifellos wichtigen Abgrenzungen betrachte. Was die zeitliche Ebene angeht, vermittelt das WB die Vorstellung eines drei-, nicht eines zweigliederigen Geschichtslaufes (vgl. hierzu näher unter 5.3.1.). Die Reiseschilderungen veranschaulichen meines Erachtens, dass gewisse Räume schwerlich eindeutig der himmlischen oder der irdischen Sphäre zugeordnet werden können. Die grundsätzliche Unterscheidung der Sphären ist plotintern aber in der Tat hinsichtlich der Lebenswelt der Menschen im Unterschied zu derjenigen der Engel relevant. Auch KVANVIG merkt an, dass „[t]here is certainly not only dualism. There is just as much an overlap between the different worlds, both in time and space." [Ders., Laws (2007) 153.] Schreibt NICKELSBURG, dass die Offenbarungen von 1 Hen „bridges the dualistic disjunctions and brings hope to humanity" [ders., Roots (2002) 336], würde ich also die offenere Formulierung vorziehen, dass durch die Offenbarungen die Beschränkungen der *conditio humana*, wie sie das WB konzipiert, durchlässiger werden, wodurch die gegenwärtige Existenz, die gemäß WB aus menschlicher Warte in einem negativen Licht erscheint, in den Horizont einer hoffnungsvollen Perspektive gestellt werden kann.

49 Das WB operiert entsprechend nicht mit der Kategorie von per se bösen Nationen, die ihr Heil im Gegensatz zum ‚Volk Israel' verspielt haben – Jub wird die Henochfigur wie auch den Erzählstoff um die Wächter diesbezüglich in einen ganz anderen Kontext einbetten. Indem Jub die Frauen, die von den Wächtern schwanger geworden sind, als Opfer zeichnet, knüpft es die Schuldfrage aber ebenso wenig an die Geschlechterdifferenz wie das WB [dazu, dass 1 Hen 8,1 (G^s) und wohl auch 19,2 sekundär einzuschätzen sind, s. bereits unter 4.2., Anm. 201; für eine andere Einschätzung der geschlechterpolitischen Tendenz der Wächtergeschichte vgl. SCHÜNGEL-STRAUMANN, Genesis (1999) 7]. Erst in späteren Texten findet sich eine markant veränderte Bewertung der Frauen (vgl. z. B. TestXII.Rub 5,6–7). Dort werden sie als die Verführerinnen der Engel gezeichnet, während die Engel zu Opfern

Ansatzes ergibt sich eine gewisse Spannung, was die Größe ,Israel' anbelangt. Wird sie mit dem WB preisgegeben? Man kann erwägen, ob es am Fokus auf Henoch als vorsintflutlichem Offenbarungsmittler liegt, dass Israel nicht stärker in den Blick kommt. In der Forschung wird diesem Befund mehrheitlich große Bedeutung zugeschrieben, und zwar dahingehend, dass das WB eine toraferne, ja sogar antimosaische Tendenz aufweise. Wie sich herausstellen wird, ist eine solche Deutung nicht unproblematisch. Da ihr ein spezifisches Verständnis dessen zugrunde liegt, was Wissen und Erkenntnis im WB bedeutet, wird sie unten unter 5.4.1. diskutiert werden.

Obwohl das WB Aussagen über die gesamte Schöpfung macht, fällt auf, dass sehr wenige Spezies eine tragende Rolle spielen. Diese Konstellation widerspiegelt den Anthropozentrismus der Schrift, der ob allen überweltlichen Phänomenen, die das WB schildert, dominierend bleibt.[50] Neben der Existenz von Gott als eines Alleinherrschers bezieht sich der Text durchgängig auf die Existenz von Menschen und Engeln, wobei im Rahmen der Engelstaten auch näher auf deren spezifische Natur eingegangen wird. Die Engel sind gegenüber den Menschen als sterblichen Wesen aus Fleisch und Blut geistige, ewige Wesen. Unklar bleibt, wie sich die Seelen oder Geister verstorbener Menschen in diese Wesenszuschreibung einreihen, die im WB einerseits Klage erheben (vgl. 9,3.10), andererseits in Höhlen gesammelt sind (Kap. 22).[51] Als ,Unspezies'[52], da ein Werk der Engel und kein Schöpfungswerk Gottes, entstehen aus der Verbindung der Engel mit den Menschenfrauen die Riesen. Da ein Wesensteil von ihnen unsterblich ist, bleiben sie als die ,bösen Geister' eine Plage für die Menschen (15,8ff.). En passant bietet

---

der Menschenfrauen werden. Sei es, sich exklusiv als ganzes Volk erwählt zu wissen, oder sei es, einen Trumpf im Geschlechterkampf auszuspielen: Beides konnte offenbar wichtiger sein, als an die Pointe des WB anzuknüpfen, die Hauptverantwortung für das Unmaß an Bösem auf die Welt gerade nicht der Menschheit, einem Teil der Menschheit oder gar Gott, sondern den Engeln anzulasten.

50 So entzieht sich das WB denn auch grundsätzlich dem kritischen Gedanken, dem sich gewisse jüdische Kreise mit Ijob oder Koh ein Stück weit gestellt haben, dass nämlich die Menschen vielleicht eher ein Rädchen im Getriebe des Kosmos sein *möchten* als dass sie es eigentlich sind.

51 WACKER, Weltordnung (1982) 285 führt bezüglich der Verwendung der Lexeme נפש und רוח zur Bezeichnung der Toten als ,Lebewesen' an: „Grund dieser neuen anthropologischen Terminologie ist (…) nicht das Bedürfnis, eine adäquate sprachliche Formulierung der Auferstehungshoffnung zu finden. Ihr gilt im ,Buch der Wächter' nur wenig Aufmerksamkeit, und sie kann in Dan 12,2 ohne diese Terminologie ausgedrückt werden. Die neue Terminologie steht vielmehr im Dienst der Ankündigung des Schicksals der toten Sünder." Diese Erklärung entspricht durchaus den bisherigen Beobachtungen.

52 Vgl. STUCKENBRUCK, Origins (2004) 101, der von ,misfits' spricht.

das WB damit eine mit dem israelitisch-jüdischen Monotheismus zu-
sammengehende Ätiologie für die Existenz von Dämonen.[53] Im Unterschied zu den Menschen werden den Engeln spezifische Funktionen
und Ränge zugeordnet, was am besten damit zu erklären ist, dass der
Rekurs auf Engel unterschiedliche Themenbereiche abdeckt.[54] Was die
abtrünnigen Wächterengel angeht, findet sich in der Forschung häufig
die These vertreten, sie würden deutlich für die Jerusalemer Priesterschaft stehen, wodurch der Schrift auf textpragmatischer Ebene ein
stark polemischer Charakterzug eignen würde.[55] Da es große Auswir-
kungen auf die Einschätzung der gesamten Henochliteratur hat, ob der
These zugestimmt wird oder nicht, soll ihr nachfolgend eine detaillierte
Diskussion gewidmet sein.

Exkurs 3: Die Engel als Priester?

Nach SUTER[56] ist beim Interpretieren des WB zu beachten, dass in Kap.
6–16 nicht die Menschen, sondern die Engel im Zentrum stehen. Der
Text müsse „to be taken as a paradigm (rather than an etiology) of the

---

53 Vgl. hierzu bereits die Erwägung unter 4.2., Anm. 13. Dem WB wird eine zentrale
    Rolle für die Entwicklung der frühjüdischen Dämonologie z. B. in WRIGHT, Origin
    (2005) [vgl. auch ders., Spirits (2006)] zugesprochen.
54 So lassen sich nach DÖRFEL für die Angelologie des WB „drei unterschiedliche the-
    matische Schwerpunkte festhalten: die Lehre vom Herabsteigen der Wächter und
    dessen Folgen als Illustration einer Theodizee, die Darstellung der Keruben um den
    göttlichen Thron als Akzidenz der Hierofanie und schließlich die Lehre von sieben
    (Erz-) Engeln, die über einzelne Schöpfungsbereiche gesetzt sind, als kosmologisch-
    theologisches Modell." [Dies., Engel (1998) 234.]
55 Anlass zur Rezeption der These gaben primär die Arbeiten SUTER, Angel (1979) [vgl.
    bestätigend ders., Angel (2002); Temples (2007)] und NICKELSBURG, Enoch (1981)
    [vgl. ders., Commentary (2001) 119.122.231; Roots (2002) 339], wobei NICKELSBURG
    betont, die These unabhängig von SUTER entwickelt zu haben. Positiv aufgegriffen
    wird sie bei Vertretern eines ‚Enochic Judaism' [vgl. BEDENBENDER, Gott (2000) 182–
    184 (allerdings mit gewisser Kritik an SUTERs These); Theologie (2000) 8; BOCCACCI-
    NI, Hypothesis (1998) 77; Roots (2002) 99]. Darüber hinaus wird sie beispielsweise in
    den Arbeiten von HIMMELFARB [vgl. dies., Ascent (1993) 21–23.27.103; Levi (1999) 12;
    Priests (2002); Kingdom (2006) 16–30], KVANVIG [z. B. ders., Roots (1988) 99–104;
    Origin (2002) 211], bei REED [vgl. dies., Angels (2005) 64f.] und WRIGHT rezipiert
    [vgl. ders., Lord (1997); Wisdom (2004)]. Zumindest in Erwägung gezogen wird die
    Gleichsetzung von Engeln und Priestern von COLLINS [vgl. ders., Technique (1982)
    97; Imagination (²1998) 50; Theology (2002) 60f.], wobei dieser immer wieder die
    ‚apokalyptische Polyvalenz' des WB herausstreicht, was diverse ‚Wiederanwendun-
    gen' des Textes ermöglicht habe [vgl. hierzu einschlägig die erstgenannte Arbeit
    COLLINS, Technique (1982); sie wird unten unter 5.5. noch detaillierter diskutiert].
56 SUTER, Angel (1979) und bestätigend ders., Angel (2002).

origin of evil"[57], und zwar insofern, als er eine Analogie zwischen Engeln und Priestern herzustellen bezwecke. Die Analogie ergebe sich insbesondere durch Aspekte der Familienreinheit, auf die angespielt würde und die in Form der Endo- und Exogamie-Thematik für Priesterfamilie eine zentrale Rolle gespielt habe. Das WB stamme damit aus der Feder von Schreiberkreisen, der es darum ging, eine in ihren Augen korrumpierte Priesterschaft zu kritisieren, die das Heiligtum zu verunreinigen drohte.[58] Als Anspielungen auf die Thematik der (priesterlichen) Familienreinheit interpretiert SUTER die Bemerkungen, dass sich die Wächterengel durch die Frauen verunreinigt hätten, den Vorwurf von 15,4–12, dass sie eine Grenze überschritten hätten, indem sie sich Menschenfrauen genommen hätten, und schließlich die Bezeichnung der Riesen als μαζήρεοι in G^A. Hinter μαζήρεοι stehe der Ausdruck *mamzerim*, der die Riesen als Kinder aus einer illegitimen Beziehung brandmarke.[59] Polemisch gegenüber Priesterkreisen gelte es darüber hinaus 15,2 zu interpretieren: Wenn den Wächtern vorgeworfen werde, dass sie eigentlich für die Menschen Fürbitte einlegen müssten und nicht ein Mensch für sie, verweise dies deutlich auf priesterliche Aufgaben, die als vernachlässigt wahrgenommen worden seien. Neben diesen textinternen Indizien verweist SUTER auf andere Texte, um seine These zu stützen. Auf TestXII.Lev, Esra 10, Neh 13 sowie Schriften von Josephus und Philo nimmt er Bezug, um zu verdeutlichen, dass die Endo- bzw. Exogamiefrage in jener Zeit für Priesterkreise brisant gewesen sein muss. Andererseits verweist er auf CD und auf TestXII.Lev bzw. ALD als Texte, die seines Erachtens die Vergehen der Wächterengel wie das WB mit der Kritik an Priestern in Verbindung bringen. Als dritter Argumentationsstrang greift er auf seine oben angesprochene Unterscheidung zwischen einer ätiologischen und paradigmatischen Interpretation zurück. Eine paradigmatische Deutung sei plausibler, denn:

> „An etiological interpretation leads to a dualistic explanation of the origin of evil in which evil is imposed on the human race from without. This solution fits poorly into a monotheistic system, however, since it presupposes the existence of two powers in heaven, and where it is found in ancient Judaism – see Jub. 10:8–9 and 1QS III. 17–24 – care is usually taken to fit the

---

57 SUTER, Angel (1979) 116f.

58 Diese Kreise verortet er geographisch im Dan des 3. Jh. v. Chr. [vgl. SUTER, Angel (2002) 141f.; zur Diskussion der Lokalisierung des Trägerkreises vgl. unten unter 5.6.3., insbes. Anm. 356].

59 In SUTER, Angel (2002) 138, Anm. 7 räumt er ein, dass es sich bei *mamzerim* um keinen geläufigen Begriff handelt. Er verweise nicht notwendigerweise auf einen priesterlichen Kontext und auf die Legitimitätsfrage.

will of the forces of evil into the divine economy. The myth of the fallen angels, however, makes no effort to fit the rebellion of the angels into the larger purpose of God."[60]

NICKELSBURG[61] entwickelt die These einer Analogie von Engeln und Priestern in Zusammenhang mit Überlegungen zur Verfasserschaft von Kap. 12–16. Dieser Text stammt seines Erachtens von Kreisen aus Galiläa, die Dan als Heiligtum gepflegt und in einem Konflikt zur Jerusalemer Priesterschaft gestanden hätten. Textintern argumentiert er wie SUTER mit 1 Hen 15,2–4. Die Passage „closely resembles explicit polemics against the priesthood."[62] Zudem geht er davon aus, dass das WB die Engel als Priester im himmlischen Heiligtum zeichnet. Auch er zieht dann aber vor allem andere Texte heran, um die Analogie zu untermauern. So erinnere die Polemik gegen die Priesterschaft an CD v 6–7, PsSal 8,12(.13) und an Esra 9–10, wobei die Esra-Kapitel eine Parallele zwischen den Figuren Henoch und Esra wahrnehmen lasse: Beide würden als Schreiber gekennzeichnet, die Fürsprache für Priesterkreise in Zusammenhang mit einer Heiratspolitik leisten, die als verunreinigend wahrgenommen wird.

„[W]e sometimes manage to persuade ourselves that things are clearer than they really are"[63], räumt HIMMELFARB ein, deren Position eine Weiterführung der Thesen von SUTER und NICKELSBURG darstellt. Sie ruft in Erinnerung, dass weder das Astronomische Buch noch das WB die Jerusalemer Priesterschaft explizit erwähnen, sondern opake Texte bleiben. Ihre grundsätzliche Zustimmung zur These, im WB lasse sich eine Polemik gegen Priesterkreise ausmachen, hängt meines Erachtens mit der Hauptthese zusammen, die sie in ihrem Buch *Ascent to Heaven* entwickelt:[64] Das WB zeichne den Himmel als Tempel und beeinflusse damit in wesentlichem Maß die weiteren Apokalypsen, die Himmelsreisen schildern.[65] Als Hauptargumente für eine Gleichsetzung von Himmel und Tempel im WB führt sie Henochs Beschreibung des himmlischen Ortes an, an dem Gott thront (1 Hen 14). Henoch halte sich dort an den Bauplan eines Tempels.[66] Jedoch auch in den übrigen

---

60 SUTER, Angel (1979) 131f.
61 NICKELSBURG, Enoch (1981), bestätigend z. B. ders., Commentary (2001) 231.
62 Ders., Enoch (1981) 584.
63 HIMMELFARB, Priests (2002) 131.
64 Dies., Ascent (1993).
65 Sie zählt zu diesen Apokalypsen TestXII.Lev, 2 Hen, das Buch der Bilderreden (1 Hen 37–71), die Zefanja-Apokalypse, die Abraham-Apokalypse, die Himmelfahrt des Jesaja und 3 Baruch.
66 HIMMELFARB, Ascent (1993) 14–16. Sie fügt allerdings an, dass der himmlische Tempel „does not seem to correspond in detail to any particular temple described in the

Elementen sieht sie Bezüge zum irdischen Tempel aufscheinen. Zu diesen zählt sie das Niederfallen Henochs vor Gott[67], die Kleidung Gottes[68] und eben auch die Figuren neben Gott, also Henoch und die Engel. Da schließlich jeder Tempel Kultpersonal brauche, deutet sie diese als priesterliche Figuren.[69] Um eine Gleichsetzung von Engeln mit Priestern plausibel zu machen, rekurriert sie auf Argumente von NICKELSBURG und SUTER. Diesen gegenüber streicht sie die Beobachtung heraus, dass das WB im Himmel neben den gefallenen Wächterengeln doch noch gute Priester präsentiere, was in ihren Augen den Optimismus widerspiegelt, es gebe auch unter dem irdischen Kultpersonal noch gute Priester. Anders als in späteren Schriften gehe es beim WB noch um eine „milder condemnation of the Jerusalem priesthood"[70], die gut ins 3. Jh. v. Chr. passe.[71] Erst in TestXII.Lev (bei ALD sei es nicht eindeutig) meint sie festmachen zu können, dass der himmlische Tempel im Zentrum steht, weil der irdische Tempel als definitiv korrumpiert betrachtet wird. In jüngeren Arbeiten spezifiziert sie den Konflikt, den sie postuliert. Die Polemik bezüglich der Heiratspolitik habe nicht auf eine Polemik gegen Priester mit nichtjüdischen Frauen abgezielt, sondern habe sich gegen Priester gerichtet, die Frauen aus nichtpriesterlichen Familien geheiratet haben. Vom Befund, dass die Misch-

---

Hebrew Bible" (ebd. 15), bietet aber folgende Erklärung dafür: „[T]he loose correspondence of heavenly temple to earthly seems to reflect the belief that the heavenly temple so transcends the earthly that the correspondence cannot be exact." (Ebd. 16.)

67   „Prostration before God hardly requires comment; it is an adaptation of the etiquette of greeting human monarchs (…)." [HIMMELFARB, Ascent (1993) 16.]

68   Das strahlende Gewand verweise auf dasjenige, das der Hohepriester gemäß Lev 16,4 einmal im Jahr trage, um ins Allerheiligste einzutreten [HIMMELFARB, Ascent (1993) 18ff.].

69   Zu Henoch als Priester schreibt sie: „Like Ezra, Enoch is priest as well as scribe. While Enoch is actually designated 'scribe' in the Book of the Watchers, his priestly role is implicit in the narrative. Enoch's intercession on behalf of the Watchers is a traditional priestly task, and in order to intercede, Enoch enters the heavenly temple and gains access to the sanctuary, a place reserved for priests." [HIMMELFARB, Ascent (1993) 25.] Zu den Engeln als Priester s. ebd. 20ff.

70   Ebd. 22. Vgl. diesbezüglich auch unten unter Anm. 86.

71   HIMMELFARB postuliert für das WB einen zweistufigen Wachstumsprozess, wobei sie die priesterkritische Tendenz dem ersten Autor (Kap. 6–19) zuschreibt: „The first author adapted a narrative of the fall of the Watchers and appended to it an account of Enoch's dealings with the Watchers. This account draws on earlier traditions, but our author shaped it to suggest that the sins of the Watchers were like the sins of the priests of his own time, thus offering a new perspective on the events of chapters 6–11." [Dies., Ascent (1993) 103.] Ein zweiter Autor, aus dessen Hand die Einleitung und die zweite Reiseschilderung stamme, habe dann das Vorliegende z. T. näher auszuführen, v. a. jedoch stärker in biblischen Traditionen zu verankern versucht. Den historischen Kontext der Wachstumsstufen umreißt sie nicht genauer.

ehenproblematik nach Esra und Nehemia in keinem Text mehr thematisiert wird, schließt sie darauf, dass dieses Problem obsolet geworden ist. Im Gegenteil hätten sich in jener Zeit für Priester und insbesondere für den Hohenpriester die Heiratsregeln durch eine rigorose Auslegung von Lev 21,7 verschärft, was sich nicht nur im WB, sondern auch in ALD und in 4QMMT manifestiere. Die Ehefrau musste nun ebenfalls aus einer priesterlichen Familie stammen. Textinterne Argumente vermag HIMMELFARB für diese Spezifizierung keine zu bieten. Ihres Erachtens lässt sich die Schrift aber im Textvergleich in eine Entwicklungslinie einbetten, die sie als „the rise of Levi and decline of Phinehas in the role of zealous partisan of endogamy"[72] paraphrasiert.

Kritisch mit der Analogie-These setzen sich z. B. TIGCHELAAR und DÖRFEL auseinander.[73] TIGCHELAAR stellt fest, dass auf der Ebene der Wächtererzählung „the issue is not illegitimate marriage as opposed to legitimate ones, but marriage as opposed to non-marriage. Or, more abstract, the respect or transgression of natural boundaries."[74] Als Schlüssel zum Verständnis von 1 Hen 12–16 sieht er 15,3 im Zentrum stehen, die Frage Gottes an die Engel, warum sie den heiligen, ewigen Himmel verlassen hätten. In seiner Kritik geht er nicht so weit, die Analogie zwischen Engeln und Priestern ganz fallen zu lassen, sondern sucht anhand von 15,3 nach einem historischen Ereignis, das seines Erachtens einen stimmigeren Hintergrund für besagte Kapitel abgibt. Er stellt die These in den Raum, dass hier Kritik an Priesterkreisen aufscheine, die den Jerusalemer Tempel verlassen hätten. Konkret sei an den Wegzug Manasses von Jerusalem nach Samaria in Zusammenhang mit der Heirat von Sanballats Tochter Nikaso zu denken, von dem Josephus in Ant. 11 berichtet. Das WB würde sodann eine antisamaritanische Polemik aus Sicht der Jerusalemer Priesterschaft oder deren Anhängerschaft widerspiegeln. Damit stellt er SUTERs und NICKELSBURGs These einer gegen Jerusalem gerichteten Polemik auf den Kopf. DÖRFEL ihrerseits stört sich an der Parallelsetzung von Engeln und Priestern, hält aber daran fest, dass es um die Mischehenproblematik gehe. Die Parallelsetzung geht ihres Erachtens nicht auf, weil Priester, anders als die Engel, die laut WB nicht heiraten dürfen, durchaus eine Heiratspflicht gehabt hätten.[75] So sieht sie denn keine spezifisch an die Pries-

---

72 HIMMELFARB, Levi (1999) 2.
73 TIGCHELAAR, Prophets (1996) 198–203; Remarks (2002) 143f.; DÖRFEL, Engel (1998) 205f.269.
74 TIGCHELAAR, Remarks (2002) 144.
75 Auch HIMMELFARB betrachtet dies als eine Schwierigkeit, meint aber – und scheint mit dieser Lösung selbst nicht ganz zufrieden zu sein –, dass „[t]his lack of fit is the

terklasse gerichtete Polemik aufscheinen, sondern postuliert eine Entsprechung einerseits zwischen den Engeln und dem Volk Israel, andererseits zwischen den Menschen und den Fremdvölkern. Wie es den
Engeln nicht geboten sei, sich mit menschlichen Wesen zu verbinden,
sollten Angehörige des Volkes Israel nicht Fremde heiraten. Damit
spricht sie dem ‚Volk Israel' implizit eine eigene Schöpfungsgröße zu.

Vorab muss SUTERs Grundanliegen gelobt werden, das WB überhaupt „in terms of its own structure and cultural context"[76] zu untersuchen. Seine Arbeit hat – gerade da auch NICKELSBURG zu ähnlichen
Resultaten gekommen ist – Überlegungen zum historischen Kontext
des WB zweifellos mehr Gewicht gegeben. Umgekehrt erstaunt es, dass
sein erster Versuch einer Einbettung kaum zu kritischen Weiterführungen angeregt hat, sondern in der Forschung in der Regel unkritisch
rezipiert wird. An mehreren Punkten zeigen sich Probleme, über die
nicht einfach hinweggegangen werden kann. Erstens zeigen obige Ausführungen, dass – wenn man eine Analogie postuliert – bereits die
Deutung einer solchen sehr unterschiedlich ausfallen kann. Der Text
bietet keine klaren Spezifizierungen, welcher Konflikt genau gemeint
wäre und zwischen welchen Kreisen er postuliert werden müsste. Warum hätte ein Verfasser die Anspielungen nicht deutlicher gestaltet,
wenn es ihm offenbar in zentraler Weise darum ging, die Wächtergeschichte mit der Henochfigur zu kombinieren und damit zum Vehikel
seiner Polemik gegen gewisse Priesterkreise umzugestalten?[77] In seiner
Arbeit von 1979 macht es sich SUTER relativ leicht, die Textfunktion des
WB mit seiner Analogiethese zusammenzubringen, indem er den ätiologischen gegen den paradigmatischen Charakter der Schrift ausspielt.
Die bisherigen Ausführungen zum WB dürften bereits deutlich genug
gezeigt haben, dass der Text – besonders, wenn man Kap. 1–36 als Einheit versteht – als komplexeres Gefüge funktioniert, als er es damit
nahelegt.[78] In seinem Aufsatz von 2002 erwähnt SUTER seine Zuspit-

---

result of the inherited material the author of 12–16 has decided to put to new use
(…)." [Dies., Priests (2002) 133; vgl. auch dies., Temple (2007) 223.]

76   SUTER, Angel (1979) 116.
77   Vgl. in diesem Zusammenhang auch die kritische Anfrage, mit der ZAGER die Re-
     zension von BEDENBENDER, Gott (2000) beschließt – dieser postuliert die Existenz ei-
     nes ‚henochitischen Judentums' und knüpft dessen Charakter dabei wesentlich an
     die priesterkritische Tendenz des WB: „Genügt der Hinweis auf die Fürbitterfunkti-
     on der Engel und deren Verunreinigung durch den Kontakt mit Frauen und durch
     Blut in der Geschichte vom Wächterfall für die Behauptung, in dieser ‚artikuliere
     sich eine wachsende Unzufriedenheit mit dem priesterlichen Establishment in Jeru-
     salem' (182)?" [ZAGER, Rez. Bedenbender (2002) 636.]
78   Vgl. hierzu auch REED, Angels (2005) 37, die neben SUTERs Aufsatz noch auf MO-
     LENBERG, Study (1984) verweist, eine Arbeit, welche die Funktion ebenfalls zu einsei-

zung der Textfunktion nur noch am Rande.[79] Dagegen beruft er sich nun, um seine These zu stützen, auf COLLINS' Charakterisierung des WB als Schrift, die schon aufgrund ihrer Gattung ein polyvalentes Werk darstellt, das sich auf verschiedene historische Situationen beziehen lasse.[80] Doch auch ein Rekurs auf die Polyvalenz eines Textes reicht meines Erachtens noch nicht, um eine konkrete Textdeutung plausibel zu machen. Ergänzend müsste dargelegt werden, in welche anderen Bedeutungszusammenhänge die postulierte Sinnrichtung mit welchem Gewicht eingebettet ist. Man müsste zeigen, wie die spezifische Deutung ins Gesamtbild des WB oder der Passage passt, auf die man sich als eine mögliche Vorstufe bezieht. Stellt sich heraus, dass eine Deutung gewichtigen Hauptlinien dieser literarischen Einheit entgegensteht, dürfte dies gegen sie sprechen.[81] Keine der erwähnten Arbeiten zielt auf eine solche Einbettung in das Textganze ab, was mich zu weiteren Kritikpunkten führt.

Als eines der tragenden Argumente für eine Analogie wird ins Feld geführt, dass in 1 Hen 14 der Himmel mit dem Tempel gleichgesetzt werde. Schaut man das Textganze an (seien es Kap. 1–36 oder nur die Passagen Kap. 6–16 oder Kap. 12–16, die in obigen Arbeiten als Einheit angesehen werden), fällt die Inszenierung Gottes als Herrscher par excellence auf. Oben unter 5.1. ließ sich festhalten, dass der Aufweis seiner Souveränität eine zentrale Rolle im WB spielt. Obwohl er natürlich noch immer als Gott angesprochen wird und die Engel als Heilige bezeichnet werden, steht die Herrscherrolle durch das gesamte WB hindurch stärker im Vordergrund als seine Rolle als Gott, dem ein spezifischer Kult gebührt. Das WB streicht primär heraus, dass Gott Loyalität einfordert. Wenn nun Henoch in Kap. 14 schildert, wie er vor Gott

---

tig als ‚typologisch' bestimme. Ihre weiteren Ausführungen zu den Taten der Wächterengel legen die Verwobenheit von ätiologischem und paradigmatischem Charakter gerade auch in Bezug auf mögliche Redaktionsphasen überzeugend dar [REED, Angels (2005) 37–57].

79 Allerdings räumt er ihr dann in SUTER, Theodicy (2005) 332f. im Rahmen seiner Kritik an BOCCACCINI, zu stark den ätiologischen Zug des WB in den Vordergrund zu stellen, wieder einen zentraleren Platz ein.

80 SUTER, Angel (2002) 138. Er bezieht sich dabei auf die Erstauflage von COLLINS, Imagination (²1998), die 1984 erschienen ist. COLLINS selbst präsentiert die These einer Polyvalenz als ‚apokalyptischer Technik' erstmals ausführlich in ders., Technique (1982). Für Näheres zu dieser Arbeit s. unten unter 5.5.

81 Hier liegt denn auch eine große Schwäche von NICKELSBURGs erstem Kommentarband zu 1 Hen [ders., Commentary (2001)]. Einerseits extrahiert er über die verschiedenen Bücher hinweg das ‚Weltbild' von 1 Hen, spricht aber im Kommentarteil einzelnen Textpassagen Sinnnuancen zu, die bisweilen schwierig zusammenzubringen sind. Weiter oben wurde bereits erwähnt, dass das WB als literarische Einheit von vornherein ausgeblendet ist.

gelangt, scheint der Text genau mit dem Aspekt zu spielen, den HIM-
MELFARB unterstreicht, dass nämlich bezüglich der Wohnstätte Gottes
„temple and palace are two aspects of the same dwelling place"[82]. Tritt
Henoch im WB vor den souveränen Herrscher des Universums, stellt
der Text meines Erachtens bewusst die königliche Konnotation in den
Vordergrund und lässt den Thronort Gottes eher als Palast denn als
Tempel wahrnehmen: Henoch wird Zugang zum Palast des Universalherrschers gewährt, der deswegen aber nicht die Eigenschaft verliert,
auch der heiligste Ort zu sein. Der Text scheint aber nicht nur mit den
Sinnnuancen des Thronortes in Zusammenhang mit der Konnotation
Gottes als König zu spielen. Auch die Rollen aller anderen Figuren im
WB werden in das Setting eines Königreiches eingepasst modelliert,
wobei auch hier stets eine Zweideutigkeit zu beobachten ist: Die Geschöpfe und unter ihnen also auch die Menschen sind Untergebene,
von denen ihrem Herrn gegenüber Loyalität eingefordert wird – aber
sie bleiben damit natürlich die Verehrerinnen und Verehrer YHWHs.
Die Engel werden als Palastpersonal von Wachen bis hin zu Sonderbe-
amten gezeichnet, die einen privilegierten Zugang zu Gott haben –
doch sie bleiben trotz allem die heiligen Engel Gottes. Dass speziell
deren Fürsprechfunktion auf Priester verweisen soll, überzeugt meines
Erachtens nicht, da nicht nur Priestern eine solche Funktion zukommt.[83] In einem ausdifferenzierten Regierungsapparat, in dem der
Zugang zum Herrscher und dessen Palast restriktiv gehandhabt wird,
braucht es die Beamten und die Berater des Königs, die als Vermittler
auftreten.[84] Auch Henoch kommt schließlich eine solche Vermittlerpo-

---

82 HIMMELFARB, Ascent (1993) 14.
83 Zudem lässt sich die Frage aufwerfen, inwiefern die Fürsprachefunktion für das
   Priesterdasein überhaupt im Sinne, wie sie im WB eine Rolle spielt, relevant war.
   Der Priesterschaft ist im antiken Palästina wie andernorts im Alten Orient „the deli-
   cate task of mediating between humanity and the divine through the sacrifices they
   offered in the temple" zugekommen, wobei „[t]he rituals priests performed were
   understood to keep the cosmos functioning properly" [HIMMELFARB, Kingdom
   (2006) 1]. Priesterliche ‚Vermittlungsarbeit' erscheint in diesem Licht als relativ
   gleichförmige Aufgabe, die stark an Opferrituale geknüpft ist. Im WB spielen bezüglich der diskutierten Fürsprachefunktion weder Opferrituale eine Rolle, noch geht es
   um eine repetitive Arbeit. Für ein Gesamtbild der Aufgaben der nachexilischen
   Priester s. z. B. GRABBE, Religion (2000) 135–137.147–149.
84 Vgl. diesbezüglich einmal mehr die Herrscherideologie und den Regierungsapparat
   in Est. Auch für eine Palastaudienz findet sich dort mit der Erzählung, wie Ester ihr
   Anliegen vor den König bringt, eine interessante Parallele. Schildert insbesondere
   der hebräische Text die Lage des Königshauses als umgeben von einem inneren Pa-
   lasthof, den Ester beschreiten muss, um vor den König zu gelangen (Est 5,1–2), erwähnt der griechische Text – in einer theatralischen Dramatisierung der Begeg-

sition zu, und zwar nicht, weil er Priester ist, sondern weil er von Gott die singulären Aufträge bekommt, einerseits gegenüber den abtrünnigen Engeln aufzutreten, andererseits sein Wissen als Segensbotschaft an die ferne Generation weiterzugeben (14,3; 1,2).[85] Damit kommt ihm, auf den religiösen Bereich übertragen, keine priesterliche, sondern eine prophetische Rolle zu. Akzeptiert man die dargelegte Kritik, muss schließlich auch der Befund anders gedeutet werden, dass andere und besonders spätere Schriften Himmel und Tempel in bedeutenderer Weise zusammenbringen als das WB. Dass sie dies tun und im gleichen Zug allenfalls auch die kritisierten Priester mit den Wächterengeln zusammenbringen, mag – wie es HIMMELFARB vermutet – einer negativeren Sichtweise entspringen, was den Jerusalemer Tempel angeht.[86] Eine Gleichsetzung, sei es von Tempel und Himmel, von Engeln und Priestern oder im Speziellen von den durch Henoch kritisierten Wächterengeln mit einer Gruppe irdischer Priester, dürfte insofern höchstens als Rezeptionsphänomen interpretiert, dem WB jedoch nicht unter dem Deckmantel seiner Polyvalenz übergestülpt werden.[87]

---

nung – den für Ester furchterregenden Anblick des Königs, der sie gleich zweimal nacheinander in Ohnmacht fallen lässt (Est 5,1cff.).

85   Die Hierarchie Gott – Engel – Henoch erinnern an HANDYs These einer bürokratische Grundstruktur des syro-phönizische Pantheons [vgl. ders., Host (1994)]. Er unterscheidet vier Hierarchiestufen: Unter den eher passiven ‚authoritative deities‘ würden die ‚active deities‘ agieren, denen wiederum die ‚artisan deities‘ untergeordnet seien. Am unteren Ende der Hierarchie seien die ‚messenger deities‘ anzusiedeln. Von dieser vierteiligen Struktur könnten somit drei Stufen auf das WB und seinen ‚Administrationsapparat‘ übertragen werden: Gott/YHWH, der die autoritative Spitze des Systems bildet, ist zuständig für „the establishment of a working order within the organization, the maintenance of functional positions for those within the organization, knowledge about what transpires and ought to transpire within the organization, and dealing with problems that overwhelm those occupying lower levels in the hierarchy." (Ebd. 65f.) Die Engel könnten den ‚active deities‘ zugeordnet werden, denen es obliegt, „to perform in a way that would enable the cosmos to operate smoothly." (Ebd. 97) Den Angehörigen dieser Administrationsstufe ist nach HANDY je „a specific sphere of authority over which to exert his or her control" (ebd.) zugeordnet. Während das WB für die dritte Stufe keine Entsprechung bietet, kann Henoch dem Personal mit Botenfunktion zugeteilt werden.

86   Vgl. ihre These, dass „the origins of the development of an elaborate picture of the heavenly temple lie in the feeling that the Jerusalem temple is defiled. If the earthly temple is polluted, the true temple must be found in heaven. This is the picture of the Testament of Levi; the surviving fragments suggest that it was also the picture of Aramaic Levi, but it is impossible to be certain. Such a picture is implicit in the attention given the heavenly temple in the Sabbath Songs from Qumran." [HIMMELFARB, Ascent (1993) 22.]

87   Wurde z. B. unter Priesterkreisen ein Missstand sichtbar, ist es durchaus denkbar, dass man solche Kreise in Analogie zu den Wächterengeln als Abtrünnige und entsprechend als vom Verdikt Henochs getroffen brandmarken konnte. Das WB musste

In einigen der erwähnten Arbeiten wird eingeräumt, was TIGCHE-
LAAR und DÖRFEL kritisch ins Feld führen, dass nämlich die Parallelsetzung von Engeln und Priestern an einem wichtigen Punkt nicht aufgeht: Die Engel tun laut WB das Falsche, wenn sie sich mit
Menschenfrauen verbinden, da eine solche Verbindung ihrer Natur,
wie sie Gott bestimmt hat, per se entgegenläuft. Für irdische YHWH-
Priester gilt dies bekanntlich nicht. Reicht es nun aber, diesen Befund
unter Verweis auf die heterogenen Traditionen, die im WB zusammen-
gekommen sind, unter den Tisch zu wischen, oder zu bemerken, nur
„[f]or comparative purposes"[88] müsse man sich dieser Unstimmigkeit
bewusst sein? Auch TIGCHELAAR und DÖRFEL ziehen keine größeren
Konsequenzen aus der Beobachtung: TIGCHELAAR stellt die Engel-
Priester-Analogie damit nicht in Frage und verstrickt sich, indem er
den Vorwurf ins Zentrum stellt, dass die Engel den Himmel verlassen
hätten, in andere Schwierigkeiten.[89] Bei DÖRFEL bleibt die Spannung
durch die These, dass die Engel für das ‚Volk Israel' stehen würden,
insofern ungelöst, als die genannte Asymmetrie auch zwischen Engeln
und dem Volk bestehen bleibt. Die beobachtete Unstimmigkeit verweist meines Erachtens darauf, dass die Analogiesetzung dem Profil
des WB in Bezug auf einen weiteren zentralen Punkt entgegenläuft,
und zwar in Bezug auf die Ontologie, die das WB präsentiert. Im WB

---

die Engelfiguren dazu nicht bereits selbst auf Priester hin entworfen haben. Es ist
unbestreitbar, dass insbesondere gewisse der so genannten Sektentexte von Qumran
bezeugen, dass die Grenze zwischen Engeln und Menschen, jedenfalls auf das
Selbstverständnis spezifischer Menschengruppen bezogen, durchlässig werden
konnte. Dies soll aber gerade zur Vorsicht gegenüber Rückprojizierungen mahnen.
Wie es einige der erwähnten Arbeiten anmerken, fällt speziell in Jub eine Stilisierung
Henochs als Priester auf. Auch dieser Befund lässt sich anders als dadurch erklären,
dass Henoch bereits im WB als solcher konzipiert worden ist. In Jub spielen der Kult
der Vorväter und eine Synchronisierung des Lebenswandels der Engel mit dem Lebenswandel der Angehörigen des ‚Volkes Israel' generell eine wichtige Rolle, dies
aber v. a. im Rahmen der Präsentation dieser Volkes als unter den Völkern erwählte
Gemeinschaft, der Gott seit der Schöpfung eine besondere Heiligkeit zugesteht. Eine
solche Ideologie findet sich im WB nicht. Da Jub Henoch zu den vorbildlichen Vorvätern zählt, scheint es, als habe es ihn eigenständig zu einem Vorbild in seinem
Sinne ummodelliert [vgl. hierzu z. B. HIMMELFARB, Sacrifice (2004) 116; VANDER-
KAM, Growth (1984) 184–188].

88   SUTER, Angel (2002) 139. Für Ersteres s. HIMMELFARB, Priests (2002) 133 (vgl. bereits
     Anm. 75).

89   Nach HIMMELFARB ist es ein zu punktuelles Ereignis, das TIGCHELAAR ins Zentrum
     rückt. Es sei unwahrscheinlich „that the author of chapters 12–16 would have found
     behavior that was widely condemned so threatening." [HIMMELFARB, Kingdom
     (2006) 25.] TIGCHELAAR selbst räumt ein, dass „[i]n Enoch the Watchers first leave
     heaven and then take the women, whereas in Josephus the order is the other way
     round." [Ders., Remarks (2002) 144.]

ist die Grenze zwischen verschiedenen Arten von Geschöpfen zentraler Ausdruck dafür, dass erst das richtige Zusammenspiel verschiedener Geschöpflichkeiten, denen Gott ihrer Natur gemäß je eine Ordnung zugedacht hat, das gute Funktionieren des Schöpfungsganzen gewährleisten. Damit wird die Beschaffenheit der Menschheit anderen Spezies gegenüber betont. Der Menschheit als ganzer obliegen wesensspezifische Regeln. Das Gleiche gilt für die Engel. Einerseits tritt dies zutage, wenn der Text als spezifische Antwort auf die Theodizeefrage und damit nicht zuletzt auch als Anthropodizee gelesen wird: Das Böse konnte sich in einem Maß, das ein Eingreifen Gottes erfordert, auf der Welt nur wegen der abtrünnigen Wächterengel breitmachen. Sie sind es, die gegen Gott und seine Ordnung, aber eben auch gegen die Menschen gehandelt, deren Lebenswelt durcheinander gebracht und auch sie zu Fehlverhalten verleitet haben. Andererseits könnte eine Abgrenzung der menschlichen Spezies von der Spezies der Engel kaum stärker als über die Begründung betont werden, warum die sexuelle Vermischung der Engel mit den Menschenfrauen eine falsche Tat war. Indem sie sich sexuell fortpflanzten, taten die Engel, was den Menschen aufgrund ihrer Sterblichkeit geboten ist, um das Weiterbestehen der Menschheit zu gewährleisten. Den Engeln als unsterbliche Wesen steht solches Tun nicht zu. Sich als Engel sexuell fortzupflanzen, ist eine Wesensverkehrung und damit eine besondere Kampfansage an Gott als Schöpfer. Der zynische Spott, der Gott mit 15,2 in den Mund gelegt wird, drückt denn auch aufs Schärfste die Missbilligung dieser Wesensverkehrung aus. Eines tieferen Sinnes bedarf diese Passage meines Erachtens nicht, ebenso wenig die Frage Gottes an die Engel, warum sie den Himmel, also die ihnen zugeordnete Lebenswelt, verlassen haben. Wird eine Analogie zwischen Engeln und Priestern postuliert, stellt sich dies quer zu besagter Betonung der Wesensgrenzen. Der Text würde von der Leserschaft verlangen, Grenzen zu verwischen, die kaum deutlicher als zentrale Grenzen hätten markiert werden können. Damit die Analogie aufgehen würde, müsste man die menschlichen Priester ihrer Wesensordnung entheben.[90] Laut WB verbindet alle Ge-

---

90 Anhand von SUTERs Argumentation kann nachgezeichnet werden, wie leicht die Grenzziehung aus dem Blick geraten kann. In 1 Hen 12–16 wird die Heirat der Wächterengel mit Menschenfrauen seines Erachtens problematisiert, „because it violates sacred boundaries between heaven and earth and spirit and flesh" [ders., Theodicy (2005) 331]. Sieht er dies noch durchaus richtig, geht sein Schluss in die falsche Richtung, dass dies vergleichbar sei mit „the marriage of priest and laity in 4QMMT, where the law of mixed fruits is systematically cited to rule it out" (ebd. 331f.). Was das WB und 4QMMT stark unterscheidet, ist nun aber gerade der gänzlich unterschiedliche Blick auf die Menschen: Während im WB, wie wir gesehen haben, alle Menschen der gleichen Ordnung unterstehen – und entsprechend kann

schöpfe, dass sie die vorgegebene Ordnung be- oder missachten können. Erwägungen zu möglichen Analogiesetzungen in Bezug auf fal-
sches Verhalten müssen primär an diesem Punkt ansetzen.

Ein letzter Kritikpunkt betrifft die Frage nach der Art und Weise,
wie das WB seine Leserschaft anspricht. Diese Frage ist nicht leicht zu
beantworten, da zum einen weder die Gattung noch der Sitz im Leben
näher bestimmt werden können. Zum anderen wissen wir noch immer
wenig über das Verhältnis von Schriftlichkeit und Mündlichkeit in den
letzten vorchristlichen Jahrhunderten. Es bleibt unklar, welche gesell-
schaftlichen Kreise – ob im antiken Palästina oder in der Diaspora – wie
stark mit welchen Schriften in Berührung gekommen sind, um sie
überhaupt auf sich beziehen und sich angesprochen fühlen zu können.[91] Und doch kann meines Erachtens auch hier ein Argument gegen
eine Analogiesetzung von Priestern und Engeln festgemacht werden.
Im Rahmen der Lesart des WB, wie sie oben entfaltet worden ist, werden alle Geschöpfe Gottes über die verschiedenen Spezies hinweg entweder den ‚ordentlichen Guten‘ oder den ‚abtrünnigen Bösen‘ zugeordnet.[92] Von den Menschen können sich alle mit den Gerechten
identifizieren, die meinen, durch ihren Lebenswandel die (richtige)
Tradition zu bewahren. Als Böse werden diejenigen verdammt, die
diese Tradition, die als bekannt vorausgesetzt wird, gefährden. Die
Leserschaft scheint also in einem sehr allgemeinen Rahmen dazu motiviert zu werden, angesichts gesellschaftlicher Veränderungen an Altem
oder zumindest an als altbewährt Inszeniertem festzuhalten oder zu
einer solchen ‚altbewährten Ordnung‘ zurückzukehren. Wird eine Analogie zwischen Engeln und Priestern postuliert, müsste sodann eines
der folgenden zwei Szenarien zutreffen: (1) Man ging davon aus, dass
das Lesepublikum vorwiegend aus Priestern besteht. In diesem Fall
hätte also der Kontext der Textübermittlung (Vermittlung nur an einen
ausgewählten Kreis) die Priester dazu veranlassen können, die Botschaft insbesondere auf sich und die Priesterklasse zu beziehen. (2)

---

auch niemand per se mehr als die anderen auf Vergebung hoffen –, differenziert
4QMMT zwischen unterschiedlichen Gruppen und trennt insbesondere nichtjüdische von jüdischen Menschen und innerjüdisch nochmals Angehörige eines nichtpriesterlichen Geschlechtes von Angehörigen der Priesterfamilien ab. Gemäß
4QMMT ist es nicht nur ein unterschiedlicher Grad an Heiligkeit, der diese verschiedenen Gruppen auszeichnet. Auch die Ordnungen für diese Einzelgruppen
sind unterschiedlich. Auf eine solche Differenzierung zielt das WB an keiner Stelle
ab.

91 Vgl. dazu beispielsweise GRABBE, Religion (2000) 150–182, für den Versuch, wich-
     tigste Fixpunkte zu setzen VAN DER TOORN, Culture (2007).
92 Zum konkreten Vokabular insbesondere für die zwei Gruppen unter den Menschen
     vgl. die Zusammenstellung der Bezeichnungen oben unter 4.1., Anm. 6 und 7.

Zwar richtete man sich an ein breites Publikum, doch die Hinweise im Text waren deutlich genug, um trotz einer weiteren Verbreitung die Priesterklasse als spezifische Adressaten kenntlich zu machen. Die bisherigen Ausführungen dürften verdeutlicht haben, dass Letzteres eher unwahrscheinlich ist. Für konkrete Analogiethesen kann kaum textintern argumentiert werden. Der Textbefund stützt meines Erachtens die Annahme, dass das WB von Anfang ein breiteres jüdisches Publikum vor Augen hatte, auch wenn damit die Frage nach der Form der Vermittlung offen bleiben muss. Auf inhaltlicher Ebene spricht dafür, dass im WB die Existenz des Bösen auf der Welt sehr grundsätzlich thematisiert wird. Als historischer Bezugspunkt könnte damit z. B. das Phänomen der Helleni-sierung ins Blickfeld rücken.[93] Auf einen populären Charakter des WB verweist schließlich die Rezeptionsgeschichte. Von den Qumrantexten enthalten fünf Handschriften das WB, und zahlreiche frühjüdische Texte (nicht nur die jüngeren Henochschriften) beziehen sich auf WB-Stoffe und verarbeiten sie weiter.[94] Treffen die geäußerten Thesen zu, muss das Postulieren eines Fokus auf die Priesterschaft also auch auf diesem Hintergrund als fragwürdig erscheinen.

Abschließend soll eine noch unerwähnte Argumentationslinie zur Sprache kommen, die auf die These hinausläuft, das WB enthalte priesterkritische Züge. Einflussreichster Vertreter dieser Argumentationsweise ist BOCCACCINI,[95] der im Rahmen seiner These eines henochischen Judentums neben dem Astronomischen Buch und dem ALD das WB dieser Bewegung zuordnet. Seine Grundposition war bereits in der Einleitung Thema (1.1.2.). Nach BOCCACCINI geht es beim henochischen Judentum um eine priesterkritische, aber selbst Priesterkreisen entstammende Bewegung, die sich im Rahmen der Auseinandersetzungen um eine Neuordnung der Priesterklasse nach der zweiten Rückkehrwelle aus dem Exil unter Darius I. als Oppositionsbewegung konstituiert hat. ,Henochisch' sei die passende Bezeichnung dafür, da die Gruppierung für sich die Henochmythen ins Zentrum gestellt habe. BOCCACCINI umgeht es, detailliert mit dem Text des WB zu argumentieren. Stattdessen ordnet er das WB wie die anderen beiden Schriften einem ideologischen Grundmuster zu, das er diesem „movement of

---

93 Für konkrete Erwägungen zur historischen Einbettung des WB vgl. insbesondere unten unter 6.3.

94 Für Arbeiten mit rezeptionsgeschichtlichem Fokus vgl. bereits 1.1.2., Anm. 20. Zugegebenermaßen könnte diese Verbreitung auch auf eine spätere Popularisierung verweisen, was aber noch immer der Erklärung bedürfte, warum der Text ursprünglich derart offen formuliert worden ist.

95 Als wegweisende Monographien s. BOCCACCINI, Hypothesis (1998); Roots (2002).

dissent"[96] zuschreibt. Die große Gegenpartei sei das ‚zadokidische Judentum'. Diesem weist er eine Ideologie zu, die der henochischen „directly opposed"[97] sei. Insbesondere in Esra und Nehemia, in der Priesterschrift und in den Chronikbüchern trete diese zutage. Für die zadokidische Seite sei die Vorstellung zentral, dass durch den Schöpfungsprozess Unordnung in eine göttliche Ordnung übergeführt worden sei. Sich selbst hätten die ‚Zadokiden' als „the faithful keepers of the cosmic order"[98] verstanden. Dieser Vorstellung stehe nun aber die Behauptung der henochischen Seite entgegen, dass „God's past order has been replaced by the current disorder"[99]. Für diese Partei gelte also, dass „the power that the house of Zadok claims is mere illusion, if not the guilty pretentiousness of evil usurpers. Evil and impurity are uncontrollable, and human beings, including the proud priests of Jerusalem, are powerless. The only hope is God's intervention."[100] Und nahtlos doppelt er nach: „The Enochians completely ignore the Mosaic torah and the Jerusalem temple, that is, the two tenets of the order of the universe. In addition, the attribution to Enoch of priestly characteristics suggests the existence of a pure prediluvian, and pre-fall, priesthood and disrupts the foundations of the Zadokite priesthood, which claimed its origin in Aaron at the time of the exodus, in an age that, for the Enochians, was already corrupted after the angelic sin and the flood."[101] Es ist hier nicht der Ort, BOCCACCINIs These eines henochischen Judentums in Opposition zu einem so genannten zadokidischen Judentum in umfassendem Sinne kritisch zu sichten. Im Zentrum soll hier allein seine Argumentationsweise bezüglich einer priesterkritischen Tendenz des WB stehen. Die zitierte Passage zeigt exemplarisch, wie er dazu tendiert, Einzeltexte und damit auch das WB programmatisch von der Ideologie her zu interpretieren, die er dem Henochjudentum in Abgrenzung zum zadokidischen Judentum zuschreibt. Auf das WB bezogen mag dies an drei Punkten verdeutlicht werden:

1. Es ist unbestritten, dass das WB die Gegenwart als Ära einer ursprünglich durch die Wächtertaten gestörten Ordnung zeichnet.[102] Dies jedoch spezifisch als Polemik gegen vorherrschende Priesterkreise zu deuten, ist vom Text her alles andere als zwingend. Gemäß WB bleibt

---

96 BOCCACCINI, Roots (2002) 89.
97 Ders., Hypothesis (1998) 72.
98 Ebd. 73.
99 Ebd. 73.
100 Ebd. 74.
101 Ebd.
102 Vgl. hierzu ausführlich das nachfolgende Kapitel (5.3.).

das Einhalten der Ordnung Gottes gerade in einer ‚ungeordneten' Zeit wesentlich. Das WB motiviert dazu, an dieser Ordnung festzuhalten oder zu ihr zurückzukehren. Es ist optimistisch, dass dies im Großen und Ganzen möglich ist, auch wenn der Tun-Ergehen-Zusammenhang momentan nicht so funktioniert, wie er sollte. Ein solcher Befund lässt in Erwägung ziehen, dass es gerade die vorherrschende Priesterschaft ist, der das WB in die Hände spielt: Es würde damit einer Bevölkerung, die sich vom Kult und Weltbild dieser Priesterschaft nicht mehr in Bann gezogen fühlt, wie diese es sich wünscht, die Bedeutung dieses Traditionsgutes in einer eindrücklichen Art und Weise vor Augen halten. Wie es die Darlegungen zum Geschichtsbild im WB noch genauer zeigen werden, ist die Gegenwart gemäß WB nicht derart korrumpiert, wie es BOCCACCINIs Äußerungen nahelegen. Das Schlimmste ist dank vorläufiger Sanktionen, dem Binden der Haupttäter und der Vernichtung zumindest des ‚fleischlichen' Teils der Riesen, vorbei. Die Gegenwart ist damit nicht mehr eine Zeit der akuten Not, sondern wird gewissermaßen als ‚Zeit der Nachwehen' gezeichnet, die aber irgendwann ein Ende finden wird. Darauf zählt man, und daran sollen sich alle, die dies allenfalls vergessen haben, wieder erinnern. Das WB ist somit keine Schrift für eine gänzlich verzweifelte Leserschaft oder Verfasserschaft, die ‚nur noch auf ein Eingreifen Gottes hoffen kann'. Die Dramatik im Text ist weit schwächer, als es BOCCACCINI im Rahmen seiner Gegenüberstellung suggeriert.[103] Ähnliches gilt im Übrigen bezüglich seiner Deutung des künftigen Eingreifens Gottes: Laut BOCCACCINI geht die henochische Ideologie von einer Neuschöpfung Gottes aus, was „contradicts the infallibility of God and God's unchallenged control over creation"[104], an der die zadokidische Seite festhalte. Zu postulieren, das WB widerspiegle diese Ideologie, widerspricht den obigen Ausführungen, die dem WB ein Bestreben attestieren, die absolute Souveränität Gottes zu betonen. Es geht im WB beim Eingreifen Gottes um eine *Restitution* seiner Ordnung, nicht um einen zweiten Schöpfungsakt. Gott stellt damit klar, dass sich seine Regeln *nicht* ändern.

---

103 BOCCACCINI bezieht sich in diesem Zusammenhang immer wieder auf HANSON, Rebellion (1977). HANSON selbst präsentiert durchaus gute Textbeobachtungen, überträgt sie jedoch relativ platt auf die Lebenswelt des Trägerkreises des WB. Er geht so weit, das WB bereits in einer von ihm postulierten Frühform, die die Šemiḥaza-Linie von 1 Hen 6–11 umfasst, als „the speculation of a sectarian apocalyptic movement" (ebd. 220) zu bezeichnen. Zu HANSONs eigentümlicher These, dem WB eigne ein priesterkritischer Zug, s. unten unter Anm. 107.

104 BOCCACCINI, Roots (2002) 92.

2. Es stimmt durchaus, dass das WB nicht von Mose spricht und auf den Jerusalemer Tempel nur in Kap. 24–25 eingeht. Auch damit rechtfertigt sich jedoch noch nicht BOCCACCINIs Aussage, der Text *ignoriere* die mosaische Tora und den Jerusalemer Tempel. Insbesondere unter 5.4.1. wird zur Sprache kommen, dass es andere Optionen gibt, diesen Befund zu deuten. Zugegebenermaßen kann sich BOCCACCINI hiermit einer verbreiteten Lesart anschließen. Textinterne Argumente würden dennoch überzeugender wirken als der Verweis auf einen aktuellen „widespread scholarly consensus"[105].

3. Für seine These, der Henochfigur würden deutlich priesterliche Züge zugeschrieben, rekurriert BOCCACCINI auf die oben erwähnten Arbeiten von NICKELSBURG und HIMMELFARB. Schließt z. B. HIMMELFARB recht zurückhaltend, der priesterkritische Zug *könne* als innerpriesterlicher Konflikt verstanden werden, geht BOCCACCINI auch hier gleich einen Schritt weiter und interpretiert dies im erwähnten Sinne als Ohrfeige gegenüber der gesamten zadokidischen Priesterschaft.[106] Oben wurde bereits festgehalten, dass sich die These, Henoch werde im WB als Priester gezeichnet, vom Textbefund her in Frage stellen lässt. Gegen BOCCACCINIs Weiterführung lässt sich ins Feld führen, dass Henoch im WB als Einzelfigur mit singulärer Funktion in Erscheinung tritt. Im Rahmen der Weltgeschichte hat ihn Gott einerseits für die Aufgabe des Überführens der Wächter (14,3), andererseits für das Übermitteln der Segensrede an seine fernen Nachkommen ausgewählt (1,2). Es ist an keiner Stelle davon die Rede, dass den Nachkommen Henochs eine besondere gesellschaftliche Funktion eben z. B. im Sinne einer voraaronitischen Priesterschaft zukäme. An Henoch eine Priesterklasse zu knüpfen ist auch insofern kaum zu bewerkstelligen, als Henoch als einer der vorsintflutlichen Urväter in der Linie zwischen Adam und Noach noch einer der Vorfahren aller Menschen ist. Wenn BOCCACCINI an Henoch, wie er im WB dargestellt wird, die Vorstellung einer vorsintflutlichen Priesterschaft zu knüpfen versucht, zeigt dies meines Erachtens einmal mehr, wie Vertreter eines henochischen Judentums

---

105 BOCCACCINI, Roots (2002) 99.

106 So beschließt HIMMELFARB ihren Aufsatz von 2002 zum Thema mit folgender Bemerkung zum Autor von 1 Hen 12–16: „He could have been a priest, disaffected from elements of the priestly establishment, but he might equally have been a pious layman, disaffected from elements of the priestly establishment, who in his view were endangering the central institutions on which he and all Jews depended. Given the importance of temple and Priesthood, all Jews, or rather, all members of the literate élite who have left us their thoughts, were likely to have ideas about how priests should behave." [Dies., Priests (2002) 135.]

Gefahr laufen, einer verselbständigten Systematisierung zu folgen, die dann Textquellen übergestülpt statt von ihnen abgeleitet wird.

Aufgrund des Dargelegten – sei es in Bezug auf die Argumente von SUTER, NICKELSBURG und HIMMELFARB, aber auch bezüglich der Argumentationsstrategie BOCCACCINIs[107] – kann meines Erachtens nicht mehr behauptet werden, dass der priesterkritische bzw. anti-zadokidische Charakter des WB „unquestionable"[108] sei. Erklärungsbedürftig bleibt mit der Analogiethese insbesondere der allgemeine Charakter des WB. Es ist eine Besonderheit des BW, den Fokus auf die Menschheit als ganze und trotz der spezifischen Vergehen der Wächterengel auf das Böse in einem generellen Sinn zu richten. Wird der priesterkritische Charakter nicht dem gesamten, sondern nur einer Passage des WB zugeschrieben – in den meisten Fällen ist dies die Passage 1 Hen 12–16 –, bleibt des Weiteren offen, welchen Bedeutungsgehalt sowohl die Verfasserschaft als auch die Adressatenschaft einst in der postulierten Grundschicht (Kap. 6–11) hätten erkennen können. Von welcher

---

107 Natürlich hätten neben den erwähnten Arbeiten noch andere diskutiert werden können. Die getroffene Auswahl zielte auf eine Diskussion der einflussreichsten davon ab. Obwohl oben unter 2.1., Anm. 11 bereits auf HANSON, Rebellion (1977) Bezug genommen wurde, soll hier nochmals auf den Aufsatz eingegangen werden, da sich BOCCACCINI im Rahmen der Profilierung seines henochischen gegenüber einem zadokidischen Judentum mehrmals darauf bezieht [vgl. BOCCACCINI, Hypothesis (1998) 42–44; Roots (2002) 99f.]. HANSON schrieb der Überarbeitungsschicht von 1 Hen 6–11, der er die Einarbeitung des 'Asa'el-Materials zuschreibt, sogar noch vor SUTER und NICKELSBURG einen antipriesterlichen Zug zu. In seinen Augen nimmt die Passage 1 Hen 10,4–8, die er dieser Überarbeitungsschicht zuschreibt, auf das Versöhnungstagsritual von Lev 16 Bezug und präsentiert eine mythologisierte und eschatologisierte Form dieses Rituals. Damit aber sei „the normal means provided by the temple cult for dealing with defilement (…) implicitly judged ineffectual", womit „we are witnessing a harsh indictment against the temple cult and its expository tradition" [HANSON, Rebellion (1977) 226]. Seine These wurde von vielen Seiten kritisiert: Während NICKELSBURG, Apocalyptic (1977) 401–403 für 1 Hen 10,4–8 eine Bezugnahme auf Lev 16 überhaupt ausgeschlossen sehen möchte – seiner Kritik schließt sich z. B. STONE, Book (1978) 482 an –, postuliert DIMANT, Perspective (1978) 327 zwar eine bewusste Identifizierung der Engelfigur mit der biblischen Figur, führt diese These aber nicht wertend weiter. HIMMELFARB fragt im Rahmen einer grundlegenden Kritik an HANSONs Tendenz, dem ‚Visionären' per se eine antipriesterliche Note zuzuschreiben, schlicht zurück, *warum* die Mythologisierung und Eschatologisierung eines Rituals ein Zurückweisen dieses Rituals implizieren sollte. Bezüglich der postulierten Dichotomie merkt sie kritisch an, dass HANSON Vorstellungen rezipiere, die der christlichen Theologie entstammen, wenn er „[l]ike so many scholars before him (…) takes it as given that prophecy and cult—read gospel and law—are entirely separate spheres" [HIMMELFARB, Ascent (1993) 28]. Dass BOCCACCINI das Fazit von HANSON unkritisch zitiert und unkontextualisiert in seine Argumentation einbaut, erstaunt ob der Reaktionen auf HANSONs These.

108 BOCCACCINI, Roots (2002) 93.

literarischen Größe ausgehend hätten Kap. 12–16 den Fokus in eine neue Richtung verschoben? Warum genau hätte deren primärer Sinngehalt nicht mehr gepasst?[109] Auch diesbezüglich bleiben also viele Fragen offen. Schließlich wurde deutlich, dass gerade bei der Frage nach einem priester- oder kultkritischen Charakter des WB darauf geachtet werden muss, einzelne Henochschriften nicht vom Gesamtkorpus (1 Hen) her zu interpretieren und ihnen damit Tendenzen anderer Schriften zuzuschreiben. Kritik in diese Richtung übt z. B. REED an NICKELSBURG.[110] Wie wir gesehen haben, geschieht Ähnliches bei BOCCACCINIs Argumentationslinie, nur dass es bei ihm eine hypothetische Ideologie ist, deren Züge er dem WB überstülpt.[111] [Ende des Exkurses]

Neben den Menschen und neben den Engeln, die somit nicht vorschnell auf spezifische Priesterkreise hin ausgelegt werden sollten, kommen im WB weitere Geschöpfe bzw. Schöpfungswerke praktisch nur in den Blick, wenn es um das Exemplifizieren des richtigen oder falschen Tuns geht. Während das gute Tun (u. a. der Himmelslichter und der Bäume) mit Kap. 2 in den Blick kommt, findet das schlechte Tun (der sieben Sterne) in Kap. 18 und 21 Erwähnung.[112] Indem das WB entgegen der heute geläufigen Differenzierung zwischen Dingen und Lebewesen kaum zwischen Geschöpfen und Schöpfungswerken unterscheidet, betont es einmal mehr, dass jedes Werk durch seine Existenz Gott dient. Dies kommt neben Kap. 2 am stärksten bezüglich der Orte und Phänomene zum Ausdruck, die in den Reiseschilderungen beschrieben werden. Der gesamten geographisch-kosmologischen Architektur kann ein exemplarischer Charakter zugeschrieben werden. Es wird illustriert, dass es die einzelnen Werke bzw. Geschöpfe sind,

---

109 Alleine anzufügen, dass Kap. 6–11 im Sinne von Kap. 12–16 überarbeitet worden seien [vgl. SUTER, Angel (2002) 140], gibt hierauf noch keine befriedigende Antwort.

110 Vgl. REED, Angels (2005) 63f. Sie spricht hier konkret auf die polemischen Spitzen der Tiervision (1 Hen 85–90) und der Wochenapokalypse (1 Hen 93,1–10; 91,11–17) gegen den Tempel an, die NICKELSBURG in einen Zusammenhang mit 1 Hen 12–16 bringt.

111 So ist es denn frappant, dass von den vier ‚antizadokidische Implikationen‘, die BOCCACCINI auflistet [vgl. ders., Roots (2002) 91–93], keine vom Textbefund des WB her plausibel erscheint.

112 Es fällt auf, dass mit Ausnahme von 7,4 und 33,1 Tiere keine Erwähnung im WB finden. Jedenfalls aus mitteleuropäischer Perspektive hätte sich zum Beispiel auch ein Verweis auf das Phänomen der regelmäßigen Vogelzüge als Ausdruck eines geordneten Laufes der Schöpfung anerboten. Die in 33,1 erwähnten Tiere scheinen zudem außerhalb des menschlichen Lebensbereiches zu stehen: Es sind weder domestizierte Tiere noch die wilden Tiere, auf die etwa in den Gottesreden des Ijobbuches Bezug genommen wird.

durch deren Zusammenspiel sich Gottes Schöpfungsplan verwirklicht bzw. zu verwirklichen hat. Das WB zeigt in diesem Zusammenhang schließlich auf, dass es neben ‚Dienstverhältnissen', die das Aufrechterhalten der beständigen Ordnung generell betreffen, einmalige Aufgaben gibt, deren Ausführung Gott besonderen Geschöpfen zugedacht hat. Punktuell dienen ihm z. B. die Himmelsphänomene, die Henoch in seiner Vision in die Lüfte entschwinden lassen und vor Gott bringen (14,8), aber auch die Erzengel durch das Ausführen ihrer Aufträge (Kap. 10) und nicht zuletzt Henoch, auf dessen Mittlerfunktion Gott ebenfalls für einzelne Situationen im Geschichtslauf baut.[113]

Im vorangehenden Kapitel (5.1.) zeigte sich, dass das WB Gott der Theodizeefrage enthebt, indem es ihn die Maßstäbe für das Gute setzen lässt. Die Schuld für das Böse weist es den Geschöpfen zu. Sie handeln schlecht, wenn sie gegen Gottes Schöpfungsordnung verstoßen. Insbesondere seit den Taten der abtrünnigen Wächterengel betreffen solche Vergehen auch diejenigen Geschöpfe negativ, die Gott treu sind, also die Gerechten. Eine Rückkehr zur guten, normalen Ordnung kann nicht mehr ohne Sondereingriff Gottes geschehen. Gott bleibt durch die planvolle Einrichtung des Kosmos und durch seinen Auftritt als souveräner Herrscher derjenige, der sich für die Gerechten einsetzt. Dennoch könnte der souveräne Behauptungsakt Gottes dem Munde geschädigter Gerechter noch immer ein vorwurfsvolles ‚Warum' entlocken. Die Frage bleibt, warum sich die gerechten Geschöpfe so lange gedulden müssen, bis Gott eingreift. Ist der extravagante kosmische Sanktionsapparat letztlich doch zu träge? Das WB mochte eine geduldige Haltung besonders dadurch evoziert haben, dass seine Botschaft bereits als ‚Rettung in der Gegenwart' verstanden werden konnte.[114] Dies konnte zum einen dadurch gelingen, dass das WB durch die Deutung der Gegenwart als einer ‚unordentlichen' Zeit auf den möglichen Zweifel seines Lesepublikums eingeht, ob es mit seiner Lebensweise und seinem YHWH-Glauben wirklich auf dem richtigen Weg sei. Das WB bekräftigt, dass es das ist. Diejenigen, die sich als Gerechte verstehen, *sind* Erwählte und werden es nicht erst sein. Es ist anzunehmen, dass das WB somit bewusst an der Möglichkeit eines unschuldigen menschli-

---

113 Ganz klar ist dies der Fall bezüglich seiner Funktion als Mittler zwischen den abtrünnigen Wächterengeln und Gott (vgl. insbesondere 14,3). Die Einleitung verdeutlicht, dass Henoch jedoch auch in der Funktion als Segensübermittler an die fernen Generationen nicht einfach eigenmächtig, sondern im Auftrag Gottes handelt (vgl. 1,2).

114 Zur ‚rettenden Funktion' von 1 Hen insgesamt vgl. die Ausführungen bei NICKELSBURG, Construction (1991) 62.

chen Daseins festhält.[115] Warum sich das Lesepublikum des WB mit einem vagen ‚Dass' der Heilszusage für die Gerechten zufrieden geben konnte, ohne von Gott Sofortmaßnahmen einzufordern, muss jedoch abgesehen von textinternen Befunden auch im Kontext zeitgeschichtlicher Ereignisse bedacht werden.[116] Es ist kaum anzunehmen, dass das WB im Rahmen einer akuten Krise, die einen starken Leidensdruck impliziert hat, verfasst worden ist. Wie es die folgenden Kapitel noch verdeutlichen werden, kommt eher eine Zeit in Betracht, in der eine schleichende Abkehr von Traditionen beobachtet werden konnte. Vor einem solchen Hintergrund kann das WB als Versuch interpretiert werden, der schwindenden Attraktivität dieser Traditionen mit einem eindringlichen Aufruf entgegenzutreten, an diesen festzuhalten.[117] Darum zu wissen, dass eine Abkehr schlecht ist, zählt sodann weit mehr als Überlegungen zum Schicksal derer, die den richtigen Weg wählen.

5.3. Der Lauf der Zeiten im Wächterbuch

In der Einleitung zu dieser Arbeit wurde die Frage aufgeworfen, warum es für jemanden wichtig sein konnte, der Leserschaft die gegenwärtige Welt als eine ‚Welt im Ausnahmezustand' zu präsentieren. In diesem Kapitel geht es noch nicht darum, diese Frage umfassend zu beantworten. Genauer als bisher soll dagegen in den Blick kommen, wie das WB seine Leserschaft auf eigentümliche Weise in Gegenwart, Vergangenheit und Zukunft einbindet. Steht damit als Erstes das lineare Geschichtsverständnis im Zentrum, das die Schrift vermittelt, soll als Zweites erörtert werden, inwiefern das WB in nicht-linearem Sinne auf Ereignisse der Geschichte Bezug nimmt.

---

115 Dies vermag zu erhellen, weshalb durch die Wächtergeschichte am Nebeneinander von zwei Erzählsträngen in Bezug auf das Böse in der Welt festgehalten wird (vgl. hierzu bereits oben unter 4.2.). Anhand des Erzählstrangs um die Frauennahme kommen Plagen in den Blick, denen die Menschen als Opfer ausgeliefert sind, während durch den Erzählstrang um die Wissensvermittlung die Schuld der Menschen thematisiert wird. Von 1 Hen 22 abgesehen umschifft das WB augenfällig Überlegungen zum komplexen Verstricktsein von Menschen in Schuld. Es lässt offen, wann genau Menschen von Opfern zu Tätern werden, ab welchem Punkt sie Verantwortung für ungerechtes Tun tragen.
116 Hier ist nicht der Ort, um Fragen nach der historischen Einbettung des WB näher nachzugehen. Vgl. hierzu ausführlicher Abschnitt 5.5. und vor allem Abschnitt 6.3.
117 Vgl. in diese Richtung z. B. bereits WACKER, Weltordnung (1982) 313ff.

5.3.1. Das lineare Geschichtsverständnis

Obwohl das WB kein historiographisches Werk in engerem Sinne ist, vermittelt es ein Kontinuitätsbewusstsein, das einen Bogen von der Schöpfung über die Gegenwart der impliziten Leserschaft bis in eine ferne Zukunft hinein spannt.[118] Zwei Ereignisse treten dabei als Wendepunkte hervor: eines in der Vergangenheit, nämlich die Taten der Wächterengel in den Tagen des Jered, das andere, das Gericht Gottes, in der Zukunft, wobei unklar bleibt, wie viel Zeit bis zu diesem Gericht noch verstreichen wird.[119] Über die Zeit vor den Taten der Wächterengel wird wenig gesagt. Von der Schöpfung ist indirekt die Rede, wenn von Gott als dem Schöpfer gesprochen wird (2,1–5,2; 9,5; 14,3; 15,5; 25,7; 36,4). Gott wird dabei als Urheber einer wunderbaren Schöpfung gelobt, die ihm dadurch dient, dass die einzelnen Geschöpfe je ihren Teil zur perfekten Gesamtordnung beitragen. In den Anfängen scheint die Welt sodann eine gute Welt gewesen zu sein. Dass diese gute Ära gemäß WB bis zu den Taten der Engel angedauert hat, lässt sich indirekt an der Beschreibung dieser Taten und ihrer unweigerlichen negativen Folgen ablesen.[120] Erst unter dem Einfluss der Engelstaten verändern sich die Kreaturen auf Erden derart zum Bösen, dass die Erde zu klagen beginnt (7,6) und die Engel im Himmel mobilisiert werden (Kap. 9). Trotz gewisser Sofortmaßnahmen von Seiten Gottes leiten die Taten eine negative Ära ein. Die Gegenwart der Leserschaft bleibt in diese Ära eingebunden. Zwar herrscht nicht mehr die akute Not, welche die Erde Klage erheben ließ. Die Gegenwart wird als Zeit gezeichnet, die durch eine eher latente Präsenz des Bösen dominiert ist. Noch immer jedoch zirkuliert Wissen unter den Menschen, das ihnen nicht zugedacht ist, und noch immer quälen die Kinder der Engel die Menschen als Dämonen (Kap. 15–16). In diesem Sinn bleiben die Generationen dieser zweiten Ära der Weltgeschichte korrumpiert. Sie vermögen

---

118 Zur frühjüdischen Geschichtsschreibung sowohl in ihrer ganzen Bandbreite als auch im engeren Sinne vgl. WISCHMEYER, Orte (2005).
119 Eine Zeitangabe findet sich nur in 1 Hen 10,12. Gott weist an dieser Stelle Michael an, die Wächterengel, die sich Frauen genommen haben, bis zum Gericht für 70 Generationen zu binden. BERNER untersucht diese Stelle im Rahmen seiner Untersuchung heptadischer Geschichtskonzeptionen im Antiken Judentum [ders., Jahre (2006)]. Er kommt zum Schluss, dass hier an vielgestaltige Traditionen angeknüpft werde, „welche die Zahl 70 als Chiffre für eine göttlich verhängte Strafzeit kennen." (Ebd. 229.) Trifft seine These zu, zielt der Text nicht auf eine exakte Zeitangabe ab [vgl. in diese Richtung bereits DAVIDSON, Angels (1992) 52].
120 Zur Frage, ob die Bezugnahmen auf die Kain-Abel-Erzählung (Kap. 22) und die Paradiesgeschichte (Kap. 32) diesem Bild allenfalls entgegenlaufen, vgl. bereits die Diskussion oben unter 4.4.2.

nicht die Aufgabe zu leisten, die ihnen im Schöpfungsganzen zukommt (vgl. 5.2.). Darum bleibt den Menschen denn auch die Weisheit als segenspendende Gabe verwehrt.[121] Die negative Ära wird anhalten, bis Gott als Richter auftreten und durch seine Rechtsprechung wieder gute Zeiten ermöglichen wird, Zeiten, in denen die ganze Menschheit wieder dem Plan Gottes gemäß lebt und damit die Früchte der Weisheit genießen kann (5,8; 24–25). Die Möglichkeit, dass es erneut schlechte Zeiten geben könnte, lässt der Text ausgeblendet. Gemäß Stellen wie 10,22 und 11,2 wird die Weltordnung durch das Gericht Gottes endgültig ins Lot gebracht werden.

Durch die Betonung der zwei Wendepunkte präsentiert das WB die Menschheitsgeschichte als dreiteilig: Auf eine anfänglich gute Zeit ist eine schlechte Zeit gefolgt, wobei aber eine Transformation zurück zur guten Zeit verheißen wird.[122] Bezüglich der mittleren Epoche fällt darüber hinaus ins Auge, dass ein Wandel postuliert wird von einer anfänglichen akuten Notzeit hin zu einer Zeit, die demgegenüber als eher latent schlecht gezeichnet wird. Durch die Strukturierung der Weltgeschichte in drei Teile werden also zwei Arten von Zeiten kontrastiert: Mit der Anfangsphase und der Zeit nach dem Gericht werden Zeiten beschrieben, die qualitativ dem entsprechen, was Gott bei der Schöpfung der Welt geplant hat. Damit ist abgesteckt, welches die guten und normalen Zeiten sind. Anders sieht es in Bezug auf diejenige Ära aus, die durch die Taten der Wächterengel eingeleitet worden ist. In dieser Ära der Menschheitsgeschichte werden die Anordnungen Gottes in einem solchen Ausmaß missachtet, dass selbst diejenigen durch die Ordnungsüberschreitungen in unheilvollem Sinn tangiert werden, die einen gerechten Lebenswandel führen.[123] Die Welt ist in einen Ausnahmezustand geraten, der als schlechter, abnormer Zustand überwunden werden muss. Gemäß WB wird er denn auch überwunden werden.[124] Er soll und wird einmalig bleiben. Einmaligkeit spielt über-

---

121 Vgl. hierzu oben unter 4.4.2. zu Kap. 24–25 und noch vertiefter BACHMANN, Paradise (2009).

122 Dies entspricht im Grunde dem prophetische Geschichtsbild, das nach KOCH mit Micha und Jesaja in Erscheinung tritt und wesentlich von der Idee einer ‚Rückkehr zur Urzeit' geprägt ist [vgl. ders., Profeten (1995) 247f.]. Mit dem WB wird der Wendepunkt von der ersten Heilszeit zur Unheilszeit allerdings deutlich weiter in Richtung Urzeit zurückverschoben.

123 Auch darauf lässt sich weniger von einer konkreten Beschreibung her schließen als von der Schilderung der künftigen Heilszeit her, die den Gerechten verheißen wird.

124 Das Schema der Restituierung einer Heilszeit nach dem Einbruch einer Unheilszeit erinnert an Texte mit Chaosschilderungen aus Ägypten. Vgl. zur Thematik BLASIUS/ SCHIPPER, Apokalyptik (2002) 282–294. Zur Nähe der Weisheitskonzeption des WB

haupt eine Rolle, wenn es um die Struktur der Unheilszeit selbst geht. Es sind neue Techniken, neues Wissen, aber auch neue Bedrohungen, mit denen sich die Menschen in dieser Zeit auseinanderzusetzen haben. Die Gleichförmigkeit, die in guten Zeiten ein friedliches Dasein gewährt, ist nicht mehr gegeben.[125] Auf textpragmatischer Ebene lässt sich erwägen, ob damit gar eine real erlebte Ära subtil als schlechte Ära angeprangert wird, die eine Mentalität gefördert hat, in deren Rahmen dem Streben einzelner nach Erfolg und individuellem Glück großes Gewicht beigemessen worden ist, während die Idee einer kollektiven Verantwortlichkeit in den Hintergrund rücken konnte.[126] Die Leserschaft weiß durch die Ausführungen des WB, dass sie sich in der schlechten Ära befindet. Da diese Ära erst durch Gottes Eingreifen überwunden werden kann, ist sie indirekt dazu aufgerufen, den negativen Einflüssen, die postuliert werden, die Stirn zu bieten.

Werden 1 Hen, das WB oder auch nur Passagen davon charakterisiert, fallen bisweilen die Begriffe ‚zeitlicher Dualismus' und ‚Eschatologie'.[127] Die Verwendung beider Begriffe bleibt in Bezug auf das WB heikel, da es weder in engem Sinne eine „Lehre vom Ende der Welt, ihrem Untergang"[128] noch eine Zwei-Äonen-Lehre enthält, wie sie in

---

zur Konzeption der Maat, die im ägyptischen Kulturkreis im Bereich des Vorstellungskomplexes ‚Chaos versus Ordnung' zentral ist, vgl. unten unter 5.4.2.

125 Vgl. hierzu bereits das vorangegangene Kapitel zur Schöpfung. Auch zu den guten Zeiten gehört, dass sich Dinge wandeln, dies jedoch vorwiegend in zyklischer (vgl. etwa die Jahreszeiten) und repetitiver Form (z. B. bei der Generationenfolge).

126 Dazu, dass eine solche Mentalität gerade in der hellenistischen Zeit Verbreitung fand, vgl. z. B. GEHRKE, Geschichte (³2003) 74ff. In der Forschungsliteratur wird diesbezüglich immer wieder auf das Anwachsen der Bedeutung der Tyche, der Schicksalsgöttin, hingewiesen [vgl. JOHANNSEN, Art. Tyche (2002) 937]. Der Tyche als Prinzip stehen im WB sozusagen die Weisheit (vgl. hierzu ausführlicher das folgende Kapitel) bzw. die traditionelle israelitisch-jüdische Idee der konnektiven Gerechtigkeit gegenüber. Wie Koh, Spr 1–9 und Sir bezeugen, konnte ein Interesse an der Frage nach dem Glück des einzelnen Menschen durchaus auch in Texte der jüdischen Literatur einfließen [vgl. KRÜGER, Kohelet (2000) 43f.].

127 Zu 1 Hen insgesamt vgl. NICKELSBURG, Construction (1991); Commentary (2001) 37–42, zum gesamten WB MÜNCHOW, Ethik (1981) 17–25, zu 1 Hen 9–11 RUBINKIEWICZ, Eschatologie (1984) und zu 1 Hen 1–5 VANDERKAM, Growth (1984) 119.

128 So etwa findet sich der Ausdruck ‚Eschatologie' bei BULTMANN noch streng definiert [ders., Geschichte (1958) 24]. BULTMANN bleibt aber auch kritisch hinsichtlich einer Verwendung des Begriffs im Kontext alttestamentlicher Texte (vgl. ebd. 28f.). Für einen kurzen Überblick, über welche Wege der Ausdruck Eingang in die exegetische Forschung gefunden hat, s. BIEBERSTEIN, Weg (1998) 3f. Ungeachtet der von BULTMANN geäußerten Vorbehalte hat sich in Bezug auf vorchristliche Texte ein unscharfer Gebrauch von ‚Eschatologie' eingebürgert. Dies ruft immer wieder kritische Stimmen auf den Plan [vgl. z. B. WANKE, ‚Eschatologie' (1970), der eine ‚theologische Sprachverwirrung' diagnostiziert, oder in jüngerer Zeit BECKING, Expectations

gewissen Apokalypsen späterer Zeit vorliegt. Vielmehr schließt das WB an bestehende prophetische Traditionen an und vermittelt die Vorstellung einer „Wende der Zeit hin zu einer Endzeit, die sich als *endgültige Heilszeit* innerweltlich realisiert."[129] Es geht also beim WB um die Ankündigung nicht einer neuen Schöpfung, sondern einer Restituierung der guten Zeiten, wie Gott sie der Menschheit im Rahmen seiner einmaligen und perfekten Schöpfung zugedacht hat.[130] Der Begriff ‚Endzeit' ist ebenfalls heikel, da die Menschheitsgeschichte nach dem Gericht nicht in eine Endphase, sondern schlicht wieder in den Normalzustand einmündet. Das Gericht eröffnet erneut die Möglichkeit, von Generation zu Generation den gesegneten Lebenswandel zu führen, der dem Schöpfungsplan Gottes für die Menschen entspricht. Es führt das Dasein der Menschen wieder seinem Ziel zu, das ihnen zugedachte Leben zu führen, damit kollektiv ordentlich ins Schöpfungsganze eingegliedert zu sein, kollektiv Gott zu dienen, aber eben auch seinen Segen genießen zu dürfen (vgl. 11,1).

In der Sekundärliteratur findet sich zu Recht die Beobachtung, dass im WB wenig Gewicht auf Konkretionen gelegt wird, was die künftige Heilszeit, aber auch das Gericht angeht.[131] Es bleibt offen, wann genau die Wende zur Heilszeit stattfinden wird. Der Text markiert an keiner Stelle, dass man diese Wende bald erwarten soll. Dringlichkeit zeichnet er nur in Bezug auf Gottes erstes Eingreifen gegen die Haupttäter. Auf die Vergangenheit bezogen wird damit unterstrichen, dass Gott für die Erde und ihre Bewohner und Bewohnerinnen das Schlimmste abzu-

(2002), der dafür plädiert, statt von prophetischer Eschatologie von einer ‚prophetic Futurology' zu sprechen]. Unproblematisiert bleibt der Begriff z. B. im HGANT. HIEKE weist dort seine Leserschaft an, biblisch von Eschatologie „immer dann zu sprechen, wenn ein neues Zeitalter mit radikal veränderten Verhältnissen im Vergleich mit der Gegenwart im Blick ist." [Ders., Eschatologie (2006) 7.] Eine solche Definition erlaubt es natürlich, auch in Bezug auf das WB von einer Eschatologie zu reden, unterschlägt aber eben die Problematik des Übertragens von Begriffen in den exegetischen Bereich, die im Rahmen eines dogmatischen Lehrgebäudes entwickelt worden sind.

129 KOENEN, Testament (1999) 12. Zu den einschlägigen prophetischen Texten und Vorstellungen s. ebd. passim, aber auch TIGCHELAAR, Prophets (1996) 182, Anm. 58. Letzterer listet Amos 9,13–15; Ez 28,25–26; 34,26–27; Lev 26; Dtn 28 als Stellen auf, die insbesondere darauf verweisen, wie stark das WB in seiner Schilderung der Heilszeit an etablierte Ideale anknüpft.

130 Damit greift das WB ein Muster auf, das z. B. auch in Jer 4,23–28 zu erkennen ist (dort erscheint es allerdings im Rahmen von Unheilsworten): Es wird von einer negativen Zeit geredet, die der guten Schöpfungszeit (vgl. Gen 1) entgegensteht [zur Interpretation von Jer 4,23ff. in einem solchen Sinne vgl. TRIMPE, Erde (1998)].

131 Vgl. etwa VANDERKAM, Growth (1984) 119, der in Bezug auf die Einleitungskapitel von einer Eschatologie spricht, die „archaic and somewhat restrained" anmute.

wenden vermochte (vgl. Kap. 7–9). Selbst die Frage, was mit den Gerechten geschieht, die in der schlechten Ära gelebt haben bzw. noch leben werden, wird im WB nicht eindeutig beantwortet, nicht einmal mit Kap. 22. Unmissverständlich wird dagegen signalisiert, dass das Gericht den Untergang nur der Frevler impliziert. Ein gewisser Nachdruck wird zudem darauf gelegt, dass die Gerechten beim Gericht anwesend sein werden (1,1; 26–27). Sie sollen das Eingreifen Gottes gegen diejenigen, die ungerecht gelebt haben, vor Augen geführt bekommen.[132] Besagter Befund bestätigt, dass durch das WB insbesondere vermittelt wird, *dass* das angesagte Gericht stattfinden und die Segenszeit zurückkehren wird.[133] Deutlich konkreter wird demgegenüber die Gegenwart als Ausnahmezeit bestimmt. Mittels der Wächtergeschichte wird geschildert, warum und wie genau die Welt in ihren Ausnahmezustand geraten ist. Es gibt Hauptschuldige (die Wächterengel) und deren Vergehen (Frauennahme und Wissensvermittlung, beides entspricht nicht dem Plan Gottes), sodann aber eben auch unheilvolle Folgen der Taten, die bis in die Gegenwart reichen (das illegitim vermittelte Wissen wird von den Menschen weiter verbreitet; die Geister der Wächternachkommen plagen die Menschen). Obwohl die Gegenwart nicht als akute Notzeit beschrieben wird, bewirkt die Vorgeschichte, mit der sie im WB verknüpft wird, eine Dramatisierung des Gegenwartsverständnisses. Es wird nahegelegt, dass gegenwärtig zwar keine akute Notzeit mehr herrscht, dass die relative Ruhe jedoch trügerisch ist. Selbst was allenfalls als Ordnung präsentiert oder wahrgenommen wird, ist unter Umständen Ausdruck der pervertierten Ordnung Gottes. Gerade in Bezug auf die Frage, inwiefern die Leserschaft durch das WB auf einer ethisch-religiösen Ebene mobilisiert wird, wäre es somit unzureichend, alleine die ‚Eschatologie‘ des WB zu untersuchen.[134] Die Qualität der Gegenwart bestimmt sich beim WB primär von der Ver-

---

132 Siehe hierzu bereits oben unter 4.4.2. zu Kap. 26–27.

133 Vgl. COLLINS, Imagination (²1998) 58 zum Befund in Bezug auf die zeitlich unbestimmte Gerichtsankündigung: „The Book of the Watchers does not convey the sense of an imminent ending that is characteristic of some apocalypses. It is sufficient that there is an eventual judgment."

134 Dem Verhältnis von Ethik und Eschatologie in apokalyptischen Schriften und damit auch in 1 Hen widmet sich im Besonderen MÜNCHOW, Ethik (1981). Dass MÜNCHOW gerade dieses Verhältnis ins Zentrum stellt, rührt von seinem berechtigten Anliegen her, die stark verbreitete These in Frage zu stellen, in der Apokalyptik sei die Gegenwart bzw. gegenwärtiges Handeln durch die Erwartung einer radikalen Transformation der Welt bzw. der Weltzeit unwichtig geworden. Obwohl sein Hauptfokus auf die Eschatologie gerichtet bleibt, bezieht er auch Beobachtungen zum generellen Geschichtsbild der Texte, die er untersucht, in seine Untersuchung mit ein.

gangenheit her, und es ist im Besonderen diese qualitative Bestimm-
mung, die die Leserschaft dazu drängt, ein Urteil über den eigenen
Lebenswandel zu fällen und ihn allenfalls zu ändern.[135] Zugespitzt
stellt sich die Frage, ob man Komplize oder Komplizin der abtrünnigen
Engel werden, ob man wie sie der ‚Versuchung nach mehr'[136] erliegen
will. Der Verweis auf das Gericht Gottes und die Verheißung einer
Restituierung der Welt bleiben allerdings als Bekräftigung des vermittelten Bildes wichtig.

Obwohl das WB von Wendepunkten ausgeht, die den Zeitenlauf in
unterschiedliche Epochen gliedern, betont es durch verschiedene Elemente, dass der Weltenlauf nie ab- und die Gesamtschöpfung nie auseinander bricht:

– Über die unterschiedlichen Zeiten hinweg bleibt Gott als *der* Gott,
  Herr und König das große Gegenüber für die Geschöpfe.[137] Dies
  wird insbesondere durch die Rollenkombination markiert, die das
  WB in den Vordergrund stellt: Gott hat nicht nur das Universum
  und alle dazugehörigen Wesen geschaffen (2; 9,5; 14,3; 15; 17ff.). Er
  thront über alle Zeiten hinweg im Himmel (1,3; 9; 12,3; 14) und
  wird seine Ordnung als Richter behaupten (1; 5; 10–11; 12–16; 22;
  25,3; 27). Als Schöpfer, als Thronender im Himmel und als Richter
  bleibt Gott geschichtsmächtig, selbst wenn sich dessen in der Ära
  vor dem Gericht nicht mehr alle Geschöpfe bewusst sind oder
  wenn aus menschlichem Blickwinkel der Eindruck entstehen könnte, Gott habe die Kontrolle über die Welt verloren oder sei anderen
  Größen gegenüber unwichtig geworden.

– Speziell durch die Reiseschilderungen präsentiert das WB Raum
  und Zeit als eng miteinander verwoben.[138] Henoch bekommt die
  eine perfekte Schöpfung Gottes vorgeführt, deren räumliche Struktur auch zeitliche Dimensionen umfasst. Dass sich bereits Straf-
  räume, Aufenthaltsräume für die Seelen verstorbener Menschen
  oder etwa der irdische Gerichtsthron Gottes in den Kosmos einge-

135 Vgl. hierzu dann ausführlicher Kap. 5.5.
136 Zur genaueren Bestimmung der Grundproblematik der Kenntnisse und Techniken,
     die die Menschen durch die Engel vermittelt bekommen haben, vgl. oben unter 4.2.
137 Zu den Titulaturen s. bereits oben unter 5.1.
138 NICKELSBURG hat diesbezüglich die Formulierung „Cosmology undergirds eschato-
     logy" geprägt [vgl. ders., Construction (1991) 56; Commentary (2001) 39]. Nicht nur
     auf die Eschatologie bezogen formuliert COLLINS, Imagination (²1998) 58: „Whatever
     crisis pollutes the earth, the foundations of the cosmos, its outer regions and the
     places of judgment remain intact, as of course does the heavenly court. The frame is
     both spatial and temporal: it refers both to the hidden regions traversed by Enoch
     and to the coming judgment."

baut finden, bekräftigt, dass die Schöpfung Krisenzeiten überdauert. Durch die Beschreibung und Deutung einzelner Orte vermittelt das WB, dass das Schöpfungsganze die irdischen Dimensionen übersteigt. Es bildet ein Kontinuum, in welches jede Ära eingebettet bleibt.[139]

– Die bisherigen Ausführungen zum WB verdeutlichen bereits, dass im WB Wert darauf gelegt wird, das Bestehen der Menschheit über die Wendepunkte hinweg zuzusichern. Obwohl die Menschheit im Anschluss an die Taten der Wächter akut bedroht ist (1 Hen 7–8), lässt Gott die Generationenfolge nicht abbrechen und ergreift explizit für die Menschen Notmaßnahmen (vgl. 10,2–3 und die entsprechenden Erläuterungen oben unter 4.3. dazu). Auch im Rahmen der Gerichtsverheißungen wird nicht prophezeit, dass die Generationenfolge abbrechen wird. Nur den Ungerechten soll ein Ende bereitet werden, um die Generationenfolge wieder in ordentliche Bahnen zu lenken. Auch diejenigen Menschen, die erst nach dem Gericht leben werden, sollen sich wie Henoch als Abkömmlinge des ersten Menschenpaares wähnen (vgl. 32,6).[140] Vorausgesetzt, dass die Verwendung des Lexems דר (,Generation'; G: γενεά; Ä: ትውልድ) im WB nicht nur idiomatisch benutzt wird, unterstreicht sie das Gesagte:[141] (1) Die Generation, der Henoch angehört, wird über die Ereignisse der Wächtergeschichte hinweg mit der Genera-

---

139 Bisweilen wird in der Sekundärliteratur darauf hingewiesen, dass die erste Reiseschilderung mehrere Motive erwähnt, die in Ijob 28–40 erscheinen [vgl. NEWSOM, Development (1980) 326; BAUTCH, Study (2003) 224–227; KNIBB, Use (2003) 171–173]. Aus der Beobachtung, dass Henoch Phänomene zu sehen und gedeutet bekommt, die den Menschen laut Ijobbuch verborgen sind, wird generell der Schluss gezogen, das WB betone die Einmaligkeit Henochs als Offenbarer und den Wahrheitsgehalt seiner Botschaft. Meines Erachtens ist es wichtig, neben dem Unterschied, dass im Ijobbuch die Phänomene dem Protagonisten verborgen bleiben, auch die Gemeinsamkeit der Textpassagen zu sehen: Sowohl im WB als auch im Ijobbuch bildet das Schöpfungsganze ein Kontinuum, in welches Negatives eingebettet bleibt – bei Ijob steht statt einer schlechten Geschichtsepoche ein unglückliches Einzelschicksal im Vordergrund. Bei beiden Texten relativiert der Verweis auf die Größe des durch Gott perfekt geschaffenen Kosmos eine pessimistische Weltdeutung, wie sie nur der Beschränktheit menschlichen Sinnens entspringen kann.

140 Vgl. hierzu auch die zumindest rhetorische Rückbindung der Generationen nach dem Gericht an die Vorväter Henochs in 25,6.

141 Werden alle Textzeugen (Ar, G und Ä) beachtet, treten דר bzw. γενεά und ትውልድ in 1,2; 9,4; 10,3.12.14.22; 11,2; 14,5; 15,6 auf. In Ar findet sich der Terminus für 1,2 in 4Q201 Frg. 1 i 4 und für 9,4 in 4Q202 bezeugt, für 10,12 lässt er sich von 4Q202 her erschließen. MILIK rekonstruiert ihn des Weiteren für 10,3 in 4Q201 Frg. 1 v 4 und zweimal für 10,14 in 4Q204 [ders., Books (1976) 161.189; für eine alternative Rekonstruktion in 4Q204 vgl. BEYER, Texte (1984) 238].

tion verknüpft, der die implizite Leserschaft angehört (1,2).[142] (2) Den vier Engeln Michael, Sariel, Rafael und Gabriel wird in 4Q202 das Lob in den Mund gelegt, der Thron Gottes habe Bestand דר{ל}^{לכ} [... א]עלמא די מן דריא, also „für die/jede Generation der Generationen, die von עלמא her sind" (9,4). Die Generationenfolge wird hier in Kombination mit dem Lexem עלם als Ausdruck einer größtmöglichen Beständigkeit verwendet, die vom Kontext her alle Geschichtsepochen umfasst.[143] In ähnlicher Weise erwähnt 15,6 die Generationen. Gott bezieht sich dort in seiner Rede auf die himmlische Natur der Engel. Im Gegensatz zu den Menschen seien sie unsterblich „für alle Generationen der Ewigkeit"[144]. (3) Darauf, dass die Generationenfolge auch nach dem Gericht zentral bleibt, verweisen 10,22 und 11,2. Beide Stellen betonen die Endgültigkeit der Wende, die durch das Gericht Gottes in eine positive Richtung geschehen wird. Zum einen wird versichert, dass Gott das Geschehene den Menschen, die nach dem Gericht leben werden, „von Generation zu Generation und bis in Ewigkeit" nicht wieder zumuten wird (10,22).[145] Zum anderen ist vom Frieden und vom Recht die Rede, die gemäß 11,2 nach dem Gericht für alle Tage und Generationen verbunden sein werden.[146] Auf die Generationenfolge einer konkreten Figur bezieht sich 10,3: Gott führt aus, dass durch die Rettung von Lamechs Sohn vor der Flut die Existenz seiner Nachkommen „für alle Generationen" gewährt ist.[147] Dies legt zumin-

---

142 Für die aramäische Fassung der einschlägigen Stelle s. bereits Kap. 2, Anm. 5.

143 Dieselbe Lexemkombination findet sich neben 9,4 in 10,3; 10,22; 14,5 (nur G^A); 15,6. Vgl. PREUSS, Art. עוֹלָם (1986) 1149 für biblische Belege dieser Kombination. Auch PREUSS schreibt עלם in diesem Kontext eine steigernde oder verstärkende Funktion zu. Angesichts dessen bleibt es unverständlich, wie MILIK, Books (1976) 162f. für 10,22 in 4Q201 Frg. 1 vi 5–6 unkommentiert die Rekonstruktion [... עד כל דרי עלמיה ...] mit der Übersetzung „[... for all generations of worlds ...]" vorschlagen kann. Kommt dazu, dass weder Ä noch G αἰών bzw. ዓለም im Plural bezeugen. Was MILIK mit ‚Welten' meint, bleibt damit definitiv enigmatisch.

144 G^A: εἰς πάσας τὰς γενεὰς τοῦ αἰῶνος; Ä: ለኵሉ፡ ትውልድ፡ ዓለም. In Ar findet sich diese Passage nicht bezeugt. Zur Frage, ob mit 10,22 die Flutgeschichte aufgerufen wird (vgl. Gen 8,21 und 9,11), s. bereits oben unter 4.3.

145 Diese Übersetzung entspricht Ä; in G heißt es: εἰς πάσας τὰς γενεὰς τοῦ αἰῶνος. Bei 4Q201 fällt die Stelle in eine Lücke.

146 In G sind es ἀλήθεια καὶ εἰρήνη, die verbunden sein werden εἰς πάσας τὰς ἡμέρας τοῦ αἰῶνος καὶ εἰς πάσας τὰς γενεὰς τῶν ἀνθρώπων. Ä spricht von ዓለም፡ ወርትዕ, verbunden ቦሉ፡ መዋዕል፡ ዓለም፡ ወቦሉ፡ ትውልድ፡ ዓለም.

147 Oben unter 2.1., Anm. 19 wurde bereits darauf verwiesen, dass G^S für 10,2–3 stark von G^A und von Ä abweicht (Ar bezeugt die Passage nicht oder zu fragmentarisch, um klare Schlüsse zu ziehen) und dass hier gegen MILIK und NICKELSBURG G^A und Ä bevorzugt werden. Für die Zeitangabe, die hier im Zentrum steht, präsentiert sich

dest nahe, dass die Existenz der Menschheit über das Gericht hinaus im Blick ist.

Exkurs 4: Zum Bedeutungsspektrum von ʿlm /עלם im Wächterbuch

In Zusammenhang mit den Gottestitulaturen, die sich im WB finden, kam oben unter 5.1. bereits die Frage nach der Bedeutung des Lexems עלם (G: αἰών; Ä: ዓለም) in den Blick.[148] Die Frage stellt sich für die Belege im WB deshalb, da עלם im späteren Aramäischen nicht nur eine zeitliche Bedeutung haben kann (‚Ewigkeit‘ oder ‚ferne/lange Zeit‘),[149] sondern, wie αἰών und ዓለም, auch eine räumliche (‚Welt‘), wobei es nun aber eben umstritten ist, welche frühjüdischen Schriften den Sprachwandel bereits bezeugen.[150] Im WB findet sich das Lexem meist unkommentiert in die eine oder andere Richtung übersetzt. Dieser Exkurs soll dazu dienen, den Befund genauer in den Blick zu nehmen.[151] Da

---

selbst Ä nicht einheitlich, wobei „für alle Generationen" die weitaus am häufigsten bezeugte Lesart ist. Gemäß Gᴬ wird angekündigt, dass die Nachkommen εἰς πάσας τὰς γενεὰς τοῦ αἰῶνος Bestand haben.

148 Zu den Varianten der Titulaturen, die das Lexem enthalten, s. oben unter 5.1., Anm. 13 und 14. Insgesamt (die Gottestitulaturen mit eingeschlossen) findet sich עלם fünfmal in 4Q201 bezeugt (für 1 Hen 5,1.5.6; 10,3, wobei bei 5,5 und 10,3 nur je ein Buchstabe bezeugt ist), zweimal in 4Q202 (für 9,4) und dreimal in 4Q204 (für 5,1; 10,13; 14,5; bei 14,5 ist nur der Anfangsbuchstabe bezeugt). In G und Ä treten αἰών (oder das Adjektiv αἰώνιος) bzw. ዓለም darüber hinaus in 1,4; 5,2(Gᴬ).9; 9,4.6; 10,3.5.10.12. 16.22; 11,2; 12,3.4.6; 14,1.4.5; 15,3.4.6; 16,1; 21,10; 22,11.14; 24,4; 25,3.4.5.7; 27,2.3; 36,4 auf.

149 Wenn im Rahmen dieser Arbeit von ‚Ewigkeit‘ gesprochen wird, bezieht sich dies nicht auf die philosophische Bedeutung, bei der sich ‚Ewigkeit‘ und ‚Zeit‘ ausschließen, sondern auf eine Bedeutung, der eine zeitliche Dimension inhärent bleibt [vgl. die Bestimmung der Grundbedeutung als ‚fernste Zeit‘ bei JENNI, Wort (1952) 222].

150 Vgl. zur Diskussion PREUSS, Art. עוֹלָם (1986) 1145.1153.1156f., vor allem aber die grundlegende Untersuchung von JENNI [ders., Wort (1952); Wort (1953)]. Obwohl JENNI die alttestamentlichen Belegstellen ins Zentrum rückt, bietet seine Arbeit einen Überblick über die Verwendung des Lexems in Textzeugnissen semitischer Sprachen und Dialekte über knapp ein Jahrtausend hinweg (angefangen bei ugaritischen Belegen). Er kommt zum Schluss, dass keine „kontinuierliche, in zeitlichen Etappen festlegbare Bedeutungsentwicklung ‚ferne Zeit‘ – ‚Ewigkeit‘ ‚Ewigkeiten‘ – ‚Zeitalter‘ – ‚Weltzeit‘ – ‚Welt‘" postuliert werden dürfe. Dem älteren Sprachgebrauch trat seines Erachtens erst in nachchristlicher Zeit „ziemlich unvermittelt" ein neuer Sprachgebrauch gegenüber, der „durch die Aufnahme der Bedeutungen von αἰών und κόσμος gekennzeichnet ist." (Ebd. 35.) PREUSS erwägt demgegenüber, dass sich ein erweiterter Sprachgebrauch bereits in der Literatur der letzten vorchristlichen Jahrhunderte manifestiert, wodurch z. B. gerade die Henochliteratur ins Blickfeld der Diskussion gerät (auf die PREUSS jedoch nicht eingeht).

151 Bei JENNI finden sich sowohl Jub als auch das WB kurz diskutiert [ders., Wort (1953) 32f.]. NICKELSBURG, Response Koch (2003) 58 kündigt an, die Verwendung von עלם

die Frage nach der Bedeutung im Kontext der Untersuchung der Gottestitulaturen aufgebrochen ist, wird mit der Diskussion dieser Belege begonnen.

Wie wir gesehen haben, unterstreichen die Gottestitel im WB tendenziell die Größe und die Macht Gottes. Als Gott, Herr und König, dem das Attribut עלם eignet,[152] ist er *der* Gott, Herr und König, Gott über alle Orte und Gott über alle Zeiten. Prinzipiell wäre damit ein Titel wie ,Gott/Herr/König des Universums' denkbar. Gerade für ,Universum' existiert jedoch in den semitischen Sprachen des 3. Jh. kein eigener Begriff. Wird eine universale Dimension zum Thema, muss sie umschrieben werden. Wenn man postulieren würde, im WB sei vom ,Gott/Herr/König der Welt' die Rede, wäre das WB eine der frühesten Schriften, welche für עלם die Bedeutung ,Welt' bezeugt. Um einen Wechsel im Sprachgebrauch zu belegen, müsste man damit auf klare Indizien für einen veränderten Sprachgebrauch verweisen können und sich nicht nur „notgedrungen ein wenig willkürlich"[153] für eine zeitli-

---

in ganz 1 Hen im zweiten Band seines Kommentars systematisch zum Thema zu machen. Für Argumente, עלם in 1,4 in eine räumliche Richtung zu übersetzen, s. BEDENBENDER, Gott (2000) 222–228 (für Näheres zu seinem Argumentationsgang s. Anm. 153). Es erstaunt, dass BÖTTRICH, wenn er die Gottesprädikationen in Jub untersucht, die Fragestellung nicht zum Thema macht [vgl. ders., Gottesprädikationen (1997)]. Der Übersetzung von BERGER folgend ist seines Erachtens in Jub 25,23 vom ,Herrn der Welt' die Rede [VANDERKAM, Jubilees (1989) übersetzt hier אלעֵ: 9ʌ9״ mit ,eternal Lord'], während Gott in Jub 12,29; 25,15; 31,13 als ,Gott/Herr der/aller Ewigkeit(en)' angesprochen werde. Zu diesen drei Belegen fügt er den Kommentar an, dass „[d]er Plural (…) indessen auch das Äonen-Schema der Apokalyptik anklingen lassen" könnte [BÖTTRICH, Gottesprädikationen (1997) 237].

152 Aus Gründen der Einfachheit wird im Folgenden von עלם-Belegen gesprochen werden, auch wenn die entsprechende Stelle nur in G und/oder Ä bezeugt ist. Für die Belege, die tatsächlich in Ar vorliegen, s. o. Anm. 148.

153 BEDENBENDER, Gott (2000) 227. Nicht zuletzt, um den Titel seiner Dissertation zu begründen („Der Gott der Welt tritt auf den Sinai"), greift BEDENBENDER als einer der wenigen Autoren der jüngeren Zeit die Diskussion um das Bedeutungsspektrum von עלם im WB auf, belässt es aber bei einer Untersuchung von 1 Hen 1,4. Wie es sein Titel nahelegt, entscheidet er sich dort für die Bedeutung ,Welt'. In einem ersten Schritt argumentiert er, dass der Gebrauch von עלם im Astronomischen Buch und in der Wochenapokalypse eine Bedeutung in diese Richtung nahelegen würde, womit der räumliche Sinn von עלם in 1,4 also nicht singulär sei, sondern auch im übrigen Henochschrifttum zum Ausdruck komme. Wenn wie hier davon ausgegangen wird, dass die Einleitungskapitel bereits Teil einer WB-Fassung des 3. Jh. gewesen sind, vermag eine solche Argumentation nicht zu überzeugen, da zumindest die Wochenapokalypse jünger eingeschätzt werden muss. Aber auch die komplexe Entstehungsgeschichte des Astronomischen Buches (s. dazu detaillierter unten unter 5.6.2.) scheint BEDENBENDER kaum zu reflektieren. Hinzu kommt, dass keine der Stellen des Astronomischen Buches, auf die er in Anschluss an ALBANI, Astronomie (1994) 102 verweist (75,2.3.8), in Ar bezeugt ist. Die Interpretation basiert alleine auf Ä, was

che oder eine räumliche Bedeutung entscheiden. Solche klaren Indizien fehlen jedoch. Zudem ergibt sich bei keiner der Belegstellen eine unsinnige Aussage, wenn eine zeitliche Bedeutung gewählt wird. Im Gegenteil sprechen mehrere Punkte dafür, dass die Belege zeitlich zu interpretieren sind. Mit einer zeitlichen Bedeutung schließen die Titulaturen bruchlos an die Praxis älterer Texte der israelitisch-jüdischen Tradition an, Gott und „göttliche Dinge"[154] als ewig zu charakterisieren. עלם wird in diesem Zusammenhang „im qualitativen Sinne der unveränderlichen Macht, des konstanten Daseins und der nie abreißenden Kontinuität der Wirksamkeit"[155] mit YHWH/Gott verbunden. Konzeptionell lässt sich insbesondere ein Anschluss an die Aussage von Jes 40,28 beobachten. Dort heißt es:

(...) אלהי עולם יהוה בורא קצות הארץ לא ייעף ולא ייגע אין חקר לתבונתו

„(...) Ein ewiger Gott ist YHWH, der die Enden der Erde geschaffen hat. Er wird weder müde noch matt – unergründlich ist seine Einsicht."

Wie im WB wird עלם hier mit YHWH/Gott in Verbindung gebracht, dessen Schöpferrolle und dessen Schöpfungsplan als theologisch relevant herausgestrichen wird. YHWH/Gott bleibt derjenige, dessen

---

jedoch unerwähnt bleibt. In einem zweiten Schritt bezieht sich BEDENBENDER explizit auf seine These einer ‚Mosaisierung' von 1 Hen (diese These ist es denn auch, die ihn zwingt, die Einleitungskapitel erst in die makkabäische Zeit zu datieren, womit er aus seiner Warte obigen Anachronismusvorwurf entschärft; vgl. zu seiner Mosaisierungsthese ausführlicher unten unter 5.4.1.). BEDENBENDER scheint nun – wohl von seinem ersten Argument her – die räumliche Bedeutung von עלם als kennzeichnend für die Henochgruppierung zu betrachten, deren Annäherung an das mosaische Judentum er in 1 Hen 1–5 erkennt. Mit עלם im gegenwärtigen Kontext – und gerade mit seiner Doppeldeutigkeit – ist seines Erachtens eine gemeinsame Sprachform für beide Gruppen gefunden worden, „für Henochgruppen und für von der mosaisch-prophetischen Überlieferung geprägte Kreise" [ders., Gott (2000) 227]. Mit seinen Überlegungen bringt er es zwar zustande, seinem Buchtitel Aussagekraft zu verleihen (die ‚Henochwelt' nähert sich Mose an). Wesentlich weiter bringen seine Ausführungen die Diskussion um עלם m. E. aber nicht. Bedauerlich ist etwa, dass er die weiteren Belege im WB nicht aufgreift. Es wäre im Rahmen seiner Argumentation verwunderlich, wenn sich gerade in 1 Hen 6–36 als Kerntext des Henochjudentums keine räumliche Bedeutung von עלם nachweisen ließe.

154 JENNI, Wort (1952) 242; vgl. dort auch die Auflistung der „Dinge" (z. B. חסד und אהבה) und der entsprechenden Stellen. Direkt auf Gott bezogen findet sich das Lexem allerdings nur in Gen 21,33 (אל עולם; vgl. θεὸς τῶν αἰώνων in Sir 36,22), in Jes 40,28 (אלהי עולם) und in Jer 10,10 (מלך עולם). Die Vorstellung der Ewigkeit Gottes konnte allerdings auch in anderen Worten ausgedrückt werden, etwa wie bei Deuterojesaja in Formulierungen des Gedankens, dass Gott der erste gewesen sei und der letzte sein werde [Jes 41,4; 43,10: 44,6; 48,12; vgl. JENNI, Wort (1953) 17].

155 JENNI, Wort (1953) 3. JENNI betont, dass es also nicht um einen philosophisch-abstrakten Ewigkeitsbegriff geht.

Macht unveränderlich ist. Konkretisiert wird nun aber zusätzlich seine Rolle als „Herr über die Geschichte aller Völker"[156].

Kann zwar konstatiert werden, dass das WB an bekanntes Traditionsgut anknüpft, wenn es עלם im Rahmen seiner Gottestitulaturen verwendet, so hebt es sich dennoch von den älteren Schriften ab. Das WB bleibt nicht dabei, die Vorstellung einer Nähe von Göttlichem und Ewigem zu übernehmen, sondern reflektiert diese inhaltliche Verschränkung darüber hinaus, indem es ihr bei der Schuldzuweisung an die Wächterengel eine zentrale Rolle zuschreibt: Die Engel haben gegen die Schöpfungsordnung verstoßen, weil sie sich als ewige, himmlische Wesen mit sterblichen Menschen sexuell vermischt und fortgepflanzt haben (1 Hen 15,3–7). Der Himmel als Sphäre der Ewigkeit und Heiligkeit wird jedoch nicht nur in 15,3–7 mit der Erde kontrastiert, deren Bewohner und Bewohnerinnen sterblich sind. Das WB zielt an mehreren Stellen auf eine solche Kontrastierung bzw. auf die Charakterisierung des Himmlischen als ewig ab (vgl. 9,4; 12,4; 14,1). Werden die Gottestitulaturen, die das Lexem עלם enthalten, zeitlich gedeutet, reihen sie sich in diese Tendenz ein und intensivieren die Kontrastsetzung. Mit der Rede vom ‚ewigen Gott' in 1,4 wird dieser Sinnfaden bereits in der Einleitung aufgegriffen, ab Kap. 6ff. konkretisiert. Bedeutungsvoll ist die Bezeichnung in 1,4 aber selbst dann, wenn erst der engere Kontext im Blick ist: Nicht nur das Engelheer, das Gott bei seinem irdischen Auftritt begleitet, sondern auch die Charakterisierung Gottes als θεὸς τοῦ αἰῶνος bzw. አምላh: ዓለም unterstreicht, dass die irdischen Geschöpfe

---

156 Ebd. 16. PREUSS, Art. עוֹלָם (1986) 1153 erwägt auf Ps 104,5 und 148,6 verweisend, ob damit nicht eben doch bereits YHWH/Gott als ‚Weltenkönig' im Blick sei. Vom Gesamtverständnis her hat er damit wohl recht. Meines Erachtens unterstreicht dies jedoch gerade die Verschiebung, die JENNI konstatiert, noch ohne dass – sprachlich anachronistisch – eine räumliche Bedeutung postuliert werden muss. Gleiches scheint auch für Sir 36,22 (bzw. 36,17 nach anderer Zählung) zu gelten. In der Regel wird dort für den hebräischen Text (MS B) die Formulierung עולם אל rekonstruiert [BEENTJES, Book (1997) 63 erkennt allerdings nur […] אל, SCHECHTER/TAYLOR, Wisdom (1899) XLII lesen [ם]לעו[הנו]אל[]. MARBÖCK, Gebet (1995) 156 beispielsweise übersetzt in 36,22 mit „der ewige Gott (bzw. der Gott des Universums)", SAUER, Jesus Sirach (2000) 248 mit „Gott des Weltalls". Beide unterstreichen die universale Prägung der Anreden Gottes im Sirachgebet, dessen Abschluss V. 22 bildet (in 36,1, der Gebetseröffnung, ist von הכל אלהי die Rede): Nach SAUER steht die Idee im Zentrum, „dass der Gott Israels der alleinige Gott ist, der über alle anderen Götter und Menschen herrscht" (ebd. 249). Nach MARBÖCK sammelt sich mit V. 22 „die Bewegung der vielen Bitten wieder zum großen Anliegen der [Gebets-]Eröffnung, daß alle Enden der Erde Gottes ewige (bzw. Welt-) Herrschaft anerkennen." [Ders., Gebet (1995) 165.] Es wird mit dem immer stärker universal gefärbten Gottesbild zusammenhängen, dass das mannigfaltigere Bedeutungsspektrum von αἰών später problemlos auf עלם übertragen werden konnte.

(die Leserschaft) es mit Gott zu tun haben, der in seiner Größe und in seiner Macht alles Irdische übersteigt.

Ließ sich eben zeigen, dass sich eine zeitliche Bedeutung von עלם in Kombination mit Gottesbezeichnungen nicht zuletzt von der Verwendung von עלם im Kontext einer Kontrastierung von Himmel und Erde her nahelegt, kam damit bereits ein Teil der weiteren עלם-Belege des WB in den Blick. Bei der Mehrzahl der verbleibenden Belege lässt sich ebenfalls eine temporale Bedeutung erkennen. Oben war bereits von Stellen die Rede, an denen עלם mit dem Lexem דר verknüpft auftritt.[157] Es legt sich nahe, עלם in dieser Kombination in verstärkender Bedeutung zu übersetzen. Für die anderen Belege im WB kann praktisch durchgehend die Funktion ausgemacht werden, zu bekräftigen, dass es um dauerhafte/beständige, endgültige oder unabänderliche Gegebenheiten geht. Das Lexem dient z. B. dazu, die unabänderliche und massiv beschnittene Situation der Abtrünnigen als gefangene und/oder zu richtende zu beschreiben (vgl. 10,5.13; 14,5; 21,10, 22,11), was umgekehrt auf die Macht und Souveränität Gottes verweist. Ihr ewiges/unabänderliches Verfluchtsein (5,5.6; 27,2) wird kontrastiert mit dem ewigen/immerwährenden Frieden (5,9), der den Gerechten für die Zeit nach dem Gericht verheißen wird. Durch עלם wird markiert, dass diese Heilszeit nie mehr enden wird (10,16; 11,2; 24,4). Im Zusammenhang mit dem neuen Spannungsbogen, der mit der Bittschrift der Wächterengel aufgespannt wird (Kap. 12–13), dient עלם dazu, dem endlosen Gewimmer und Bitten der Wächter (12,6) das klare Urteil Gottes gegenüberzusetzen: Ihre offizielle Bitte um Erbarmen wird unabänderlich zurückgewiesen (14,4), und auch der Zugang zum Himmel wird ihnen für immer verwehrt bleiben (14,5). Zwei Belege schließlich beziehen sich auf das beispielhafte Dasein von Geschöpfen: Gute Geschöpfe beachten konstant die Ordnung Gottes (5,2 nach G^A), und sie hören nie auf, Gott und seine Schöpfung zu preisen (36,4)[158].

Neben den bisherigen Stellen, an denen dem Lexem עלם somit durchwegs eine zeitliche Bedeutung zugeschrieben werden kann, fällt 16,1 aus dem Rahmen. Hier ist einmalig vom ‚großen Äon‘ (ὁ αἰὼν ὁ μέγας/ዓቢይ: ዐቢይ) die Rede, der mit dem Gericht (so jedenfalls G) voll-

---

157 Für eine Auflistung dieser Stellen s. Anm. 143.

158 Eigentlich: zu segnen. Die Frage stellt sich, ob allenfalls auch 27,3 in eine solche Richtung zu übersetzen ist, was allerdings eine unübliche Satzabgrenzung bedingen würde, bei der die adverbielle Bestimmung, die in Ä das Lexem ዓቢይ enthält, zum letzten Satz gezogen würde. Gerade dieser Versteil bleibt aber auch sonst textlich schwierig. Man müsste damit zusätzlich CHARLES' Emendation folgen und οἱ εὐσεβεῖς statt οἱ ἀσεβεῖς lesen (Ä spricht wörtlich von den ‚Erbarmern‘).

endet wird.[159] Es scheint um die Idee eines (Welt-)Zeitalters zu gehen, wie sie in jüngeren Texten aufscheint.[160] Auch wenn die Bedeutung von αἰών damit zeitlich bleibt, wirkt die Idee im Kontext des WB fremd. Da der Textbefund an dieser Stelle ohnehin schwierig ist, gehe ich davon aus, dass hier im Laufe der Textgeschichte eine spätere Vorstellung in das WB eingetragen worden ist.[161]

Als Fazit ergibt sich, dass die Verwendung von עלם im WB dem herkömmlichen Sprachgebrauch entspricht. Innovativ ist das WB darin, dass es עלם zu einem zentralen Terminus im Rahmen der Kontrastierung der himmlisch-göttlichen gegenüber der irdischen Sphäre erhebt. Auch die Verwendung des Lexems im Rahmen der Gottestitulaturen lässt sich als diesem Anliegen zugeordnet interpretieren. Daneben findet das Lexem Verwendung, um Situationen als beständig und dauerhaft oder als endgültig und unabänderlich, den Ernst der Situation betonend, zu kennzeichnen.[162] [Ende des Exkurses]

5.3.2. Zur nicht-linearen Dimension von Geschichtsbezügen

Bisher stand primär der lineare Geschichtsverlauf im Blickfeld. Es wurde deutlich, dass der Text ein negatives Gegenwartsverständnis vermittelt. Die Schuld für die Entwicklung von einer guten Anfangshin zu einer schlechten gegenwärtigen Zeit wird nicht Gott zugeschoben. Laut WB ist es im Gegenteil ihm zu verdanken, dass sich die Zeiten wieder normalisieren werden. Der lineare Blick erlaubt es, den Grund für den schlechten Zustand der Welt darin zu sehen, dass sich

---

159 Ar bezeugt diese Passage nicht.

160 Vgl. 4 Esr; 2 Baruch.

161 Vgl. JENNI, Wort (1953) 33, der sich einer Diskussion der Stelle gar nicht erst widmet, da er den Text als verderbt betrachtet.

162 Damit bleibt in Bezug auf das WB auch KOCHs Vermutung unbestätigt, dass in 1 Hen die Unterscheidung zwischen Singular- und Pluralbelegen relevant sei [vgl. hierzu ders., Response (2003) 52–55]. Unter Hinweis auf 9,4 und 51,5 merkt KOCH an, dass sich der Plural auf „the endless aiôns of eschatological salvation" beziehe [ebd. 53; vgl. bereits ders., Wind (1993) 84–90 zur Verwendung von עלם v. a. im Astronomischen Buch]. Im Singular sei עלם dagegen „limited to the totality of this time and world that has grown up with creation." [Ders., Response (2003) 54.] Warum er seine These gerade in 9,4 bestätigt sieht, lässt er unerläutert. Was wäre der Grund, dass Michael, Sariel, Rafael und Gabriel gerade im Kontext von Kap. 9 Gott als מרא עלמא (4Q202 Frg. 1 iii 14) und somit nach KOCH als ‚Gott der Zeit vor dem Gericht' ansprechen würden? Oder bezieht sich KOCH auf die oben bereits erwähnte Aussage über Gottes Thron, dass dieser Bestand habe [... א]למלע ןמ יד דריא דר{ל}עלמ? Oder denkt er an die Aussage der Engel, dass der Name Gottes gesegnet sei εἰς πάντας τοὺς αἰῶνας/ ውስተ: ኵሉ: ዓለም (in Ar ist diese Schlusspassage von 9,4 nicht bezeugt)?

unter den Menschen der Ungehorsam gegenüber Gott und seinem Gesetz als Folge der Taten der Wächterengel übermäßig verbreitet hat. Wie die Wächterengel haben die Menschen zu ignorieren begonnen, was Gott ihnen zugedacht hat und was nicht. Der Aspekt, dass das WB dem Verhalten der Engel nicht nur eine ätiologische, sondern auch eine paradigmatische Bedeutung beimisst, verweist darauf, dass im WB Bezüge zu gewissen Ereignissen der Geschichte nicht nur im Rahmen des linearen Geschichtsbildes relevant sind. Gerade die Verwendung der literarischen Form der Vision dürfte es der Verfasserschaft erlaubt haben, den Aussagegehalt der Schrift durch das Evozieren von Analogien oder eben durch paradigmatische Bezugnahmen zu verdichten. Der Textdurchgang hat gezeigt, dass dies insbesondere für Bezugnahmen auf Stoffe gilt, die der biblischen Urgeschichte entstammen (Paradieserzählung, Kain-Abel-Geschichte, Fluterzählung).[163] Durch den Rekurs sowohl auf die Paradieserzählung (Kap. 20; 32) als auch auf die Kain-Abel-Geschichte (Kap. 22) werden der Leserschaft Konstellationen vor Augen geführt, die im näheren oder weiteren Kontext des WB eine wichtige Rolle spielen. Bei der Paradieserzählung ist es die Konstellation einer Grenzüberschreitung mit der Konsequenz, dass Gott durchgreift, bei der Kain-Abel-Geschichte die Täter-Opfer-Konstellation. Erzähltem wird damit durch Bekanntes Prägnanz verliehen. Da auf die erste Grenzüberschreitung und auf die erste Gewalttat in der Geschichte der Menschheit Bezug genommen wird, geschieht dies in diesen beiden Fällen auf besonders eindringliche Weise (prototypischer Charakter).

Komplexer sieht die Situation bei der Bezugnahme auf die Flutgeschichte aus (10,2–3). Für Leser und Leserinnen, die mit der Urgeschichte, wie sie im Genesisbuch erzählt wird, vertraut sind, geht die Erwähnung der Flut mit der Erzählchronologie einher: Man kennt die Flutgeschichte als urgeschichtliches Ereignis, das auf eine Ära der Gewalt auf Erden gefolgt ist. Im Rahmen des WB gehört die Passage 10,2–3 zur ersten Resolution (Kap. 9–11) direkt nach der Schilderung der Komplikation (7,3–8,4). Oben wurde bereits erwähnt, dass die Passage mit diesem Kontext vor Augen die Lage entschärft und signalisiert, dass Gott unmittelbar auf die Klagen der Menschen eingeht. Den ‚Sohn Lamechs' zu retten, ist sein erster Auftrag an die Engel. Es wird zugesichert, dass sich Gott um den Fortbestand der Menschheit kümmert, der in Kap. 7–8 als akut gefährdet beschrieben wird. Diese Zusicherung im Rahmen der ersten Resolution lässt sich zusätzlich paradigmatisch

---

163 Vgl. zur Flut die Ausführungen zu 1 Hen 10,2–3, zur Geschichte von Kain und Abel die Ausführungen zu 1 Hen 22 und zur Paradieserzählung die Ausführungen zu 1 Hen 20 und 32.

verstehen, und zwar in zwei Richtungen verallgemeinernd: Erstens als Zusage, dass Gott bereit sein wird, sich in jedweder Situation um das Überleben der Menschheit zu kümmern, zweitens als Zusicherung, dass letztlich niemand, der sich an das (rettende) Wissen hält, das Gott ihm oder ihr zugedacht hat, den Untergang fürchten muss – auch beim Gericht nicht, das durch das WB angekündigt wird. Wie wir gesehen haben, sind auch die Taten der Wächterengel einerseits Teil des Plots, besitzen andererseits jedoch einen paradigmatischen Charakter.[164] Das Gleiche gilt für Henoch und sein Verhalten. Bezüglich der Engel unterstreicht das WB, wie es oben erwähnt worden ist, dass die Menschen die Ordnung Gottes zu missachten begonnen haben, wie sie es taten. Auf textpragmatischer Ebene ergibt sich daraus die Warnung, dass es Menschen, die den Wächterengeln nacheifern, ebenfalls schlecht ergehen wird. Henochs Verhalten wird dem Handeln der Wächterengel gegenüber als vorbildlich hingestellt. Wie es sich gehört, preist er Gott (12,3; 22,14; 25,7; 27,5; 36,4) und erfüllt geflissentlich die Aufgaben, die dieser ihm aufträgt – letztlich bis hin zum Verfassen des WB für die ferne Generation (vgl. 1,2).[165] Die Art und Weise, wie er im WB charakterisiert wird, kann als Aufruf dazu aufgefasst werden, die Haltung Henochs gerade in ,Zeiten der Unordnung' unbeirrbar nachzuahmen.

Alle bisher genannten Ereignisse, auf die das WB verweist, um seinen Aussagegehalt zu verdichten, sind in urgeschichtlicher Zeit angesetzt. Dies spricht dafür, dass die Verfasserschaft dem linearen Geschichtsablauf Beachtung geschenkt hat und Vorsicht walten ließ, keine anachronistischen Bezugnahmen vorzunehmen. Eine einzige Passage durchbricht dieses Schema, und zwar 1,4 als Vers, der den Ort, an dem Gott Gericht halten wird, mit dem Sinai identifiziert.[166] Die Erwähnung des Sinai ruft unweigerlich die Geschichte Israels in Erinnerung, eine Geschichte, von der in der Urzeit noch nichts bekannt ist. Wie wir oben unter 4.1. bereits gesehen haben, dürfte die Identifizierung das Bild Gottes als machtvollen Retter seiner Geschöpfe vor ihren (und damit auch seinen) Feinden unterstreichen. Die Leserschaft wird sich damit jedoch auch der Gesetzgebung erinnern, die am Sinai stattfand, womit

---

164 Hierin unterscheidet sich das WB wesentlich von Gen 6,1–4. Dort bleibt die Tat der Frauennahme unbewertet.

165 Die Charakterisierung Henochs durch das WB wird unten unter Kap. 5.6. noch detaillierter in den Blick kommen.

166 Die zwei Passagen, die auf Jerusalem Bezug nehmen (Kap. 24–25; 26–27), bleiben hier ausgeblendet, da damit kein eigentliches Geschichtsereignis in Erinnerung gerufen wird. In 24–25 geht es um die Aussage, dass Jerusalem in der künftigen Heilszeit das Zentrum bilden wird, von dem Segen ausströmt. In 26–27 werden Jerusalem*traditionen* aufgegriffen, etwa die Vorstellung von Jerusalem als dem Zentrum der Welt und Traditionen um die eschatologische Dimension der Topographie Jerusalems.

die Relevanz der Gesetze Israels ins Blickfeld gerückt wird. Angesichts des oben dargelegten Befundes stellt sich die Frage, wie diese anachronistische Bezugnahme zu beurteilen ist. Einerseits kann erwogen werden, dass der Aussagegehalt für die Verfasserschaft derart zentral war, dass sie den Anachronismus in Kauf genommen hat. Sieht man sich auch hier den Kontext genauer an, fällt andererseits auf, dass von einem Anachronismus kaum die Rede sein kann. Die Bezugnahme ist nicht eingebettet in die Wächtergeschichte oder in eine ihrer Fortführungen, sondern geschieht im Rahmen der Einleitungskapitel, deren Redesituation zeitlich und räumlich opak ist. Inhaltlich wird in diesen Kapiteln bereits der gesamte Geschichtshorizont von der Schöpfung bis zur Heilszeit nach dem Gericht aufgespannt. Für die Leserschaft richtet sich Henoch an die gegenwärtige Generation (vgl. 1,2), für die die Ereignisse am Sinai durchaus bekannte Ereignisse darstellen. Insofern liegt damit also kein Anachronismus vor. Umgekehrt lässt sich das Bemühen der Verfasserschaft, dem zeitlichen Setting der Wächtergeschichte und ihrer Fortführungen Rechnung zu tragen, wieder darin erkennen, dass das WB den Berg in der zweiten Fortführung der Wächtergeschichte zweimal erwähnt, ohne seinen Namen zu nennen (vgl. 18,8; Kap. 24–25). Über die Einleitung wird der Leserschaft also geschickt signalisiert, dass mit dem Berg eigentlich der Sinai gemeint ist.

Obwohl die erwähnten Bezugnahmen auf Geschichtsereignisse dem linearen Geschichtsverständnis zu- und damit untergeordnet bleiben, darf ihr Gewicht für den Prozess der Sinnbildung bei der Adressatenschaft nicht unterschätzt werden. Wer z. B. von vornherein postuliert, dass das WB mit den Wächterengeln auf gegenwärtige Gruppierungen anspiele, die damit kritisiert werden (z. B. gewisse priesterliche Kreise)[167], ignoriert nicht nur die breite paradigmatische Dimension der Schilderung ihrer Taten, sondern auch die Bedeutung des linearen Geschichtsbildes des WB. Die Wächterengel bleiben im WB Figuren, deren *urzeitliche* Taten die Gegenwart negativ geprägt haben. Nun ist es die Menschheit als ganze, die versucht ist, den Engeln im Wunsch nach mehr, als Gott ihr zugedacht hat, nachzueifern. Nicht mehr die Engel selbst stellen das aktuelle Problem dar. Durch den paradigmatischen Charakter der Taten werden alle Leser und Leserinnen mit der Frage konfrontiert, ob sie wie die Wächterengel gegen Gottes Bestimmungen und damit gegen ihn selbst handeln wollen oder eben nicht. Der Text zielt damit nicht auf eine Antwort auf die Frage ab, wen man aktuell direkt mit den Wächterengeln gleichzusetzen hat. Die Frage stellt sich gemäß der Textlogik so gar nicht. Wenn Exegeten

---

167 Siehe kritisch zu dieser These bereits oben unter 5.2.

und Exegetinnen nach einer Antwort darauf suchen, erheben sie eine im Grunde unsinnige Frage zum wesentlichen Schlüssel für die Interpretation des WB.

Wird die Bedeutung gewisser Geschichtsbezüge in der Forschung ignoriert, werden andere in ihrer Aussagekraft überbewertet. Dies geschieht primär hinsichtlich der Bezugnahme auf die Fluterzählung (10,2–3), was oben unter 4.3. bereits ansatzweise thematisiert wurde. Häufig wird unter Hinweis auf die Erwähnung der Flut die These in den Raum gestellt, das WB arbeite mit einer Urzeit-Endzeit-Typologie. Eine solche für das WB zu postulieren, hat sich in der Sekundärliteratur generell etabliert.[168] Selten findet sich allerdings genauer ausgeführt, was damit gemeint wird. Oft scheinen Autoren und Autorinnen im Hinterkopf zu haben, was Christoph MÜNCHOW hinsichtlich 1 Hen 6–36 folgendermaßen beschreibt:

> „Die Sintflut wird typologisch auf das Endgericht gedeutet, wie auch 10,16b ff. nicht die Zeit nach der Sintflut, sondern die endgültige Heilszeit umschreibt. Es zeigt sich daran die große Bedeutung der typologischen Betrachtungsweise in der Apokalyptik. 1. Hen. bringt das Sintflutgericht mit der Bestrafung der gefallenen Engel in Zusammenhang und macht so die zurückliegende, geschichtlich aufweisbare Verurteilung zur glaubhaften Vorabbildung des kommenden Gerichts über die Sünder."[169]

Wird die Urzeit-Endzeit-Typologie in dieser Art postuliert, ergeben sich bei näherem Hinsehen hauptsächlich zwei Probleme. Zum einen wird die Flut damit von vornherein als Strafgericht interpretiert, bei MÜNCHOW gar explizit als Strafgericht für die Engel. Beim Textdurchgangs zeigte sich, dass die Kap. 9–11 für die Flut keine klare Funktion festlegen. Sie wird insgesamt nur marginal erwähnt, und die Strafmaßnahmen sowohl für die Engel als auch für ihre Kinder, die Riesen, werden nicht mit ihr in einen Zusammenhang gebracht: Die Engel werden gebunden, die Riesen sollen sich gegenseitig durch das Schwert umbringen. Damit vermag der Text die Deutung der Flut als Wendepunkt, der sich mit dem Gericht Gottes parallelisieren lässt, nicht zu tragen. Die zwei großen Wendepunkte bleiben die Taten der Engel und das Gericht Gottes. Dass die Gegenwart nicht mehr eine Zeit der akuten

---

168 Diese Meinung dürfte einerseits durch die Apokalyptikforschung gefördert worden sein, die für Apokalypsen das Muster einer Entsprechung von Urzeit und Endzeit zum Charakteristikum erhob [vgl. HENGEL, Judentum (³1988) 373f.]. Andererseits wurden die beiden Arbeiten HANSON, Rebellion (1977) und NICKELSBURG, Apocalyptic (1977) für die Forschung zum WB sehr einflussreich. Beide postulieren eine Urzeit-Endzeit-Typologie allerdings nur für 1 Hen 6–11 als Vorstufe des WB (vgl. zu NICKELSBURGs These unten unter 5.5.).

169 MÜNCHOW, Ethik (1981) 21.

Not ist, verdankt die Menschheit den Notmassnahmen, die Gott anordnet, also v. a. dem Binden der Engel und dem gegenseitigen Aufreiben der Riesen. Zum anderen verliert die postulierte Typologie an Prägnanz, wenn nach der Entwicklung zum ‚Strafgericht' hin gefragt wird. Die Schilderung der dramatischen Zustände in Kap. 7–8 vor Augen würde man erwarten, dass auch die Zeit vor dem Gericht durch eine akute Not geprägt wäre, der Gott durch seinen Auftritt als Richter ein Ende bereiten würde. Im WB bleibt nun aber gerade die Zeit vor dem Gericht wenig klar konturiert. Einerseits wird offen gelassen, wie lange es noch dauern wird, bis Gott als Richter auftritt. Andererseits zeichnet das WB die Gegenwart im Gegensatz zur Zeit vor den ersten Notmaßnahmen nicht mehr als Zeit der akuten Not für die Menschheit. Sie wird als Zeit dargestellt, die unterschwellig schlecht ist. Der Text signalisiert damit die Parallele zwischen der Ur- und der Endzeit viel weniger prägnant, als es die These einer Urzeit-Endzeit-Typologie nahelegt. Allerdings muss eingeräumt werden, dass die eben dargelegte Kritik nicht alle Formen der These einer Urzeit-Endzeit-Typologie trifft. Die These bleibt beispielsweise für Vorformen des WB erwägenswert, bei denen möglicherweise noch kein linearer Geschichtsverlauf im Zentrum stand.[170] Solche Erwägungen bleiben jedoch sehr hypothetisch.

Wie wir unten (5.5.) noch näher sehen werden, bezieht NICKELS-BURG für seine auf eine Vorstufe des WB bezogene These einer Urzeit-Endzeit-Typologie zeitgeschichtliche Aspekte in die Überlegungen mit ein. Seine Erwägung, dass die urzeitliche Notsituation mit den Diadochenkämpfen in Verbindung zu setzen ist, ließe sich allenfalls modifiziert weiterführen. Statt wie NICKELSBURG den Fokus auf eine Einzelepoche der Geschichte zu richten, könnte der weitere Geschichtslauf in

---

170 Unten unter 5.5. werden diesbezügliche Thesen von NICKELSBURG und ALBERTZ zur Sprache kommen. ALBERTZ stellt dabei explizit heraus, dass die Typologie durch die Erweiterung der Grundschrift verloren ging. Obwohl NICKELSBURG seine These im Rahmen von Überlegungen nur zu 1 Hen 6–11 entwickelt hat, spricht er auch in Bezug auf andere Stellen von einer Urzeit-Endzeit-Typologie, benutzt dort den Begriff allerdings in einem sehr weiten Sinne, was seiner heuristischen Aussagekraft wenig zuträglich ist. Eine Urzeit-Endzeit-Typologie erkennt er z. B. in Kap. 24–25, denn hier werde „a return to paradise" antizipiert [ders., Commentary (2001) 315]. Da es zur Geschichtskonzeption des WB gehört, dass die gute Ordnung gestört, durch Gottes Eingreifen jedoch wieder restituiert wird, ist es meines Erachtens generell fraglich, ob die Rede von einer Typologie hier angebracht ist. Davon abgesehen ist es missverständlich, von einer ‚Rückkehr ins Paradies' zu reden. Dies lässt an die Paradiesgeschichte denken, auf die im WB nur im oben erläuterten Sinne typologisch Bezug genommen wird. Dass der wunderbare, segenspendende Baum von Kap. 24–25 nicht mit dem Lebensbaum der Paradieserzählung gleichzusetzen ist, wie es NICKELSBURG meint, wurde in Exkurs 2 unter 4.4.2. bereits dargelegt.

den Blick genommen werden, der für Menschen des 3. Jh. v. Chr. wahrnehmbar war. Wenn man sodann die Diadochen-These NICKELS-BURGs aufgreift, sie jedoch auf die Endfassung des WB überträgt, ließe dies eine Parallelsetzung der (Heils-)Zeit vor dem Einbruch des Bösen durch die Engel mit der Perserzeit und der (Unheils-)Zeit danach mit der Ära unter ptolemäischer Herrschaft zu:

Das WB würde damit nicht auf eine Urzeit-Endzeit-Typologie, sondern auf eine weltgeschichtliche Ausweitung historischer Erfahrung abzielen. Wenn es später um eine historische Einbettung des WB und seines Trägerkreises geht (vgl. 5.5., aber vor allem 6.3.), wird zu prüfen sein, ob einer solchen Analogiesetzung ein Sinn abgewonnen werden kann.

Insgesamt dürfte deutlich geworden sein, dass die Linearität des Geschichtsverständnisses und die nicht-lineare Dimension einzelner Geschichtsbezüge im WB ein Zusammenspiel ergeben, dem in seiner Gesamtdynamik Beachtung geschenkt werden muss. Die Überlegungen zur These einer Urzeit-Endzeit-Typologie zeigten auf, wie wichtig es ist, transparent zu machen, von welcher Textform man spricht, um nicht Thesen an die Endform der Schrift heranzutragen, die an möglichen Vorformen entwickelt worden sind. Obschon es eine schwierige Aufgabe bleibt, einzelne Auffälligkeiten angemessen zu gewichten, legen es Einzelbeobachtungen nahe, die erwähnten Bezugnahme auf Einzelereignisse als dem linearen Geschichtslauf zugeordnet zu interpretieren. Aus einer solchen Perspektive lässt sich bei allen die Funktion erkennen, dem Aussagegehalt, der sich vom Kontext her erschließt, inhaltliche Prägnanz zu verleihen.

5.4. Weisheit, rettendes (Sonder-)Wissen und Tora

Als ‚apokalyptische Literatur‘ wurde das WB immer wieder in Richtung einer ‚Konventikel-Literatur‘ interpretiert. Von seinem Offenbarungsanspruch schloss man auf ein Interesse an speziellem Wissen, an

‚apokalyptischen Spekulationen'.[171] Die Sicht, dass das WB die Ideologie einer Sektengruppe widerspiegle, ist kaum mehr aufrechtzuerhalten. Mit REED kann festgehalten werden, dass „the ‚scientific' interest of the circles responsible for the *Astronomical Book* and the *Book of the Watchers* were probably only ‚esoteric' insofar as they were scribal."[172] Trotzdem kann immer wieder die Tendenz beobachtet werden, das WB auf eine innerjüdische Sonderbewegung hin aufzuschlüsseln, worauf nicht zuletzt die These eines ‚henochischen Judentums' hinausläuft. Vermutungen dahingehend, dass die Trägerkreise des WB zwar nicht in separatistischen Sinne als Sekte, so aber doch als Gegenbewegung zur damals vorherrschenden Linie der jüdischen Religion interpretiert werden müssten, speisen sich einerseits aus der Interpretationstradition, im WB eine priesterkritische Tendenz auszumachen. Dass der Textbefund diesbezüglich weniger eindeutig ausfällt, als es viele Arbeiten suggerieren, war bereits oben unter Exkurs 3 Thema. Die These, dass hinter dem WB eine Sonderbewegung steht, gründet andererseits auf Erwägungen, dass das Nichterwähnen von Mose und den sinaitischen Gesetzen eine antimosaische Tendenz impliziere. In einem ersten Schritt sollen die Argumente für eine solche Position genauer nachgezogen und einer kritischen Sichtung unterzogen werden.[173] Danach sollen die bisherigen Ausführungen zum Profil des WB aufgegriffen und die Bedeutung von ‚(rettendem) Wissen' und ‚Weisheit' im Rahmen der hier postulierten Lesart des WB dargelegt werden.

5.4.1. Das Wächterbuch und (kein) Mose

Oben wurde bereits angesprochen, dass dem WB primär aufgrund seines universalen Fokus eine toraferne, antimosaische Tendenz zugeschrieben wird. VANDERKAM[174] z. B. sieht damit einen bewussten Ent-

---

171 Die Interpretation der apokalyptischen Literatur und damit auch des WB als Konventikel-Literatur fand starke Verbreitung v. a. durch VIELHAUERs Einleitung zur Apokalyptik in SCHNEEMELCHERs *Neutestamentliche Apokryphen* [vgl. in der jüngsten Auflage VIELHAUER/STRECKER, Apokalyptik (⁶1997) 506]. VIELHAUER selbst beruft sich bei dieser Bestimmung auf PLÖGER, Theokratie (1959).

172 REED, Angels (2005) 67.

173 Vgl. zum Thema bereits BAUTCH, Study (2003) 289–299.

174 Vgl. VANDERKAM, Interpretation (2001), insbes. 142f. Mutmaßungen, dass hinter dem WB Kreise stünden, für die die Tora nicht der zentrale Angelpunkt war, finden sich freilich bereits in der älteren Forschungsliteratur. Zu nennen ist etwas der einflussreiche Aufsatz DIX, Pentateuch (1926). DIX spricht darin von einem „Enochic pentateuch" und hat damit „another Torah, framed upon the model of the Mosaic Torah" (ebd. 31) vor Augen. LIMBECK, Ordnung (1971) 72 z. B. hält zu 1 Hen fest:

scheid der Verfasserschaft vorliegen, sich nicht auf das enger gefasste mosaisch-israelitische Gesetz zu beziehen, sondern nur auf ein Basisgesetz, das für alle Menschen Geltung habe.[175] Die Bedeutung dieser ‚Zweiteilung‘ des Gesetzes lotet er folgendermaßen aus:

> „The Enochic tradition, as it comes to expression in this and in later texts, finds its cornerstone not in the Sinaitic covenant and law but in events around the time of the flood. It would be impossible to reconstruct the pentateuchal legislation from 1 *Enoch* and to infer anything about its cultic law. The primary revelations to which the tradition appealed were those disclosures given to Enoch before the flood. At that time, an extraordinary wisdom and an understanding of the course of human history were disclosed to him. On the basis of those disclosures the pious person in this tradition was to live."[176]

VANDERKAM schließt damit von literarischen Beobachtungen unmittelbar auf das Profil einer spezifischen Bewegung. Mehrere Gründe sprechen meines Erachtens gegen VANDERKAMs These oder jedenfalls dagegen, dass sich ein solcher Schluss zwingend nahelegt. Durch die Handschriftenfunde in Qumran etwa ist deutlich geworden, dass zumindest die Tradierung der Henochliteratur durch Kreise stattgefunden hat, die sehr wohl in der israelitischen Tradition verwurzelt sind. Es erscheint mir fraglich, ob eine Tradierung in dieser Form vorstellbar gewesen wäre, hätte diese Literatur ‚Henochfrömmigen‘ als Grundlage dazu gedient, gerade eine ‚unisraelitische‘ Lebensweise zu legitimieren.[177] Sollte der Inhalt des WB zudem tatsächlich die *Basis* für besagte

---

„[I]m Bewußtsein jener Kreise, deren Denken sich in 1 Hen zu Wort meldet, spielte die Thora offensichtlich keine derart dominierende Rolle, daß sich der einzelne *ausschließlich* durch sie von Gott in Anspruch genommen verstanden hätte." Weiter unten wird außerdem die Position NICKELSBURGs zur Sprache gekommen, der gegenwärtig neben VANDERKAM in prominenter Weise die These eines anti- oder zumindest eines unmosaischen Charakters des WB vertritt. Auch COLLINS, sprach sich jüngst nochmals dezidiert dafür aus, die Henochliteratur als unmosaisch zu interpretieren [vgl. ders., Judaism (2008)]. Da er kaum neue Argumente ins Feld führt, wird seine Arbeit in der Folge nur am Rand Erwähnung finden. Seines Erachtens muss man sich grundsätzlich vor Augen halten, dass „Judaism in the early second century BCE was not uniformly Torah centered, even among those who were familiar with the Torah and respected it as one source of wisdom among others." (Ebd. *33.)

175 DIMANT, Angels (1971) 55 folgend spricht er von den ‚Noachidischen Gesetzen‘ [s. dazu auch dies., Perspective (1978) 327–329]. Vgl. kritisch dazu REED, Angels (2005) 38.
176 VANDERKAM, Interpretation (2001) 142f.
177 Zu den Qumran-Funden als Indiz dafür, dass sich die Wertschätzung von Tora und Henochschriften nicht ausschließen müssen, vgl. auch HIMMELFARB, Kingdom (2006) 40. Ihre Thesen und Argumente zum Thema werden weiter unten noch ausführlicher zur Sprache kommen.

Lebensweise bilden, gälte es meines Erachtens einige konkretere Angaben zu diesen „fundamental divine laws of existence"[178] zu erwarten als diejenigen, die uns vorliegen.[179] Zweifellos ist VANDERKAM darin zuzustimmen, dass Henoch auf erzählerischer Ebene durch Offenbarung außerordentliches Wissen um den Lauf der (Menschheits-) Geschichte erlangt hat. Dass dieses Wissen Henochs jedoch als Regelset für die Lebensführung gedacht und verstanden worden wäre, lässt sich nicht nur aufgrund fehlender konkreter Regeln bezweifeln, sondern auch aufgrund des Gesamtplots des WB. VANDERKAM geht mit seiner Schlussfolgerung darüber hinweg, dass sich das WB nicht nur in der Einleitung als Segensrede präsentiert, sondern sich durchgehend als solche lesen und verstehen lässt. Liest man es als Segensrede, so scheint weniger eine Offenbarung (sei es an oder durch Henoch) im Sinne einer Wissensvermittlung an sich im Vordergrund zu stehen. Vielmehr wird Wissen mit dem spezifischen Zweck offenbart, die Verbindlichkeit der Segensbotschaft Henochs bzw. – postuliert man eine Grundschrift, die 1 Hen 6–11 umfasst – die Verbindlichkeit von Gottes Heils- und Unheilsansagen zu untermauern.[180] Das ‚Wissen Henochs' lässt sich erst angemessen interpretieren, wenn in dieser Weise der Aussagegehalt der Gesamtschrift im Auge behalten wird. Allein vom Befund her, dass Henochs Wissensprivileg praktisch permanent zur Schau gestellt wird, während die mosaische Gesetzgebung keine explizite Erwähnung findet, auf ein henochisches Set von Weisungen als

---

178 VANDERKAM, Interpretation (2001) 142.

179 Eine Zusammenstellung der präskriptiven Aussagen von 1 Hen insgesamt findet sich z. B. bei NICKELSBURG, Wisdom (1998) 126 [vgl. auch ders., Commentary (2001) 51]. Obwohl die meisten dieser Aussagen sehr allgemein gefasst sind (NICKELSBURG verweist z. B. pauschal auf 1 Hen 92–105 für Gesetze zu ‚murder, violence, and oppression'), einige allein Mutmaßungen darstellen (z. B. die Idee, dass 1 Hen 12–16 auf eine Missachtung von Reinheitsregelungen im Kontext von Geschlechtsverkehr durch Jerusalemer Priester verweise) und insgesamt kaum auf das WB selbst entfallen, spricht auch NICKELSBURG – jedenfalls noch in ders., Wisdom (1998) 126 – von einer ‚Enochic Torah'. Eine solche henochische Tora in der Folge gerade für das WB zu postulieren, ruft unmittelbar REEDs Mahnung in Erinnerung, Einzelschriften nicht vom gesamten Henochkorpus her zu interpretieren [vgl. dies., Angels (2005) 59.63f.].

180 Oben unter Kap. 2 wurde bereits erwähnt, dass den Kapiteln 1 Hen 6–36 bei synchronem Lesen eine veranschaulichende Funktion zukommt. Der appellative Zug jedenfalls derjenigen Fassung des WB, die die Einleitungskapitel enthält, kann angemessen nur im Rahmen der auf diese Weise kolportierten Einsichten interpretiert werden: dass das Böse als Ordnungsbruch zu verstehen ist, dass Gott solche Ordnungsbrüche ahndet und dass Gott somit auf der Seite der Gerechten steht, die seine Ordnung (be-)achten.

Alternative oder gar Konkurrenz zur mosaischen Tora zu schließen, stellt eine Verkürzung der literarischen Beschaffenheit des WB dar.[181]

Bezüglich VANDERKAMs Deutung des universalen Charakters des WB fällt auf, dass im erwähnten Aufsatz diejenige Passage des WB unerwähnt bleibt, die die Frage nach der Positionierung desselben gegenüber der Mosetora am direktesten zu berühren scheint: die Epiphanie-Schilderung in der Einleitung (1 Hen 1,4–9), in der Henoch das Erscheinen Gottes als Richter auf dem Sinai ansagt. Es ist die einzige Passage, die – noch dazu an prominenter Stelle – einen expliziten Bezug zur ‚mosaischen‘ Geschichtsepoche herstellt[182] und dadurch den weltoffenen Charakter zu relativieren scheint, der bei VANDERKAM vorausgesetzt wird: Traditionskundige werden durch die Spezifizierung des Ortes unweigerlich an die Sinai-Epiphanie der Exodusgeschichte oder an das Bild YHWHs als machtvoll-rettendem ‚Herrn des Sinai‘ denken,[183] im engeren Sinne Schriftkundige allenfalls speziell an die Abschiedsrede des Mose von Dtn 33. Letztgenannten Bezug arbeitet u. a. NICKELSBURG heraus. Er versteht 1 Hen 1,4–9 von V. 1 her gelesen als eine sich eng an Dtn 33 anlehnende „description of the Sinai theophany projected into the future"[184]. Sie suggeriere, dass „the Torah given on Sinai would be the basis of that judgment"[185]. Obwohl NI-

---

181 Hier offenbart sich die Problematik einer repräsentationssemantischen Angehensweise (vgl. hierzu oben unter 1.2.2.): Weil im WB vom Wissen Henochs die Rede ist, weil aber kaum explizit auf den Sinaibund und das in diesem Zusammenhang offenbarte praktische Wissen Bezug genommen wird, schließt man direkt darauf, dass es im WB oder in 1 Hen insgesamt um ein Wissen alternativ zur Mosetora geht. Wie sich weiter unten zeigen wird, kann eine ähnliche Argumentation bisweilen auch bei NICKELSBURGs Thesen zum WB bzw. zu 1 Hen beobachtet werden. Im nachfolgenden Kapitel (5.4.2.) wird sich zeigen, dass es im WB um unterschiedliche Formen von Wissen mit unterschiedlichen Funktionen geht, die sich nicht vermengen lassen, wie es ein solcher Schluss suggeriert.

182 Dass das Wächterbuch natürlich weitere Anspielungen auf biblische Texte enthält, zeigten bereits die bisherigen Ausführungen. Auf zahlreiche Bezüge, die man bei einzelnen Formulierungen diskutieren kann, verweist NICKELSBURG, Commentary (2001) passim. Leider fehlen dort – vielleicht durch die Form des Kommentars bedingt – eine Gewichtung und meist eine tiefer gehende Analyse der narrativen Funktion möglicher Anspielungen. Nicht alle Bezüge, die NICKELSBURG nennt, sind im gleichen Maße offensichtlich, und nicht alle dürften für den Aussagegehalt eine gleich starke Rolle spielen [vgl. die kritische Sichtung in METZENTHIN, Jesaja-Auslegung (2010) 68–72]. Biblische Bezüge, die in 1 Hen 1–5 festgemacht werden können, hat bereits HARTMAN, Meaning (1979), insbes. 22–38, untersucht.

183 Zum möglichen Aussagegehalt der Bezugnahme vgl. zum einen bereits oben unter 4.1., zum anderen in der weiteren Fortsetzung dieses Abschnitts.

184 NICKELSBURG, Commentary (2001) 144, vgl. auch 135.

185 Ebd. 145; vgl. in die gleiche Richtung HOFFMANN, Gesetz (1999) 128–135.146. Bereits HARTMAN, Meaning (1979) 123f. bringt die Einleitungskapitel des WB aufgrund der

CKELSBURG dem WB damit eine positive Anknüpfung an die mosaische Tradition unterstellt, benutzt er 1 Hen 1,4–9 andernorts dazu, den antimosaischen Charakter des WB zu belegen.[186] Anders als VANDERKAM, der die Stelle schlicht übergeht, interpretiert NICKELSBURG speziell die Epiphanie-Schilderung als „devaluing of the character of Moses", denn sie „places in the mouth of Enoch a text that was modeled after the Blessing of Moses (Deuteronomy 33)"[187]. Warum dies gerade als Abwertung von Mose und nicht vielleicht umgekehrt als Aufwertung Henochs durch eine Parallelsetzung mit Mose zu lesen ist und – falls es sich um eine Abwertung handelt – warum genau diese Abwertung intendiert wurde, darüber sagt NICKELSBURG wenig. Ebenso wenig erklärt er, wie sich unter diesen Voraussetzungen seine erste These, dass der Sinai-Bezug auf die Mosetora als Gerichtskriterium verweise, zur These einer Abwertung verhält. Die Spannung in NICKELSBURGS

Bestimmung des Sinai als Gerichtsort in Verbindung mit der Bundestheologie, und bereits zwei Jahre vor HARTMANs Publikation hat SANDERS, Paul (1977) dem WB insgesamt eine bundestheologische Note zugeschrieben. SANDERS' These eines ,covenantal nomism', auf den hin er im Grunde die gesamte frühjüdische Literatur zu interpretieren versucht, konnte sich in der Forschung allerdings nicht durchsetzen (s. zu SANDERS dann auch Anm. 208 weiter unten). Eine spezifische bundestheologische Prägung der Henochschriften postuliert in jüngerer Zeit zudem ELLIOTT, Survivors (2000) [vgl. ders., Covenant (2002)].
    NICKELSBURGs Meinung, dass die Verfasserschaft nicht ,universal' gedacht hat, sondern als Gerichtskriterium klar das mosaische Gesetz vor Augen hatte, kommt u. a. in seiner Umschreibung der Gruppe der ,Erwählten' zum Ausdruck: „(…) this author awaits a judgment that will separate between the righteous chosen, a portion of Israel, and their enemies, whether within or outside the nation." [Ders., Commentary (2001) 135; vgl. ebd. 147.]

186 Bereits relativierend schreibt er in der Einleitung seines Kommentars zu 1 Hen 1,4: „Since God will judge ,all flesh' (i.e., Jews and Gentiles) (…) the Sinaitic covenant and Torah cannot be the only point of reference." [NICKELSBURG, Commentary (2001) 50.] Dass der Sinaibund und die Tora für die Verfasserschaft keine zentrale Bedeutung haben konnte, begründet damit, dass es kaum explizite Bezugnahmen darauf gebe (vgl. zur Problematik einer solchen Argumentation bereits oben unter Anm. 181). Noch in seinem Aufsatz Wisdom (1998) vertritt er eine Position, die derjenigen VANDERKAMs sehr ähnlich kommt: Wie später dieser schreibt er den ,Enochic authors' zu, „their material as revealed Wisdom that provided an alternative or rival to the Mosaic Torah" (ebd. 124) präsentiert zu haben. Die Henochschriften würden damit Einblick geben „into a time and place in Israel's religious history in which the Mosaic Torah is known, but revealed instruction, necessary for salvation, is tied to Enoch rather than Mosaic authority" (ebd. 130). Erst Jub habe dann Henoch und Mose zusammengebracht. In seiner jüngsten Publikation zum Thema [ders., Wisdom (2007)] unterstreicht er in Abgrenzung zu BEDENBENDER, Place (2007), dass man 1 Hen zwar einen unmosaischen Charakter zuschreiben müsse, dass damit aber nicht vorschnell von einer antimosaischen Haltung die Rede sein dürfe.
187 NICKELSBURG, Commentary (2001) 52.

Kommentar verweist auf die Schwierigkeit, die Textfunktion der Anspielung zu bestimmen: Warum wollte die Verfasserschaft hier den Sinai erwähnt wissen? Was mag seine Erwähnung bei der Adressatenschaft evoziert haben? Wird danach gefragt, ob die Anspielung eher ‚mosefreundlich' oder ‚mosefeindlich' zu interpretieren ist, bietet es sich an, beide Möglichkeiten durchzuspielen.[188]

Eine ‚mosefreundliche' Lesart (das mosaische Gesetz würde damit einher gehen mit der präskriptiven Ordnung Gottes, wie sie im WB eine zentrale Rolle spielt) ließe sich folgendermaßen skizzieren: Die Sinai-Bezugnahme wäre verhältnismäßig diskret gestaltet worden, um einen auffälligen Anachronismus im Verhältnis zu Kap. 6–36 zu vermeiden.[189] Subtil und mit dem Zweck, keine Missverständnisse aufkommen zu lassen,[190] hätte die Verfasserschaft damit gleich zu Beginn bekräftigt, dass es bei der Ordnung Gottes für die Menschen letztlich um das mosaische Gesetz geht. Vor diesem Hintergrund wäre es dann verständlich, dass im weiteren Textverlauf davon abgesehen wird, die Regeln, die zur Ordnung Gottes gehören, detailliert zu bestimmen: Das

---

188 KVANVIG, Enoch (2008) schlägt überhaupt eine Deutung jenseits der Polarisierung ‚mosefreundlich vs. mosefeindlich' vor. Die Verortung des Gerichtes am Sinai enthält seines Erachtens „a polemic against the Jerusalem temple, since Zion and not Sinai is the traditional centre of the eschatological drama." [Ebd. 50] Obwohl er eine berechtigte Frage aufwirft (warum wurde gerade der Berg Sinai und nicht Zion gewählt?), greift seine Schlussfolgerung meines Erachtens zu kurz. Die explizite Nennung des Ortes wird durch seine These nur negativ interpretiert, womit er die Frage übergeht, welche Assoziationen ein auf den Sinai tretender Gott im Leseablauf geweckt haben dürfte. Die Bezugnahme auf den Sinai dürfte im spezifischen Kontext ein aussagekräftigeres Bild abgegeben haben als eine Bezugnahme auf den Zion als Wohnstätte Gottes. Immerhin ist in Kap. 24–25 und in Kap. 26–27 des WB von Jerusalem als Angelpunkt von Gottes Segen und als Stätte mit eschatologischer Bedeutung die Rede. Neben KVANVIG scheint auch COLLINS eine polarisierende Deutung ausschließen zu wollen. Er ist der Meinung, dass die Sinai-Referenz per se noch keine Assoziation mit der Gesetzgebung evoziert – womit die Textpassage s. E. ebenso unmosaisch daherkommt wie der übrige Text des WB. Als Begründung fügt er an, dass „a mere reference to Sinai does not in itself establish a reference to covenantal law-making. Sinai was the mountain of theophany long before it was associated with the giving of the Law." [Ders., Judaism (2008) *30.] Dazu, dass die Sinai-Referenz zweifellos *auch* an diese Theophanie-Tradition anknüpft, vgl. bereits die Ausführungen oben unter 4.1. Dass für die hellenistische Zeit von einer jüdischen Leserschaft ausgegangen werden kann, die bei der Erwähnung des Sinai nur an diese ältere Tradition, jedoch *nicht* an die Geschichte Israels am Sinai denkt, erachte ich hingegen als fraglich.

189 Dazu, dass es sich bei der Sinai-Bezugnahme nicht unbedingt um einen Anachronismus handelt, vgl. bereits oben unter 5.3.2.

190 Dies hätte sodann zumindest in Bezug auf eine heutige Leserschaft nicht funktioniert!

Wissen darum konnte vorausgesetzt werden.[191] Zu einem solchen Setting würde schließlich NICKELSBURGs Vermutung passen, dass durch die besagte Passage die Rolle der Mosetora als Gerichtskriterium betont wird.[192]

Wie ließe sich demgegenüber nun eine ‚mosekritische' Interpretation ausmalen, die überzeugender wäre als NICKELSBURGs Mutmaßung, die Inszenierung Henochs würde Mose abwerten? Anders als NICKELSBURG, in dessen Augen sich die Polemik aus einer Abwertung von Mose speist, könnte man eine polemische Note allenfalls an einer gewollten Überbietung der mosezeitlichen Sinai-Epiphanie durch den neu beschriebenen Auftritt Gottes festmachen. Um eine Überbietung könnte es sich in folgendem Sinn handeln: Durch die Ortsbestimmung werden ein äußerst prominenter Epiphanie-Bericht und damit die Vorstellung von Gott als *dem* Gott Israels und als Retter dieses seines Volkes in Erinnerung gerufen.[193] In den neuen Kontext eingebettet wandelt sich dieser Bericht nun aber in eine brisante Richtung: Während die Assoziation von Gott als Rettendem (V. 8) bestehen bleibt, wird sein Erscheinen in der Welt in Kontrast zur bekannten Sinai-Epiphanie erst als künftiges, aber weltbewegendes und weltumspannendes Ereignis (VV. 5–7) inszeniert, wodurch die bekannte Sinai-Epiphanie in den Schatten gestellt wird. Für die Rettung – diesmal als richterliches Eingreifen Gottes zugunsten der Gerechten verstanden – scheint die Volkszugehörigkeit keine Rolle mehr zu spielen. Alle Menschen und sogar alle Kreaturen werden gemäß ihrem Tun gerichtet. Schließlich überbietet die neue Version der Epiphanie die altbekannte dahingehend, dass keine Geschichtsepoche mehr zu folgen droht, in deren Laufe das Volk Gottes vom richtigen Lebenswandel abkommen könnte. Sie verspricht, das Problem des Bösen auf der Welt endgültig zu lösen und damit der

---

191 Vgl. diesbezüglich bereits MÜNCHOWs Votum zu 1 Hen insgesamt (seine Beobachtungen zu 1 Hen überträgt er hier direkt weiter auf die ‚Apokalyptik' als klar umgrenzte frühjüdische Bewegung, von der er noch ausgeht): „Das Fehlen von Zitaten aus der Mosetora ist nicht Ausdruck dafür, dass die Apokalyptik nur einen ganz allgemeinen Gesetzesbegriff ohne konkreten Inhalt kenne. Die Mahnungen (…) können wohl nur deshalb so ‚allgemein' gehalten sein, weil sie sich auf Vorgegebenes und Bekanntes, d. h. auf die Mosetora, beziehen, ohne diese expressis verbis anzuführen. Die Apokalypsen verstehen sich als Offenbarungen in Entsprechung zur Mosetora (…). Ohne die Mosetora als einen zitierten Text aufzunehmen, überliefert die Apokalyptik verschiedene Traditionen, die zum Tun des in der Tora Gebotenen motivieren wollen." [Ders., Ethik (1981) 40.]

192 Offen bleibt damit natürlich immer noch, welche Form der ‚Mosetora' der Verfasserschaft genau vor Augen stand.

193 Gerade die im Zusammenhang mit 1 Hen 1 in vielen Arbeiten erwähnte Stelle Dtn 33 bezeugt, dass die Gesetzgebung am Sinai und die rettende Exodusgeschichte problemlos als ineinander verschachtelte Ereignisse verstanden werden konnten.

Ordnung Gottes in souveränerer Weise zum Durchbruch zu verhelfen als es die Gesetzgebung in mosaischer Zeit vermochte.

Ein Vergleich zwischen den beiden Interpretationsmöglichkeiten ergibt, dass sich Erstere durch den umgebenden Text deutlicher gestützt findet als Letztere. Die Ausführungen weiter oben haben zudem gezeigt, dass Bezügen zu israelitischen Erzähltraditionen im WB tendenziell eine stützende Funktion zukommt, womit eine polemische Deutung aus dem Rahmen fallen würde. Die zweite Interpretationsmöglichkeit muss deswegen jedoch keinesfalls gänzlich verabschiedet werden. Meines Erachtens ist eine Deutung in Betracht zu ziehen, die Züge beider Lesarten aufgreift. Die beiden Interpretationsmöglichkeiten würden sich damit nicht mehr ausschließen, sondern ergänzen. Dazu muss jedoch die polemische Spitze der zweiten Lesart, die oben im Rahmen der Gegenüberstellung unterstrichen wurde, relativiert werden. Wie es weiter oben bereits zur Sprache kam, wird öfters betont, dass das WB die Gegenwart in Analogie zur Urgeschichte deute. WACKER z. B. spricht von der „Überzeugung der ‚Henochiten', dass die den Lauf der Welt und der Geschichte bestimmenden Gesetzmäßigkeiten in der Zeitspanne bis zur Flut grundgelegt worden sind. Diese Zeitspanne gilt als Modell der eigenen krisengeschüttelten Gegenwart, aber auch des Ausdrucks der Hoffnung auf ein Eingreifen Gottes selbst."[194] Niemand ist auf die Idee gekommen, das WB aufgrund dieser Bezugnahme ‚antinoachisch' einzuschätzen oder auf eine Trägerschaft des WB zu schließen, die sich von Kreisen, denen die Flutgeschichte wichtig war, durch die Bezugnahme hätte absetzen wollen. Wird eine Analogiesetzung erwogen, geschieht dies in einem positiven Sinn. Auch hinsichtlich der Sinai-Bezugnahme sollte meines Erachtens in einem ersten Schritt ausgelotet werden, ob und inwiefern sich eine positive Analogiesetzung anbietet, um nicht vorschnell eine Polemik auf der Ebene hypothetischer Gruppierungen, die gegeneinander angeschrieben haben sollen, in den Text hineinzulesen. In Anbetracht dessen, dass sowohl bei der Exodusgeschichte wie beim im WB beschworenen Gericht Gottes eine Rettung vor feindlichen Mächten an die Präsenz Gottes am Sinai gekoppelt wird, lässt sich eine positive Analogiesetzung folgendermaßen beschreiben: Wie Gott am Sinai im Rahmen der Exodusgeschichte auf der Ebene der Volksgeschichte zu Großem fähig war, ist er den Einleitungskapiteln entsprechend nun auch weltgeschichtlich der wunderbare Retter. Oder stärker aus der Perspektive der Leserschaft formuliert: Wie das Volk Israel auf Gottes Hilfe zählen durfte,

---

194 WACKER, Weltordnung (1982) 296f.

dürfen dies im aktuellen Kontext alle tun, die einen gerechten Lebenswandel führen.

Auch wenn es damit wesentlich um Gott als Retter geht, darf der Fokus auf das Gesetz nicht unterbewertet werden. Zum einen ergibt sich ein Anknüpfungspunkt zwischen der Erzählung der Gesetzgebung am Sinai und dem WB, wenn das Gesetzesverständnis der beiden Texte verglichen wird: Trotz der peinlichen Beschreibung einzelner Vorschriften im Exodusbuch darf nicht aus dem Blick geraten, dass das Gesetz dort letztlich als Anleitung zum Leben mit Gott beschrieben wird, womit jeder Gesetzesbruch ein direktes Vergehen gegen Gott darstellt. Obwohl im WB das Gottesbild zugespitzt wird auf das Bild eines souveränen Universalherrschers, was dazu führt, dass gutes Verhalten als ein loyales, schlechtes Verhalten als ein illoyales Verhalten gegenüber Gott bestimmt wird, bleibt zentral, dass die richtige Lebensführung darin besteht, ein ‚Leben mit Gott' zu führen. Wird nach den konkreten Regeln gefragt, erfüllt damit das Gesetz, das am Sinai offenbart worden ist, die erforderlichen Kriterien. Zum anderen ergibt sich ein Zusammenhang, wenn an die Geschichte vom goldenen Kalb (Ex 32) gedacht wird: Die Sinaiepisode entfaltet daran literarisch auf kleinem Raum, auf der Handlungsebene lokal und zeitlich eng begrenzt den Prozess eines Treuebruchs gegenüber Gott. Ein solcher Prozess wird im WB als zahlreiche Generationen umfassend beschrieben, wobei die Sinaiepisode das im Kern zugrunde liegende Muster vorgibt. Beide Male geht es um einen enormen Treuebruch gegenüber Gott – symbolträchtig gehen im Exodusbuch dabei selbst die Gesetzestafeln zu Bruch –, der entsprechend drastisch geahndet wird. In beiden Fällen wird die Ordnung restituiert, indem Gott seinem Volk/seinen Geschöpfen eine zweite Chance gewährt (vgl. Ex 34).

Macht NICKELSBURG eine Abwertung von Mose an der Henochfigur fest, lässt sich unter dem Vorzeichen einer positiven Analogiesetzung schließlich auch dieser Interpretation eine klarer profilierte alternative Deutung entgegenhalten. So kann die Anknüpfung an Mose und womöglich an dessen Segensrede von Dtn 33 als Mittel gedeutet werden, den Worten Henochs für die aktuelle Situation Glaubwürdigkeit zu verleihen. Einer Botschaft aus dem Munde eines Repräsentanten der Urgeschichte, die auf eine unglaubliche Zusage für die Gegenwart abzielt, hätte kaum wirkungsvoller Autorität und Mobilisierungskraft verliehen werden können als durch das In-Erinnerung-Rufen der wunderbaren Volksgeschichte unter dem damaligen Führer Mose, dessen Segensworte sich bewahrheitet haben. Der Sinngehalt verdichtet sich noch stärker, wenn man sich den konkreten Inhalt von Dtn 33,26–29 vor Augen hält: Hier handelt die Rede des Mose speziell vom Gewähren eines Lebensraumes für Israel, der ein segensreiches Leben ermöglicht – was im WB im Rahmen der Verheißungen an die Gerechten nach dem Gericht Gottes eine zentrale Rolle spielt (vgl. 5,7; 10,18f.; 11,1–2; 25,4–6). Von hier braucht es nicht mehr viel, um die hoffnungsvolle Botschaft zu erkennen, dass Israel erneut zum gesegneten Land bzw. nun sogar zu einer gesegneten Welt unterwegs ist.[195] Dass die vielschichtig sinnstiftende Anknüpfung an die Exodusgeschichte nicht auf die Einleitungskapitel beschränkt bleibt, bezeugen die beiden Reiseschilderungen. Für beide Berichte legt es sich nahe, den irdischen Thronort Gottes, an dem Gott richten wird, ebenfalls als Sinai zu deuten, wodurch die Analogie in der Endfassung also zwei weitere Male aufgerufen wird.[196]

Insgesamt kann festgehalten werden, dass eine ‚mosefreundliche' Deutung der Sinai-Bezugnahme von 1,4 nicht nur imaginiert werden kann, sondern dass eine solche dem Textganzen sogar besser zu entsprechen vermag als eine ‚mosefeindliche' Interpretation.[197] Allerdings wurde damit vorausgesetzt, dass jeweils diejenige Interpretation plausibler ist, die besser zum Kontext passt. Was aber, wenn der Sinaibezug der Einleitungskapitel allenfalls eine spätere Ergänzung darstellt, die sich inhaltlich absichtlich vom Rest absetzt? Eine These dieser Art vertritt BEDENBENDER.[198] Er geht davon aus, dass das WB ursprünglich ‚nicht-mosaisch' war, im Rahmen der Ereignisse um den Makkabäeraufstand herum jedoch einem Mosaisierungsprozess unterworfen wurde. Speziell die Einleitungskapitel seien als zentrales Mittel der Mosaisierung zugefügt worden. Durch sie würde der „Weg des He-

---

195 Gewisse Ansätze einer solchen Deutung finden sich bereits in BAUTCH, Study (2003) 124.

196 Für eine Deutung des jeweils erwähnten Thronberges als Sinai schließe ich mich wie oben bereits erwähnt BAUTCH, Study (2003) 121–125 an.

197 Es ist interessant, dass ein gewisser Zwang, sich in dieser Frage argumentativ pro oder contra zu positionieren, erst in jüngerer Zeit beobachtet werden kann. Für ältere Arbeiten, die davon ausgehen, dass das WB oder 1 Hen insgesamt die Gebote der Tora als die Gebote Gottes vor Augen hatte, vgl. z. B. COUGHENOUR, Enoch (1972) oder HARTMAN, Meaning (1979). Positiv an der jüngsten Entwicklung ist, dass reflektierter als früher Position bezogen wird. Leider begründet OLSON seine Position nicht weiter, wenn er festhält, dass die Verfasserschaft des WB „(…) put forward no new Torah. The Book of Enoch is intended as an interpretive, supplemental body of writings within Judaism, not as a rival Bible for a breakaway movement." [Ders., Enoch (2004) 10; vgl. ders., 1 Enoch (2003) 907]. Seine Äußerung blieb damit praktisch unbeachtet.

198 Vgl. dazu insbesondere dessen Dissertation BEDENBENDER, Gott (2000), bestätigend z. B. ders., Mose (2002); Place (2007). Bereits oben unter 1.2.1. ist sein Ansatz hinsichtlich der Bewertung der Einleitungskapitel kritisch beleuchtet worden.

nochgottes zum Sinai"[199] belegt, der in Anbetracht einer bewegten Zeit, die eine Koalition mit biblisch orientierten Gruppen für vorteilhaft erscheinen ließ, neu eingeschlagen worden sei:[200]

> „Die interpretatio Mosaica et apocalyptica der Henochüberlieferung erfolgte weniger durch Eingriffe in den Textbestand als durch Vorschaltung einer programmatischen Einleitung, von der zu hoffen stand, dass sie den auch von geübten Interpretatoren sicher nicht immer leicht zu steuernden Zug schon auf das richtige Gleis setzen werde."[201]

Wie NICKELSBURG nimmt BEDENBENDER also explizit auf die Sinai-Erwähnung Bezug, um das Verhältnis des WB zum ‚mosaischen Judentum' zu bestimmen. Anders als jener deutet er den Bezug selbstredend als positiv, geht aber wie VANDERKAM davon aus, dass die restlichen Passagen des WB ‚unmosaisch' seien. Leider bietet er zu Letzterem kaum Argumente, sondern scheint damit dem ‚Forschungskonsens' zu folgen.[202] Relativ unbedarft postuliert er ‚Henochgruppen', die beim

---

199 BEDENBENDER, Gott (2000) 234. Inwiefern sein programmatischer Titel seine Übersetzung von 'lm/עלם im WB lenkt, war bereits unter Exkurs 4, Anm. 153 Thema.

200 2 Hen, das so genannte slawische Henochbuch, interpretiert er entsprechend als „Henochüberlieferung (...), welche die ‚Israelwendung' der älteren Tradition ab 167 v. Chr. nicht mitgemacht hatte." [BEDENBENDER, Gott (2000) 258.] Stattdessen hätten hier „die bei Henoch seit alters vorhandenen universalistischen Tendenzen die Oberhand [gewonnen], indem der Bereich kosmologischer Spekulationen durch eine Schöpfungslehre ausgebaut und mit einer allgemein-menschlichen Ethik verbunden wurde." (Ebd.)

201 BEDENBENDER, Gott (2000) 230.

202 Als eigenständiges Argument kann vielleicht seine Interpretation von 2 Hen als Henochtradition, welche die ‚Israelwendung' nicht mitgemacht habe (vgl. dazu Anm. 200), ins Feld geführt werden. Hierzu ist jedoch zu bedenken, dass 2 Hen als verhältnismäßig junger Text einzuschätzen ist, der die Henochtraditionen sowieso losgelöst von ursprünglichen historischen und sozialen Kontexten aufgegriffen und weitergeführt hat. BEDENBENDER steht dagegen nicht alleine da, wenn er versucht, die Tendenz des WB u. a. von derjenigen des Astronomischen Buches her (und umgekehrt) zu bestimmen. Wenn er davon ausgeht, Henoch stehe „für ein Judentum, das dem Tempel gegenüber autonom war (Kalender des Astronomischen Buches; Priesterkritik des WB) und sich (wie im WB gut zu erkennen ist) durch Radikalität beim Nachdenken über die Macht der – tendenziell bis in den Himmel hinaufreichenden – Sünde auszeichnete" [ders., Gott (2000) 199], scheint er es z. B. ähnlich wie BOCCACCINI für gegeben hinzunehmen, dass beide Schriften bereits in den Anfängen der gleichen oder zumindest einer gleichgearteten Trägerschaft zuzuschreiben sind (insofern wäre es interessant, würde BEDENBENDER genauer ausführen, was, wenn er von ‚Henochgruppen' spricht, die Pluralsetzung zu bedeuten hat). Da die Textzeugen nahe legen, dass die beiden Schriften unabhängig kursierten, bleibt große Vorsicht geboten, was deren Verhältnisbestimmung zueinander anbelangt. Zudem wurde bereits in der Einleitung angesprochen, dass es unklar ist, wie früh (oder wie spät erst) die kalendarischen Stoffe des Astronomischen Buches mit Henochstoffen verwoben wurden (vgl. hierzu dann auch unten unter 5.6.1.).

Ausbruch der Verfolgung unter Antiochus bereits „seit mehreren Generationen" existiert hätten. Für diese sei es typisch gewesen, „dass sie anstelle von Mose und der Tora Henoch, den Vorzeitweisen, und die ihm zuteil gewordenen Offenbarungen in den Mittelpunkt ihres Denkens gerückt hatten. Seit alters den Vorgängen am Jerusalemer Tempel gegenüber von regem Misstrauen erfüllt, schlossen sie sich – ungeachtet ihrer ideologischen Eigenständigkeit – der makkabäischen Allianz an."[203] Um diese Charakterisierung der ‚Henochgruppen' zu stützen, führt er allein ein Zitat von COLLINS an, geht jedoch darüber hinweg, dass dieser eine Rekonstruktion der sozialen Matrix der Henochtradition an gleicher Stelle als „very tentative"[204] bezeichnet. Weckt bereits dies gewisse Zweifel daran, wie wohlbegründet sein Bild der ‚Henochgruppen' ist, trifft BEDENBENDER des Weiteren ein Kritikpunkt, der bereits bezüglich VANDERKAMs Thesen genannt worden ist. Ähnlich wie VANDERKAM stellt er die Offenbarungen Henochs auf die gleiche Ebene wie die Tora, die dem Mose offenbart worden ist, und präsentiert die beiden damit als Alternativen. Wie wir gesehen haben, stellt dies jedoch eine Verzerrung des Inhaltes des WB dar: Bei den Offenbarungen an und durch die Henochfigur geht es primär um das Untermauern der Verbindlichkeit von Heils- und Unheilsansagen, nicht um Details eines Regelsets für den richtigen Lebenswandel. Fokussiert ein Text auf das eine, heißt dies noch lange nicht, dass das andere damit als irrelevant erklärt wird.

An BEDENBENDERs These lässt sich also bereits das Postulat kritisieren, dass es ein älteres, unmosaisches WB gegeben habe – womit auch die Weiterführung seiner Rekonstruktion Gefahr läuft, obsolet zu werden: Weshalb sollte, was gar nie unmosaisch war, mosaisiert werden? Seine Annahme, dass die Sinai-Erwähnung ‚mosefreundlich' ist, geht einher mit den obigen Ausführungen. Dass er die Einleitungskapitel im Zugzwang seiner These dann aber vom Rest abheben muss, führt zu vielen Fragen, die er unbeantwortet lässt.

Offen bleibt einmal mehr, welche Version von WB hätte mosaisiert werden sollen. Was wäre der Umfang, was der Aussagegehalt einer solchen Schrift gewesen? Falls die Schrift gar antimosaisch ausgerichtet gewesen war, was BEDENBENDER an mehreren Stellen behauptet: Ließen sich diese polemischen Spitzen einfach so leicht wegradieren? Den Fokus auf die Einleitung als Instrument der ‚Israelwendung' gerichtet, geht BEDENBENDER ferner darüber hinweg, dass die Reiseschilderungen erneut auf den Sinai Bezug nehmen. Diese Passagen müsste er sodann ebenfalls als Teil der programmatischen Mosaisie-

---

203 BEDENBENDER, Gott (2000) 103.
204 COLLINS, Imagination (²1998) 79.

rung in makkabäischer Zeit interpretieren. Es fragt sich schließlich, wie einer Schrift, die keine Passage enthält, die auf eine Religionsverfolgung weist, eine offenbar gewichtige Überarbeitungsphase in einer Epoche zugeschrieben werden kann, die in anderen Texten viel tiefgreifendere Spuren hinterlassen hat.[205] Das WB setzt für die Gegenwart an keiner Stelle einen akuten Konflikt voraus, und damit hebt es sich gerade von anderen Henochschriften ab.[206]

Zusammenfassend kann gesagt werden, dass auch mit BEDENBENDERs Interpretation kein ernsthafter Einwand gegen die These erwächst, dass das WB weniger ‚un-‘ und ‚antimosaisch‘ ist, als es in der Forschung oft angenommen wird. Um für das WB eine solche un- oder antimosaische Tendenz generell zu postulieren oder um von einer Wende in der Tendenz auszugehen, wie sie BEDENBENDER vorschlägt (unmosaisch-mosaisch), sind meines Erachtens die Indizien zu schwach. Die Beobachtungen zum Gottesbild weiter oben sollten verdeutlicht haben, dass das Postulat einer un- oder antimosaischen Tendenz keinesfalls die einzig mögliche Erklärung für einen universalen Charakter des WB abgibt. Dieser lässt sich mindestens so gut als Ausdruck des Bemühens verstehen, Gottes Souveränität herauszustreichen.[207] Mit Blick auf den Gesamtbefund würde ich deshalb – anders etwa als BAUTCH in ihrem Fazit zur Diskussion unserer Frage –[208] überzeugendere Argumente

---

205 Vgl. etwa die Weiterführung der Danieltexte oder aber das Buch der Traumvisionen und die so genannte Wochenapokalypse (1 Hen 93,1–10; 91,11–17) als Weiterführung der Henochtexte unter neuen historischen Vorzeichen.

206 Vgl. auch WACKER, Weltordnung (1982) 313f., die den Kontext einer Religionsverfolgung ausschließt.

207 So kann auch kaum behauptet werden, dass das WB durch seinen universalen Zug seinen Blick speziell auf die nichtjüdischen Menschen gerichtet hätte. Im Fokus bleiben YHWH-gläubige Menschen, die man als negativen Einflüssen ausgesetzt betrachtet (vgl. unten unter 5.5.). Zwar bleibt es denkbar, dass der Schrift ein gewisser apologetischer Zug zugeschrieben werden kann, wie ihn KOLENKOW, Genre (1975) für die frühjüdische Testamentliteratur postuliert. Doch einem solchen ließe sich mit Blick auf das Textganze kaum eine zentrale Rolle zuschreiben.

208 Vgl. BAUTCH, Study (2003) 299. BAUTCH lässt die Frage letztlich offen und fordert von beiden Parteien gleichermaßen stärkere Belege für die jeweilige Position ein. Sie schließt: „For those who understand the Enochic community to be ambivalent toward the Mosaic legacy, it would seem that still more evidence would be helpful in order for us to clearly discern a divide between the developing Enochic tradition and that of Mosaic Judaism. On the other hand, for those who understand the Enochic corpus as further proof of covenantal nomism or as consisting of works that attest to the same kind of Judaism as presented in Ezra or Ben Sira, it would seem more substantial evidence that establishes a direct relationship between the Enochic works and Mosaic law is a *desideratum*.“ (Ebd.) Mit der Erwähnung des ‚covenantal nomism‘ bezieht sie sich auf SANDERS, Paul (1977) und wählt also ihn als Repräsentant einer Gegenposition zu den Thesen von VANDERKAM und NICKELSBURG. Problematisch ist, dass es gerade nicht in SANDERS' Interesse liegt, das spezifische Profil des

eher von Befürwortern und Befürworterinnen der These eines un- oder antimosaischen Zuges des WB einfordern wollen als von der Gegenseite. Obwohl beiderseits starke Argumente fehlen, kommt eine Position, die nicht auf einer abgrenzenden Tendenz beharrt, mit weniger hypothetischen Annahmen aus.

Weniger zurückhaltend als BAUTCH kritisiert gerade in jüngeren Arbeiten auch HIMMELFARB die Hypothese einer torafernen oder -kritischen Tendenz des WB.[209] Es wurde bereits erwähnt, dass sie grundsätzlich an der priesterkritischen Tendenz des WB festhält (vgl. Exkurs 3), wodurch ihre Kritik insbesondere bei NICKELSBURGS Position an leicht anderen Punkten ansetzt als die meinige.

HIMMELFARBs Kritik am Postulat einer torafernen oder -kritischen Tendenz des WB entzündet sich speziell an NICKELSBURGs Thesen. Einerseits wirft sie ihm vor, das WB mit der anachronistischen Brille der paulinischen Unterscheidung von ,Glaube versus Werke' unter die erste Kategorie zu subsumieren. Andererseits gründe sein Urteil zum WB auf seiner Interpretation des WB als Text einer sektenhaften, abgesonderten Gruppe, die er dem WB vom Buch der Traumvisionen her überstülpe. Ihres Erachtens stellen die Verfasser des WB sehr wohl unter Beweis, dass sie sich mit den Traditionen der Tora auskennen und daran anzuknüpfen versuchen – auch wenn sie ihren Protagonisten Henoch als vorsintflutlichen Helden nicht explizit auf Mose Bezug nehmen lassen und als Schreiber in einem eher technischen Sinne darstellen. Nicht unbedingt an Henoch, jedoch an den Verfassern lasse sich insofern Schreibkunst in einem elaborierten Stil festmachen, eine Schreibkunst, die ein Torastudium der Verfasser nahelege. Sie geht so weit, zu sagen, dass „the authors of the *Book of the Watchers* intended their work to clarify what the Torah really meant rather than to reject it or even ignore it."[210] Dass es trotz der wenigen direkten Bezüge keinen Grund zur Annahme einer polemischen Tendenz gibt, begründet sie zudem religionsgeschichtlich: „Yet although the canon had not yet taken final shape and the contents of many works that would later be regarded as canonical still had a certain fluidity, the Torah was already widely accepted as the central document of Judaism in the third century BCE. If there ever was such a thing as an

---

WB herauszuarbeiten. Vielmehr geht es ihm darum, 1 Hen insgesamt einem Religionsmuster, das er ,covenantal nomism' nennt, zuzuordnen, von dem sich seines Erachtens dann die paulinischen Texte mit einem neuen Muster abheben. Ich hoffe gezeigt zu haben, dass es Möglichkeiten gibt, ein positives Verhältnis des WB zur mosaischen Tradition auch ohne eine solche Prämisse herauszuarbeiten. Für eine Kritik an SANDERS' Grenzziehung, an seiner spezifischen Art also, einen ,Palestinian Judaism' zu definieren, s. z. B. BOCCACCINI, Roots (2002) 8–14.

209 Ihre diesbezüglichen Thesen hat sie z. B. bereits 2001 am Jahrestreffen der *Society of Biblical Literature* (SBL) präsentiert. Publiziert finden sie sich inzwischen in HIMMELFARB, Kingdom (2006) 39–41.

210 HIMMELFARB, Kingdom (2006) 40.

Enochic community, it surely read the Torah and many other works alongside Enochic texts."[211] Gerade die Qumrangruppierung belegt ihres Erachtens, dass es möglich war, die Henochschriften und die Tora nebeneinander wertzuschätzen. Dies habe funktionieren können, da die unterschiedlichen Texte Antworten auf unterschiedliche Fragen bieten würden. Die Zurückhaltung des WB bezüglich der Gesetze der Tora gelte es damit als „a function of genre, not of distance or discomfort"[212] zu verstehen.

Obwohl in den Details anders akzentuiert, stützen HIMMELFARBs Beobachtungen die obigen Ausführungen. Sie verdeutlichen, dass das Postulat einer un- oder gar antimosaischen Tendenz des WB – so verbreitet es zur Zeit ist – auf heiklen Prämissen beruht. HIMMELFARBs Ausführungen veranschaulichen, dass eine Antwort auf die Frage der Tendenz des WB nicht zuletzt davon abhängt, aus welcher Perspektive geurteilt wird. So räumt sie zwar ein, dass gewisse Vorstellungen, die das WB kolportiert, nicht mit den Vorstellungen der Tora einhergehen. Sie zweifelt aber daran, dass die Verfasserschaft ihr Werk deswegen als mit der Tora konfligierend angesehen haben muss.[213] Zieht man ihre Gedanken an diesem Punkt weiter, lässt sich die Möglichkeit nicht ausschließen, dass gewisse Kreise polemisch auf das WB reagiert haben. Die Unterscheidung zwischen einer von der Verfasserschaft bzw. Trägerschaft intendierten Polemik und einer Polemik im Rahmen der Rezeption der Schrift erweist sich damit als wesentliche Unterscheidung beim Ausloten der ideologischen Tendenz des WB. Im Unterschied zu VANDERKAM und NICKELSBURG erkenne ich mit HIMMELFARB keine Polemik bereits auf der Ebene der Intention der Verfasserschaft. Allenfalls ließe sich sogar in Erwägung ziehen, die ‚Auslassung' des Mose als gewissen Respekterweis zu deuten: Die Geschichte des ‚Volkes Israel' bleibt durch die Klammer, die im WB durch die Botschaft der urgeschichtlichen Figur des Henoch an die gegenwärtigen Nachfahren ebendieses Volkes aufgespannt wird, unangetastet.[214] Wie HIMMELFARB einräumt, lassen sich durchaus Spannungen zwischen gewissen Vorstellungen des WB und solchen, die die Traditionen zur Volksgeschichte prägen, entdecken. Indem das WB die Volksgeschichte nicht näher

---

211 Ebd. 41.

212 HIMMELFARB, Kingdom (2006) 41. Des Weiteren verweist sie auf die rabbinischen Schriften. Auch dort würde z. B. bezüglich des Sefer Serubbabel, einer Schrift, die vor allem auf prophetische Traditionen und die Davidfigur Bezug nimmt, niemand annehmen wollen, für den Autor seien Mose und der Bund am Sinai nicht von zentraler Bedeutung gewesen.

213 Vgl. HIMMELFARB, Kingdom (2006) 40.

214 Demgegenüber geht dann speziell Jub um einiges weniger ‚respektvoll' mit der Offenbarung an Mose um.

erwähnt, lenkt es die Aufmerksamkeit der Leserschaft jedoch nicht
darauf.[215] Der Textdurchgang weiter oben hat zutage gebracht, dass die
Bezüge des WB zu traditionellen Stoffen trotz allem eine je eigene, die
Hauptlinien des WB stützende Aussagekraft besitzen. Damit ergibt sich
ein Verständnis der WB-Botschaft nicht als Alternativ-, sondern als
Zusatzbotschaft zum bekannten, traditionellen Wissen, womit bereits
das Thema des folgenden Kapitels angesprochen ist.

5.4.2. Wissen und Weisheit im Wächterbuch

Die eben problematisierte Verhältnisbestimmung zwischen WB und
mosaischer Tradition beeinflusst nicht zuletzt, wie das Weisheitsverständnis des WB bestimmt wird. So lässt sich eine starke Tendenz beobachten, dieses Verständnis aufzuschlüsseln, wie es beispielsweise
WRIGHT tut. Das Verhältnis zwischen WB, dem Astronomischen Buch,
dem aramäischen Levi-Dokument (ALD) und dem Sirachbuch bestim-
mend, folgert er:

> „One of the interesting aspects of the relationship between AB, BW, ALD
> and *Sirach*, as I see it, is that all these works attempt to legitimate their un-
> derstanding of the way things are/should be by particular notions of wis-
> dom dependent on different appeals to authority, although they all ulti-
> mately derive their authority from God. Ben Sira appeals to the Torah as
> the repository of wisdom, and thus wisdom is found through disciplined
> study of god's revelation in the Law. The Enochic works and ALD legiti-
> mate the wisdom contained in them through ascent visions or dream vi-
> sions in which God gives the wisdom to the patriarch unmediated. Thus,
> the wisdom granted to Enoch and Levi ultimately gets handed down as a
> sort of counter wisdom to the kind offered by Ben Sira."[216]

---

215 Vgl. in diesem Zusammenhang die Deutung der Anspielung auf die Paradiesgeschichte in 1 Hen 32 durch HIMMELFARB, Ascent (1993) 74 (vgl. dazu bereits oben unter 4.4.2., Anm. 110).

216 WRIGHT, Sirach (2002) 183 [vgl. ders., Wisdom (2004) 108.114]. Im vorangegangenen
Kapitel wurde bereits auf VANDERKAM und BEDENBENDER verwiesen, deren Thesen
in diese Richtung gehen. Obwohl nicht immer wie bei WRIGHT in Abgrenzung zu Sir
formuliert, finden sich ähnliche Charakterisierungen des Offenbarungswissens Henochs in ARGALL, 1 Enoch (1995); KVANVIG, Jubilees (2004) 260; MACASKILL, Wisdom
(2007) 47.57; COLLINS (2008) *33 oder auch bei NICKELSBURG [z. B. ders., Wisdom
(1998) 127.129f.]. Demgegenüber enthält sich z. B. WACKER, Wissen (2002) 121–130
einer solchen Zuspitzung. Ihr Aufsatz ist einer der differenziertesten Beiträge zum
Verständnis von Erkenntnis und Weisheit im WB. Leider fehlt in ihrem Aufsatz eine
Auswertung des Gesamtbefundes. Sie untersucht das WB ausschließlich entlang von
Untereinheiten (Kap. 1–5; 6–16; 17–36).

WRIGHT stellt zu Recht heraus, dass das Verständnis von Weisheit von Schrift zu Schrift variieren kann, und dass Wissen bzw. Erkenntnis bisweilen durch verschiedene Quellen legitimiert wird. Heikel ist dagegen seine Gegenüberstellung: Wenn er sagt, dass die Weisheit in den Henochschriften durch unmittelbare Offenbarung legitimiert werde, während bei Sir die Tora als Grundlage der Weisheit diene, suggeriert dies eine Alternative, die sich als problematisch erweist, sobald man das WB genauer in den Blick nimmt.[217]

Statt direkt die Vorstellung von Weisheit im WB aufzugreifen, soll in einem ersten Schritt auf das Stichwort ‚Wissen‘ eingegangen werden. Auf die menschliche Lebenswelt bezogen, spielen im WB zwei Arten von Wissen eine zentrale Rolle: Erstens geht es um Offenbarungswissen, das durch Gott bzw. die Engel als seine himmlischen Vermittler an Henoch erging und nun von Henoch als fiktivem Ich-Erzähler der ‚fernen Generation‘ vermittelt wird. Durch 1 Hen 10,2–3 wird dabei klargestellt, dass Henoch nicht der einzige Mensch ist, dem Offenbarungswissen in einer spezifischen Situation gewährt wird. Im Rahmen dieser Offenbarungen wird zweitens das Wissen um allgemeine Regeln der Lebensführung angesprochen, wobei herausgestellt wird, dass es wesentlich ist, dieses Wissen ernst zu nehmen und die Regeln als Loyalitätsbezeugung gegenüber Gott ordentlich zu befolgen.

Die bisherigen Ausführungen haben gezeigt, dass das WB die Pflicht, Gott gegenüber loyal zu handeln, in der Tat eher suggeriert als explizit benennt. Dies kann darauf zurückgeführt werden, dass das WB die Fehltaten der Engel und deren Verurteilung ins Zentrum rückt. Dennoch gibt es Passagen, die diese Pflicht direkt ansprechen. Am klarsten betont 1 Hen 5,2–4 die Bedeutung des Einhaltens des Regelsets, das Gott bei der Schöpfung jeder Spezies zugeordnet hat. Laut der aramäischen Fassung ist es das ‚Befolgen (wörtlich: Tun) des Wortes Gottes‘, was das Verhalten jeder Spezies zu bestimmen hat und von dem nie abgewichen werden soll. Tadelnd hält der Text denjenigen, die sich nicht daran halten wollen, das vorbildliche Funktionieren der Naturphänomene vor:

---

217 WRIGHT selbst räumt einige Zeilen weiter ein, dass die Tora „fundamental for much of 1 *Enoch*" sei [ders., Sirach (2002) 183]. Im Rahmen seiner Gegenüberstellung schreibt er aber selbst die Inhalte der Tora einer ursprünglichen Offenbarung an Henoch zu: „(…) the entire body of knowledge is seen as interconnected and handed down from antiquity after it was originally revealed to Enoch." (Ebd.)

11 (...) שנה 12 [...]ו[כֹּ]לֹהן עבדין ממרה ואנתן שניתן עבדכֹן 13 [...]ות[מֹרון עלוהי (...)

„(...) Jahr [für Jahr weichen sie nicht ab von ihrem Tun, und]sie alle befolgen sein Wort. Aber ihr habt euer Tun verändert [und nicht befolgt sein Wort, sondern ihr] sprecht gegen ihn (...)" (4Q201 Frg. 1 ii 11ff.)[218]

Beide Arten des Wissens lassen eine erkenntnisoptimistische Haltung erkennen. Das Offenbarungswissen erinnert zum einen an prophetisches Offenbarungswissen im Sinne eines singulären Sonderwissens, durch das dem Publikum ein als gestört wahrgenommenes Verhältnis zwischen den Menschen und Gott erklärt wird. Zum anderen zeugt 1 Hen 10,2–3 aber auch von einem Offenbarungsverständnis, das die Möglichkeit eines punktuellen göttlichen Eingreifens zugunsten von Individuen voraussetzt.[219] Auf der Ebene der generellen Lebensregeln bezeugt das WB dadurch einen Erkenntnisoptimismus, der diese Regeln als den Menschen grundsätzlich bekannt voraussetzt, und zwar seit der Schöpfung. An diesem Punkt wird klar, dass eine mögliche Brisanz des WB im Vergleich zur traditionellen Vorstellung einer Gesetzesoffenbarung am Sinai weniger aus der Tatsache erwächst, dass Wissen an und durch Henoch offenbart wird, sondern daraus, dass laut WB die Gesetze für die Menschen (und auch für die anderen Geschöpfe) schon mit der Schöpfung selbst erlassen worden sind. Dieser Punkt wird weiter unten nochmals aufgegriffen werden.

Vorwiegend durch die Erzähllinie um ʿAsaʾel spielt im WB neben den zwei genannten Arten von Wissen eine weitere Form eine Rolle, nämlich dasjenige Wissen, das den Menschen nicht durch Gott, sondern durch die Engel vermittelt worden ist. Damit werden zugleich unterschiedliche Erkenntnisquellen angesprochen. Gegenüber den ersten beiden Arten von Wissen, die als legitimes Wissen positiv dargestellt werden, wird das durch die Engel vermittelte Wissen negativ bewertet: Es war den Menschen innerhalb der Schöpfungsordnung nicht zugedacht und zeitigt entsprechend negative Folgen. Im Kontrast zu diesem unheilvollen ‚falschen Wissen' erscheinen die ersten beiden Formen als ‚rettendes (Sonder-)Wissen'. Auch wenn es im Laufe der Geschichte zur Vermittlung falschen Wissens gekommen ist, steht den

---

218 Was die Rekonstruktion der Textlücken angeht, gibt es in der Forschung Abweichungen. Obige Ergänzungen folgen größtenteils MILIK, Books (1976) 146. Ä und G weichen insofern von Ar ab, als sie statt vom Tun der Geschöpfe von den Geschöpfen als Werk(e) Gottes reden, welche Gott ordnungsgemäß dienen. Ä und G sind damit weniger explizit als Ar, was das Benennen des ‚Gottesdienstes' als Einhalten von Gottes Geboten angeht.

219 Wie oben unter 4.3. erwähnt, kann eventuell auch 10,7 dahingehend interpretiert werden, dass Gott den Gerechten in der Zeit bis zum Gericht bei großer Bedrängnis Engel als Helfer zukommen lässt. Unter 4.3., Anm. 29 wurde bereits auf das Tobitbuch verwiesen, das von einer solchen Hilfeleistung berichtet.

Menschen die Option offen, sich an die bekannten Regeln zu halten. Diese garantieren in der Zeit vor dem Gericht zwar nicht, dass der Tun-Ergehen-Zusammenhang im Laufe einer Lebensspanne aufgeht, rettet aber vor einer Verurteilung, wenn Gott als Richter auftritt. Dass sich die traditionellen Regeln in diesem Sinne unmissverständlich als ,rettendes Wissen' verstehen lassen, ergibt sich als Fazit aus dem ,rettenden Sonderwissen', also dem im WB enthaltenen Offenbarungswissen. Dieses Sonderwissen streicht durch sein eigentümliches Verständnis von Schöpfung, Kosmos und Geschichte, das den übergreifenden Deutungsrahmen für die Gegenwart abgibt, nicht nur diese Regeln als ,rettendes Wissen' heraus und rettet damit deren Signifikanz – und dies, ohne diese Regeln konkret auflisten zu müssen –, sondern es rettet auch die Menschen und in gewissem Sinne sogar Gott. Unter den Menschen rettet es diejenigen, die gerecht leben wollen. Ihnen liefert es die grundsätzliche Anweisung zu einem gottgefälligen Lebenswandel, der vor einer Verurteilung durch Gott bewahrt. Aber auch Gott rettet es, dem zugeschrieben wird, diese Regeln aufgestellt zu haben. Einmal mehr erscheint er allein als der wahre Retter der (gerechten) Menschen, auf den nun gerade auch die Generationen hoffen können und sollen, die fern der Ur- und Erzeltern und fern der Generation leben, die Gott bei der Auswanderung aus Ägypten als Retter erfahren durfte.[220]

In ihrer Monographie zum menschlichen Erkennen in den Texten des Alten Testaments unterscheidet Annette SCHELLENBERG zwischen Erfahrung, Tradition und unmittelbarer Offenbarung als unterschiedlichen Erkenntnisquellen.[221] Obwohl für das WB bereits eine Grundunterscheidung in Bezug auf Wissen ausgemacht werden konnte – gemäß WB ist es relevant, ob Wissen einer Spezies oder einem Individuum von Gott zugedacht ist (,richtiges Wissen') oder nicht (,falsches Wissen') –, lässt sich die Frage nach den Erkenntnisquellen unter Einbezug von SCHELLENBERGs Kategorien noch spezifischer in den Blick nehmen. Wie wir gesehen haben, kann das ,richtige Wissen' gemäß WB einerseits Offenbarungswissen umfassen, findet sich andererseits aber auch in Traditionen manifestiert. ,Falsches Wissen' gründet auf einer einmaligen Offenba-

---

220 Oben unter 5.1. wurde bereits betont, dass im WB die Überlegenheit YHWHs im Wesentlichen dadurch konstruiert wird, dass ihm allumfassendes Wissen zugeschrieben wird. Es ist vor allem dieses Wissen, das den souveränen Umgang mit Ordnungsstörungen erlaubt. Zu zeigen, dass Gott umfassendes Wissen besitzt, ist grundlegender Bestandteil dessen, was die Verfasserschaft als Inhalt der Sonderoffenbarung an Henoch präsentiert. Damit kann in Bezug auf die erste Reiseschilderung Henochs (Kap. 17–19) NEWSOM zugestimmt werden, dass „[t]he inner structure of this journey-account makes clear that what is most at issue for the author of this passage is not Enoch's wisdom but God's" [dies., Development (1980) 327]. Dass NEWSOM von Weisheit statt von Wissen spricht, spielt an dieser Stelle keine Rolle.

221 SCHELLENBERG, Erkenntnis (2002) 18–21.

rung durch die Wächterengel, scheint von diesem Punkt an jedoch ebenfalls traditionelles Wissen geworden zu sein – aber eben nicht heil-, sondern unheilvolles. Auffällig ist, dass im WB Erfahrung als Erkenntnisquelle kaum eine Rolle spielt, obwohl Passagen wie 1 Hen 2–5 dies auf den ersten Blick suggerieren. Auf Erfahrungen wird nicht verwiesen, um sie als wesentliche Erkenntnisquelle zu empfehlen, sondern um die Geordnetheit des Kosmos in Erinnerung zu rufen.[222] Dieser Befund reflektiert wiederum das Gegenwartsverständnis des WB: Da die Gegenwart als Ausnahmezustand präsentiert wird, kann die aktuelle Erfahrung nicht (mehr) als maßgebliche Quelle der Erkenntnis gewichtet werden. Was sich aus gegenwärtigen Erfahrungen als Schlüsse für das Verhalten ziehen lässt, repräsentiert nicht unbedingt, was sein sollte.

Trotz des oben erwähnten vorherrschenden Erkenntnisoptimismus kann in Anbetracht der Erzähllinie um das ‚falsche Wissen‘ erwogen werden, ob es sich beim WB um eine erkenntnisdiskutierende Schrift handelt.[223] In eine solche Richtung würde vor allem die Interpretation des WB als Plädoyer für eine Rückbesinnung auf das Wissen, das Gott den Menschen zugedacht hat, deuten. Das WB vermittelt damit die Vorstellung, dass es den Menschen möglich ist, ihre Grenzen des Erkennens zu überschreiten und gerade durch ein solches Zuviel an Wissen unwissend zu werden. Gegen eine solche Verirrung ruft es zu einer Selbstbeschränkung im Dienste Gottes und seines Schöpfungsplans auf.[224] Als erkenntnisdiskutierend kann das WB aber auch insofern und unabhängig von der Erzähllinie von ʿAsaʾel verstanden werden, als es Zweifeln an Wert und Nutzen traditionellen Wissens entgegentritt. Einerseits räumt das Sonderwissen Henochs solchen Zweifeln gegenüber ein, dass sich eine klare Beziehung zwischen traditioneller Lebensführung und segensvollem Leben in der Gegenwart tatsächlich nicht unbedingt beobachten lässt. Andererseits wird aber umso stärker betont, dass diese Erfahrung nicht das Ende des traditionellen Wissens

---

222　Vgl. in diese Richtung bereits MÜNCHOW, Ethik (1981), der einerseits konstatiert, dass Henoch in seinen Ausführungen an vielfältige Wissensbereiche anknüpft. Diese „weisheitliche, geographische und kosmologische Belehrung" dürfe andererseits aber nicht überbewertet werden, da sie „der Belehrung über das künftige Schicksal der Guten und der Bösen untergeordnet" (ebd. 24) sei.

223　SCHELLENBERG, Erkenntnis (2002) 24–25 führt diese Bezeichnung ein, um Schriften zu bezeichnen, welche Erkenntnis und Erkenntnisgrenzen problematisieren. Dass auch ein Erkenntnisoptimismus auf ein Problembewusstsein verweisen kann, exemplifiziert sie anhand von Spr 1–9, Sir und Weish, Schriften der ‚theologisierten‘ Weisheit [vgl. ebd. 217–240]. Ihres Erachtens steht hinter der „Vehemenz, mit der (…) die Leichtigkeit gelingenden Erkennens betont wird" (ebd. 237), der Dialog mit skeptischeren Stimmen, wie sie in Ijob und Koh zum Ausdruck kommen.

224　Zum WB als einem von zahlreichen antiken Texten zum Stichwort ‚problembeladene Erkenntniserweiterung‘ vgl. SCHELLENBERG, Erkenntnis (2002) 248–253.

besiegelt. Durch Henochs Wissen wird dargelegt, dass die Gegenwart ein Ausnahmezustand ist, den Gott überwinden wird und dessentwegen es sich nicht lohnt, sich vom traditionellen Lebenswandel abzuwenden. Sich abzuwenden wäre fatal, denn letztlich ist es das traditionelle Wissen, das der zentrale Rettungsanker für das einzelne Individuum bleibt.[225] Dies verdeutlicht denn auch, dass Henochs Offenbarungswissen als ‚Ausnahmewissen für einen Ausnahmezustand‘ das traditionelle Wissen gemäß WB keinesfalls konkurrieren, sondern protegieren soll.[226] Gott offenbart Henoch ein Stück seines umfassenden Wissens, um ein orientierungsloses oder auf falsche Ziele ausgerichtetes Denken und Handeln der Menschen wieder in geordnete Bahnen zu lenken. Das WB dient dadurch als Instrument, das Lesepublikum erkennen zu lassen, was als wirklich relevant angesehen werden soll.

Die Weisheit selbst wird im WB denen verheißen, die ihr Leben richtig, d. h. nach den Vorgaben Gottes ausrichten und sich also auf das ‚rettende Wissen‘ konzentrieren. Während dieses Wissen laut WB den Menschen bereits in der Gegenwart zugänglich ist, bleibt jedoch die Weisheit eine Verheißung für die Zeit nach dem Gericht. Weisheit ist im WB somit nicht deckungsgleich mit dem Wissen und der daraus resultierenden Einsicht.[227]

Das WB erwähnt die Weisheit nur in 5,8 explizit. Wie es oben (Exkurs 2) dargelegt wurde, lassen sich jedoch auch die Kapitel 24–25 auf die Weisheit hin aufschlüsseln. Beide Stellen präsentieren die Weisheit als Verheißung für die Zeit nach dem Gericht. Erst dann wieder gewährt ein nach der Ordnung Gottes ausgerichtetes Leben wie ursprünglich vorgesehen ein segensvolles Dasein. Ä

---

225 Wenn SCHELLENBERG zum Schluss kommt, das menschliche Erkennen werde in 1 Hen „als aktuelles Problem (…) kaum diskutiert" (ebd. 285), erkenne ich damit zumindest im WB eine stärkere erkenntnisdiskutierende Tendenz als sie.

226 Dazu, dass insbesondere in der Prophetie und in der so genannten Apokalyptik Erkenntnis relevant wird, indem eine ‚Störung des Normalzustandes‘ postuliert wird, vgl. SCHELLENBERG, Erkenntnis (2002) 271.287.

227 Vgl. in diesem Sinne auch WACKERs Umschreibung von Weisheit in Bezug auf die Einleitungskapitel: „‚Weisheit‘ ist nach Hen 1–5 nicht der andere Name für die Tora oder die Weltordnung, sondern gemäß Hen 5,8 ist ‚Weisheit‘ (äth. ṭᵉbab; griech. hier: σοφία) eine Gabe, die den Gerechten erst in der erneuerten Welt zuteil wird, und die sie befähigt, nicht mehr zu sündigen, ‚weder aus Vergessen (λήθη) noch aus Überheblichkeit (ὑπερηφανία)‘ (5,8)." [Dies., Wissen (2002) 123.] WACKER räumt aber ein, dass Weisheit gemäß WB in ‚dieser Welt‘ dennoch anzutreffen sei, freilich sehr selten. Damit verwechselt sie meines Erachtens ‚Weisheit‘ und ‚Wissen‘: Gemäß WB ist Erkenntnis noch immer möglich, jedoch vermag sie allein in der durch das Böse geprägten Gegenwart nicht den Segen zu gewähren, der im Rahmen einer ordentlichen Zeit garantiert wäre. Insofern hat Weisheit wohl doch mehr mit der Weltordnung zu tun, als WACKERs Aussage nahelegt.

bezeugt den Begriff ‚Weisheit' (ⲦⲚⲚ) zudem mehrmals im Rahmen der Erwähnung des ‚Gartens der Gerechtigkeit' (32,3.6).[228] Diese Stelle darf für die Ge-
samtdeutung jedoch nicht überbewertet werden: Erstens darf, wie wir ebenfalls
oben gesehen haben, davon ausgegangen werden, dass mit der Erwähnung des
Gartens primär eine Analogie aufgerufen wird, bei der nicht das Verständnis
von Weisheit im Zentrum steht. Zweitens ist es fraglich, ob Ar ebenfalls den
Begriff ‚Weisheit' benutzt hat, oder ob er von Ä auf Ar übertragen wird, wenn
mit Weisheit übersetzt wird. Da G durchgängig von φρόνησις spricht – das Bedeutungsspektrum dieses Ausdrucks ist sehr breit, er kann nicht nur für Weisheit, sondern auch für Verstand, Klugheit oder Erkenntnis stehen – und von
Gen 2–3 der Ausdruck ‚Baum der Erkenntnis' (עֵץ הַדַּעַת) als bekannt vorausgesetzt werden darf, legt sich für Ar meines Erachtens eine Rekonstruktion nahe,
wie sie MILIK und BEYER für 4Q206 (Frg. 1 xxvii 10) vorschlagen.[229] Danach
würde in Ar nicht von der Weisheit, sondern von Erkenntnis (מנדע) die Rede
sein, die Adam und Eva einst kennenlernten.

Bisweilen wird für das Verständnis von Weisheit im WB auf 1 Hen 82,1–3
Bezug genommen – entweder weil es als selbstverständlich angesehen wird,
dass das WB und das Astronomische Buch die gleiche Ideologie vermitteln,
oder aber weil im Rahmen der Textwachstumsthese von NICKELSBURG angenommen wird, dass diese Textpassage ursprünglich zum WB gehört hat.[230] Es
ist eine Stelle, die uns nur noch in der äthiopischen Fassung vorliegt. Henoch
beauftragt in 1 Hen 82,1–3 seinen Sohn Metuschelach, die Weisheit, die er ihm
vermittelt hat, auch an die kommenden Generationen weiterzugeben. In singulärer Weise wird hier also bereits das Offenbarungswissen Henochs explizit als
Weisheit bezeichnet.[231] Die Bedeutung auch dieser Passage für das Weisheitsverständnis des WB darf nicht überstrapaziert werden. Zum einen bleibt NI-
CKELSBURGs Wachstumsthese an besagtem Punkt umstritten. Bleibt man dabei,
1 Hen 82,1–3 als Teil des Astronomischen Buches zu verstehen, bleibt es zum
anderen methodisch heikel, die Ideologie des WB über eine Stelle des Astro-

---

228 G benutzt an diesen Stellen den Begriff φρόνησις, in Ar (4Q206) fehlen die entspre-
     chenden Textpassagen.
229 Vgl. MILIK, Books (1976) 235; BEYER, Texte (1984) 242f.
230 Ersteres lässt sich z. B. bei BOCCACCINI, Judaism (1991) 83f. beobachten. Zu NICKELS-
     BURGs Textwachstumsthese und kritischen Einwänden dagegen s. bereits oben unter
     1.1.2. und Kap. 3.
231 Für eine Befundaufnahme zum Weisheitsvokabular, mit dem in 1 Hen insgesamt die
     Offenbarung Henochs umschrieben wird, vgl. KNIBB, Book (2003) 196f. Auch aus
     seiner Zusammenstellung kann die Zurückhaltung der Autorenschaft abgelesen
     werden, Henochs Offenbarung als Weisheit zu bezeichnen. Neben 1 Hen 82,1–3 be-
     legen nur noch 1 Hen 92,1, eine aus textkritischer Sicht schwierige Stelle, und dann
     umso konzentrierter die Einleitung der Bilderreden (1 Hen 37,1–4) eine solche Be-
     zeichnung, wodurch sich das Buch der Bilderreden einmal mehr vom restlichen He-
     nochkorpus abhebt.

nomischen Buches aufzuschlüsseln – umso mehr, wenn, wie im vorliegenden Fall, der Befund im WB selbst auf ein anderes Verständnis schließen lässt. Allenfalls kann hier wie bei 1 Hen 32 erwogen werden, ob sich das Vokabular im Laufe der Übersetzung verschoben hat, womit in Ar auch an dieser Stelle vielleicht nicht von Weisheit, sondern von Wissen die Rede war. Eine solche Erwägung bleibt jedoch äußerst spekulativ und müsste im Rahmen einer Untersuchung des Astronomischen Buches geprüft werden.

Die Weisheit wird im WB als eine aus einem guten Lebenswandel resultierende, Segen implizierende Größe beschrieben, die ihre Träger und Trägerinnen gegen jegliche Versuchung, Gott gegenüber illoyal zu sein, immunisiert (5,8). Sie kann im WB an die Ära nach dem Gericht Gottes geknüpft werden, weil diese als Zeit begriffen wird, in der die Menschheit und der Kosmos insgesamt gegen Fehlverhalten immunisiert sein werden und in der es sodann keine Abtrünnigen mehr geben wird, die das ordentliche Funktionieren der Ordnung Gottes – und damit auch das ordentliche Funktionieren des Tun-Ergehen-Zusammenhangs – übermäßig stören würden. Weisheit verweist damit im WB auf denjenigen Moment, an dem das Ausrichten des Lebenswandels am richtigen Wissen zu seiner Erfüllung gelangt. Mit der Weisheit ist zugesichert, was diese Erfüllung an Segen impliziert, nämlich ein freudvolles und friedliches Dasein (5,7.9; 11,1–2; 25,5–6). Mit der Idee der Weisheit als vollendeter Ordnung greift das WB eine bekannte altorientalische Vorstellung auf.[232] Aus dem Rahmen gegenüber dem vorherrschenden Bild fällt es hinsichtlich seines Geschichtsbildes, das die Möglichkeit einer vollendeten Ordnung für die Gegenwart ausschließt. Vor dem Gericht, in der Zeit, die von den Konsequenzen der Wächtertaten geprägt ist, ist zwar Erkenntnis möglich, kann aber die Weisheit trotz solcher Erkenntnis nicht zum Tragen kommen, da ein segensvolles Dasein durch das Agieren Abtrünniger nicht gewährleistet ist. Weisheit widerspiegelt gemäß WB erst die kollektive Rechtschaffenheit, die Gott von seiner Schöpfung einfordert. Einerseits ist sie Ausdruck der Schöpfung, die dem perfekten Plan Gottes entspricht, andererseits kann sie aber auch als Lohn für diese Entsprechung verstanden werden.

Wenn es um die Vorstellung von Weisheit als Ordnung geht, wird in der Sekundärliteratur immer wieder auf die ägyptische Konzeption der Maat verwie-

---

232 Vgl. diesbezüglich bereits COLLINS, Technique (1982) 96, der an dieser Stelle auch Literaturhinweise zur altorientalischen Vorstellung von Weisheit als kosmischer Ordnung bietet. Zum Thema generell vgl. bereits SCHMID, Gerechtigkeit (1968). Für Arbeiten zum Stichwort ,Weisheit als gerechte Ordnung', die auch die ikonographische Perspektive umfassen, vgl. z. B. KEEL, Bildsymbolik (⁵1996) und SCHROER, Weisheit (1996).

sen, die die Aspekte Ordnung und Gerechtigkeit und somit eine ethische und kosmische Dimension umfasst.[233] Die Weisheitskonzeption des WB trifft sich besonders in zwei Punkten mit dieser ägyptischen Vorstellung: Mit der Maat-Konzeption geht zum einen die Vorstellung einher, dass es nicht nur die geordnete (diesseitige) Heilszeit gibt, sondern auch die Möglichkeit von unordentlichen, chaotischen Unheilszeiten, in denen die Maat abwesend ist. Die Gegenwart, wie sie im WB gezeichnet wird, kann damit ebenfalls als solche durch die Abwesenheit der Weisheit geprägte Unheilszeit verstanden werden: Es ist eine Zeit, in der die Weisheit nicht ihr Haus auf Erden gebaut hat (vgl. Spr 9), sondern – um das Bild von 1 Hen 42 aufzugreifen – unter den Menschenkindern keine Wohnung fand und sich daher zu den Engeln zurückzog.[234] Die Schrift beteuert somit aber auch, dass es nach dem Auftritt Gottes als richtendem Herrscher wieder eine (diesseitige) Heilszeit geben wird. Dieser letzte Aspekt führt zum zweiten Punkt: Der ägyptischen Königsideologie entsprechend ist es der König/Pharao, mit dem die Maat eingesetzt wird. Gott wird im WB zum Zeitpunkt des Gerichts zwar nicht als König eingesetzt, aber das Gericht wird nicht zuletzt dadurch, dass Gott durchgängig als kosmischer Herrscher gezeichnet wird, deutlich als göttlich-königlicher Akt präsentiert. Was die Verschiebung von einer irdisch-königlichen zu einer göttlichen Ebene angeht, erweist sich ein Vergleich mit prophetischen Texten aus dem Ägypten der hellenistisch-römischer Zeit als aufschlussreich: In diesen Schriften kann beobachtet werden, wie die irdisch-personale Königsfigur zugunsten eines göttlichen Handelns zurücktritt, das z. B. dem Erscheinen des Herrschers vorausgeht.[235]

Insgesamt dürfte sich bestätigt haben, dass das WB in Bezug auf seine Konzeption von Wissen und Weisheit ein eigentümliches Profil besitzt.

---

233 Für eine Untersuchung der Maat-Konzeption aus ägyptologischer Sicht s. ASSMANN, Maʿat (1990). Für die Frage, inwieweit sich die Maat-Konzeption in Israels Vorstellungswelt manifestiert, vgl. z. B. KOCH, Gerechtigkeit (1998).

234 In der Übersetzung von UHLIG lautet 1 Hen 42: „Die Weisheit fand keinen Platz, wo sie wohnen konnte, da hatte sie eine Wohnung in den Himmeln. Die Weisheit ging aus, um unter den Menschenkindern zu wohnen, und sie fand keine Wohnung; die Weisheit kehrte an ihren Ort zurück und nahm ihren Sitz unter den Engeln. Und die Ungerechtigkeit kam hervor aus ihren Kammern: die sie nicht suchte, fand sie, und wohnte unter ihnen, wie der Regen in der Wüste und wie der Tau auf dem durstigen Land." Im WB wird allerdings keine eindeutige Gegengröße zur Weisheit genannt, wie dies sowohl in Spr 9 (Weisheit/חכמות/ἡ σοφία versus Frau Torheit/ אשת כסילות/γυνὴ ἄφρων) als auch in 1 Hen 42 der Fall ist (Weisheit/ⲧⲏⲩ versus Ungerechtigkeit/ⲟⲩⲙⲛ).

235 Vgl. hierzu den Sammelband BLASIUS/SCHIPPER, Apokalyptik (2002), speziell 282–294. Der Band widmet sich im Besonderen der Demotischen Chronik, den Schriften ‚Lamm des Bokchoris', ‚Apologie des Töpfers', ‚Traum des Nektanebos', einer Passage aus dem sog. Archiv des Hor und einem prophetischen Text aus Tebtynis.

Dieses Profil lässt sich nicht auf die eingangs präsentierte Charakterisierung durch WRIGHT reduzieren. Im WB spielt das traditionelle Wissen eine mindestens ebenso zentrale Rolle wie das Offenbarungswissen. Wesen und Funktion des Offenbarungswissens können angemessen nur bestimmt werden, wenn das Zusammenspiel der verschiedenen Wissensformen genau beachtet wird. Auch die Kategorie des ‚falschen Wissens' gehört hierzu.[236] Wenn ein Text eine spezifische Wissensform expliziter als eine andere in den Vordergrund stellt, heißt dies noch nicht, dass der Text ein Alternativwissen zu dieser anderen Wissensform anpreist. Wie wir gesehen haben, dient im Falle des WB das Sonderwissen Henochs dem als ordentlich und damit richtig angesehenen traditionellen Wissen zu, indem es dessen Signifikanz für die Lebensgestaltung veranschaulicht. Das traditionelle Wissen wird damit protegiert, nicht konkurriert. Weiter stellte sich heraus, dass es im Zusammenhang mit dem WB aufschlussreich ist, terminologisch zwischen ‚Wissen' und ‚Weisheit' zu differenzieren. Was in der Sekundärliteratur in der Regel unter die Kategorie ‚Weisheit im WB' subsumiert wird, tangiert meist nur die Vorstellung von Wissen bzw. Erkenntnis.[237] Mag die Grenze zwischen ‚Erkenntnis' und ‚Weisheit' in vielen anderen Texten fließender sein, so ist es eine Eigenheit des WB, Erkenntnis klar von Weisheit abzugrenzen, indem Letztere im Gegensatz zur Erkenntnis exklusiv einer Zeit zugedacht wird, die den von Gott vorgesehenen ‚Normalzustand' verkörpert. Sie kann keine Begleiterin der Gerechten in der Gegenwart sein, da sich die Welt in der Gegenwart noch immer in einem Ausnahmezustand befindet. Hierin unterscheidet sich das WB von Schriften wie dem Sirachbuch oder Baruch, aber z. B. auch von Kohelet. Die Autoren jener Schriften wollten die Gegenwart als Normalzustand verstanden und akzeptiert wissen – womit sie für die

---

236 In der Forschung wird zwar oft auf die Gegenüberstellung von ‚falschem' und ‚richtigem' Wissen hingewiesen, die sich im WB findet, wobei mit dem ‚richtigen' Wissen aber meist nur das Offenbarungswissen Henochs gemeint ist [vgl. z. B. COLLINS, Technique (1982) 101f.; KNIBB, Book (2003) 207ff.; REED, Ascent (2004) 49; MACASKILL, Wisdom (2007) 36]. Bisweilen rückt das ‚rettende Wissen' in den Blick, das nach 10,2–3 Lamechs Sohn/Noach vermittelt wird. Obwohl der Kontrast zwischen der unheilvollen Wissensvermittlung der Wächterengel und der durch Gott legitimierten, rettenden Wissensvermittlung an Henoch im WB eine wichtige Rolle spielt, führt ein zu enger Fokus darauf dazu, dass andere zentrale Aspekte der Wissenskonzeption des WB – z. B. die Gewichtung des traditionellen Wissens – ignoriert werden. Geschieht dies, läuft man Gefahr, Henochs Offenbarungswissen zu überbewerten.

237 Dass in gewissen Arbeiten nicht transparent genug zwischen Weisheit als ideellem Konzept und Weisheit als gattungskritischer Kategorie (‚Weisheitsliteratur') unterschieden wird, kompliziert die Situation zusätzlich.

Weisheit einen festen Platz im Rahmen gegenwärtiger Erfahrungen präsentieren mussten. Der knappe Vergleich führt zurück zu WRIGHT, der eingangs zitiert worden ist. Als Fazit eines seiner Aufsätze hält er fest: „As such wisdom and instruction do not constitute categories for self-definition in a text; they are tools to express, articulate or formulate that self-definition."[238] Dem obigen Befund entsprechend heißt dies, den Inhalt des WB nicht als ,esoterische Weisheit' zu verstehen. Eine solche Lesart verunmöglicht, dass das Anliegen der Schrift je in den Blick kommen kann, nämlich ein möglichst großes Publikum zur ,Rückkehr zur (mosaischen) Tradition' zu bewegen. Das WB präsentiert Henochs Wissen als ,Allgemeinwissen' im weitesten Sinn: Alle Geschöpfe und selbst die fernsten Generationen mögen sich an ihren eigentlichen Auftrag erinnern, Gott zu dienen. WRIGHTs Votum vor Augen lässt sich der Trägerkreis des WB umgekehrt nicht einfach als Gruppierung bestimmen, die sich in besonderer Weise mit esoterischer Weisheit beschäftigte. Wie das Wissen der Wächterengel kann zwar auch das rettende Ausnahmewissen von Henoch als himmlisches Wissen bezeichnet werden. Das WB fordert seine Leserschaft dabei aber nicht dazu auf, weiter nach himmlischen Geheimnissen zu forschen. Laut WB gehört es gerade zum Menschsein, gewisse dieser Geheimnisse nicht zu kennen.[239] In diesem Sinne steht das WB in einem deutlichen Kontrast zu einer Schrift wie 4QInstruction, die das Meditieren über den so genannten רז נהיה ins Zentrum stellt.[240] Das WB hält die Menschen in seinem Erkenntnisoptimismus nicht dazu an, nach Wahrheit/Gerechtigkeit (קשט) zu *forschen*, sondern das Wahre/Gerechte zu *tun*.

Zuletzt gilt es auf die oben erwähnte Spannung zurückzukommen, die sich daraus ergibt, dass gemäß WB das Wissen um die Regeln Gottes vom Anfang der Schöpfung an vorausgesetzt wird. Wie verhält sich dies zur Idee einer Offenbarung des Gesetzes am Sinai, an der auch das WB trotz allem festzuhalten scheint? Am einfachsten ist es, dem WB eine konstitutive Bedeutung der Sinaioffenbarung abzusprechen. Wie es das vorangegangene Kapitel gezeigt hat, lässt sich dies bei genauerem Hinsehen jedoch kaum bewerkstelligen, ohne dabei wichtige Elemente insbesondere der Textpragmatik zu ignorieren. Aussagekräftig wird die Spannung, wenn das WB als Versuch interpretiert wird, die

---

238 WRIGHT, Wisdom (2004) 121. Hier knüpft er insbesondere an Gedanken von John Kampen an.

239 Zur antispekulativen Tendenz des WB vgl. REED, Ascent (2004).

240 Zu 4QInstruction und dem Ausdruck רז נהיה vgl. GARCÍA MARTÍNEZ, Wisdom (2003) 3ffs. GARCÍA MARTÍNEZ übersetzt den Ausdruck dort mit ,the mystery that is to come'.

im Pentateuch als historisch präsentierte Sinaioffenbarung schöpfungstheologisch zu verwurzeln. Damit könnte bereits dem WB ein Problembewusstsein zugeschrieben werden, das sich in prominenter Weise im Sirach- und im Jubiläenbuch beobachten lässt. Wie Sir und Jub wäre das WB damit bestrebt, die jüdischen Regeln in ein universales Setting einzubetten – wie es ihnen im Rahmen der Konzeption eines souveränen Gottes denn auch zusteht, dessen Satzungen oberste Gültigkeit zukommen soll. Es ginge somit darum, Konkret-Kontingentes möglichst stark an Absolutes zu binden. Zugegebenermaßen finden sich in Sir und Jub umfassender ausgearbeitete Lösungsmodelle als im WB.[241] Doch kann man gerade diesen Befund dahingehend interpretieren, dass das Problem bereits bekannt war, sich aber noch weiter und vor allem unterschiedlich präzisieren ließ.[242] Trägt besagte Deutung dem

---

241 Zu Sir vgl. diesbezüglich z. B. BOCCACCINI, Judaism (1991) 81–99; COLLINS, Wisdom (1997) 54–61 und die Arbeiten MARBÖCKs, insbesondere ders., Weisheit (1995) 52–72. Sir entwickelt eine spezifische Position, das Gesetz an die Weisheit zu binden. Die Schrift identifiziert die Tora mit der Weisheit dergestalt, dass, um es in COLLINS Worten auszudrücken, „[t]he point of the identification is to accredit the Torah as a valid concretization (even as the ultimate concretization) of universal wisdom, not to attribute a cosmic role to the Torah itself." [Ders., Wisdom (1997) 61.] Dass in Jub „the law as superior to time, though revealed in time, and valid not only unto eternity but from eternity" dargestellt wird, bemerkte bereits CHARLES, Jubilees (1902) xlix [hier zitiert nach VANDERKAM, Origins (1997) 10]. Die Rückbindung der Regeln der Tora an eine absolute Größe geschieht in Jub durch die Vorstellung von Himmelstafeln. Das dort notierte himmlische Wissen umfasst bereits, was sich auf Erden historisch kontingent zu ereignen scheint. Durch die Vorstellung einer solchen Wissensquelle werden nicht zuletzt die Offenbarungen an Henoch und an Mose miteinander verklammert und auf eine ähnliche Ebene gestellt – und das Jub selbst kann sich, inszeniert als Schrift des Mose, in diese Offenbarungskette einreihen. Wie unten noch näher ausgeführt wird, ändert dies natürlich den Status des Henochwissens gegenüber dem WB. Es ist kein Sonderwissen für einen Ausnahmezustand mehr, sondern repräsentiert nun seinerseits *das* relevante Wissen um die Regeln Gottes, um dessen Anerkennung und Zurückweisung sich der Lauf der Geschichte gemäß Jub im Wesentlichen dreht.

242 Vgl. hierzu etwa COLLINS, Wisdom (1997) 54f. und KRÜGER, Gesetz (2003), die darauf hinweisen, dass die Diskussion um die Verhältnisbestimmung von Gesetz und Weisheit, die dann insbesondere Sir und Bar aufgreifen, bereits im Pentateuch angelegt ist. COLLINS, Theology (2002) äußert eine ähnliche Position, wie sie hier erwogen wird. Es sei möglich „that the author identified the Law of Moses with the Law of cosmic wisdom, as Ben Sira did, but Enoch does not make this identification explicit." (Ebd. 62.) Bereits MÜNCHOW sprach dem WB ein „Verständnis der Tora als ethisches und zugleich kosmisches Gesetz" zu, das es als „Weiterbildung weisheitlicher Vorstellungen unter Aufnahme von Gedanken der stoisch-platonisch geprägten Popularphilosophie" zu verstehen gelte [ders., Ethik (1981) 25]. Es ist bedauerlich, dass diese Beobachtung gerade von NICKELSBURG, Commentary (2001) nicht aufgegriffen wird (MÜNCHOWs Arbeit bleibt im Kommentar generell unrezipiert). Für eine Zusammenstellung verschiedenster Schriften, bei denen die perfekte Ordnung

Text angemessen Rechnung und sind es die mosaischen Lebensführungsregeln, die das WB an den Kosmos und seine Schöpfung bindet, kann das WB als einer der frühesten Versuche einer (narrativen) jüdischen Naturrechtstheologie interpretiert werden.[243] Der Begriff ‚Naturrechtstheologie' mag allerdings unsachgemäße Assoziationen wecken. In Bezug auf Sir wird in der Forschung häufig auf die Vorstellungswelt der stoischen Philosophie verwiesen, wobei meist Ähnlichkeiten insbesondere mit Vorstellungen erwogen werden, die sich im Zeus-Hymnus von Kleanthes aus dem 3. Jh. v. Chr. finden.[244] Obwohl der Hymnus, was die heutige Kenntnis stoischer Texte angeht, in seiner Art einmalig ist, bringt er zum Ausdruck, in welchem Gewand sich naturrechtliche Vorstellungen in frühhellenistischer Zeit manifestieren konnten.[245] Unter diesem Vorzeichen wird der Hymnus bereits für einen Vergleich mit dem WB interessant.[246] Der Text lautet in der englischen Übersetzung:[247]

---

des Universums der Gesetzlosigkeit von Menschen gegenübergestellt wird, s. BICKERMANN, Jews (1988) 290f.

243 In Bezug auf das frühe antike Judentum kann mit Philos Schriften von einem Höhepunkt an naturrechtstheologischem Denken gesprochen werden. Indem für Philo Mose der perfekte Philosoph und die Tora die beste *paideia* darstellen, rückt er die Naturgesetze sogar noch vor diese. Denklinien von Werken wie dem WB bis zu Philo nachzuzeichnen, könnte sich für die Frage nach dem Verhältnis von Natur und Gesetz im frühen Judentum als aufschlussreich herausstellen. Zu Philo und seiner bedeutenden Rolle im Frühjudentum vgl. z. B. BOCCACCINI, Judaism (1991) 189–212; COLLINS, Wisdom (1997), insbes. 222–232; Athens (²2000) 131–138.

244 Vgl. z. B. COLLINS, Wisdom (1997) 95. Ausführlich und auf weitere Literatur verweisend finden sich Ähnlichkeiten und Unterschiede zwischen Sir und der stoischen Vorstellungswelt und damit auch dem Zeus-Hymnus von Kleanthes z. B. bei HENGEL, Judentum (³1988) 265ff. herausgearbeitet. HENGEL postuliert stoische Einflüsse dann speziell auch für die Gruppierung, die er als ‚frühe Essener' bezeichnet (ebd. 420f.). Für eine monographische Abhandlung zum Thema (u. a. mit einer kritischen Sichtung der Schlussfolgerungen Hengels) vgl. WICKE-REUTER, Providenz (2000).

245 Generell ist in Erinnerung zu rufen, dass die Ursprünge naturrechtlicher Entwürfe in der griechischen Philosophie auf die Kritik an positivem Recht zurückgehen, das sich dem Vorwurf der Willkür ausgesetzt sah. Konkrete Regeln gewannen an Plausibilität, wenn sie sich an die Naturordnung binden ließen. Vgl. hierzu beispielsweise den Überblick bei ZENKERT, Art. Naturrecht (2003). Kommt damit zum einen in den Blick, dass ein Rückgriff auf ein naturrechtliches Modell ein Indiz für Plausibilisierungsbemühungen sein kann, muss für unseren Kontext zum anderen bedacht werden, dass sich naturrechtliches Gedankengut bereits in traditionellen Vorstellungen jener Zeit, z. B. in der ägyptischen Konzeption der Maat, die oben zur Sprache kam, angelegt findet.

246 Die häufig vertretene Ansicht, stoische Konzeptionen würden sich jüdischerseits erstmals mit Sir bezeugt finden, müsste somit definitiv revidiert werden. Vgl. etwa WICKE-REUTER, Providenz (2000), die zum Stichwort ‚Vorsehung Gottes' auf Sir 39,12–35 verweisend formuliert: „Der Glaube an die Vorsehung Gottes ist grund-

1   Noblest of immortals, many-named, always all-powerful
    Zeus, first cause and ruler of nature, governing everything with your law,
    greetings! For it is right for all mortals to address you:
    for we have our origin in you, bearing a likeness to God,
5   we, alone of all that live and move as mortal creatures on earth.
    Therefore I shall praise you constantly; indeed I always sing of your rule.
    This whole universe, spinning around the earth, truly
    obeys you wherever you lead, and is readily ruled by you;
    such a servant do you have between your unconquerable hands,
10 the two-edged, fiery, ever-living thunderbolt.
    For by its stroke all works of nature <are guided>.
    With it you direct the universal reason, which permeates
    everything, mingling with the great and the small lights.
    Because of this you are so great, the highest king for ever.
15 Not a single deed takes place on earth without you, God,
    not in the divine celestial sphere nor in the sea,
    except what bad people do in their folly.
    But you know how to make the uneven even
    and to put into order the disorderly; even the unloved is dear to you.
20 For you have thus joined everything into one, the good with the bad,
    that there comes to be one ever-existing rational order for everything.
    This all mortals that are bad flee and avoid,
    the wretched, who though always desiring to acquire good things,
    neither see nor hears god's universal law,
25 obeying which they could have a good life with understanding.
    But they on the contrary rush without regard to the good, each after
          different things,
    some with a belligerent eagerness for glory,
    others without discipline intent on profits,
    others yet on indulgence and the pleasurable actions of the body.
30 <They desire the good,> but they are borne now to this, then to that,
    while striving eagerly that the complete opposite of these things happen.
    But all-bountiful Zeus, cloud-wrapped ruler of the thunderbolt,
    deliver human beings from their destructive ignorance;
    disperse it from their souls; grant that they obtain

---

sätzlich auch im Alten Testament fest verwurzelt, bezogen aber stets auf das Volk Israel oder einzelne Israeliten. Dem Siraciden blieb es vorbehalten, den Gedanken einer universalen, die gesamte Schöpfung einschließlich der Geschichte umgreifenden
Providenz zu formulieren." (Ebd. 277.)

247 Die Übersetzung folgt THOM, Hymn (2005) 40–41. In diesem (bisher einzigen) aus-
     führlichen Kommentarband finden sich auch der griechische Text und eine Photo-
     graphie des einzigen erhaltenen Manuskripts publiziert. THOM gliedert den Text
     gemäß dem klassischen Muster eines Hymnus in drei Teile. Diese Gliederung in An-
     rufung (Z. 1–6), Erörterung (Z. 7–31) und Gebet (Z. 32–39) wird im vorliegenden
     Text graphisch durch die eingeschobenen Leerzeilen markiert. Für eine Übersetzung
     ins Deutsche s. SCHWABL, Prooimien (2001) 56–58 und STEINMETZ, Stoa (1994) 577f.

35   the insight on which you rely then governing everything with justice;
     so that we, having been honored, may honor you in return,
     constantly praising your works, as befits
     one who is mortal. For there is no other greater privilege for mortals
     or for gods than always to praise the universal law in justice.

Vergleicht man den Zeus-Hymnus mit dem WB, sticht trotz aller Unterschiede ins Auge, dass es nicht der naturrechtliche Rahmen alleine
ist, der die beiden Texte verbindet.[248] Es bestehen erstaunliche Ähnlichkeiten bezüglich des konkreten Gottesbildes – Gott als ewiger,
höchster König hat eine universale, perfekte Ordnung geschaffen und
ist fähig und willig, ,Ungerades geradezubiegen', also die Ordnung
wieder herzustellen, sollte sie durcheinandergeraten. So prägt auch die
Erwartung, dass Gott als mächtiger Retter auftritt, beide Schriften.[249]

---

248 Für das theologische Profil des Zeus-Hymnus vgl. THOM, Hymn (2005) 13–27. Als
     Unterschied fällt z. B. auf, dass die betende Person im Zeus-Hymnus Gott im dritten
     Teil (Z. 34) auch als Vater anspricht – interessanterweise unterschlagen THOM wie
     SCHWABL, Prooimien (2001) diese Anrede in ihrer jeweiligen Übersetzung –, eine
     Anrede, die im WB konsequent fehlt (zu den Gottestiteln im WB vgl. oben unter
     5.1.). Zudem scheint der Zeus-Hymnus eine Sonderstellung der Menschen zu sugge-
     rieren (V. 3–4, eine Textstelle, die allerdings textkritisch Schwierigkeiten bietet), wie
     sie das WB nicht voraussetzt oder jedenfalls nicht betont. In Bezug auf den Hymnus
     wird üblicherweise postuliert, um einen letzten Punkt zu nennen, ZZ. 18–21 verleihe
     der heraklitischen Vorstellung Ausdruck, dass sich im Logos die Gegensätze – so al-
     so auch das Gute und Böse – vereinigten. Damit wäre ein weiterer konzeptioneller
     Unterschied zwischen den beiden Schriften gegeben. Besagter Deutung von ZZ. 18–
     21 tritt jedoch in jüngster Zeit THOM, Hymn (2005) 22–24.99ff. entschieden entgegen,
     indem er u. a. auf den Gebrauch der einschlägigen Formulierungen bereits bei Hesi-
     od und Solon verweist. Zur Beobachtung, dass das WB im Gegensatz zur stoischen
     Theologie nicht zu akzeptieren bereit ist, die Realität des Bösen als der göttlichen
     Ordnung entsprechend zu bejahen, vgl. bereits oben unter 5.2., Anm. 44.
249 Obwohl in den Details gedanklich unterschiedlich weitergeführt, scheint in beiden
     Texten die Hoffnung auf individuelle und kollektive Rettung eine Rolle zu spielen.
     Was die kollektive Ebene anbelangt, zählen beide darauf, dass YHWH/Zeus dafür
     sorgt, dass die Menschheit von frevelnden und uneinsichtigen Menschen und den
     Auswirkungen ihrer Taten befreit wird. Entwirft das WB das Szenarium eines künf-
     tigen Gottesgerichtes, durch welches YHWH die Menschheit in diesem Sinne rettet,
     bleibt es beim Zeus-Hymnus unklar, was mit dem ,Geradebiegen von Krummem'
     (Z. 18) gemeint ist. Der Text scheint aber eher zu suggerieren, dass es nicht um einen
     einmaligen Befreiungsakt geht, sondern um eine kontinuierliche Befreiung dadurch,
     dass Zeus die einzelnen Uneinsichtigen auf den richtigen Weg zurückzuführen im-
     stande ist. Trifft dies zu, nimmt der Zeus-Hymnus einen kontinuierlicheren Gang
     der Geschichte an als das WB und versteht – deutlich anders als das WB – die Exis-
     tenz von Uneinsichtigen als permanente und nicht bloß temporäre Gegebenheit. Be-
     züglich der individuellen Ebene treffen sich beide Texte in ihrer textpragmatischen
     Dimension. Obwohl gemäß Kleanthes Zeus die Macht zugestanden wird, die Unein-
     sichtigen wieder zur Einsicht zu bringen, und obwohl das WB die Menschen der
     Gegenwart sehr pauschal in Gerechte und Frevler aufteilt, deren Schicksal in Bezug

Für beide ist die Ordnung selbst und insbesondere deren Erkennen durch die Menschen zentral, und beiden eignet ein Erkenntnisoptimismus, der das Erkennen der Ordnung zur Grundlage werden lässt für eine tiefe Ehrfurcht vor Gott und für eine (Selbst-)Verpflichtung zum Gehorsam. Den Menschen steht dabei die Option offen, sich uneinsichtig nicht auf die Ordnung einzulassen.[250] Gemäß THOM lässt sich das moralisch Böse im Zeus-Hymnus bestimmen als „the opposite of the universal order depicted in vv. 7–16: it consists in incoherence, inconsistency, lack of harmony and unity"[251], eine Bestimmung, die sich auch im WB findet.

Wie weit Vorstellungen, wie sie im Zeus-Hymnus zum Ausdruck kommen, im 3. Jh. v. Chr. über Griechenland hinaus kursierten, muss offen bleiben. Trotzdem dürfte der Zeus-Hymnus von Kleanthes Einblicke in die hellenistische Vorstellungswelt bieten, die in einem gewissen Grad mitbestimmt haben dürfte, was bezüglich religiöser Symbolsysteme als ideal erachtet worden ist. Den Gedanken, dass ein Bemühen zu postulieren ist, israelitisch-jüdische Ideen in einem solchen Sinne an einen *mainstream* anzugleichen, greift auf 1 Hen bezogen KVANVIG auf. Er macht darauf aufmerksam, dass das Judentum gerade durch die Vorstellung der Sinaioffenbarungen anderen Religionen jener Zeit gegenüber exotisch wirken musste, denn „[i]n all the ancient religions that could influence Palestine in this period, Canaanite, Greek, Mesopotamian, the myths placed the foundational events in the beginning."[252] KVANVIG macht die Anpassungsleistung der Henochschriften sodann hauptsächlich daran fest, dass mit Henoch das Modell eines großen Offenbarers am Beginn der Geschichte gewählt worden ist. Zieht man in Betracht, dass das WB nicht nur einen Offenbarer am Beginn der Geschichte postuliert, sondern darüber hinaus die Sinaioffenbarung selbst schöpfungstheologisch verwurzelt und damit die

---

auf YHWHs Gericht feststeht, zeichnen beide Texte nicht nur Gott als Retter, sondern richten sich auch im gleichen Anliegen an die Leser- oder Zuhörerschaft: Sie soll sich des richtigen Lebenswandels vergewissern oder allenfalls von einem falschen Lebenswandel ablassen. Vgl. diesbezüglich THOM zum Zeus-Hymnus: „(...) the Hymn to Zeus serves to remind people of, and implicitly exhorts them to achieve, their true goal in life, namely, to live in accordance with the divine *logos* manifest in nature." [Ders., Hymn (2005) 13.] Auffällig ist nicht zuletzt, dass beide Texte nur am Rande darauf eingehen, was mit dem richtigen Lebenswandel genau gemeint ist.

250 ZENKERT, Art. Naturrecht (2003) 130 charakterisiert die stoische Vorstellung von Naturrecht generell als „explizites Gebot, das von der menschlichen Vernunft erkannt und durch Willensentscheidung befolgt werden kann."
251 THOM, Hymn (2005) 112.
252 KVANVIG, Jubilees (2004) 260f.

Souveränität von YHWH als kosmischem Herrscher untermauert, stellt dies KVANVIGs Beobachtung nochmals in ein anderes Licht. Zweifellos lässt sich auch die Gewichtung der Henochfigur als Indiz für ein Ansinnen interpretieren, Zentrales an den Anfang der Geschichte zu stellen und die israelitische Tradition in eine kommensurablere Richtung zu modifizieren.[253] Dass aber Henoch gemäß WB kaum als eine die Mosefigur konkurrierende Größe zu verstehen ist, verweist meines Erachtens darauf, dass die Modifizierung, die sich durch die schöpfungstheologische Verwurzelung der mosaischen Regeln ergibt, als bedeutsamer bewertet werden muss als jene, die aus dem Herausstreichen der Henochfigur resultiert. Wie KVANVIG vor allem Henoch ins Zentrum zu stellen, birgt zudem die Gefahr, allzu schnell zu suggerieren, dass dessen Wissen als Alternativoffenbarung der Sinaioffenbarung entgegensteht. Zugegebenermaßen findet sich eine andere Gewichtung von Henochs Offenbarungswissen, als sie das WB vornimmt, nicht erst in der modernen Forschung, sondern schon in antiken Texten. Doch sind auch solche Umgewichtungen je in ihrer Originalität zu würdigen statt bereits dem WB überzustülpen.

Abgesehen davon, dass Umgewichtungen bereits innerhalb von 1 Hen selbst zu beobachten sind,[254] sticht einmal mehr Jub ins Auge. Dort findet sich sehr deutlich der Schritt dokumentiert, das Wissen Henochs auf die Ebene des mosaischen Wissens zu stellen. So wird in Jub das Wissen von Henoch (Jub 4,16ff.; 7,38; 21,10) hochstilisiert zur Offenbarung himmlischen Wissens, das mehr als ,Sonderwissen', nämlich auch Weisheit ist (Jub 4,17) und Relevanz auch für die konkrete Ausgestaltung des Lebenswandels besitzt (Jub 7,38; 21,10). Für die Menschheit figuriert Henoch gemäß Jub als erster Mensch, der das relevante Wissen um den Plan und die Regeln Gottes verschriftlicht und damit tradierbar gemacht hat. Über Noach gelangt das Wissen dann an die Generationen nach der Flut (Jub 7,20.38). In Jub gestaltet sich sodann die gesamte Menschheitsgeschichte als Auseinandersetzung um die Anerkennung, das Zurückweisen und Wiederfinden dieses Wissens.[255] Auffällig ist, dass es selbst in Jub, wo das

---

253 Gerade die vielfach herausgearbeitete Verwandtschaft der Henochfigur mit Figuren aus der mesopotamischen Erzähltradition scheint in eine solche Richtung zu weisen.

254 Auch wenn die Frage nach Umgewichtungen nicht im Zentrum steht, bietet z. B. KNIBB, Book (2003) einige Beobachtungen, die sich für eine Antwort auswerten ließen. Vgl. zu seinem Aufsatz bereits oben unter Anm. 231.

255 Obwohl Henochs Wissen den Status einer Sonderoffenbarung verliert, geht die Vorstellung von verschriftlichtem Sonderwissen in Jub nicht gänzlich verloren. Anders als das WB schreibt Jub solches Noach zu, der im Rahmen der Plagen durch die Dämonen Rezepte gegen diese offenbart bekommt und in einem Buch festhält (Jub 10,10ff.). Gegenüber der Vorstellung von Sonderwissen im WB bleibt diese Form von Wissen in Jub aber ,technisch'. Es scheint sich ausschließlich um pflanzenkund-

Wissen von Henoch und Moses explizit auf eine vergleichbare Ebene gestellt werden, nicht um Konkurrenzwissen geht. Thematisiert das WB das Wissen Henochs im Sinne einer Ergänzung mit protegierender Funktion, stellt Jub durch seine Interpretation des Henochwissens die Kontinuität ins Zentrum.[256] Der dargelegte Befund lässt meines Erachtens den Schluss zu, dass die Verfasserschaft des WB die Spannung, die das Konzept einer an die Schöpfungsordnung zurückgebundenen Tora beinhaltet, bewusst in Kauf genommen hat. Mochte jemand die Frage danach aufgeworfen haben, bot sich von der Wissenskonzeption des WB her die Lösung an, die Sinaioffenbarungen als rettende Offenbarung in einer Zeit zu verstehen, die bereits korrumpiert war. Wie im Falle Noachs konnte Gott den Menschen zentrale Offenbarungen gewähren, um ihnen in dieser Ausnahmezeit zu helfen. Falls es zutrifft, dass das WB unter anderem ein Bestreben ausdrückt, jüdische Vorstellungen kommensurabler zu machen, stellt sich natürlich die Frage, wem gegenüber dieses Anliegen ins Auge gefasst worden ist. Ob es hinter dem Anliegen eher ein apologetisches Bestreben gegen außen oder eher eine innerjüdische Auseinandersetzung zu postulieren gilt, ist eine der Fragen, die im Laufe des nächsten Kapitels näher betrachtet werden soll.

---

liches Wissen gegen Krankheiten zu handeln, die auf dämonische Kräfte zurückgeführt werden.

256 Bereits ALBECK, Jubiläen (1930) verweist auf die spezifische Rolle Henochs für die Offenbarung der Gesetze. So bestehe die ,Grundanschauung des Buches' darin, „dass die ganze Thora auf den ,*himmlischen Tafeln*' vom Anfang der Welt aufgezeichnet war, dass ihre Gesetze von den Patriarchen noch vor der Offenbarung am Sinai durch schriftliche und mündliche *Überlieferungen von Henoch* an seine Nachkommen gekannt und beobachtet wurden, dass diese Gesetze wie nach rückwärts so auch nach vorwärts von *ewiger Dauer* sind." (Ebd. 4, Hervorhebung durch den Autor.) ALBECK macht weiter darauf aufmerksam, dass auch TestXII an gewissen Stellen ein solches Verständnis voraussetzt (vgl. ebd. 5). Gleiches lässt sich allenfalls für das Genesisapokryphon (1QapGen) sagen, falls sich 1QapGen xix 25 lesen lässt, wie es FITZMYER, Apocryphon (²1971) 60 vorschlägt (für eine Diskussion der Passage s. ebd. 118). Der Text schildert, wie Abraham in Ägypten Boten des Pharao seine Tugend und Weisheit demonstriert und im Rahmen dessen aus dem ,Buch der Worte Henochs' vorliest (in der ersten Person sagt Abraham von sich: ‏וקרית קודמיהון ל[כתב‎ ‏מלי חנוך‎). Da Abraham die Offenbarung des Mose noch nicht auf sich tragen kann, scheint die Verfasserschaft als Äquivalent dafür die Schrift Henochs in dessen Hände gelegt zu haben.

5.5. Wer würde es noch wagen wollen, sich gegen Gott zu stellen? Die Appellfunktion des Textes

Der Durchgang durch den Text, die Frage nach seinem Aufbau und den theologischen Akzenten der einzelnen Textpassagen, brachte zutage, dass die Textpragmatik, insbesondere der appellative Zug des Textes, im WB eine wichtige Rolle spielt. In der Sekundärliteratur wird, wenn textpragmatische Fragestellungen aufgegriffen werden, meist sehr undifferenziert von der Funktion des Textes gesprochen und kaum erläutert, was damit im Einzelnen gemeint ist. Bisweilen wird die textpragmatische Ebene direkt in Zusammenhang mit der Frage nach dem historischen Ort thematisiert. Entsprechend unterschiedlich fallen die Beurteilungen aus. An dieser Stelle soll der Blick primär auf die appellativen Züge des Textes gerichtet bleiben. Es soll rekapituliert werden, inwiefern genau von appellativen Zügen die Rede sein kann, um nicht zuletzt deren Relevanz im Rahmen der übergreifenden Textfunktion einschätzen zu können. Wie am Ende des letzten Kapitels angesprochen, sollen die Ergebnisse schließlich hinsichtlich der Frage ausgewertet werden, in welche Richtung sich die Verfasser- und Adressatenschaft des WB bestimmen lässt.

Wird in dieser Arbeit der Ausdruck ‚Textfunktion‘ verwendet, bezieht sich dies auf den textfunktionalen Ansatz, wie ihn BRINKER entfaltet.[257] Ein Text wird dabei u. a. als sprachlich komplexe Handlung wahrgenommen, womit postuliert wird, dass jedem Text eine Kommunikationsfunktion eignet. Im Einzelnen kann diese sehr vielschichtig sein. Als Textfunktion wird die dominierende Kommunikationsfunktion bezeichnet. Sie ist weder mit der ‚wahren Absicht‘ des Autors oder der Autorin, noch mit der Wirkung auf die Leserschaft deckungsgleich, sondern bezeichnet „die im Text mit bestimmten, konventionell geltenden, d. h. in der Kommunikationsgemeinschaft verbindlich festgelegten Mitteln ausgedrückte Kommunikationsabsicht des Emittenten. Es handelt sich also um die Absicht des Emittenten, die der Rezipient erkennen *soll*, sozusagen um die Anweisung (Instruktion) des Emittenten an den Rezipienten, als was dieser den Text *insgesamt* auffassen soll (…)"[258]. BRINKER unterscheidet fünf Arten von Textfunktionen: eine informative, appellative, obligatorische, kontaktspezifische und eine

---

257 BRINKER, Textanalyse (⁵2001), insbesondere 83–128.
258 Ebd. 95, Hervorhebung durch den Autor. BRINKER ist es also wichtig, für den Kommunikationsvorgang Intention und Konvention gleichermaßen zu berücksichtigen.

deklarative.[259] Die konkrete Textfunktion lässt sich seines Erachtens bestimmen, indem einerseits innertextlich die direkten und/oder indirekten Signalisierungen analysiert werden, andererseits aber auch der außertextliche Kontext beachtet wird. Zu letzterem zählt BRINKER das Wissen um die Situation, den institutionellen Rahmen und z. B. inhaltliches Hintergrundwissen. Damit wird denn auch deutlich, dass wir insbesondere bei der Arbeit mit antiken Texten, deren Kontexte wir nicht genau kennen, sondern erst rekonstruieren müssen, grundsätzlichen Schwierigkeiten bei der Bestimmung der Textfunktion ausgesetzt sind. Trotz dieser Schwierigkeiten soll im Folgenden versucht werden, die Textfunktion des WB primär auf textinterner Ebene und damit sehr wohl im Bewusstsein, an Grenzen zu stoßen, zu untersuchen.

Gerade angesichts der verschachtelten narrativen Struktur des WB lässt sich schwer leugnen, dass die Kommunikationsfunktion vielschichtig sein kann. Der Text bietet kaum Signale, die sich direkt auswerten ließen. Da er sich insgesamt als Botschaft Henochs an die fernen Generationen präsentiert (1 Hen 1,2–3), könnte auf den ersten Blick der informative Charakter als zentral erscheinen. Auch innerhalb des narrativen Teils spielt das explizite Übermitteln von Informationen eine wichtige Rolle: In 1 Hen 10–11 offenbart Gott den Engeln Michael, Sariel, Rafael und Gabriel deren Aufgaben – der Leserschaft wird damit eröffnet, wie es mit dem Lauf der Geschichte weitergeht. In 1 Hen 12–13 wird Henochs Rolle als Vermittler zwischen der himmlischen und der irdischen Sphäre in Bezug auf die Wächtergeschichte eingeführt, und die ganze Passage 1 Hen 14–36 präsentiert sich in der Folge als an die Wächterengel gerichteter Bericht Henochs. Henoch gibt dabei kund, wie und worüber er selbst durch Gott und die himmlischen Reiseführer informiert worden ist. Trotz der permanenten Betonung des Informationsgeschehens wäre es jedoch verfehlt, die Informationsfunktion als dominierende Kommunikationsfunktion zu bestimmen. So fällt auf, dass der eigentliche Akt des Informierens durch die Angaben darüber, wie und von wem zu wem informiert wird, an Bedeutung verliert. Durch diese Angaben wird permanent die Quelle des Inhaltes in den Vordergrund gerückt: Es wird suggeriert, dass die Inhalte das Wissen

---

259 BRINKER paraphrasiert die verschiedenen Funktionen folgendermaßen: *Informativ*: Ich (der Emittent) informiere dich (den Rezipienten) über den Sachverhalt X (Textinhalt). *Appellativ*: Ich (der Emittent) fordere dich (den Rezipienten) auf, die Einstellung (Meinung) X zu übernehmen/die Handlung X zu vollziehen. *Obligatorisch*: Ich (der Emittent) verpflichte mich (dem Rezipienten gegenüber), die Handlung X zu tun. *Deklarativ*: Ich (der Emittent) bewirke hiermit, dass X als Y gilt. Die *Kontaktfunktion* umschreibt BRINKER folgendermaßen: „Der Emittent gibt dem Rezipienten zu verstehen, dass es ihm um die personale Beziehung zum Rezipienten geht (insbesondere um die Herstellung und Erhaltung des persönlichen Kontakts)." (Ebd. 122.)

und die Meinung Gottes widerspiegeln. Sie sollen als göttliche Offenbarung wahrgenommen werden. Damit tritt zutage, dass der Fokus auf
das Informationsgeschehen primär dazu dient, den Inhalten Autorität
zu verleihen. Eine zusätzliche Funktion lässt sich insofern ausmachen,
als in der Einleitung – einerseits durch die Mitteilung, Henoch richte
sich an die ferne Generation (1 Hen 1,2), andererseits durch den
Gebrauch der 2. Person Pl. (1 Hen 2–5) – die Adressatenschaft direkt
angesprochen und damit ins verschachtelte Kommunikationsgeschehen miteinbezogen wird. Für diejenigen, die das WB hören oder lesen,
präsentiert sich der Text als speziell an sie gerichtete Botschaft, die sie
aufhorchen lässt. Eine besondere Aufnahmebereitschaft wird evoziert.
Auch hiermit geht es zwar um eine wichtige, doch um eine untergeordnete Kommunikationsfunktion. Die Frage nach der übergreifenden
Textfunktion bleibt offen.

Was die verschiedenen ausformulierten Botschaften angeht präsentiert sich das WB seiner Leserschaft als dichtes Konglomerat von *ätiologischen* Passagen, Analogien, Wertungen und Verheißungen. *Ätiolo-
gisch* wird insbesondere durch die Wächtergeschichte und ihre erste
Fortführung die Existenz und das Ausmaß von Bösem auf der Erde
erklärt. Da die Geschichte keinen anderen Erzählrahmen als die Einleitungskapitel besitzt, wird der Leserschaft die Gegenwart sehr direkt als
korrumpierte Zeit verständlich gemacht, für die nicht mehr erwartet
werden kann, dass der Tun-Ergehen-Zusammenhang innerhalb einer
Lebensspanne aufgeht. *Analogien* kommen, wie weiter oben aufgezeigt
worden ist, insbesondere dort in den Blick, wo spezifisch israelitisches
Traditionsgut eingearbeitet worden ist, so bei der Erwähnung des Sinai
als Gerichtsort Gottes (1,4), beim Aufgreifen der Sintfluterzählung
(10,1–3), der Kain-Abel-Geschichte (22,5–7) und der Paradiesgeschichte
(Kap. 20; 32).[260] Bekanntes hilft hier, die spezifischen Aussagen des WB
zu veranschaulichen und zu bekräftigen: Gott als Retter und als derjenige, der die maßgebenden Gesetze erlassen hat, wird in Erinnerung
gerufen (Sinai-Erwähnung), ebenso seine Bereitschaft, trotz allem Bösen für den Fortgang der Menschheit einzustehen (Bezugnahme auf
den ‚Sohn Lamechs‘). Im Rahmen der zweiten Reiseschilderung wird
der Leserschaft sodann die Ernsthaftigkeit von Vergehen (Erwähnung
von Kain und Abel) und Gottes Sanktionsmacht, wenn Ordnungen
oder Grenzen überschritten werden, erinnernd vor Augen gehalten
und damit unterstrichen (Anspielungen auf die Paradieserzählung).
Was *Wertungen* betrifft, fällt die starke Präsenz tadelnder und verurtei-

---

260 Bezüglich der Bestimmung des Gerichtsortes als Sinai vgl. insbesondere die Ausfüh-
     rungen oben unter 5.4.1., zudem bereits 4.1. und 5.3.2. Zu den anderen Stichworten
     s. die entsprechenden Ausführungen unter Kap. 4 und 5.3.2.

lender Momente auf: Während in der Einleitung dem Lesepublikum selbst vorgeworfen wird, frevelhaft zu sein (1 Hen 2,1–5,9), sind es im Hauptteil dann primär die Wächterengel, die für ihre rebellischen Taten Tadel und verurteilende Worte empfangen (vgl. insbesondere 1 Hen 9,6–10,22; 12,4–13,5; 14,1–7; 15–16). Da in beiden Fällen suggeriert wird, dass die entsprechende Haltung und die daraus resultierenden Taten aus der Sicht Gottes verfehlt sind, könnte die Negativwertung kaum stärker unterstrichen werden. Das Bewertungskriterium wird dabei klar und übereinstimmend kommuniziert: Ob etwas gut oder schlecht ist, entscheidet sich danach, ob damit den Bestimmungen Gottes entsprochen wird oder nicht (vgl. 5,4; 15–16). Obwohl die Passage, in der die Leserschaft direkt angesprochen wird, verhältnismäßig kurz ist, ermöglicht sie durch die Übereinstimmung in der Sinnrichtung und im Vokabular, dass sich die an die Wächterengel gerichteten Passagen in einem paradigmatischen Sinn verstehen lassen. Da die *Verheißungen* direkt an die wertenden Passagen anknüpfen, gilt dies auch hierfür. Indem insbesondere Sanktionen gegenüber denjenigen, die gegen Gott aufbegehren, vorausgesagt werden, wird klargestellt, dass sich ein solches Aufbegehren nicht lohnt, weil Gott solches Verhalten letztlich sanktioniert. Beruhigt können demgegenüber jene sein, die ein rechtschaffenes Leben führen, denn ihnen drohen keine solchen Sanktionen, und ihren Nachkommen wird ein Dasein in einer Welt ohne Störungen durch solche Abtrünnige zugesagt.

Gerade im Lichte des oben erwähnten Bemühens, den Inhalten größtmögliche Autorität zu verleihen, treten damit verschiedene, je sehr starke appellative Züge zutage. Dass sich eine derartige Kumulation findet und dass andere Kommunikationsfunktionen auf den appellativen Charakter hin ausgerichtet sind, legt den Schluss nahe, dass für das WB die Appellfunktion die dominierende Kommunikationsfunktion darstellt. Sehr allgemein lässt sich diese Funktion als Vermittlung eines orientierenden Sinnhorizontes, der sodann Einstellung *und* Handlungsperspektive der Adressatenschaft tangiert, bestimmen. Das WB erschafft den Sinnhorizont einerseits dadurch, dass es das Dasein der Leserschaft in einen umfassenden Geschichtshorizont einzubetten anbietet, für den es auf bekannte Geschichten und Figuren, aber auch auf vertraute Züge Gottes und die Offenheit der Adressatenschaft für Verheißungen von Seiten dieses Gottes zurückgreift. Dabei mögen im Wesentlichen diese bekannten Elemente als Anreiz dafür dienen, den dargebotenen Sinnhorizont beim Lesen oder Hören des Textes überhaupt orientierend auf das eigene Dasein zu beziehen. Andererseits wird die Adressatenschaft in der Einleitung (Kap. 2–5) direkt in der 2. Person angesprochen, und dies noch dazu unvorbereitet in tadelndem Sinn.

Lässt man sich auf das Gesagte ein und wagt auch nicht, das Gott zugeschriebene Urteil in Zweifel zu ziehen – hiermit würde man sich aus
eigenen Stücken den Frevlern zuordnen –, bewegt der heftige Ton der
Rede. Diejenigen, die sich bei dieser Passage zu Recht Schlechtem über-
führt oder dann auch im Zusammenhang mit der Wächtergeschichte
als der Seite der Gottlosen zugehörig entlarvt fühlen oder überhaupt
erst beim Lesen oder Hören des WB damit konfrontiert werden, dass
ihr Lebenswandel Gott nicht genehm sein sollte, ruft der Text indirekt
dazu auf, spätestens jetzt Einsehen zu zeigen und den Weg zurück zu
einem gottgefälligen Lebenswandel einzuschlagen.

Obwohl das WB eine Korrektur des Lebenswandels nicht expliziter
einfordert und obwohl es diejenigen, die gegen Gott handeln, apodiktisch verurteilt, kann damit nicht gesagt werden, gemäß WB seien frevelnde Menschen dazu verdammt, sich in ihr Schicksal zu geben. Trotz
einer Parallelsetzung von Wächterengeln und frevelnden Menschen,
was die Verheißung eines unheilvollen Schicksals angeht, markiert der
Text ausreichend stark, dass den Menschen ein größerer Spielraum
eingeräumt wird als den Engeln, deren Reuebekenntnis das Verdikt
Gottes nicht mehr zu ändern vermag (1 Hen 12ff.). Diesbezüglich von
Gewicht ist *erstens* die Erzähllinie darum, dass die Menschen Opfer der
Engelstaten geworden sind. Obwohl frevelnde Menschen sich gemäß
WB ebenfalls in ernsthafte Vergehen verstricken, steht ihr Fehlverhalten noch unter dem Einfluss der Engel und ist letztlich diesen anzulasten. Wenn die Menschen diesen Einfluss erkennen, können sie sich –
wenigstens was ihren eigenen Handlungsspielraum betrifft – von einem solchen Lebenswandel lossagen und sowohl Haltung wie Verhalten bei sich selbst korrigieren. Dies ist, was jedes Individuum in der
Zeit vor dem Auftreten Gottes als Richter als Dienst gegenüber Gott
leisten kann und soll. *Zweitens* ist es wichtig zu sehen, dass im WB bezüglich der Engel ein punktuelles Vergehen im Zentrum steht. Die
Schwere dieses Vergehens und das Ausmaß seiner Konsequenzen dis-
qualifizieren die Engel für jegliche Rehabilitierung und eine Rückkehr
in die angestammte himmlische Sphäre. Demgegenüber werden die
frevelnden Menschen vornehmlich einer falschen Grundhaltung be-
zichtigt, die in Rückbesinnung an den Grundsatz, dass die Schöpfung
im Dienste Gottes steht, zu korrigieren ist. Damit tritt denn auch zutage, dass jede Suche nach Kritikpunkten der Verfasserschaft an konkreten zeitgenössischen Praktiken Gefahr läuft, den Text zu überinterpre-
tieren: Die Vorwürfe an die Menschen scheinen in Kontrast zu den
Vorwürfen an die Engel bewusst allgemein gehalten zu sein. Wenn im
WB immer wieder apodiktisch geurteilt wird, muss die Bedeutung
davon somit differenziert bestimmt werden: Geht es im Zusammen-

hang mit den Engeln tatsächlich um eine Verdammung, die keinen Handlungsspielraum mehr zulässt – nach der Lektüre sollte definitiv niemand mehr das Schicksal mit den Engeln teilen wollen –, wird den Menschen damit drastisch die Ernsthaftigkeit des Vergehens vor Augen geführt, nicht mehr gottgefällig zu leben – um letztlich zu einer anderen Wahl zu motivieren. Damit spielt *drittens* die grundsätzliche Freiheit, zwischen einem guten und einem schlechten Lebenswandel zu wählen, eine wichtige Rolle. Sie wird im WB allen Geschöpfen zugestanden, um insbesondere der menschlichen Adressatenschaft eine spezifische Option als die richtige präsentieren zu können, zu der sie sich fortan bekennen soll.

Das soeben Geäußerte setzt wie gesagt voraus, dass das Lesepublikum Vorwürfe, die im Text laut werden, auf sich beziehen kann und nun möglicherweise sein Verhalten ändert. Es stellte sich heraus, dass der Text für ein solches Publikum in Bezug auf viele seiner Einzelelemente bedeutsam wird. Wie steht es nun aber, wenn ein Lesepublikum imaginiert wird, das bereits davon überzeugt ist, gottgefällig zu leben? Ließen sich die genannten Textbeobachtungen auch in diesem Fall als bedeutsam interpretieren? Speziell die Passage 1 Hen 2–5 lässt meines Erachtens eine bejahende Antwort zu. Zwar gibt sich der Gesamttext als Segensrede für die Gerechten aus und sichert ihnen insofern ermutigend zu, dass Gott auf ihrer Seite steht und dass die frevelnden Geschöpfe letztlich nichts gegen ihn und seine Ordnung ausrichten können. Die direkte Kritik, die in Kap. 2–3 geäußert wird, mag aber jedwedes Lesepublikum dazu bewegt haben, den Anspruch, gottgefällig zu leben, zu überprüfen und durch Tatbeweise zu bestätigen. Insofern, als das WB den Hauptfokus dann auch im Hauptteil auf das Verurteilen rebellischer Taten richtet, lässt sich die Schrift nicht dergestalt interpretieren, als würde sie primär die Selbstgewissheit seiner Leserschaft, die sich zur Gruppe der Gerechten zählt, stärken. Vielmehr muss das WB von seiner spezifischen Gestalt her als Text eingestuft werden, der generell zu Achtsamkeit aufruft, was Einstellung und Lebensführung angeht. Er motiviert unabhängig vom vorgängigen Selbstverständnis dazu, sich um den richtigen Lebenswandel zu bemühen. Einen solchen Lebenswandel zu präzisieren, liegt dabei nicht im Interesse der Verfasserschaft.[261] Das Wissen um die Inhalte eines guten Lebenswandels wird bei der Leserschaft vorausgesetzt – oder wenigstens das Wissen darum, wie man zu diesem Wissen kommen kann. Im Zentrum steht das Plausibilisieren der zentralen Maxime: sich, was

---

261 Auch in diesen Punkten gleicht das WB dem Zeus-Hymnus von Kleanthes. Vgl. diesbezüglich bereits 5.4.2., Anm. 249.

Einstellungen und Lebenswandel betrifft, keinesfalls gegen Gott zu
stellen und den bisherigen Lebenswandel, falls nötig, in diesem Sinne
zu korrigieren.[262]
Ein Blick in die Sekundärliteratur zeigt, dass die Bedeutung des
appellativen Zugs selten in ausreichendem Maß erkannt wird. Oftmals
werden Charakterzüge des WB betont, die im Rahmen der Kommunikationsfunktion durchaus eine Rolle spielen. Selten jedoch wird deren
Bedeutung im Vergleich zu anderen Kommunikationsfunktionen ab-
gewogen, wodurch bisweilen untergeordnete Funktionselemente über-
betont werden. Wie das vorangehende Kapitel aufgezeigt hat, schreibt
eine der geläufigen Interpretationslinien dem WB das Vermitteln einer
spezifischen, an die Henochfigur gebundene Tradition zu, die in Abgrenzung gegenüber einer mosaischen Tradition bestimmt wird. So
versteht z. B. NICKELSBURG das WB bzw. das ‚Henochtestament‘, wie er
es rekonstruiert, im Wesentlichen als „foundation myth that legitimates
as revealed wisdom the teaching of the community that speaks and
writes in his [Enoch's] name"[263]. Weiter wurde oben bereits dargelegt,
dass der un- oder antimosaische Charakter von verschiedenen Autoren
und Autorinnen mit einer Polemik gegenüber der Jerusalemer Priesterschaft in einen Zusammenhang gebracht wird. Solche Positionen können sich durchaus auf Aspekte berufen, die eben herausgearbeitet
worden sind. Für eine identitätsstiftende Funktion kann etwa das deutlich zutage tretende Bemühen ins Feld geführt werden, den Inhalten
Autorität zu verleihen und zu einer bestimmten Art von Einstellung
und Lebensführung anzuhalten. Deutlich zu weit geht jedoch die Gewichtung von Henoch als Mittlerfigur und dessen inhaltlichen Aussagen. Henoch fungiert im WB nicht als Figur mit einem Eigengewicht,
das gegenüber Mose eine Parallel- oder gar Alternativsetzung zulassen
würde. Die Informationen, die er vermittelt, lassen sich, wie es im vo-

---

262 Wenn z. B. BOCCACCINI generell darauf schließt, dass „[i]n both the *Book of the
Watchers* and the *Book of Astronomy*, individual responsibility is gravely compro-
mised. Salvation is entrusted to an extraordinary intervention by God and the idea
of the covenant is emptied of all substance" [ders., Middle Judaism (1993) 79], wird
dieser Charakter der Schrift gänzlich verkannt. Zwar nicht mehr alleine auf das WB,
sondern auf die ‚Apokalyptik‘ insgesamt bezogen, hat bereits MÜNCHOW herausgestrichen, dass es verfehlt wäre, dem zu beobachtenden Geschichtsbild vorschnell einen anthropologischen Pessimismus und einen ethischen Defätismus zuzuschreiben:
"Das Bonum der Geschichte liegt nämlich auch darin, dass sie Raum und Zeit für
die ethische Bewährung gewährt. Der Mensch wird in seiner Geschichtsbezogenheit
und Eigenverantwortlichkeit ernst genommen." [Ders., Ethik (1981) 142.] In jüngeren
Arbeiten scheint sich BOCCACCINI dieser Position anzunähern, vgl. ders., Enochians
(2007) 311 und 312.
263 NICKELSBURG, Commentary (2001) 28.

rangegangenen Kapitel dargelegt wurde, am adäquatesten als rettendes Sonderwissen verstehen, also als Zusatzinformationen zu vorhandenem Wissen mit dem Zweck, die Signifikanz von Letzterem zu unterstreichen bzw. in Erinnerung zu rufen. Es geht nicht um die Vermittlung eines eigenständigen Korpus von Weisungen oder weisheitlichem Wissen. Generell unklar bleibt, wie sich der appellative Charakter im Rahmen der vorausgesetzten Annahmen präzisieren ließe. Wer sollte durch den Text inwiefern genau mobilisiert werden? Wie verhält sich der polemische Zug zum identitätsstiftenden Zug? Hier tritt denn auch zutage, dass bezüglich der genannten Lesart zum Untermauern von Thesen kaum narrative Analysen präsentiert, sondern oft Einzelelemente aufgegriffen und losgelöst vom weiteren narrativen Kontext interpretiert werden. Oder aber es werden Funktionsbestimmungen einzelner Textabschnitte vorgenommen, deren Isolierung durch diachrone Hypothesen legitimiert wird. Meist fehlt dann aber eine Erklärung, inwiefern postulierte Funktionsbestimmung im Rahmen des Endtextes funktionieren sollte oder sich eben vielleicht nochmals gewandelt hat.[264]

Auf das WB in seiner Endform bezogen, streicht COLLINS in seinem bis heute einflussreichen Aufsatz „The Apocalyptic Technique"[265] das starke Gewicht einer Entlastungsfunktion heraus. COLLINS geht in dieser Arbeit der Frage nach, ob allen Apokalypsen ein gemeinsamer Sitz im Leben zugeschrieben werden könne. Er untersucht das WB als Testfall und kommt zum negativen Schluss, dass es weniger einen gemeinsamen Sitz im Leben zu postulieren gelte als eine gemeinsame Funktion, wobei diese Funktion „a matter of method rather than of message"[266] sei. Konkret gehe es um die allen Apokalypsen gemeinsame Anwendung dessen, was er ‚apokalyptische Technik' nennt. Davon ausgehend, dass sich jede Apokalypse auf eine transzendente Realität bezieht, versteht er darunter die „transposition of the frame of reference from the historical crisis experienced by the author to this transcendent world"[267]. Eine solche Übertragung einer konkret erfahrenen Krise auf eine mythologische Ebene impliziere eine stärkere Fokussierung

---

264 Eine Ausnahme stellt z. B ALBERTZ, Religionsgeschichte 2 (1992) 652–659 dar, der sich ausdrücklich darum bemüht, trotz diachroner Thesen auch die redaktionellen Erweiterungen zu beachten und deren neue Akzentsetzungen gerade auf textpragmatischer Ebene zu bedenken. Seine konkreten Thesen werden weiter unten noch genauer zur Sprache kommen.
265 COLLINS, Technique (1982). Dieselben Überlegungen greift er erneut in ders., Imagination (²1998) 21–23.41–42.51–52 auf.
266 COLLINS, Technique (1982) 110.
267 COLLINS, Technique (1982) 111.

auf wiederkehrende Muster denn auf einmalige historische Ereignisse und – zumindest bei jüdischen Apokalypsen – den Rückgriff auf das Mittel der Pseudepigraphie. Die Übertragung lasse Apokalypsen in der Folge polyvalent erscheinen, sodass vom Text selbst her die eigentliche Krise kaum mehr rekonstruierbar sei und postuliert werden müsse, dass „[t]he apocalyptic framework may have been applied to different crises at different times."[268] Dem Prozess der Übertragung schreibt COLLINS eine therapeutische Funktion zu, denn es werde damit möglich, die bedrohliche Kraft der wahrgenommenen Krise – jedenfalls auf imaginärer Ebene – zu bewältigen: Die Übertragung bewirke eine „distraction from the immediate specificity of the crisis and permits a definitive, eschatological resolution in the transcendent world."[269]

Obwohl es COLLINS nicht ausdrücklich um die Bestimmung der Textfunktion des WB geht, suggeriert seine These, dass er die Entlastungsfunktion als wesentliche oder gar wesentlichste Kommunikationsfunktion betrachtet.[270] Seinen Ausführungen liegt die Annahme zugrunde, dass hinter dem literarischen Werk die Erfahrung einer Krise steht.[271] Wenn es um die Frage geht, wem genau die Erfahrung der Krise zugeschrieben wird, scheint COLLINS davon auszugehen, dass sich die Verfasser- und die Adressatenschaft in der Wahrnehmung der Krise nicht unterschieden haben: Der Text wurde als Antwort auf eine Krise geschrieben *und* verstanden. Was auf den ersten Blick einleuchtend wirkt, wirft bei näherem Hinsehen jedoch Fragen auf. Folgt man der besagten Lesart, wären die Hauptadressaten und -adressatinnen also klar die ‚Gerechten', in deren Augen der Text eine empfundene Krise zu bewältigen hilft und insofern Trost und Ermutigung spendet. Auf die ‚Frevler' würde der Text – wohl als tröstliches Wissen für die ‚Gerechten' – alleine als definitiv Verdammte Bezug nehmen. Viele Erzählelemente würden damit aber funktionslos bleiben, z. B. das Insistieren auf der Wahlfreiheit, das zum Ausdruck kommt, die Erzähllinie der Menschen als Opfer der Engelstaten, dann aber auch Elemente wie die direkte Anrede in Kap. 2–5 und generell das große Gewicht, das verurteilender Rede eingeräumt wird, wogegen Heilsverheißungen zwar ebenfalls präsent sind, aber marginal wirken. Auffälligerweise sind dies alles Elemente, die einen tieferen Bedeutungsgehalt gerade

268 Ebd. 109.
269 Ebd. 111.
270 In COLLINS, Imagination (²1998) wird er diesbezüglich expliziter und hält fest, dass „the illocutionary functions of exhortation and consolation can generally be maintained for the Jewish apocalypses" (ebd. 41).
271 Mit dieser Annahme steht COLLINS keinesfalls alleine da. Insofern wird seine Position in der Folge exemplarisch kritisiert werden.

dann erhalten, wenn eine Adressatenschaft imaginiert wird, die ihre
Lebenssituation nicht unbedingt problematisch einschätzt oder zumindest nicht unbedingt die Auffassung der Verfasserschaft teilt, was als
Krise wahrgenommen werden soll – die nun aber eben dazu angehalten wird, sich einer spezifischen Krisenhaftigkeit des eigenen und des
menschlichen Daseins bewusst zu werden und in der Folge das Verhalten anzustreben, das angesichts der Krise als richtiges Verhalten erscheint. Dazu ist es nötig, Entscheidungsfreiheit beanspruchen zu können. Letztlich sich selbst als Opfer der Engelstaten zu verstehen, lässt
die Option in den Blick kommen, die als problematisch erkannten Mechanismen zu durchbrechen, so gut es zurzeit eben möglich ist. Schließlich lassen die fortlaufende, heftige Kritik an denen, die Gottes Ordnung nicht respektieren, und die an sie gerichteten Unheilsverheißungen jede andere Option definitiv nicht mehr als attraktiv erscheinen.

Die Entlastungsfunktion, die COLLINS beschreibt, lässt sich zweifellos beobachten. Es bleibt ein Faktum, dass sich der Text als Segensrede
präsentiert, dass er für die ‚Gerechten‘ tröstende Heilsverheißungen
enthält und insgesamt ein Raum-Zeit-Universum entwirft, das solchen,
die sich als gerecht verstehen, Halt gibt. Bei näherem Hinsehen wird
jedoch deutlich, dass der Text, noch bevor er ‚entlastet‘, darauf hin
angelegt ist, bei seiner Leserschaft das Gefühl dafür zu wecken, die
Gegenwart überhaupt als Krisenzeit wahrzunehmen. Sowohl die These, dass dem Text ein entlastender Zug eignet, als auch das Postulat
einer Krise gilt es somit nicht abzulehnen, sondern zu präzisieren: Im
WB greifen das Auf- und das Abbauen einer Krise ineinander. Es wird
eine klare Krise gezeichnet – sie besteht laut WB darin, dass sich Menschen zurzeit gegen Gott und seinen Schöpfungsplan auflehnen; ob
absichtlich oder nicht tun sie, was für Menschen nicht vorgesehen ist
und bringen damit die Schöpfungsordnung durcheinander. Diese Inszenierung eines gegenwärtigen krisenhaften Daseins der Menschheit
dient sodann als Basis dazu, das eigene Programm zur Bewältigung der
Krise zu präsentieren: die Rückkehr zu einem Lebenswandel, dem zugeschrieben wird, dass er der seit jeher gottgefällige Lebenswandel sei.

Durch die These, dass im Grunde erst der Text eine Krise suggeriert, soll die Möglichkeit nicht in Abrede gestellt werden, dass – ob bei
der Verfasserschaft oder bei einem Teil der Leserschaft – eine Krise in
der Art, wie sie auf literarischer Ebene dargestellt wird, nicht tatsächlich schon empfunden worden ist. Der Text ließe sich in diesem Fall als
Vehikel verstehen, ein spezifisches Krisenbewusstsein zumindest mit-

zukonstruieren.[272] Die bisherigen Ausführungen laufen zudem keinesfalls darauf hinaus, die Abfassungszeit der Schrift als Zeit zu bestimmen, in der es keine Probleme gegeben hätte, die aus unterschiedlichen
Perspektiven als (unterschiedliche) Krisen hätten wahrgenommen werden können oder tatsächlich wahrgenommen worden sind.[273] Nicht
jeder Text muss sich unbedingt mit solchen Krisen beschäftigen, und
ein Text kann – aus unterschiedlichsten Gründen – mit oder ohne explizite Bezugnahme auf solche Krisen auf einer sehr allgemeinen Ebene
die Wahrnehmung der Gegenwart in eine Richtung zu steuern versuchen, die Positives oder Negatives stärker gewichtet. Beim WB fällt eine
solche allgemeine Tendenz auf. Es kann sogar gesagt werden, dass das
Spezifische an der Krise, wie sie im WB gezeichnet wird, gerade deren
allgemeiner Charakter ist.[274]

Das WB gradlinig als Reaktion auf eine erlebte Krise zu interpretieren, stellt sich damit als zu einfach heraus. Dass COLLINS dies tut und
als Begründung pauschal auf andere Apokalypsen verweist,[275] erstaunt
in Anbetracht der Vorbehalte, die er andernorts der Krisen-These ge-

---

272 Dass die Konstruktion von Krisen für das Propagieren spezifischer Programme eine
     wichtige Rolle spielen kann, lässt sich, um ein zeitgenössisches Beispiel zu nennen,
     im Kontext der Schweizerischen Politlandschaft an den Kampagnen der Schweizeri-
     schen Volkspartei (SVP) speziell der Jahre 2007 und 2008 beobachten. Eindringlich
     wurde in dieser Zeit kommuniziert, dass die Schweiz in einem desolaten Zustand
     sei: Neben den falschen Leuten, die regieren und das Land in den Ruin und in die
     Fremdbestimmung (Europapolitik) führen würden, gebe es die immigrierten Frem-
     den, die die traditionellen Werte untergraben und hemmungslos die bestehenden
     Infrastrukturen ausnutzen würden. Mit ihren Botschaften scheint sie den Zweck ver-
     folgt zu haben, das eigene Parteiprogramm angesichts der Missstände als das einzig
     richtige anzupreisen. Dieses Beispiel zeigt zugleich auf, dass es sich kaum klar ent-
     scheiden lässt, ob die Adressatenschaft besagte Krisen bereits klar vor Augen hatte,
     bevor sie mit den Kampagnen in Berührung gekommen ist. Offen bleibt zudem, in-
     wieweit die inszenierten Krisen den Akteuren und Akteurinnen hinter den Kam-
     pagnen als tatsächliche Krisen erschienen sind, oder inwieweit es sich vor allem um
     eine Strategie gehandelt hat, bei der Wählerschaft und den Abstimmenden auf Ge-
     hör und Sympathie zu stoßen.

273 HORSLEY, Scribes (2007) geht meines Erachtens zu weit, von seiner Kritik an Autoren
     und Autorinnen her, die für Palästina eine prosperierende Zeit unter ptolemäischer
     Herrschaft postulieren, darauf zu schließen, dass sich die in jener Zeit entstandenen
     Schriften – darunter speziell das WB – primär gegen die hellenistische Imperialge-
     walt gerichtet hätten (vgl. kritisch zu seiner Position auch Anm. 291 weiter unten).

274 An diesem Punkt trifft sich die hier dargelegte Position mit COLLINS, der im Gegen-
     satz zu anderen Autoren und Autorinnen eine eher allgemeine Krise ausmachen will
     [vgl. ders., Imagination (²1998) 59]. Ihm folgt z. B. THOM, Aspects (1983).

275 Vgl. so in COLLINS, Imagination (²1998) 59: „Our interpretation of the Book of the
     Watchers has proceeded on the assumption that the crisis of the fallen angels is an
     allegory for some crisis of the Hellenistic age. This assumption is well founded by
     analogy with other apocalypses."

genüber äußert.[276] Wenn es um die Frage nach einer Definition der Gattung ‚Apokalypse' geht, die eine Funktionsbestimmung beinhaltet, zieht er etwa die zurückhaltende Ergänzung von YARBRO COLLINS („*intended to interpret present, earthly circumstances in light of the supernatural world and of the future, and to influence both the understanding and the behavior of the audience by means of divine authority*"[277]) der Ergänzung von HELLHOLM vor, die auf eine Krisenerfahrung hin zugespitzt ist („*intended for a group in crisis with the purpose of exhortation and/or consolation by means of divine authority*"[278]). Dass „[t]he function of the apocalyptic literature is to shape one's imaginative perception of a situation and so lay the basis for whatever course of action it exhorts"[279], wie er es selbst formuliert, würde denn auch der oben dargelegten These gar nicht widersprechen, dass die Verfasserschaft des WB bei seiner Leserschaft durch das Präsentieren der Gegenwart als Krisenzeit eine solche Wahrnehmung evozieren wollte.[280] Die eben zitierte Funktionsbestimmung von COLLINS lässt im Übrigen erkennen, dass auch er das Gewicht des appellativen Charakters des WB im Grunde erkennt. Indem er betont, dass „the nature of the exhortations may vary"[281], plädiert er zudem dafür, jedes literarische Werk für sich zu untersuchen, um seinen Eigentümlichkeiten gerecht zu werden. Wenn er sich dem WB trotzdem immer wieder im Rahmen der Apokalyptikforschung widmet und von dieser her Folgerungen für das WB zieht, missachtet er sozusagen seinen eigenen Grundsatz. Ähnlich lässt sich sein Postulat der Krisen-These beurteilen, das ihn in die Nähe dessen rückt, was er in seinem Aufsatz „The Apocalyptic Technique" ja gerade zu problematisieren beabsichtigt: Dem WB im Rahmen der apokalyptischen Literatur einen Sitz im Leben zuzuschreiben, den es so pauschal womöglich gar nicht gegeben hat.

Zieht man für das WB den Gedanken weiter, dass hinter dem Fehlen eines klaren Verweises auf eine konkrete Krise möglicherweise weniger der Versuch der Verfasserschaft steht, eine solche konkrete

---

276 Für kritische Überlegungen gegenüber der Krisen-Theorie s. z. B. auch TIGCHELAAR, Prophets (1996) 263–265; GRABBE, Setting (1989) 30–31; Religion (2000) 256. Zur Frage, wie klar sich das WB überhaupt der Gattung ‚Apokalypse' zuordnen lässt, vgl. oben unter Kap. 3.

277 YARBRO COLLINS, Introduction (1986) 7.

278 HELLHOLM, Problem (1986) 27.

279 COLLINS, Imagination (²1998) 42.

280 Wer als heutiger Interpret oder heutige Interpretin eine bereits als solche wahrgenommene Krise postuliert, bestätigt immerhin, dass das WB diese Aufgabe wohl erfolgreich zu erfüllen imstande gewesen sein dürfte.

281 COLLINS, Imagination (²1998) 41.

Krise zu deren Bewältigung verfremdend auf eine kosmische Ebene zu
transponieren, sondern dass dieser Befund als literarisches Mittel zu
deuten ist, beim Lesepublikum das Gefühl zu bekräftigen oder überhaupt erst zu evozieren, dass die Gegenwart im Rahmen der Menschheitsgeschichte eine krisenhafte Zeit ist, stellt dies Versuche, von inhaltlichen Elementen her eine Krise oder sogar verschiedene Krisen zu
präzisieren, grundsätzlich in Frage. Die These, dass das WB auf Konflikte zwischen priesterlichen Gruppierungen verweise oder, allenfalls
von nichtpriesterlichen Kreisen her stammend, zumindest Kritik an
gewissen Priesterkreisen übe, ist weiter oben bereits thematisiert worden.[282] Bereits Einzelargumente dieser These entpuppten sich dabei als
weniger tragfähig als oft angenommen. Kaum erwähnt blieb bisher die
These, dass die Erzählung über die Vergehen der Engel auf die Diado-
chenkämpfe (323–302 v. Chr.) verweisen dürfte, unter der die Adressatenschaft gelitten habe. So sei das Gebet der Engel (1 Hen 9)

> „more than a literary device by which the author makes an academic
> statement on the problem of evil. It is the bitter and desperate cry of *our au-*
> *thor's own people*, who query about the problem of evil because they are ex-
> periencing it. It is they who are the victims of the giants of this earth—the
> mighty who devour the fruits of the earth, murder them, and make war on
> one another."[283]

NICKELSBURG, der diese These in Umlauf gebracht hat und von dem
auch das Zitat stammt, bezieht sich mit seiner These allerdings nur auf
1 Hen 6–11.[284] In einer Situation, die nur noch das Hoffen auf eine göttliche Intervention zugelassen habe, sei dieser Text – und zwar zunächst
nur im Rahmen der Erzähllinie um Šemiḥaza – als Zusage dafür abgefasst worden, dass Gott tatsächlich richtend auftreten werde. Gericht

---

282 Vgl. oben unter Exkurs 3. Dort finden sich schließlich auch Beispiele, wie auf COL-
     LINS' Charakterisierung apokalyptischer Schriften als polyvalente Texte zurückge-
     griffen wird, um eine solche These zu stützen.
283 NICKELSBURG, Apocalyptic (1977) 388f. Vgl. ders., Commentary (2001), insbes.
     168.170.
284 Unabhängig von NICKELSBURGs Arbeit hat im deutschen Sprachraum BARTELMUS,
     Heroentum (1979) 175–187 die These entwickelt, dass es 1 Hen 6–11 als Verarbeitung
     von als problematisch empfundenen Herrschaftsverhältnissen zu interpretieren gel-
     te. Er setzt die Abfassung des Textes allerdings erst um die Zeit von Antiochus IV.
     an, was gerade in Anbetracht dessen, dass er von einer Textform auszugehen
     scheint, die nur 1 Hen 6–11 enthalten hat, wenig plausibel ist. Seines Erachtens ver-
     banden sich für den Verfasser von 1 Hen 6–11 „in der Person Antiochos' IV. gewalt-
     same Hellenisierungspolitik und Anspruch auf Gottmenschentum bzw. auf kulti-
     sche Verehrung zu einem mixtum compositum, das unheimlich und bedrohlich
     erschien. Zwei grundlegende Faktoren jüdischer Existenz waren damit durch eine
     einzelne Person in Frage gestellt – so lag es denn nahe, auf diese Bedrohung mit *einer*
     beide Faktoren mit einbeziehenden Konzeption zu antworten." (Ebd. 182.)

und Neubeginn zu Zeiten Noachs lassen sich bei dieser Textversion nach NICKELSBURG also als Prototyp für das Endgericht verstehen. In diesem Sinne wird denn auch häufig von einer Urzeit-Endzeit-Typologie gesprochen.[285]

NICKELSBURGS Interpretationsvorschlag ist bis heute relativ unangefochten geblieben und bleibt in kaum einer Arbeit unerwähnt, in der von 1 Hen 6–11 die Rede ist.[286] Dabei wird allerdings nicht immer transparent gemacht, dass NICKELSBURG seine These auf eine Vorstufe des WB bezieht, nämlich auf die Grundschicht von 1 Hen 6–11 („Shemihazah Myth"), die in seinen Augen noch nicht ‚henochisch' war, also noch ohne Rekurs auf die Henochfigur kursiert ist. Gemäß NICKELSBURG ergab sich dann durch 1 Hen 12–16, der henochischen Fortführung der Wächtergeschichte, eine Umdeutung der Inhalte:

> „Reference to the warlike activities of the giants (= the Diadochoi […]) is replaced largely by a description of the violent actions of the demonic spirits that issued from the dead giants and that threaten human existence between primordial time and the end time (15:11–16:1). Thus the story of the angelic rebellion has become an aetiology of the demonic kingdom that dominates human existence in the present time."[287]

Die These einer eigenständigen Grundschrift von 1 Hen 6–11 und der Umdeutung ihres Inhaltes im Rahmen ihrer Einbindung in die Henochtradition wurde im deutschsprachigen Raum insbesondere von ALBERTZ in seiner „Religionsgeschichte Israels in alttestamentlicher Zeit" rezipiert. Der Tendenz seines Geschichtsabrisses folgend, das sozialkritische Potential der YHWH-Religion sichtbar zu machen, betont ALBERTZ die aufklärerische, pädagogische Funktion der Grundschrift. Er zieht den Schluss, ihr Verfasser habe „nicht zur kollaborierenden Oberschicht gehört, sondern zu einem oppositionellen Kreis, der sich – möglicherweise fern der Hauptstadt in Galiläa wirkend – mit den Opfern ptolemäischer Wirtschaftspolitik solidarisierte und unter ihnen aufklärend und lehrend tätig war."[288] Ebenfalls in Anlehnung an NICKELSBURG postuliert ALBERTZ eine erste Erweiterung der Grundschrift durch den Einbezug des Motivs der Unterweisung durch die Engel bzw. speziell durch ʿAsaʾel, wodurch die Kritik an der politischen Macht zur Kulturkritik erweitert worden sei. Die Entstehung des WB und damit die Einbindung der Grundschrift in die Henochtradition setzt ALBERTZ im Kontext des 4. Syrischen Krieges an (221–217 v. Chr.),

---

285 Zum Stichwort ‚Urzeit-Endzeit-Typologie' s. bereits oben unter 5.3.2.
286 Kritisch wird die Position z. B. bei BEDENBENDER, Gott (2000) 180–182 referiert (mit Hinweis auf kritische Stimmen anderer Autoren).
287 NICKELSBURG, Commentary (2001) 230.
288 ALBERTZ, Religionsgeschichte 2 (1992) 655.

wobei nun eine innerjüdische Auseinandersetzung Anlass zur Schrift gegeben habe:

„Der gelehrte Kreis um die Henochtradition schaltete sich vor allem in die interne Auseinandersetzung zwischen den Jahwe-Treuen (Hen 1,1: ‚auserwählte Wahrhaftige/Gerechte' *baḥīrajjā qašīṭajjā*) und den hellenisierenden Oberschichtsangehörigen (Hen 1,1; 5,7: ‚Sünder/Frevler') ein. Da letztere sich offensichtlich weigerten, den eschatologischen Gerichtsvorstellungen, mit denen die Frommen ihnen drohten, irgendeine Bedeutung beizumessen, verfaßten sie eine Apokalypse, die sowohl die Tatsache als auch die näheren Umstände des Gerichts über die Frevler beweisen sollte."[289]

Um die Kritik, die sich an den hellenistischen Herrschern und einer fremdländischen Kultur entfacht hat, auf innere Gegner umzulenken, seien die direkte Urzeit-Endzeit-Typologie aufgegeben und die Wächtergeschichte – in einen apokalyptischen Horizont eingespannt – in eine „quasi historische Beispielerzählung"[290] umgewandelt worden.

Während sich die Thesen um priesterliche Konflikte argumentativ entkräften ließen, räumen die Vertreter der Diadochen-These also selbst ein, sich auf den Bedeutungsgehalt einer Vorstufe zu beziehen, der im Laufe der Fortschreibung in den Hintergrund gerückt ist.[291]

---

289 Ebd. 656.
290 Ebd. 657.
291 Eine Sonderposition vertritt HORSLEY, Scribes (2007) (vgl. zu seiner Position bereits Anm. 273 weiter oben). Statt wie NICKELSBURG und ALBERTZ einen Bedeutungswandel der Wächtergeschichte im Kontext der henochischen Weiterführung zu postulieren, will er das gesamte WB als Schrift lesen, die mit antiimperialistischem Grundton auf die politische Situation seiner Zeit reagiert. Bezüglich 1 Hen 6–11 greift er NICKELSBURGs Diadochen-These auf, meint jedoch, dass der Text generell die Erfahrung hellenistischer Herrschaft und Herrschaftsquerelen – damit denkt er an die verschiedenen Syrischen Kriege – widerspiegle. Definitiv über NICKELSBURGs These hinaus geht er, wenn er nun auch die anderen Textpassagen primär als Auseinandersetzung mit machtpolitisch verursachten Missständen interpretiert. Eine antiimperialistische Haltung erkennt er z. B. bereits im ersten Vers (1 Hen 1,1), wobei er diese am Wort ‚Feinde' festzumachen scheint (dass dieser Ausdruck nur in Gᵃ bezeugt ist, merkt er dabei nicht an): Es gehe hier um ‚fremde Feinde', da die Stelle insbesondere auf die Segensrede von Dtn 33 anspiele. Bezüglich 1 Hen 1,2–3 beruft er sich dann auf Anspielungen an die Bileam-Orakel und folgert daraus, dass dies „clearly suggests a political role of the Enoch scribes: they saw themselves as the heirs of diviner-prophets such as Balaam, and as constrained by God to prophesy against their aristocratic patrons, the heads of the Judean temple-state." (Ebd. 157.) Wenn schließlich in 1 Hen 15–16 Gott in seiner Rede, die Henoch den Wächtern übermitteln soll, erklärt, dass die Geister der Menschen-Engel-Wesen bis zum großen Gericht weiter ihr Unwesen unter den Menschen treiben, interpretiert dies HORSLEY so, dass auf die Fortsetzung der Leiden auch unter den nachfolgenden Ptolemäerherrschern angespielt werde. Indem der Text insgesamt betone, dass Gott als König der Könige letztlich alles unter Kontrolle habe, sei seine Botschaft „one of hope and perhaps consolation in difficult circumstances" (ebd. 162f.).

Somit können auch von dieser Seite her keine ernsthaften Einwände gegenüber der Annahme erhoben werden, dass das WB in seiner henochischen Fassung weniger an konkret wahrgenommene Krisen anknüpfen will, sondern die Krisenhaftigkeit einer gewissen Ära und die Gründe dafür darzustellen sucht. Für diachrone Untersuchungen und nicht zuletzt für Fragestellungen mit Fokus auf die geschlechterpolitischen Tendenzen des WB bleibt die These, dass es eine Vorstufe gegeben haben könnte, die mit einer Urzeit-Endzeit-Typologie gearbeitet hat, durchaus interessant – obwohl es dabei ihren hypothetischen Charakter stärker einzuräumen gälte, als es etwa ALBERTZ tut.[292] Zudem

---

HORSLEYs Interpretation wirkt allgemein sehr programmatisch. Wie bereits oben unter Anm. 273 erwähnt, muss sich nicht jede in hellenistischer Zeit entstandene Schrift primär gegen die hellenistische Imperialgewalt gerichtet haben. Mögliche Anklänge an politische Missstände sollen sehr wohl erwogen, aber nicht *a priori* vorausgesetzt werden. In diesem Sinne überzeugt NICKELSBURGs Diadochen-These, die er auf eine Vorstufe des WB bezieht, mehr als HORSLEYs Entwurf. Um hinter NICKELSBURGs Einsicht zurückzugehen, dass sich die Bedeutung der Wächtergeschichte im Kontext eines henochischen WB nicht mehr direkt als Auseinandersetzung mit imperialen Mächten bestimmen lässt, müssten bessere Argumente gefunden werden, als sie HORSLEY präsentiert. HORSLEY verfolgt nicht nur das Anliegen, in Texten antiimperialistische Tendenzen nachzuweisen. Wichtig ist ihm weiter, die Bezüge des WB zur prophetischen Tradition sichtbar zu machen. Auch dieses Anliegen ist per se begrüßenswert. Erneut jedoch geht HORSLEY einen Schritt zu weit: Indem für ihn die prophetische Tradition immer schon eine antiimperialistisch-sozialkritische Tradition zu sein scheint, meint er mit jedem Bezug zu einem prophetischen Text die These untermauern zu können, die betreffende Passage besitze einen antiimperialistischen Charakter. Bekanntlich kann jedoch auf Traditionen zu sehr unterschiedlichen Zwecken und in unterschiedlichen Formen rekurriert werden, und dies gilt gerade auch für konkrete Erzählstoffe. Obwohl er das Profil des WB an einigen Punkten sehr gut erfasst, vermisst man andernorts eine sorgfältige Analyse. Den Appellcharakter des Textes verkennt er z. B. gänzlich bzw. muss ihn geradezu ignorieren, um an seiner These festhalten zu können.

292 Zur Frage, ob das WB in seiner Endform einseitige Schuldzuweisungen an die Frauen vornimmt, vgl. bereits oben unter 4.2., Anm. 12. Obwohl hier die Ansicht vertreten wird, dass die Schrift den Frauen keine Sonderschuld anlastet, sie hätten die Engel verführt, bleibt der Endtext gerade in seiner Art, die himmlische Sphäre als ,ewig-männlich' zu zeichnen, äußerst androzentrisch [KÜCHLER, Schweigen (1986) bemerkt hierzu zugespitzt, aber entlarvend: „Das Ewig-Männliche zog die Heiligen hinab!" Denn „[e]wig und echt Mann zu sein, war (…) für die ,Heiligen' eine gefährliche Doppelung, da es echte Frauen nur als sterbliche Wesen und auf der Erde gab." (Ebd. 282)]. Geht man davon aus, dass das WB Frauen auch in einer noch unhenochischen Vorform keine besondere Schuld zugewiesen hat, könnte erwogen werden, ob mit einer solchen Vorform die Thematik des Umgangs mit Frauen in Kriegszeiten aufgegriffen wurde. Sodann könnte eine Grundfassung noch Erfahrungen artikuliert haben, die weniger androzentrisch waren. Allerdings veranschaulicht z. B. die Geschichte um Dina und Sichem (Gen 34), dass selbst die ,Sorge' (von Männern) um Frauen noch nicht deren Erfahrungsperspektive ernst nehmen musste. In eine solche

kann überlegt werden, ob man so weit wie NICKELSBURG und ALBERTZ gehen muss, nämlich dem WB in seiner henochischen Fassung im Grunde abzusprechen, die allgemeine zeitgeschichtliche politische Situation zu reflektieren.[293] So ließe sich allenfalls die starke Betonung der Souveränität YHWHs mit dem Herrscherkult in Verbindung zu bringen, der von den verschiedenen ptolemäischen Herrschern vor allem im Kernland Ägypten eingefordert worden ist.[294] Unterschwellig könnte damit, ähnlich wie in den Daniel-Erzählungen, jedoch indirekter als in Letzteren, dem herrscherkritischen Votum Ausdruck verliehen worden sein, dass Gott/YHWH der wahre König ist und bleibt.[295]

Die bisherigen Ausführungen haben das starke Gewicht des Appellcharakters des WB herausgestrichen und dargelegt, wie die Schrift ihre Leserschaft primär dazu mobilisieren will, sich gerade in Anbetracht von attraktiv erscheinenden Alternativen einem Lebenswandel zuzukehren, dem nachgesagt wird, dass er dem Plan Gottes für die Menschen entspricht. Jeder andere Lebenswandel erscheint in diesem Licht als frevelhaft. Darüber hinaus wurde in Erwägung gezogen, dass sich das WB – zumindest in seiner henochischen Fassung – weniger auf eine konkret als Krise empfundene gesellschaftliche Konstellation bezieht und eine solche zu bewältigen helfen versucht, sondern im Rah-

---

Richtung könnten Erwägungen KVANVIGs weisen. Er stellt die Fragen in den Raum, ob im WB (in der Art, wie es seines Erachtens im Genesisapokryphon der Fall ist) „[t]he fear of men losing their wives and daughters in a time of insecurity" thematisiert sein könnte und damit zusammenhängend die Frage, was man „with the children of the invaders" tun soll [ders., Origin (2002) 211].

293 Für ALBERTZ bleibt das WB immerhin ein Werk, das von der Auseinandersetzung mit hellenistischen Einflüssen zeugt und, wie es auch WACKER herausgearbeitet hat, u. a. bezweckt, die Leserschaft „von einer Abkehr von der jüdischen Kultur zu schützen." [Ders., Religionsgeschichte 2 (1992) 655.]

294 Vgl. hierzu etwa HÖLBL, Geschichte (1994) 69–107. Seine Ausführungen belegen, dass die Herrscherideologie im ptolemäischen Kontext durch die Verschmelzung der hellenistischen Basileus-Vorstellung mit der pharaonischen Ideologie in besonderem Maß zum Ausdruck kam. Einen generellen Überblick über das Phänomen des Herrscherkults in hellenistischer Zeit (mit zahlreichen Literaturhinweisen) vermittelt SCHMITT, Herrscherkult (²1993).

295 Damit könnte man letztlich auch HORSLEYs These einen Schritt entgegenkommen (vgl. dazu Anm. 291 oben). Allerdings zeigen gerade die Daniel-Texte, dass das ‚herrschaftskritische' Element bis zu einem gewissen Grad dennoch mit einer loyalen Haltung gegenüber (Fremd-)Herrschern zusammengehen konnte. Ähnlich scheint es bereits für die Verfasser der theokratischen Psalmen möglich gewesen zu sein, Theokratie und Loyalität gegenüber weltlichen Herrschern zusammenzudenken [vgl. hierzu z. B. SCHMID, Literaturgeschichte (2008) 151]. Das WB bietet kaum Anhaltspunkte, um den Grad an Kritik – falls eine solche überhaupt intendiert war – genauer einschätzen zu können. Umgekehrt könnte dies darauf verweisen, dass der Leserschaft hierzu unterschiedliche Meinungen zugestanden worden sind.

men des appellativen Anliegens darauf abzielt, in einem sehr generellen Sinn eine negative Wahrnehmung der Gegenwart zu evozieren. Das Bewusstsein, in einer krisenhaften Zeit zu leben, erlaubt es sodann, das Festhalten an einem spezifischen Lebenswandel, der als den Menschen von Gott zugedacht begriffen wird, zwar vielleicht als schwierig, aber als umso dringlicher wahrzunehmen.

Zugegebenermaßen lässt sich zumindest hinsichtlich der Verfasserschaft ins Feld führen, dass eine gewisse Krise empfunden worden ist. Diese könnte sich formulieren lassen als Sorge darüber, dass Menschen sich neuen Wertvorstellungen gegenüber öffnen könnten oder dies bereits getan haben. Sie dürfte dazu motiviert haben, die Schrift zu verfassen und zu verbreiten. Damit kann meines Erachtens jedoch nicht mehr von einer ‚Krise' gesprochen werden, wie sie vor Augen steht, wenn in der Forschung von ‚Krisenliteratur' die Rede ist: Es geht nicht um eine krisengeschüttelte Gruppierung, für die nun entlastend auf die bedrückenden Geschehnisse Bezug genommen wird. Insgesamt sind wir damit bereits bei der abschließenden Frage angelangt, ob und wie sich von den Ergebnissen der Untersuchung der Textfunktion und speziell der Appellfunktion her gewisse Fixpunkte bestimmen lassen, was eine nähere Bestimmung der Verfasser- und Adressatenschaft angeht.

Aufgrund der Aussagen des WB zu den Menschen wird die Leserschaft gewissermaßen an einem Scheidepunkt verortet: Neben dem Opferstatus, den das WB Menschen gegenwärtig zugesteht, zeichnet es sie einerseits als potentielle Mit- oder zumindest Nachfolgetäter der Wächterengel, andererseits dann doch auch als Erwählte und Gerechte. Damit wird den Menschen – und zugleich der Leserschaft – eine Wahl nicht nur zugemutet, sondern geradezu aufgedrängt. Von den inhaltlichen Bezügen her kann geschlossen werden, dass die Verfasserschaft ein Publikum im Blick hatte, dem sich eine Vertrautheit mit israelitisch-jüdischen Traditionen zuschreiben ließ – auch das Wissen darum, worin der als richtig gepriesene Lebenswandel besteht, konnte also vorausgesetzt werden. Gleichzeitig aber schienen andere Werte diese Menschen zu reizen, was sich im Text dadurch manifestiert, dass menschliche Vergehen primär als Zuwendung zu falschem Wissen und als Missachten der von Gott vorgegebenen Ordnung bestimmt werden. Die Drastik, mit der sich die Verfasserschaft an ihr Publikum richtet, könnte sogar darauf verweisen, dass die Lebensweise und die Wertvorstellungen, die als richtig angepriesen werden, bereits ein gutes Stück an Plausibilität eingebüßt haben. Spricht der Text nach ALBERTZ, wie wir oben gesehen haben, insbesondere die Oberschicht an, meine ich eher Indizien dafür zu sehen, dass ein breiteres Publikum ins Auge gefasst war – wobei Oberschichtsangehörige durchaus mit eingeschlossen sein konnten.[296] Indem das WB für die Menschheit göttlich autorisiert das Idealziel vorgibt, in steter Generationenfolge Gott zu dienen, finden sich jedenfalls auf inhaltlicher Ebene schon einmal alle angesprochen, welche dieses Ziel zu garantieren imstande wären: Menschen jeden Alters, jeden Geschlechts (dies trotz aller Androzentrik des Textes), Familien jeder sozialen Schicht. Dazu kommt, dass die Verfasserschaft auf einen eingängigen Charakter der Schrift abgezielt zu haben scheint, wobei die Aufnahme und Weiterführung farbiger, aussagekräftiger Erzählstoffe auch die mündliche Verbreitung gefördert haben mag.[297] Falls überhaupt eine spezifische Gesellschaftsschicht bestimmt werden kann, an die sich das WB primär richtet, würde ich mich am ehesten WACKERs Urteil anschließen wollen. Auch sie folgert von ihren Beobachtungen her, dass sich das WB in seiner Polemik nicht gegen engere Kreise wie etwa gewisse priesterliche Gruppierungen richtet, sondern

> „gegen alle, die bereit sind, ihre eigene Tradition den vermeintlichen Wahrheiten des ‚Zeitgeistes' anzupassen, dadurch in den Augen der jahwetreuen ‚Gerechten' aber den Glauben ihrer Väter aufkündigen. Die Anklage lautet auf totale Abkehr von Jahwe, auf ‚Gotteslästerung'."[298]

Anders als WACKER würde ich in Anbetracht des starken Appellcharakters der Schrift allerdings weniger von einer ‚Polemik gegen XY' sprechen, da dies suggeriert, dass man eine solche Gruppierung bereits als ‚verloren' glaubt. Falls das WB tatsächlich aus dem Beweggrund heraus verfasst worden ist, den Leuten den ‚Glauben ihrer Väter' in einer Zeit, in der er an Attraktivität eingebüsst hat, in einer neuen Form zu plausibilisieren, richtet es sich primär gegen eine bestimmte Einstellung, aber damit noch nicht gegen die Menschen selbst. Diesen wird noch

---

296 Vgl. bereits HENGEL, Judentum (³1988) 380, der in Bezug auf den ‚Henoch-Zyklus', von dem er nur das Astronomische Buch ausnehmen will, von einem ‚Volksbuch' spricht.

297 Inwiefern das Aramäische als Abfassungssprache einer Schrift des 3. Jh. v. Chr. das Zielpublikum zu bestimmen hilft, bleibt eine schwierige Frage. Zumindest erweckt es den Eindruck, dass man durch die Abfassungssprache einer allgemeinen Verbreitung der Schrift – vielleicht gerade auch in der Diaspora – nichts in den Weg legen wollte. Zur Thematik vgl. z. B. BICKERMANN, Jews (1988) 51ff., der das WB im einschlägigen Kapitel allerdings nicht erwähnt. PIOVANELLI, Waters (2007) 272 bringt textinterne Gründe für eine aramäische Abfassung des WB in Anschlag: Von Henoch als einem Vorfahren des ‚heimatlosen Aramäers' Jakob (Dtn 26,5) habe man nicht annehmen können, dass er seine Schrift hebräisch abgefasst hätte. Angesichts dessen, dass der Aussagegehalt des WB auf ein breites Publikum abzielt, erachte ich es als unwahrscheinlich, dass allein eine solche Überlegung die Abfassungssprache bestimmt hat.

298 WACKER, Weltordnung (1982) 313.

immer zugetraut, im Wissen um die Souveränität Gottes, um seine bleibende Zusage gegenüber seinen loyalen Geschöpfen und damit den ‚Gerechten' und schließlich im Wissen um die gotteslästerliche Natur alternativer Lebensweisen nun den richtigen Weg zu wählen. Was die Zuordnung der Adressatenschaft zu einer spezifischen Gesellschaftsschicht angeht, urteilt WACKER von ihren Beobachtungen her zu Recht, im WB sei – etwa im Gegensatz zu den späteren Mahnreden (1 Hen 91–105), von einem

> „(…) sozialen Antagonismus noch nichts zu spüren und scheint diese Schrift primär die kulturelle und besonders religiöse Überfremdung bekämpfen zu wollen. Die Gruppe der ‚Gerechten', die die Streitschrift Hen 1–36 las und wohl auch verbreitete, wird daher am ehesten ‚aus dem wachsenden städtischen Kleinbürgertum' und aus anderen Kreisen der jüdäischen [sic] Bevölkerung, die keine akute soziale Not unter der hellenistischen Herrschaft litten, aber auch nicht zur wohlhabenden und einflussreichen (weltlichen und geistlichen) Oberschicht gehörten, bestanden haben. Solche tief in der eigenen Tradition eingewurzelten Kreise, die gleichzeitig Zugang zum Kultur- und Bildungsangebot griechischer Prägung hatten, konnten im theologischen Programm des ‚Buches der Wächter' Orientierung finden."[299]

Dass unter ptolemäischer Herrschaft im 3. Jh. gerade auch in Koilesyrien Militärsiedler, sog. Kleruchen, angesiedelt worden sind, die „griechische Vorstellungen und Techniken in das bäuerliche Milieu hinein[brachten], in dem sie lebten"[300], stützt dieses Bild einer Mittelschicht, die, ob in der Stadt oder auf dem Land, veränderten Einflüssen ausgesetzt war.[301]

---

299 WACKER, Weltordnung (1982) 314. Das Zitat entstammt HENGEL, Judentum (²1973) 102.

300 HÖLBL, Geschichte (1994) 62, wobei er hierzu weiter auf BAGNALL, Administration (1976) 17 verweist. Vgl. zudem AMELING, Art. Kleruchoi (1999); KUHNEN, Palästina (1990) 32–36; HENGEL, Juden (1976) 117f. AMELING erwägt gar, dass Kleruchen systematisch als „Mittel zur Hellenisierung von Ges.[ellschaft] und Landwirtschaft" [ders., Art. Kleruchoi (1999) 600] eingesetzt wurden. Häufig wird in Zusammenhang mit dem Kleruchenwesen in Koilesyrien auf den Zenon-Papyrus P. Cairo Zen. 1, 59003 verwiesen, einen Verkaufsvertrag, der Zenons Kauf eines wahrscheinlich babylonischen Sklavenmädchens in der Ammonitis im Jahr 259 v. Chr. bezeugt. Einige der Zeugen werden dabei als Kleruchen gekennzeichnet. Als Vertragspartner des Zenon erwähnt der Text einen Tobias, dem die Kleruchen unterstehen, was Licht darauf wirft, dass die einheimische Tobiadenfamilie in königlichem Dienst gestanden haben dürfte. Für den Text selbst (griechisch mit französischer Übersetzung), aber auch für eine Auswertung der Zenon-Texte insgesamt in Bezug auf Palästina, s. DURAND, Grecs (1997) 45–55 und passim.

301 Hierbei darf nicht vergessen werden, dass in jener Zeit gerade auch jüdische Leute in der Funktion als Soldaten, als Kauf- oder Handwerksleute mobil waren, was den

Nach WACKER scheint die Verfasser- und die Adressatenschaft gleichgesinnten Kreisen zu entstammen. Obwohl die Zielgruppe auch die Verbreitung des WB gefördert haben dürfte und sich im Laufe der Rezeption vielleicht das Selbstverständnis einer ‚Gruppe der Gerechten' herausgebildet hat, muss die Frage nach der Verfasserschaft meines Erachtens gesondert betrachtet werden. Oben wurde bereits dargelegt, dass es schwierig ist, die Schrift als Entwurf einer Verfasserschaft zu deuten, die die eigene Erbauung im Blick hatte. Näher liegend ist der Gedanke, dass Verfasserschaft und Adressatenschaft in Bezug auf das WB gerade nicht den gleichen Kreisen angehört haben. Doch wem genau ließe sich damit das Interesse zuschreiben, eine breitere Bevölkerungsschicht im Sinne der Botschaft des WB zu beeinflussen?

Es wurde weiter oben bereits dargelegt, dass der Verfasserschaft eine konservative Grundhaltung zugeschrieben werden kann. Zugleich zeichnet sie sich durch eine Offenheit aus, was Erzählstoffe und den Umgang mit herkömmlichen Vorstellungsmustern angeht. Als besonders eigentümlich stellten sich das Weisheitsverständnis und damit zusammenhängend die Vorstellung heraus, dass das Funktionieren des Tun-Ergehen-Zusammenhangs für die gegenwärtige Zeit als nicht garantiert betrachtet wird.[302] Weiter fallen zum einen zweifelsohne die Prominentsetzung der Wächtergeschichte als Auslöser eines fatalen Einbruchs des Bösen in die Welt, zum anderen der ausgeprägte Universalismus ins Auge. Damit verankert das WB die religiösen Ideen eher schöpfungstheologisch als erwählungstheologisch, wodurch sie weniger offensichtlich als der Größe ‚Israel' zugeordnet erscheinen. Solche Eigentümlichkeiten scheinen aus heutiger Sicht die traditionellen Vorstellungen herauszufordern, und es wird gewissermaßen nachvollziehbar, wie daraus die These eines ‚Henochjudentums' als Sondergruppe mit eigener ideologisch-religiöser Färbung entstehen konnte. Dabei darf jedoch nicht übersehen werden, dass die Auffälligkeiten vornehmlich Elemente sind, die dem Anliegen zudienen, die Gegenwart als negative Ära darzustellen. Und es ist letztlich diese Negativfärbung, die im WB den Appell stark macht, sich trotz attraktiv erscheinender Alternativen traditioneller Werte zu besinnen. Für eine Verfasserschaft konservativer Einstellung, die trotz ‚orthodoxer' Inte-

---

Kulturkontakt zusätzlich intensiviert haben dürfte [vgl. hierzu ausführlich HENGEL, Juden (1976) 116–126.154].

302 Vgl. dazu oben unter 5.4.2., aber auch bereits die Ausführungen unter 4.4.2. zu Kap. 24–25. Zum Tun-Ergehen-Zusammenhang im WB s. bereits MÜNCHOW, Ethik (1981) 18.24 und WACKER, Weltordnung (1982) 225–230 (Letztere speziell zur Frage nach der Vorstellung eines über den Tod hinaus wirksamen Tun-Ergehen-Zusammenhangs).

ressen auf „eine moderne integrative Konzeption"[303] abzielt, sprechen aber noch weitere Gründe. So bleibt das Weisheitsverständnis in seinem Kern traditionell und die Vorstellung eines Tun-Ergehen-Zusammenhangs wird nicht preisgegeben. Ferner hat sich gezeigt, dass traditionelle Erzählstoffe auf eine Art und Weise in den Text eingebaut wurden, die darauf verweist, dass sie Teil eines für die Verfasserschaft signifikanten und geschätzten Symbolsystems waren.[304] Doch warum sollte jemand gerade einen solchen Weg gewählt haben, um seine Leserschaft zu erreichen? Der Appellcharakter und der damit verbundene Aussagegehalt legen nahe, die Wahl der auf den ersten Blick befremdlichen literarischen und konzeptionellen Mittel durch das Anliegen der Verfasserschaft gerechtfertigt zu sehen: Galt es gegen attraktivere Optionen der Lebensgestaltung anzugehen, reichte es augenscheinlich nicht mehr, sich in der herkömmlichen, traditionellen Weise an die Adressatenschaft zu richten. Um sie zu bewegen, bot es sich an, sich ungewöhnlicher Mittel zu bedienen. Als Letztes stellt sich die Frage, wem aus welchen Gründen die Zuwendung zu ‚attraktiveren Optionen' problematisch erschienen sein mag. Entstammte die Verfasserschaft Kreisen, deren Status in engem Zusammenhang mit konservativen Wertvorstellungen und traditioneller Lebensführung Bestand hatte und durch die Veränderungen zu schwinden drohte? Wird üblicherweise eine Verfasserschaft als „Kreis um die Henochtradition"[305] imaginiert, weisen die bisherigen Ausführungen also möglicherweise in eine ganz andere Richtung: Hinter dem WB als Versuch, eine etablierte Tradition zu retten, die an Bedeutung zu verlieren droht, könnten sich statt einer ‚Sondergruppe' etablierte Kreise als Initiatoren verbergen, deren hoher Status an die Bewahrung herkömmlicher Denkmuster und Lebensweisen gebunden ist. Ob diese Kreise eher dem religiösen Establishment oder sonstigen aristokratischen Schichten zuzuordnen sind, ist aufgrund der schlechten Quellenlage schwer zu bestimmen. Zugunsten einer Anbindung an religiöse Institutionen kann ins Feld geführt werden, dass die weltliche Aristokratie flexibler gewesen sein dürfte und hoffen konnte, gerade aus den Umwälzungen, die sich unter ptolemäischer Vorherrschaft ergaben, wirtschaftlichen Nutzen zu schlagen.[306]

---

303 ALBERTZ, Religionsgeschichte 2 (1992) 655. Nach ALBERTZ grenzt sich die Verfasserschaft dadurch allerdings gerade deutlich von ihren „konservativen Kollegen in Jerusalem" (ebd. 655f.) ab.

304 Vgl. hierzu die Ausführungen zu 1 Hen 1,4; 10,2–3; 20; 22; 32 unter Kap. 4, speziell aber auch Kap. 5.3.2.

305 So die Formulierung in ALBERTZ, Religionsgeschichte 2 (1992) 656.

306 Zu Administration und Wirtschaftspolitik unter den drei ersten Ptolemäerkönigen, Ptolemäus I. (306/4–283/2), Ptolemäus II. (282–246) und Ptolemäus III. (246–222), s.

Einfacher lässt sich inzwischen die Frage beantworten, die am Ende des letzten Kapitels aufgeworfen worden ist, nämlich wie der Charakterzug des WB auszuwerten ist, jüdische Vorstellungen kursierenden hellenistischen Ideen angleichend einsichtig zu machen. Lässt sich daraus auf ein apologetisches Bemühen gegen außen schließen, oder bleibt der Text auf ein jüdisches Publikum ausgerichtet? Das Textprofil, wie es bisher herausgearbeitet worden ist, weist klar auf eine jüdische Leserschaft als Adressatin hin. Unabhängig der konkreten Bestimmung des Bedeutungsgehalts des WB entspricht dies der vorherrschenden

---

HÖLBL, Geschichte (1994) 57–64, für weitere Literatur zum Thema s. GEHRKE, Geschichte (³2003), speziell 179–182.265–267, aber auch HENGEL, Juden (1976) 35–51. Während DURAND, Grecs (1997) 35f. die wirtschaftliche Situation insbesondere anhand der Zenon-Papyri zu bestimmen versucht, beschreibt KEEL, Geschichte (2007) 1134–1158 die Lage Palästinas und speziell Jerusalems in ptolemäischer Zeit unter starker Berücksichtigung archäologischer Befunde. Wie angemessen es ist, dem ptolemäischen Wirtschaftssystem einen merkantilistischen Zug zuzuschreiben, bleibt umstritten. Trotzdem kann aber gesagt werden, dass unter ptolemäischer Herrschaft, um eine größtmögliche wirtschaftliche Ausbeute zu gewinnen, ein Administrationssystem aufgebaut wurde, bei dem – wer nicht auf der untersten Stufe der sozialen Hierarchie stand – durchaus Gewinn zugestanden bekam, falls effizient genug gewirtschaftet wurde. Dieser Reiz dürfte an der jüdischen Bevölkerung nicht gänzlich abgeprallt sein.

Eine konkrete historische Einbettung lässt sich kaum vornehmen, da aktuell wenig Klares über die Strukturen und den Status religiöser Körperschaften im Palästina des 3. Jh. v. Chr. bekannt ist. Neben Voten für einen relativ eigenständigen Tempelstaat finden sich skeptischere Stimmen, die eher einen Bedeutungsschwund der Priesterschaft postulieren. Gerade die Monographien aus jüngerer Zeit zum Amt des Hohen Priesters zeugen von gegensätzlichen Beurteilungen [vgl. ROOKE, Heirs (2000) vs. VANDERKAM, Joshua (2004)], sodass etwa BRUTTI (nicht nur aufgrund ihrer generellen Zurückhaltung, pointierte Thesen zu äußern) noch am Ende ihrer Monographie die Frage aufwirft: „Is it the case, then, that because of the ideological bias of the sources and the lack of historical sources for the period examined, we cannot in any way reconstruct the history of the Hellenistic high priesthood prior to the Hasmonean period?" [Dies., Development (2006) 305.] In ihren Schlussfolgerungen (ebd. 309–312) konstatiert sie immerhin, dass der Hohe Priester einem wachsenden Einfluss der Klasse der Landbesitzer zusehen musste, aber auch, dass sich eine Ideologie fassen lässt, dem Hohen Priester die Rolle als „guarantor of the people and the Torah" (ebd. 310) zuzuschreiben. Wären einerseits eindeutigere Erkenntnisse zur Rolle des Hohen Priesters wichtig, um den Entstehungskontext des WB genauer zu umreißen, gälte es andererseits, die Strukturen und Aufgabenbereiche unter dem weiteren religiösen Personal genauer vor Augen zu haben. Arbeiten dazu bleiben sehr vage [vgl. GRABBE, Religion (2000) 129–149], wenn sie das 3. Jh. nicht gar gänzlich überspringen und sich direkt der seleukidischen Zeit widmen. SCHAPER, Priester (2000) 305f. ruft die levitischen Kreise und deren Wandel von „Kultusbeamten zweiter Klasse zu Trägern der bedeutendsten religiösen und intellektuellen ,Revolution' im perserzeitlichen Juda" (ebd. 105) in Erinnerung, zu denen sich allenfalls eine Linie ziehen ließe.

Meinung. Dass diese These insbesondere zum Textprofil passt, wie es oben bestimmt worden ist, lässt sich abschließend nochmals anhand dreier Punkte veranschaulichen: Der *erste* Punkt betrifft den Universalismus selbst, der überhaupt erst die Vermutung aufkommen lassen könnte, das WB richte sich auch an ein nichtjüdisches Publikum. Hierbei ist es wichtig zu sehen, dass der universalistische Zug des WB zentrales Element ist, die Souveränität Gottes zu markieren: Er ist und bleibt König der Könige, Urheber und Garant der universalen Ordnung. Auf der einen Seite stärkt dies bei der Leserschaft das Vertrauen in YHWH, autorisiert aber auch das Gesagte. Unterschwellig wird durch die universale Perspektive auf der anderen Seite gerade für jüdische Menschen mit Interesse an einem internationalen religiösphilosophischen Diskurs eine in diesem Sinne zeitgemäße theologische Konzeption geboten. Insgesamt stärkt der universalistische Zug damit einmal mehr die Überzeugungskraft und den Appellcharakter der Schrift: Wer würde sich im Wissen um die Inhalte des WB noch (weiter) wagen wollen, sich gegen diesen Gott zu stellen, ja sich nicht einmal mehr für ihn und seine Gesetze zu interessieren?[307] Der *zweite* Punkt betrifft die israelitisch-jüdischen Erzähltraditionen, auf die das WB trotz universalistischem Horizont, den es aufspannt, zurückgreift.[308] Wie sich beobachten ließ, stärken diese Rückgriffe die Aussagekraft des WB, indem davon ausgegangen wird, dass die Leserschaft die Geschichten kennt und bei der Lektüre mit den Inhalten des WB verbinden kann. Damit aber wird es unwahrscheinlich, dass die Verfasserschaft auf eine Plausibilisierung des Judentums gegen außen abgezielt hätte: Warum hätte sie dieses Material im Wissen darum, dass

---

307 Vgl. hierzu einmal mehr MÜNCHOW: „Ohne die Mosetora als einen zitierten Text aufzunehmen, überliefert die Apokalyptik verschiedene Traditionen, die zum Tun des in der Tora Gebotenen motivieren wollen. Zu dem Bekannten tritt neu hinzu die kosmische Aufweitung des Gesetzesbegriffs, die das Gesetz und die Ordnung des Kosmos mit dem apokalyptischen Weltbild verbindet, so dass es im Unterschied zum weisheitlichen Denken Sünde nun auch im kosmischen Bereich gibt und dass im Unterschied zu stoischen Gedanken das Wissen um Ordnung und Sünde im kosmischen Bereich nicht auf die Physis des Menschen, sondern auf besondere göttliche Offenbarungen zurückzuführen ist." [Ders., Ethik (1981) 40.] Abgesehen von seinem essentialistischen Verständnis von Apokalyptik erachte ich seine Beschreibung als treffend. Schreibt er die Merkmale damit primär der ‚Apokalyptik' zu – das WB wurde komponiert, wie es ist, weil es eine apokalyptische Schrift ist –, hoffe ich, hier eher Motivationen und Intentionen der Verfasserschaft angesprochen zu haben, die das WB in seiner spezifischen Gestalt geprägt haben dürften.

308 Es darf hierbei nicht vergessen werden, dass bereits mit der perserzeitlichen jüdischen Literatur ideell eine Entwicklung hin zu universalen Vorstellungen eingeleitet worden ist. Mit dem WB hat insofern kein eigentlicher ideengeschichtlicher Sprung stattgefunden [vgl. diesbezüglich z. B. GRABBE, History 1 (2004) 359].

die Zielgruppe des Textes nicht viel damit anfangen kann, einbauen sollen? Natürlich könnte erwogen werden, ob eine solche Plausibilisierung nebenbei beabsichtigt war. Falls wir von einer Verfasserschaft ausgehen können, wie sie oben näher umkreist worden ist, liegt es meines Erachtens aber näher, einen plausibilisierenden Effekt erst im Zusammenhang mit der möglichen Wirkung des Textes, aber nicht bereits in Zusammenhang mit der Absicht der Verfasserschaft zu erwägen: Züge, die als apologetisch eingestuft werden könnten, würden sich demnach sekundär als Resultat von Plausibilisierungsbemühungen gegenüber einem jüdischen Publikum erweisen. *Drittens* schließlich lässt sich ein innerjüdischer Fokus gerade mit dem vermittelten Gegenwartsverständnis zusammenbringen. Zwar steht im WB das Problem von Ordnungsbrüchen und der Appell, einen loyalen Lebenswandel dem Schöpfergott und Universalherrscher gegenüber zu führen, auf die gesamte Menschheit bezogen im Zentrum, doch umgekehrt wird die Gegenwart als Ära gezeichnet, in der es die frevelnden Menschen schlicht (noch) gibt. Aus einer jüdischen Perspektive muss damit gar nicht weiter auf das „Problem der Heiden" eingegangen werden. Gemäß WB wird dem Missstand, dass es viele abtrünnige Menschen gibt, letztlich Gott richtend beikommen.

Trotz der Grenzen, denen jede Untersuchung der textpragmatischen Ebene eines antiken Textes ausgesetzt ist, ließen sich bezüglich des WB insgesamt doch einige Befunde festmachen. Wie sich herausstellte, sind sie nicht zuletzt für die nähere Bestimmung von Verfasser- und Adressatenschaft von Bedeutung. Ein starker Appellcharakter allein vermag natürlich noch nicht zu gewährleisten, dass einem Appell gefolgt wird. Immerhin bezeugen die Manuskriptfunde und die Rezeption der ‚henochischen Wächtergeschichte', dass das WB und die Ideen, die es vermittelt, beträchtliche Aufmerksamkeit auf sich zogen.

5.6. Henoch, der Vermittler

Wenn eben von der ‚henochischen Wächtergeschichte' die Rede war, bezog sich ‚henochisch' lediglich darauf, dass sich im entsprechenden Text Henoch als fiktive Figur eingebaut findet, wodurch auch vormals vielleicht unabhängig kursierende Stoffe nun mit Henoch in eine Beziehung gesetzt auftreten. Damit ist nicht gemeint, dass der Text als Zeugnis einer ‚henochischen' Ideologie verstanden wird, die einer konkreten frühjüdischen Bewegung zugeordnet werden könnte. Angesichts der bisherigen Ausführungen erweist sich die These eines solchen ‚Henochjudentums' an gewichtigen Punkten als wenig tragfähig.

Beobachtungen zum Gottesbild und zur Verhältnisbestimmung zwischen Gott und den Geschöpfen im WB vermochten aufzuzeigen, dass die Schrift keine eindeutige Polemik gegenüber gewissen Priesterkreisen artikuliert. Die Untersuchung, wie ‚Wissen' und ‚Weisheit' im WB konzipiert sind, ließ deutlich werden, dass Henoch im WB nicht als Konkurrenzfigur zu Mose inszeniert wird. Auch die These, dass der Inhalt, den Henoch dem Lesepublikum als fiktiver Autor vermittelt, eine ‚Henochweisheit' sei, die einer klar abgrenzbaren Gruppierung alternativ zu einer ‚mosaischen' Form von Weisheit als Fundament gedient habe, stellte sich als fraglich heraus. Ein näherer Blick speziell auf die textpragmatische Dimension des WB bestätigte demgegenüber, dass der Text in narrativem Gewand die Relevanz einer Lebensweise einsichtig zu machen sucht, die als die traditionelle und richtige Lebensweise verstanden und proklamiert wird.

Es scheint insbesondere an drei Eigenheiten des WB zu liegen, die schon mehrmals angesprochen worden sind, dass die Idee eines ‚Henochjudentums' in der heutigen Forschung Anklang findet: *Erstens* rekurriert das WB kaum auf große Namen der israelitischen Erzähltraditionen, die für das 3. Jh. v. Chr. wohl bereits zum zentralen, gesamtjüdischen Traditionsgut gezählt werden dürfen – während Mose gar keine Erwähnung findet, wird selbst über Noach nur als ‚Sohn Lamechs' gesprochen[309]. Mit Henoch wird dagegen ein Vorvater aus urgeschichtlicher Zeit ins Zentrum gerückt, dem in Gen nicht einmal eine eigene Geschichte gewidmet ist, sondern von dem es in Gen 5,21–24 nur knapp und enigmatisch heißt, er sei ‚mit Gott (הָאֱלֹהִים) gegangen' (V. 22.24)[310] und schließlich – im vergleichsweise jungen Alter von 365 Jahren – ‚nicht mehr gewesen' und von Gott genommen worden (V. 24: וְאֵינֶנּוּ כִּי־לָקַח אֹתוֹ אֱלֹהִים/καὶ οὐχ ηὑρίσκετο ὅτι μετέθηκεν αὐτὸν ὁ θεός). *Zweitens* werden diese bekannten Erzähltraditionen, wenn sie überhaupt Erwähnung finden, der im WB hervorgehobenen Stoffe um die Wächterengel zu- und insofern untergeordnet, womit *drittens* auch die konkreten Regeln der Lebensführung, um die es also letztlich gehen sollte, praktisch unerwähnt bleiben. Will man die Kritik am Postulat eines ‚Henochjudentums' ernst nehmen, stellt sich die Frage, wie sich das ‚henochische' Profil des WB beschreiben lässt, ohne die Existenz einer

---

309 Zur Erwähnung bzw. Nichterwähnung Noachs s. bereits 2.1., Anm. 19. Zur Frage nach der Verbreitung und Autorität von Schriften bzw. ihren Inhalten in frühhellenistischer Zeit und dem Verhältnis zwischen Schrift und Kult s. z. B. GRABBE, Religion (2000) 317ff.

310 Die LXX schreibt hier an beiden Stellen εὐηρέστησεν Ενωχ τῷ θεῷ, dass also Henoch Gott ‚gefallen habe'. Diese Formulierung greift z. B. Weish 4,7ff. bei ihrer Anspielung auf Henoch auf.

klar umrissenen Gruppierung hinter dem Text zu bemühen. Einige Überlegungen hierzu sind ebenfalls bereits zur Sprache gekommen, sollen im Folgenden aber nochmals ausdrücklich auf die Henochfigur bezogen entfaltet werden. Nach einem Überblick, wie Henoch im WB inszeniert wird, soll der Frage nachgegangen werden, inwiefern der Rekurs auf Henoch auf eine Verfasserschaft schließen lässt, der den bisherigen Untersuchungen entsprechend ein konservativer Zug eignet. In Bezug auf die Adressatenschaft soll danach erörtert werden, warum dennoch gerade der Henochfigur zugetraut worden ist, Leute anzusprechen, für die das Althergebrachte an Plausibilität zu verlieren drohte.

Zwischen der Perspektive der Verfasser- und der Leserschaft zu unterscheiden trägt dem Spannungsfeld Rechnung, das den Erzählinhalt wie die Erzählform prägt: Um zugunsten des Traditionellen die Attraktivität alternativer Lebensformen und Wertvorstellungen zum Verblassen zu bringen, schien die Verfasserschaft nicht umhin gekommen zu sein, sich unkonventioneller Mittel zu bedienen und sich damit bisweilen selbst anderen Einflüssen auszusetzen. Wie sich herausstellen wird, hat sich speziell die Henochfigur dafür geeignet, Traditionsträger *und* Brückenfigur zu sein.

5.6.1. Henochs Auftritt im Wächterbuch

Es kann davon ausgegangen werden, dass Henoch im Frühjudentum nicht erst durch seine Exponierung im WB Bekanntheit als einer der vorsintflutlichen Stammväter der Menschheit erlangt hat.[311] Welche Erzähltraditionen sich bereits um ihn rankten und wie stark die Kenntnis um diese Traditionen verbreitet war, kann hingegen kaum mehr genau eruiert werden.[312]

---

311 Im WB selbst wird er allerdings an keiner Stelle explizit als Sohn des Jered oder als Vater des Metuschelach angesprochen. Während Metuschelach in 1 Hen 1–36 gänzlich unerwähnt bleibt, ist von Jered immerhin in 1 Hen 6,6 die Rede: Die Freveltat der Wächterengel, sich auf der Erde Frauen zu nehmen, wird dort zeitlich „in den Tagen des Jered" angesetzt (zum entsprechenden Handschriftenbefund s. bereits 2.1., Anm. 9). Jered wird damit interessanterweise gerade in denjenigen Kapiteln genannt, in denen Henoch nicht vorkommt (1 Hen 6–11). Oben unter Kap. 3 wurde bereits darauf hingewiesen, dass v. a. die Präsentation der Schrift als Segensrede an spätere Generationen einen genealogischen Bezug zwischen Henoch und denjenigen, an die er seine Segensrede richtet, herstellt.

312 Mit der Erforschung der Herkunft der Henochtraditionen und insofern mit der ‚Vorgeschichte' von Henoch haben sich in jüngerer Zeit insbesondere VANDERKAM und KVANVIG beschäftigt. Vgl. VANDERKAM, Growth (1984), Enoch (1995), KVANVIG,

Obschon sich Vergleiche mit Topoi und Figuren verschiedener mesopotamischer Texte aufdrängen, gelten die Notizen von Gen 5 als das älteste heute noch
bekannte schriftliche Zeugnis für Erzähltraditionen explizit um Henoch.[313]
Neben der Tatsache, dass Henoch genealogisch als siebter Abkömmling Adams
eingeordnet wird, als Sohn des Jered und als Vater des Metuschelach, werden
in Gen 5,21–24, wie oben bereits angesprochen, zwei Aspekte hervorgehoben,
sein Alter und ein gewisses Sonderverhältnis zu האלהים (V. 22.24) bzw. אלהים
(V. 24). Dass sein Alter exakt 365 Jahre betragen haben soll – 365 Tage dauert
ein Sonnenjahr –, verweist darauf, dass die Henochfigur mit astronomischem
Wissen in Verbindung gebracht wurde. Die Angaben, er sei mit האלהים gegangen und Gott habe ihn genommen, lassen darauf schließen, dass Henoch eine
spezielle Beziehung zu Gott und allenfalls sogar ein spezielles Wissen um Gottes Plan oder Ordnung nachgesagt werden konnte.[314] Falls die Notizen als
kurze Verweise auf Bekanntes ausgewertet und der Priesterschrift zugeschrieben werden dürfen, würde dies heißen, dass bereits in der Perserzeit Erzählungen um Henoch – schriftlich oder mündlich – im Umlauf waren.[315] Falls Henoch in solchen Erzählungen zudem Sonderwissen zugeschrieben worden ist,
dürfte wohl – obwohl sich Gen 5 ganz darüber ausschweigt – auch bereits seine
Rolle als Schreiber bekannt gewesen sein: Wie sonst hätte sein Wissen der
Nachwelt besser überliefert werden können als über Aufzeichnungen dieses
Wissens?[316]

Roots (1988). Siehe dort auch die Diskussion älterer Forschungsarbeiten. Eine gute
Zusammenschau bietet des Weiteren BERGER, Art. Henoch (1988).

313 Für eine Diskussion um die Verhältnisbestimmung zwischen Gen 4,17 und Gen
     5,21ff. s. VANDERKAM, Growth (1984) 23ff. und KVANVIG, Roots (1988) 40–53. Die jü-
     dische bzw. jüdisch-christliche Traditionsbildung um Henoch mit der Verarbeitung
     von ähnlichen Stoffen in nicht-jüdischen Quellen vergleichend, konstatiert BERGER
     im Übrigen eine gegenläufige Entwicklung: „Während es sich (…) im weiteren reli-
     gionsgeschichtlichen Umfeld um Anwendung eines Arsenals von Topoi (in wech-
     selnder Auswahl) auf verschiedene Gestalten handelt, zeigt sich innerhalb des Ju-
     dentums u. des (Juden-)Christentums für die H.figur der entgegengesetzte Vorgang:
     Der eine u. einzige Autoritätsträger wird Haftpunkt verschiedenartigster Traditio-
     nen, die von Bauernregeln bis zur Mystik, von der Paränese bis zur Thematik des
     Antichrist reichen (vgl. schon Jub. 4)." [BERGER, Art. Henoch (1988) 476.]

314 Vgl. zu diesen beiden Aspekten speziell KVANVIG, Roots (1988) 43–53. Er macht
     denn auch darauf aufmerksam, dass die LXX für das ‚Gehen mit האלהים' in ihrer
     Formulierung eine metaphorische Bedeutung postuliert hat, während z. B. Jub ein
     wörtliches Verständnis bezeugt, bei dem sich האלהים zudem auf Engelwesen bezieht
     und nicht auf Gott (nur in der Notiz, dass Gott Henoch genommen habe, spricht MT
     denn auch von אלהים ohne Artikel).

315 ROWLAND, Enoch (²1999) 301 will ‚Henochspekulationen' bereits in exilischer Zeit als
     „well established" wissen.

316 Anders als das WB enthält dann Jub ausdrücklich praktische Überlegungen hinsicht-
     lich der Wissenstradierung. Henochs Wissen konnte dort dank Noach der nach-
     sintflutlichen Nachwelt übermittelt werden. Dieser konnte, wenn er das Wissen an

Als prominentestes Zeugnis für die Verbindung von Henoch mit der Astronomie gilt das Astronomische Buch. Diese Schrift wird auch meist als die älteste Henochschrift gehandelt, deren Ursprünge bis ins 5./4. Jh. v. Chr. reichen könnten.[317] Allerdings dürfen hierbei zwei Dinge nicht übersehen werden: Falls bereits Gen 5,23 als Anspielung auf das Astronomische Buch interpretiert wird, bleibt es schwierig, die Altersangabe von 365 Jahren direkt mit dem Astronomischen Buch in Verbindung zu bringen. Im Astronomischen Buch wird schließlich eine Jahresdauer von 364 Tagen postuliert.[318] Weiter muss bezüglich der in Qumran gefundenen Handschriften, die dem Astronomischen Buch zugeordnet werden, eingeräumt werden, dass deren Fragmente an keiner Stelle Henoch erwähnen. Lässt sich aus 4Q209, einer Handschrift, die um die Zeitenwende herum geschrieben worden ist, immerhin ein literarisches Setting ablesen, bei dem sich ein Vater an seinen Sohn wendet (4Q209 Frg. 26 6), beziehen sich die restlichen Fragmente nicht einmal auf einen solchen Erzählrahmen.[319] Die ältesten bis heute bekannten Texte, die Henoch explizit mit Astronomie in Verbindung bringen, bleiben einerseits Pseudo-Eupolemos, der

---

seine Söhne weitergab, auf die Überlieferung von Vater zu Sohn Bezug nehmen: „Denn so hat geboten Henoch, der Vater eures Vaters Methusala, seinem Sohn, und Methusala Lamech, seinem Sohn. Und Lamech gebot mir alles, was ihm seine Väter geboten hatten." [Jub 7,38; Übersetzung nach BERGER, Jubiläen (1981).] Das falsche Wissen wurde in vorsintflutlicher Zeit auf Felsen eingeritzt, womit es durch die Flut nicht ausgelöscht wurde. So konnte es dem Enkel von Sem, Kainam, wieder begegnen: „Und er fand eine Schrift, die die Früheren auf einem Felsen eingeritzt hatten. Und er las, was darin war, und übertrug es und irrte aufgrund ihrer, wie denn die Lehre der Wächter in ihr war, durch die sie sahen die Wahrsagekunst von Sonne und Mond und Sternen und in allen Zeichen des Himmels." (Jub 8,3)

317 Vgl. MILIK, Books (1976) 8. Oft wird allerdings vorsichtiger schlicht formuliert, dass das Astronomische Buch spätestens in das 3. Jh. v. Chr. zu datieren sei. Vgl. detaillierter zur Datierungsfrage VANDERKAM, Growth (1984) 79ff., KVANVIG, Roots (1988) 80ff., ALBANI, Astronomie (1994) 41. Zur Publikation der Qumranfragmente, die dem Astronomischen Buch zugeordnet werden, s. MILIK, Books (1976) 273–297 und TIGCHELAAR/GARCÍA MARTÍNEZ, 4QAstronomical Enoch[a-b] ar (2000).

318 Vgl. hierzu bereits kritisch GREENFIELD/STONE, Books (1979) 93 und sodann KVANVIG, Roots (1988), der in deutlichen Worten formuliert: „If the number 365 implies an astronomical connection or traditions, it cannot be excluded that the traditions were in written form. What can be excluded is that the number 365 refers to those calculations which we find in the Astronomical Book." (Ebd. 81.)

319 KNIBB ist einer der wenigen, der gerade bezüglich der ältesten Handschrift (4Q208, Ende 3. Jh./Anfang 2. Jh. v. Chr.), die einen den Sonnen- und Mondlauf synchronisierenden und daher ‚synchronistisch' genannten Kalender bezeugt, offen Zweifel daran äußert, ob „the Synchronistic Calendar originally had any connection at all with the figure of Enoch and with the Enochic corpus." [Ders., Book (2007) 21f.; vgl. ebenfalls TIGCHELAAR, Remarks (2002) 145; bei der jüngsten Publikation des Textes in DJD 36 verweisen TIGCHELAAR und GARCÍA MARTÍNEZ immerhin zaghaft auf diese Möglichkeit, vgl. TIGCHELAAR/GARCÍA MARTÍNEZ, 4QAstronomical Enoch[a-b] ar (2000) 95.105.]

bereits um 200 v. Chr. herum abgefasst worden sein könnte, andererseits das Jubiläenbuch, das sich ins 2. Jh. v. Chr. datieren lässt.[320] Schließlich findet sich, wie weiter oben bereits mehrfach bemerkt, auch im WB (1 Hen 33) eine kurze Anspielung auf Henochs astronomisches Wissen bzw. darauf, wie er zu diesem Wissen gekommen ist. Doch wie wir dort ebenso gesehen haben, weisen mehrere Indizien darauf hin, dass es sich bei dieser Passage um einen späteren Zusatz handeln dürfte.

Aus heutiger Sicht noch schwieriger zu beantworten ist die Frage, wann und wie genau Henoch ursprünglich mit Stoffen der Wächtergeschichte verbunden worden ist.[321] Über Spekulationen zur Vorgeschichte des WB kommt man z. Z. kaum hinaus,[322] was umgekehrt die Möglichkeit offen lässt, dass das WB selbst als erste Schrift diese Verbindung geschaffen hat. Texte aus dem 2. Jh. v. Chr., wie etwa Jub, müssen bereits als Schriften bewertet werden, welche die WB-Inhalte rezipiert haben.[323] Als vom WB abhängig wird zudem das Buch der Riesen bewertet, von dem zahlreiche Fragmente in Qumran gefunden worden sind.[324] Diese Schrift ist nicht nur interessant, weil sie Erzähltraditio-

---

320 Vgl. VANDERKAM, Growth (1984) 84–87 (Pseudo-Eupolemos) und 179–188 (Jub); ders., Enoch (1995) 108–121; KVANVIG, Roots (1988) 111–118 (Pseudo-Eupolemos) und 126–147 (Jub). Bei Pseudo-Eupolemos wird Henoch als Entdecker der Astrologie erwähnt und mit der Figur des Atlas aus der griechischen Mythologie identifiziert. Zudem wird sein Sohn Metuschelach erwähnt. In Jub steht über ihn u. a. geschrieben: „Und er schrieb die Zeichen des Himmels nach der Ordnung ihrer Monate in ein Buch, damit die Menschenkinder die Zeit der Jahre wüssten nach ihrer Ordnung je nach ihren Monaten." [Jub 4,17; Übersetzung nach BERGER, Jubiläen (1981).] Für eine Untersuchung der Pseudo-Eupolemos-Passage speziell in Bezug auf Erzähltraditionen um die Wächterengel und insofern in Kontrast zum WB und zum Buch der Giganten (s. u.), vgl. STUCKENBRUCK, Giants (1997) 32ff.; Origins (2004).

321 Dass Texte wie 1Q19 (hebräisch) Stoffe der Wächtergeschichte speziell an die Figur Noachs zu binden scheinen, werfen ein ähnliches Problem für die historische Einordnung dieser Verknüpfung von Traditionen auf. Wurde 1Q19 als Zeugnis eines ‚Noachbuchs' insbesondere beeinflusst durch Arbeiten von MILIK [vgl. ders., Livre (1955)] und DIMANT [vgl. dies., Angels (1971)] ein hohes Alter zugeschrieben und damit gar postuliert, ein solches habe der Verfasserschaft des WB als Vorlage gedient – BEYER, Texte (1984) 229f. erwägt gar, dass 1Q19 ein ursprünglich hebräisches Henochbuch aus dem 3. Jh. v. Chr. bezeuge – interpretieren jüngere Arbeiten 1Q19 eher als unabhängiges Werk, das als Teil einer auch in anderen Schriften bezeugten, spezifischen Auslegetradition um Gen 5,28–29; 6,1–4 verstanden werden muss [vgl. in diese Richtung z. B. FELDMAN, 1Q19 (2009)].

322 Vgl. hierzu bereits das Einleitungskapitel mit seinen Ausführungen zu den wichtigsten Textwachstumshypothesen.

323 Vgl. Jub 4,22, wo über Henoch berichtet wird: „Und er bezeugte den Wächtern, welche sündigten mit den Töchtern der Menschen. Denn jene fingen an, sich zu vereinigen, so dass sie sich verunreinigten mit den Töchtern der Menschen. Und es bezeugt Henoch in betreff ihrer aller."

324 Dem Buch der Riesen zugehörige Handschriften wurden in vier verschiedenen Höhlen gefunden (Höhle 1, 2, 4 und 6). Die Texte finden sich ediert und kommen-

nen um Henoch und die Wächtergeschichte durch ihre Rezeption im Manichäismus zu großer Verbreitung verhalf. Anders als z. B. Jub bleibt sie auf die
Wächtergeschichte und damit auf die urgeschichtliche Ära konzentriert,
schreibt Henoch dabei nun aber nicht wie im WB eine zentrale Rolle gegenüber
den Wächtern zu, sondern vorwiegend gegenüber deren Kindern, den Riesen:[325] Im Laufe der Erzählung wird Henoch von Mahawai, einem dieser Riesen, konsultiert und tritt sodann als Deuter von Träumen in Aktion, die an die
Riesen ergangen sind. Es sind sodann die Tafeln mit den Trauminterpretationen, welche die Unheilsansagen gegen Wächter und Riesen enthalten. Henoch
wird von den Riesen seiner Funktion entsprechend ‚Schreiber der Interpretation'/ספר פרשא genannt.[326] Anders als beim WB dürfte es sich zudem nicht um
eine pseudepigraphische Schrift handeln: Keine der überlieferten Stellen besagt, dass es Henoch sei, aus dessen Mund oder Feder die Schrift stamme.[327]

Das WB selbst inszeniert Henoch in folgender Weise: In 1 Hen 1 wird er
als Vorvater präsentiert, der mit seiner Rede die Nachfahren einer
kommenden Ära zu segnen beabsichtigt (V. 1–2). Schon in den Erzelternerzählungen in Gen finden sich in Segensreden Zukunftsvorhersagen eingewoben, was eine gewisse Sehergabe der segnenden Personen
impliziert.[328] In 1 Hen 1 wird demgegenüber explizit erwähnt, dass
Henoch durch Gott Visionen erhalten habe, die er dank der Hilfe von
Engeln verstehen konnte (V. 2). Als Segensrede betitelt und mit Henoch
als Vorvater im Zentrum, erscheint die gesamte Schrift letztlich also

---

tiert in STUCKENBRUCK, Giants (1997). Für eine Edition von 4Q203, 4Q206 2–3, 1Q23–
24, 2Q26 und 6Q8 ebenfalls durch STUCKENBRUCK s. ders., 4QEnochGiantsª ar (2000)
(inklusive Photographien). Zur Frage, ob die Schrift als vom WB abhängig zu gelten
habe oder nicht, vgl. ders., Giants (1997) 24ff. Für einen Vergleich zwischen WB,
Pseudo-Eupolemos-Passage und dem Buch der Riesen s. ebd. 37ff.

325 Vgl. STUCKENBRUCK, Mythology (2003) speziell zur Erwägung, dass man sich der
Fokussierung auf die Riesen u. a. als Mittel bediente, gegen gewisse nichtjüdische
Traditionen zu polemisieren.

326 Die Bezeichnung tritt in 4Q203 Frg. 8 4, in 4Q530 ii 14 und, hier allerdings nur rekonstruiert, in 4Q530 ii 22 und 4Q206 Frg. 2 2 auf. Vgl. die Diskussion des Ausdrucks in STUCKENBRUCK, Giants (1997) 118f.

327 Vgl. hierzu detailliert ebd. 25f.

328 Vgl. hierzu KOLENKOW, Genre (1975). KOLENKOW verweist speziell auf Gen 27,27–29
(Isaak segnet Jakob); 49 (Jakob segnet seine Söhne) und Dtn 33 (Mose segnet die בני
ישראל) und merkt an, dass „[i]t is assumed that these patriarchs will be able to make
such forecasts; there is no basis of authority given." (Ebd. 59.) Schon oben in Kap. 3
wurde darauf hingewiesen, dass beim WB das typische Setting einer Abschiedsrede
trotz großer Ähnlichkeit zum Literaturtyp, den KOLENKOW als ‚blessing-revelation
testament' beschreibt, letztlich fehlt, da die Situation Henochs unspezifisch bleibt: Es
wird z. B. nicht gesagt, dass er bald definitiv entrückt werden würde, was bei Henoch einer Sterbesituation entsprechen würde, und auch Metuschelach als direkter
Nachfahre bleibt unerwähnt.

unmissverständlich als Rede, die göttliche Offenbarungen vermittelt. Obwohl die Rede dadurch einen prophetischen Charakter erhält, wird Henoch nicht in Konkurrenz zu den (aus seiner Sicht) späteren Propheten Israels gestellt. Dass als Adressat der Segensrede nicht Metuschelach als Sohn Henochs genannt wird, wie es bei einer klassischen Segensrede zu erwarten gewesen wäre, sondern eine ferne Generation, lässt die Leserschaft die Offenbarungen als Botschaft verstehen, die sie selbst und ihre Zeitgenossen und Zeitgenossinnen betrifft. Was in Kap. 1 weiter auffällt, ist der Verweis, dass Henoch gerecht sei, ein Attribut, das in Gen auf die urgeschichtliche Zeit bezogen nur Noach derart explizit zugeschrieben wird (Gen 6,9; 7,1). Anhand von 1 Hen 12ff. lassen sich weitere Züge Henochs erfassen: Zum einen wird hier seine Entrückung thematisiert. Es wird erklärt, dass Henoch, Gott segnend/lobpreisend, unter den Engeln gelebt habe (12,1–3). Zum anderen wird ihm erstmals explizit die Schreiberrolle attribuiert, einerseits als Selbstbezeichnung (V. 3), andererseits als Titel, mit dem ihn die Engel anreden (V. 4), wobei ihn Letztere gar als ,Schreiber der Gerechtigkeit' anrufen. Ob sich ,Gerechtigkeit' hier erneut auf Henochs Charakter (Henoch als gerechter Schreiber) oder auf die Inhalte des Geschriebenen bezieht – nicht zuletzt liest er den Wächtern ab Kap. 14 das ספר מלי [ואוכחות] קושט[א vor, das ,Buch der Worte der Wahrheit/Gerechtigkeit und des Tadels' –, lässt sich kaum entscheiden; beides ist möglich. Auch anhand von 15,1 lässt sich die Bezeichnung nicht präzisieren. Gott redet hier Henoch gleich kombiniert als ,gerechten Mann und Schreiber der Gerechtigkeit' an. Es könnte damit sogar erwogen werden, dass die Unschärfe beabsichtigt ist.[329] Im WB bleibt Henochs Rolle als Schreiber stark an seine Rolle als Mittlerfigur gebunden. Als Vermittler aufzutreten, scheint insgesamt die primäre Funktion zu sein, die ihm im WB zugeschrieben wird: Das WB als große Segensrede vor Augen, fungiert er in positivem Sinne als Künder für die ferne Generation. In der Rolle, die ihm im Rahmen der verschachtelt präsentierten Wächtergeschichte zukommt, fungiert er dagegen als derjenige, der den Wächterengeln die Botschaft ihrer endgültige Verurteilung überbringt. Das Schreiben scheint sich sodann auf die Botschaften selbst zu beschränken, die er schriftlich abgefasst übermittelt. Explizit gemacht wird dies in Bezug auf die Bittschrift der Wächter und die Antwort Gottes darauf (13,6–7; 14,1ff.). Die Botschaften liest er dabei je laut vor. Aber auch das WB insgesamt lässt sich in seiner schriftlichen Form als

---

329 Vgl. die Diskussion bei NICKELSBURG, Commentary (2001) 270. Während NICKELSBURG den Ausdruck ,Schreiber der Gerechtigkeit' in 12,4 mit ,righteous scribe' übersetzt, wählt er für 15,1 in Anlehnung an den Titel der Schrift, die Henoch rezitiert, die Übersetzung ,scribe of truth'.

ordentlich abgefasste Botschaft von Seiten Gottes an die Menschen
verstehen, nur dass Henoch sie nicht persönlich rezitieren kann, da er
ja nicht mehr unter den Menschen weilt. Aus besagtem Befund zeigt
sich, dass Henochs Botschaften gemäß WB durchwegs situative Relevanz besitzen.[330] Es geht nicht – oder zumindest nicht nur – um ein
Übermitteln allgemeingültigen Wissens, sondern primär um Botschaften, die der oder die Absender in einer bestimmten Situation vermittelt
wissen wollen. Zentral bleibt, dass Henoch bei jedem im WB erwähnten Vermittlungsvorgang letztlich als Botschafter Gottes gegenüber
Wesen wirkt, die an die irdische Sphäre gebunden sind.[331] Wie die Engel im WB als himmlisches Dienstpersonal Gottes gezeichnet werden,
reiht sich Henoch damit ebenfalls in den königlich-göttlichen Beamtenapparat ein.[332] Wohl nicht nur in Kontrast zu den abtrünnigen Wächterengeln wird Henoch in allen Belangen als loyaler und gewissenhaf-
ter Diener Gottes dargestellt – wie es sich für einen Boten gehört,
notiert er schließlich auch sorgfältig die Petition der Wächter (13,6), um
sie Gott korrekt zukommen lassen zu können.[333] Unabhängig von seinen konkreten Aufträgen führt er damit zugleich beispielhaft vor, in
welcher Haltung man als Mensch Gott zu begegnen hat. In diesem
Zusammenhang sind schließlich die Doxologien wichtig, die Henoch in
den Mund gelegt werden (22,14; 25,7; 27,5; 36,4). Als irdisches Wesen,
dem Einblicke in die kosmischen Strukturen gewährt werden, reagiert

---

330 Einzige Ausnahme scheint wiederum der Verweis auf das astronomische Wissen zu
sein, welches in 1 Hen 33 erwähnt wird. Besagte Passage bringt Henoch als Schreiber
mit einem schriftlichen Korpus allgemeinen Wissens in Verbindung (wobei von VV.
3–4 her unklar bleibt, ob nun auf Henoch oder auf Uriel oder auf beide als Schreiber
verwiesen wird). Vgl. zur Sonderstellung von Kap. 33 bereits weiter oben.

331 Zu den Wächterengeln vgl. 13,5, wo erklärt wird, dass sie sich als Folge ihrer Tat
nicht mehr in der himmlischen Sphäre zu bewegen vermögen.

332 Vgl. zu einer solchen Einordnung in Anlehnung an HANDY, Host (1994) bereits Exkurs 3, Anm. 85.

333 In Zusammenhang mit der These, die Wächterengel würden bestimmte Kreise von
Priestern repräsentieren, kam bereits oben unter 5.2. (Exkurs 3) die Passage 1 Hen
15,2 zur Sprache. Gerade die Inszenierung Henochs als dienstbarem Botschafter und
Schreiber treibt meines Erachtens die vorwurfsvolle Nuance dieser spöttischen Aussage Gottes, die Henoch den Wächtern überbringen soll, auf die Spitze. So wird
nicht alleine auf die Wesensverkehrung Bezug genommen, die speziell das Vergehen impliziert, sich Frauen genommen zu haben. Auf einer sehr allgemeinen Ebene
klingt an, dass es im Grunde ebenso undenkbar für Engel sein sollte, Gottes Ordnung zu übertreten, wie es eigentlich undenkbar wäre, dass Gott einen Menschen
bemühen müsste, um sich die Bitte von Engeln vortragen zu lassen. Dass Henoch als
Mensch in diese Botschafterrolle schlüpfen musste und diese Aufgabe dann auch
vorbildlich ausführte, veranschaulicht umso mehr die Absurdität der Situation, welche die Engel zu verantworten haben.

Henoch exakt mit der laut WB gebotenen Ehrfurcht dem Schöpfer aller
wunderbaren Werke gegenüber.

5.6.2. Henoch als Traditionsfigur

Hält man sich vor Augen, wie Henoch im WB inszeniert wird, lässt er
sich als Figur wahrnehmen, die Ideale verkörpert, welche für das 3. Jh.
v. Chr. durchaus als gemeinjüdisch bezeichnet werden können. Damit
ist kein Anlass zur Schlussfolgerung gegeben, die Verfasserschaft habe
sich nur schon durch den Rekurs auf ihn gegen eine bestimmte religiöse Tradition gerichtet. Die folgenden Punkte unterstreichen, dass Henoch als Traditionsfigur ausgestaltet wurde:

1. Henoch wird als Mensch gezeichnet, der demütig im Dienste Gottes
steht und Gott ehrfürchtig als Schöpfer und Herrn des Universums
anerkennt und lobt. Dass ihm anderen Menschen gegenüber die besondere Rolle eines Mittlers zwischen himmlischer und irdischer Sphäre zukommt, lässt ihn weder verzagen noch selbstherrlich werden.[334] Er
tut, was Gott ihm zugedacht hat. Allen überirdischen Erfahrungen zum
Trotz bleibt er vom Gesamtbild her bescheiden urgeschichtlicher Vorvater, der sich um seine Nachfahren kümmert und ihnen seinen Segen
schenkt.

2. Trotz seines einmaligen Schicksals und seiner einmaligen Erfahrungen wird Henoch durch diese Charakterisierung für die Leserschaft als
Vorbild dargestellt – allerdings nicht etwa als Vorbild in Bezug auf
mystische Entrückungspraktiken,[335] sondern als Vorbild in seiner Ein-

---

334 In diesem Sinne könnte Henoch sogar als Kontrastfigur zu einzelnen Protagonisten
der Schriftprophetie, die mit ihrem Schicksal als Propheten Gottes ins Hadern kommen, oder gar der Figur eines Ijob erscheinen. Gegen eine bewusste solche Gegenüberstellung spricht, dass das WB Henoch an keiner Stelle in der Rolle etwa eines
verfolgten Propheten oder noch genereller in der Rolle eines ‚leidenden Gerechten'
darstellt, der mit einem schweren Schicksal geschlagen ist und sein gottgefälliges
Verhalten angesichts konkreter Herausforderungen unter Beweis stellen müsste.
Und wie wir gesehen haben, geht es schließlich auch auf pragmatischer Ebene nicht
darum, an die Standhaftigkeit des Lesepublikums angesichts einer aktuellen existen-
tiellen Bedrohung zu appellieren. Henochs bescheidener, gottesfürchtiger Charakter
erinnert dagegen deutlich an Ideale, wie sie insbesondere in der Weisheitsliteratur
für einzelne Individuen gepriesen werden (vgl. Spr 11,2; 16,5.18f.; 18,12; 29,23; Sir
3,17f.; 16, 25; 32,10).

335 Vgl. in die gleiche Richtung REED, Ascent (2004); Angels (2005) 68f. (s. insbes. 69
Anm. 47 für Hinweise auf Autoren und Autorinnen, die den Verfasserkreisen solche
mystischen Praktiken zuschreiben wollen).

stellung Gott und seinem Werk gegenüber.[336] Henoch erscheint im WB auch noch nicht als Erhöhter in einem solchen Sinne, dass er für die Menschheit – vielleicht gar transformiert in ein himmlisches Wesen – eine bleibende Rolle spielen würde. Es ist seine schon in ferner Vorzeit abgefasste Botschaft, die für die Leserschaft Relevanz beansprucht. Erst mit Rollen, die ihm in jüngeren Texten zugeschrieben werden, kommt seiner Figur bleibende Bedeutung im Rahmen des Weltgeschehens zu. Wie es 2 Hen 22 bezeugt, konnte dies sogar dahin führen, Henoch als Gestalt zu imaginieren, die in eine himmlische Gestalt transformiert worden ist. Im WB stehen solchen Verschiebungen gegenüber noch klar Henochs vorväterliche Vorbild- und Botenfunktion im Vordergrund.[337]

---

336 Wenn MÜNCHOW schreibt, dass in 1 Hen „Henoch als Vorbild ethischer Korrektheit kaum in den Blick" komme [ders., Ethik (1981) 42], ebnet er das Profil der Einzelschriften von 1 Hen zugunsten von generellen Aussagen über 1 Hen eindeutig zu stark ein.

337 Die Entwicklung hin zu einer Erhöhung Henochs scheint mir v. a. mit dem Ausbau seiner Rolle in Bezug auf das angekündigte Gericht Gottes zusammenzuhängen. Wirkt Henoch im WB, noch primär im Rahmen der Wächtergeschichte und dabei speziell gegenüber der Wächterengel, als Künder des Gerichts, erscheint er im Buch der Traumvisionen und in der Epistel Henochs immer mehr als Figur, der ganz generell die Menschheitsgeschichte und das Gericht Gottes an Geschöpfen, die gefrevelt haben, vor Augen geführt worden ist. Er bleibt dabei aber Beobachter und Künder dessen, was ihm offenbart worden ist. Bezüglich des Gerichtsprozesses selbst wird ihm an keiner Stelle eine aktive Rolle zugeschrieben. Durch die Tiervision kann er lediglich noch über seine Zuteilung zu den Gerechten, die vor dem Gericht verschont bleiben, berichten. Ziemlich anders wird Henochs Rolle in Jub gezeichnet: Hier bekommt er in Bezug auf den Gerichtsprozess eine aktive Rolle zugeschrieben. In Jub 4,23 heißt es entsprechend: „Und wir [die Engel] führten ihn in den Garten Eden zu Größe und Ehre. Und siehe, er schreibt dort das Gericht und das Urteil der Welt und alle Bosheit der Menschenkinder." Hier fungiert er also sozusagen als Gerichtsschreiber, der das Handeln aller Menschen registriert. Als Schreiber beim Gericht tritt er sodann z. B. auch im Testament Abrahams auf, allerdings nur in dessen Rezension B (Kap. 11). Ihm wird dort Abel als zweiter menschlicher Protagonist beim Gericht an die Seite gestellt. Die Schrift betont, dass Gott die Urteile fällt. Dass explizit gesagt wird, Henoch habe diese Aufgabe abgelehnt, könnte KOLENKOWs These stützen, die Schrift thematisiere insbesondere die „sin of ‚wanting to destroy sinners'" [vgl. dies., Genre (1976) 143]. Innerhalb der Schriften, die zu 1 Hen zusammengefasst worden sind, kommt Henoch eine aktive Rolle beim Gericht einzig – und damit überraschend – im Buch der Bilderreden zu, wo Henoch gar mit der Figur des Menschensohns, der von Gott als Richter eingesetzt wird, identifiziert wird (1 Hen 71). Da das Testament Abrahams wohl eine jüngere Schrift ist als das Buch der Bilderreden und vielleicht auch bereits das Schriftgut von 2 Hen kannte, bleibt JANSSENs Urteil erwägenswert, im Testament Abrahams sei „eine gewisse Kritik an der Henochtradition zu spüren, denn er ist nur Schreiber" [ders., Testament (1975) 235]. Den älteren Henochschriften gegenüber wäre die Kritik allerdings ins Leere gelaufen. BERGER, Art. Henoch (1988) 499 spricht JANSSEN gegenüber neutraler von ei-

3. Als urgeschichtlicher Vorvater bleibt Henoch eingereiht in den genealogischen Rahmen, den Gen 5 vorgibt. Dass das WB als pseudepigraphische Schrift gerade ihn als Autor und Protagonist beansprucht, darf dabei nicht missverstanden werden. Wie es zu simpel wäre, das WB primär als Auslegung bestimmter Genesis-Passagen zu lesen, kann der Verfasserschaft nicht einfach zugeschrieben werden, auf eine Figur aus der Frühzeit rekurriert zu haben, um ihren ‚unerhörten Offenbarungsanspruch' zu autorisieren.[338] Der kurze Abriss oben hinsichtlich der Henochtraditionen hat gezeigt, dass es in Bezug auf das WB adäquater ist, statt von Auslegung erst einmal zurückhaltender von der Aufnahme, Kombination und Weiterführung bekannter Erzähltraditionen zu reden.[339] Zu solchen Erzähltraditionen gehören Stoffe über Henoch, über himmlische Wesen, die sich mit irdischen Frauen vermischt haben, über eine schlimme Verwüstung der Erde in urgeschichtlicher Zeit, aber z. B. auch über Engel, welche Gott treu und in hohem Rang dienen (vgl. 1 Hen 9–11). Aus grundsätzlich Bekanntem wurde mit dem WB sodann eine bedeutungsvolle Synthese geschaffen – um von urgeschichtlichen Stoffen her die Identität Israels und die Relevanz der Gesetze Israels zu reflektieren. Obwohl die Verfasserschaft auf unterschiedlichste Traditionen zurückgreift, auch auf solche, die in Genesis nicht bezeugt sind, bleibt es auffällig, dass das WB als Auslegung gewisser Genesispassagen verstanden werden *kann*:[340] Die Schrift füllt

---

ner „Ent-Eschatologisierung" der Funktion Henochs, die sich im Testament Abrahams manifestiere.

338 Vgl. HENGEL, Judentum (³1988) 373.

339 MAIER weist zu Recht darauf hin, dass es durchaus von einer immer stärkeren Verquickung mit Auslegungsprozessen auszugehen gilt. Gegen eine vorschnelle Interpretation von Schriften nur als Ausdeutungen und Erweiterungen biblischer Texte – und dies mag eine Schrift noch des 3. Jh. v. Chr. in besonderem Maß betreffen – schreibt er: „Sicher hat es diese Prozesse gegeben, doch sie waren kaum der Ausgangspunkt, aber im Lauf der Zeit, mit dem ansteigenden Gewicht der schriftlichen Offenbarungstraditionen, verquickten sich die Ausläufer der alten Bildungstraditionen mit Ausdeutungen biblischer Texte immer mehr." [Ders., Testamente (1990) 115.]

340 Für Arbeiten, die das WB daraufhin untersuchen, inwieweit es den Genesistext auslegt, vgl. u. a. ALEXANDER, Son (1998) 91–93; DIMANT, Fragment (2002); STUCKENBRUCK, Angels (2000); Origins (2004) 99–104; VANDERKAM, Interpretation (2001); WRIGHT, Origin (2005). Die Untersuchungen beschränken sich dabei meist auf die Verhältnisbestimmung von Gen 6,1–4 und die ‚unhenochische' Passage 1 Hen 6–8(11). Die Position, die MILIK in prominenter Weise vertreten hat, dass es eine umgekehrte Verhältnisbestimmung zwischen Genesistext und der Wächtergeschichte zu postulieren gelte, wird kaum mehr ernsthaft erwogen [vgl. aber z. B. WITTE, Urgeschichte (1998) 293f.]. Für Literaturangaben zu beiden Positionen s. KVANVIG, Laws (2007) 154 Anm. 58. In jüngster Zeit bekommt MILIKs These aller-

erzählerische Leerstellen aus – so insbesondere bezüglich der Notizen über Henoch – und schafft Kohärenz insofern, als sie Stoffe, die in Genesis unverbunden nebeneinander stehen – so die biographischen Angaben über Henoch und die Erzählung über die בני־האלהים, die sich Menschenfrauen genommen haben (Gen 6,1–4) – miteinander verknüpft. Dass nicht wie in Genesis erst Noachs Gerechtigkeit betont wird, sondern bereits Henoch als exemplarischer Mensch dargestellt wird, kann darüber hinaus als moralische Aufwertung der Seth-Linie verstanden werden: Dass bereits von Noachs Urgroßvater her eine genealogische Linie exemplarischer Gerechter bis zur Überbrückung der Flutkatastrophe gezogen werden kann, lässt eine mögliche Weiterführung dieser genealogischen Linie gerade auch in die andere Richtung, bis in ferne Zeiten und damit in die Gegenwart der Leser und Leserinnen hinein, plastischer werden. Indem gewisse Stoffe ins Zentrum, andere in den Hintergrund gerückt werden, ergeben sich im WB deutliche Gewichtsverschiebungen gegenüber der Schilderung der Urgeschichte in Genesis. Hält man sich das Gesamtbild vor Augen, kann man sich jedoch selbst angesichts solcher Gewichtsverschiebungen kaum des Eindrucks erwehren, dass der Genesistext und damit ein Text der Tora als autoritativer Rahmen gewählt wurde.[341]

4. Vom oben erfassten Profil Henochs her lassen sich keinerlei direkte Indizien dafür ablesen, dass der Fokus des WB auf urgeschichtliche Stoffe und speziell auf die Henochfigur gewählt worden wäre, um gegen zentrale Repräsentanten der späteren Geschichte Israels – darunter insbesondere Mose – zu polemisieren. Generell wird erwägt, dass das narrative Setting die Nichterwähnung israelitischer Leitfiguren erklären könnte. In der Tat erzählt das WB von urgeschichtlichen Ereignis-

---

dings dank der These des ‚Enochic Judaism' wieder Aufwind. So vermutet BEDEN-
BENDER, dass „without the important role the story of the fallen angels played within
Enochic thinking, there would have been no reason to integrate Gen. 6:1–4 into the
text of Genesis at all." [Ders., Traces (2002) 46; vgl. in die gleiche Richtung auch DA-
VIES, Enoch (2006).] Auch die Henochnotizen in Gen 5 betrachtet BEDENBENDER als
polemische Reaktion auf die Tradition einer Erhöhung Henochs, die dann im WB
manifestiert geworden sei [vgl. speziell BEDENBENDER, Traces (2002); Place (2007)
72–74]. Von einigen Autoren und Autorinnen wird inzwischen erwogen, keine direkte Abhängigkeit zu postulieren. So vermutet z. B. GRABBE, dass „both 1 Enoch
and Genesis are independent reflections of an earlier myth about fallen angels"
[ders., Law (2006) 321; vgl. in eine ähnliche Richtung HORSLEY, Scribes (2007) 241f.
Anm. 26; FRÖHLICH, Texts (2008) 58]. Angesichts dessen, dass sowohl Gen 6,1–4 als
auch 1 Hen 6–11 noch nicht mit Henochstoffen verbunden sind, erachte ich die letzt-
genannte Position als die erwägenswerteste.

341 In diesem Sinne gewichten die Vertreter eines ‚Enochic Judaism' gerade den Ein-
     bruch des Bösen, wie er im WB geschildert wird, zu isoliert von der Gesamtaussage
     des Textes.

sen und blickt von dort vorwiegend in Bezug auf die involvierten Figuren und Kollektive in die Zukunft. Hierzu gehören die Haupttäter der Verfehlungen gegenüber Gott, aber auch die geschädigte Menschheit als kollektive Größe. Zumindest in Kap. 6–36 andere Figuren einzubeziehen, hätte ein anachronistisches Bild ergeben. Ergänzend muss der pseudepigraphische Charakter der Schrift bedacht werden. Die Komplexität der Anordnung von Gattungs- und Erzählelementen und die daraus resultierenden rhetorischen Effekte lassen darauf schließen, dass es der Verfasserschaft, wenn sie Henoch als Pseudonym gewählt hat, um mehr als einfach die Wahl einer Figur aus der Frühzeit gegangen ist, um den Inhalten und der Botschaft der Schrift Autorität zu verleihen. Wenn VAN DER TOORN vom Phänomen der Pseudonymität als „the strategy of an author who wishes to optimize the chances of a favorable reception of his work"[342] spricht, erfasst er den Zweck meines Erachtens in einem weiteren und damit adäquateren Sinn. Bei dieser Umschreibung kommt jedoch noch immer zu wenig zum Ausdruck, dass der Nimbus jeder Figur und damit ihr Potential, sich mit bestimmten Erzähltraditionen zu verbinden, bei der Wahl eine wichtige Rolle gespielt haben dürfte – in unserem Fall ließ sich nun eben Henoch in bedeutungsvoller Weise mit der Wächtergeschichte verknüpfen. Hält man sich dies vor Augen, besteht meines Erachtens kaum mehr Erklärungsbedarf, warum im konkreten Fall nicht an Mose angeknüpft wurde: Ergab bereits der Rekurs auf andere Figuren und Erzählstoffe ein erfolgversprechendes Setting für einen bestimmten Zweck ab, dürfte kein Bedürfnis bestanden haben, noch andere Figuren einzubeziehen. Was diesen bestimmten Zweck angeht, lässt sich das WB gemäß den bisherigen Untersuchungen als umfassender Aufruf zum Festhalten oder zur Rückkehr zu einem traditionellen Lebenswandel angesichts von Alternativen verstehen, die zwar attraktiv erscheinen mögen, denen aber in Anknüpfung an die Wächtergeschichte eine schlechte, gotteslästerliche Qualität zugeschrieben werden kann. Soll eine polemische Ausrichtung festgemacht werden, gälte es sie als Polemik gegenüber Einflüssen zu bestimmen, die aus Sicht der Verfasserschaft die jüdische Bevölkerung vom Herkömmlichen als dem Traditionellen, dem Wahren/Gerechten und somit auch dem Segensvollen abzubringen droht. Sucht man im Text nach Indizien für eine Verhältnisbestimmung demjenigen gegenüber, was gemeinhin als ‚mosaisch' bezeichnet wird, finden sich statt negative durchwegs positive Bezüge. Nicht nur wird Henoch als Figur benutzt, welche die Relevanz eines Judentums herausstreicht, wie es sich in persischer Zeit um die mosaische Tora als

---

342 VAN DER TOORN, Culture (2007) 36.

Angelpunkt formiert hat.[343] Als entscheidend hat sich zudem die explizite Bezugnahme auf den Sinai (1 Hen 1,4) erwiesen, an die in der Folge auch 1 Hen 18,8 und 24–25 anknüpfen. Wer dem WB eine anti- oder zumindest unmosaische Tendenz zuschreiben will, sieht sich dazu gezwungen, die Bezugnahme als späteren Zusatz zu interpretieren.[344] Wie eingangs der Arbeit ausgeführt, spricht jedoch erstens wenig dafür, die Einleitungskapitel bei einer Gesamtinterpretation des WB unbeachtet zu lassen. Zweitens konnte oben aufgezeigt werden, dass die Bezugnahme derart bedeutungsgeladen ist, dass die Exodusgeschichte inklusive der Geschichte um die Gesetzgebung am Sinai gewissermaßen als unsichtbarer Kern erscheint, um den herum sich das WB entfaltet.[345] Ein weiterer positiver Bezug ließ sich schließlich in Zusammenhang mit dem Status festmachen, den die Offenbarungen Henochs beanspruchen. Hier stellte sich heraus, dass Henoch der Leserschaft vom Gesamtkontext her ‚rettendes Sonderwissen‘ und damit keine ‚Alternativweisheit‘ etwa gegenüber einer ‚mosaischen Weisheit‘ vermittelt.[346] Henochs Aussagen verweisen auf das traditionelle Wissen als das eigentliche rettende Wissen und streichen in protegierendem Sinne dessen Relevanz heraus. Zusätzlich zu all diesen Beobachtungen könnte vielleicht sogar in Betracht gezogen werden, dass es statt einer polemischen Einstellung gerade die Hochachtung der großen religiösen Leitfiguren war, welche die Wahl des urgeschichtlichen Erzählsettings mitbestimmt hat, welches Figuren wie Abraham, Jakob, Mose oder David vom Plot her ausklammert.[347] Ein solches Setting bot die Gelegenheit, nicht diese Gestalten selbst für aktualisierende Stoffbearbeitungen beanspruchen zu müssen, sondern dafür bescheidener auf Nebenfiguren zurückgreifen zu können. Eine Figur wie Henoch bot denn auch erzählerisch mehr Leerstellen zum Füllen, wodurch der ‚fromme Schwindel‘, der einem pseudepigraphischen Werk grundsätzlich angelastet werden kann, nicht allzu offensichtlich vorgenommen werden musste.[348] Ob von der Nichterwähnung auf eine Achtungsbezeugung

---

343 Damit fasse ich ‚Judentum‘ durchaus als Größe auf, die in sich eine Vielfalt von Ideen und Praxen umfassen konnte, schließe mich jedoch nicht der Folgerung von BOCCACCINI an, dass solche ‚Judaisms‘ damit notwendigerweise ein „set of parallel systems in competition" [ders., Roots (2002) 14] bilden würden.

344 So z. B. BEDENBENDER, der die These einer ‚Mosaisierung‘ des ‚Henochjudentums‘ entwickelt hat. Vgl. dazu bereits die Diskussion oben unter 5.4.1.

345 Vgl. zum Bedeutungsgehalt ebenfalls bereits oben unter 5.4.1., aber auch die Ausführungen zu 1 Hen 1,4 unter 4.1.

346 Vgl. detaillierter dazu oben unter Kap. 5.4.2.

347 Vgl. hierzu bereits oben Kap. 5.4.1.

348 „The fraud may have been pious, but a fraud it was", kommentiert etwa VAN DER TOORN, Culture (2007) 34 die Tat der anonymen Verfasser des Deuteronomiums,

geschlossen werden kann oder nicht, wird kaum näher bestimmt werden können. Erwägenswerter ist demgegenüber die These, dass der Nichterwähnung zentraler Figuren eine pragmatische Überlegung zugrunde liegt. Wie sich oben herausstellte, wurde im WB erzählerisch zu eigentümlichen Mitteln gegriffen, um die Appellfunktion wirksam zu gestalten. Diese Mittel lassen sich insofern als drastisch bezeichnen, als damit z. T. konzeptionelle Spannungen gerade gegenüber dem Inhalt von Schriften, deren Relevanz herausgestellt werden soll, in Kauf genommen worden sind (vgl. z. B. die spezifische Weisheitskonzeption). Wenn es um die Deutung und Gewichtung konzeptioneller Eigenheiten des WB geht, muss beachtet werden, dass die Verfasserschaft darauf bedacht gewesen sein dürfte, die konzeptionellen Spannungen nicht in den Vordergrund zu stellen. Wird von Seiten des WB nicht versucht, mehr als ein Minimum an konkreten Bezügen zum übrigen israelitischen Schriftgut zu schaffen, kann dies als Bemühen darum gewertet werden, Spannungen nicht unnötigerweise zu betonen. Beließ man die konkreten Erzähltraditionen relativ unverbunden, konnten Inkohärenzen weniger auffallen.[349]

5.6.3. Die Brückenfunktion Henochs

Die bisherigen Ausführungen verdeutlichen, dass Henoch im WB in sehr vielschichtiger Weise als Botschaftsträger fungiert. Eben stand das Verhältnis zu Traditionen im Zentrum, von denen postuliert werden kann, dass sie für die Abfassungszeit des WB bereits mit besonderer Autorität behaftet waren. Hier nun geht es um die Frage, inwiefern ein Rekurs auf Henoch als passend gerade in Hinblick auf eine Adressatenschaft erschienen sein mag, deren Interesse an der eigenen Tradition aus Sicht der Verfasserschaft am Verblassen war und wieder geweckt werden sollte.[350]

Als Erstes fällt auf, dass das WB die gesamte Menschheit in positivem Grundton anspricht, da Henoch als dessen fiktiver Verfasser und die Schrift als Segensrede präsentiert wird. Der Verfasserschaft kam zugute, dass der Geschichte Israels bereits innerhalb der israelitisch-

---

kultische Reformen im Gewand göttlicher Offenbarungen an Mose zu präsentieren, und verweist – um das Risiko eines solchen ‚Schwindels' zu veranschaulichen – auf Jer 8,8–9 als Kritik an einem solchen Vorgehen (ebd. 35).

349 Vgl. in eine solche Richtung die Überlegungen von HIMMELFARB und REED zu 1 Hen 32 und dem Verhältnis dieser Passage zu Gen 2–3 (s. dazu bereits 4.4.2., Anm. 110).

350 Die Frage betrifft Punkte, die z. T. bereits unter 5.5. zur Sprache kamen. Einige davon werden in diesem Abschnitt deshalb nicht mehr erwähnt.

jüdischen Tradition Angaben über die Anfänge der Menschheit vorangestellt worden sind. Es sind darüber hinaus Angaben, die sich bis zu einem gewissen Grad mit Angaben über die Anfänge der Menschheit in Quellen außerhalb des antiken Palästina vergleichen lassen – was in Bezug auf die Geschichte Israels deutlich weniger der Fall ist. Mit Henoch wurde damit eine Figur als fiktiver Verfasser und Protagonist gewählt, die es ermöglichte, in einer kulturübergreifenden Diskussion über die Anfänge der Menschheit prinzipiell mitzuhalten. Unter diesem Blickwinkel erscheinen die Wahl Henochs und dessen konkrete Inszenierung als Mittel, unter den Adressaten und Adressatinnen überhaupt die Bereitschaft zu wecken, hinzuhören, was in der Schrift gesagt wird. Über diese grundsätzliche Beobachtung hinaus lässt sich detaillierter fassen, inwiefern sich für Henoch zugespitzt formuliert die Rolle eines ‚untraditionellen Retters der Traditionen‘ anerboten haben dürfte. Falls tatsächlich hingehört worden ist, dürfte es zum einen überzeugend gewirkt haben, die Relevanz der israelitisch-jüdischen Traditionen durch eine als unisraelitisch wahrnehmbare, urzeitliche Figur bestätigt zu bekommen. Das jüdische Selbstbewusstsein stärkend suggeriert der Text damit, dass sich die eigenen Traditionen sogar ‚von außen‘ als die wahren Traditionen erkennen und wertschätzen lassen. Letztlich wird Henoch dann aber doch nicht in dieser Außenrolle belassen: Dass sich Henoch als Figur zeichnen ließ, die bereits als urzeitliche Gestalt ein gerechtes/gutes Leben führen und sich in den Dienst der Verbreitung eines gerechten Lebenswandels stellen konnte, geht zum anderen mit der Sichtweise des WB einher, dass der Lebenswandel, dessen Relevanz im Zentrum steht, der göttlichen Schöpfungsordnung für die Menschen entspricht. Das Gesetz Israels wird damit in eine quasi-naturrechtliche Konzeption eingebunden.[351] Besaß man Kenntnis von zeitgenössischen populärphilosophischen Diskursen und übten solche Diskurse Faszination aus, mochte diese aus damaliger jüdischer Sicht noch eher unkonventionelle Gesetzeskonzeption, die im WB durch Henoch bezeugt wird, attraktiv erscheinen. Im WB geht sie mit einem klar konturierten Gottesbild einher, das Henoch durch seine Botschaften vermittelt: Gott wird als souveräner universaler Herrscher, als Urheber und Garant der universalen Ordnung dargestellt, ein Bild, das in hellenistischer Zeit auch den zentralen Gottheiten anderer Religionen zugeschrieben worden ist.[352] Obschon das Bild von YHWH sowohl als Schöpfergott wie als König nicht neu ist – verbunden finden sich die zwei Bilder z. B. in Ps 93 –, wird damit im WB Israelitisch-

---

351 Siehe hierzu bereits oben unter 5.4.2.
352 Zum Gottesbild des WB vgl. bereits oben unter 5.1.

Jüdisches in einem Gewand präsentiert, das durch Zuspitzung und Ausblendung anderer Aspekte kosmopolitisch wirkt. Durch seine eigentümliche Art, als große Segensrede Henochs verschiedene Erzählstoffe aufzugreifen und miteinander zu verknüpfen, lässt sich das WB umgekehrt als narrative Entfaltung gerade solcher israelitisch-jüdischer Konzeptionen verstehen, wie sie sich in Ps 93 finden. Damit werden Konzeptionen narrativ entfaltet, die in den klassischen Erzähltexten eher im Hintergrund bleiben. Ranken sich die klassischen israelitischen Erzählstoffe primär um das Bild YHWHs als Gott seines erwählten Volkes, vermittelt das WB über Henoch ein Gesamtbild, das die universale Rolle YHWHs über die urgeschichtlichen Anfänge hinaus für die gesamte Menschheitsgeschichte betont. Das universale Setting verbindet sich im WB jedoch noch mit weiteren Konzeptionen und wirkt damit integrativ-vermittelnd. So greift das WB geographisch die Idee von Jerusalem als dem Mittelpunkt der Welt auf (1 Hen 26–27), präsentiert aber auch den Sinai als Stätte mit zentraler Bedeutung für die gesamte Menschheit. Wird damit Ortslagen, die innerhalb der israelitisch-jüdischen Tradition eine große Relevanz besitzen, eine universale Bedeutung zugesprochen, scheint die Verfasserschaft des WB in Bezug auf die Region um den Hermon (vgl. 1 Hen 6,6; 13,7–9) die Möglichkeit wahrgenommen zu haben, auch das Umgekehrte zu tun, nämlich eine jedenfalls zur Abfassungszeit fremdgeprägte Region gewissermaßen jüdisch zu vereinnahmen.[353] Einerseits mag die Lokalisierung der Niederkunft der Wächter, aber auch der Inkubation Henochs und des Ortes der Verkündigung der definitiven Verurteilung der Wächter explizit in der Region um den Hermon daher rühren, dass die Gegend bereits mit Erzähltraditionen um die Wächtergeschichte in Verbindung gebracht worden ist. Andererseits verwundert die Einbindung des Hermon kaum, wenn bedacht wird, dass die Gegend schon lange vor der hellenistischen Zeit als numinos umwobene Gegend bekannt war, wobei sich das Numinose über die Jahrhunderte hinweg an unterschiedliche Mythen, Gottheiten und religiöse Praktiken knüpfen ließ.[354] Das WB bindet die Region durch die explizite Bezugnahme definitiv in einen ‚jüdischen Kosmos' ein, wobei sie in doppeltem Sinne negativ konnotiert wird und damit keinesfalls als „positive Gegeninstanz zum

---

353 Im 3. Jh. v. Chr. befand sich in dieser Gegend unter einem starken phönizischen Einfluss und war nicht unwichtig in Bezug auf den Verlauf der Handelswege. Zum archäologischen Befund und zur Entwicklung Galiläas in hellenistischer Zeit vgl. FREYNE, Studies (2007); MORELAND, Inhabitants (2007); ZWICKEL, Valley (2007). Vgl. ferner SUTER, Galilee (2003) 173–177.

354 Vgl. hierzu den Exkurs *Sacred Geography in 1 Enoch 6–16* in NICKELSBURG, Commentary (2001) 238–247.

verderbten Tempel von Jerusalem"[355] gezeichnet wird. Einerseits ist es der Hermon, auf den die Wächterengel herabgestiegen sind, um ihre Übeltaten auszuführen. Damit entsteht das Bild, dass das Unheilvolle dieser Taten sozusagen vom Hermon aus auf die ganze Welt übergegriffen hat. Indem Henoch zu den Wächterengeln geschickt wird und ihnen dort nach seiner visionären Reise vor Gott und seiner kosmischen Reise mit den Engeln auch die Antwort auf die Petition vorzutragen hat, repräsentiert die Gegend um den Hermon andererseits den Ort, an dem Gottes Tadel und seine definitive Verurteilung die Wächterengel trifft. Das WB stellt damit u. a. klar, dass Gott auch über diese Region, die sowohl aus einer gegenwärtigen politischen als auch aus einer mythologischen Perspektive in den Händen anderer Mächte zu liegen scheint, die eigentliche Macht besitzt. Beschließt der Gott Israels, der eigentliche Weltenherrscher, aufzutreten und einzugreifen, werden Gegenmächte – die Wächterengel veranschaulichen es in Kap. 13 – zu einem erbärmlichen Häufchen Elend.[356] Selbst in der Schilderung von Henochs Inkubation (13,7) lässt sich in dieser Hinsicht eine polemische Spitze erkennen: Gerade bei Dan durch Inkubation direkt vor den

---

355 So BEDENBENDER, Gott (2000) 190.

356 In diesem Sinne schließe ich mich HORSLEY an, der das Vorgehen kritisiert, von den im WB genannten Ortsnamen auf eine Lokalisierung seiner Verfasserkreise im Norden zu schließen. Auch aus seiner Sicht handelt es sich bei den Ortslagen um „legendary locations of communication between the human and divine world in Israelite-Judean cultural tradition as well as other cultures." [Ders., Scribes (2007) 242.] Siehe in diese Richtung bereits ESHEL/ESHEL, Midrash (2002) und ESHEL/ESHEL, Separating (2003), deren engere Argumentation eine Datierung der Ortsangaben jedoch erst in die Zeit der hasmonäischen Expansionsmaßnahmen um 100 v. Chr. zulassen würde, was nicht zu überzeugen vermag.

Prominenter Vertreter einer Lokalisierung der Verfasserschaft im Norden ist NICKELSBURG [vgl. ders., Enoch (1981), Commentary (2001) 65.231], vgl. aber bereits DIX, Pentateuch (1926) 32. SUTER versucht, NICKELSBURGs Position zu modifizieren [vgl. SUTER, Galilee (2003); Mapping (2003)]. Er arbeitet noch detaillierter als NICKELSBURG heraus, dass die Passage 1 Hen 6–16 unterschiedliche Anklänge an die syro-phönizische Kultur der hellenistischen Zeit aufweist. Statt jedoch diese in polemisierender Weise zu deuten, wie es in dieser Arbeit vorgeschlagen wird, möchte er die Anspielungen als Hinweis auf jüdische Kreise verstanden wissen, die selbst von dieser syrisch-phönizischen Kultur geprägt waren. BOCCACCINIs These eines ‚Enochic Judaism' aufgreifend, erachtet er es sogar als denkbar, dass solche gegen das zadokidische Priestertum Jerusalems gerichteten Kreise mit Unterstützung der ptolemäischen Verwaltung ein Heiligtum in Dan unterhalten haben. Während SUTERs Ausführungen zur syrisch-phönizischen Kultur der ptolemäischen Zeit tendenziell überzeugen, verkennt er bei seinen Schlussfolgerungen den rhetorischen Charakter des WB. Insbesondere bleibt es offen, wie die deutlich negative Konnotierung der Gegend eine Gegenüberstellung stützen soll, bei der diese Jerusalem gegenüber in einem positiven Licht erscheint.

himmlischen Thron des jüdischen Gottes zu gelangen, dürfte die in
jener Gegend angesiedelten (Fremd-)Kulte kühn in Frage gestellt haben. Diejenigen, die an die Größe des israelitisch-jüdischen Gottes nicht
mehr so recht glauben konnten, mochte die Kühnheit des Anspruchs
umgekehrt beeindruckt haben.

5.6.4. Fazit

Zusammenfassend kann gesagt werden, dass Henoch im WB auf eine
eigentümliche Art inszeniert bleibt, obwohl auf ihn als Traditionsfigur
zurückgegriffen wird. Nur dadurch scheint es jedoch möglich gewesen
zu sein, die vielschichtigen Brückenfunktionen auf ihn zu übertragen,
die den Anliegen der Verfasserschaft zudienten. Auch auf die singulären Züge verweist allerdings bereits die Tradition: Gen 5 präsentiert
Henoch als urgeschichtlichen Vorvater mit auffälligen Eigenheiten
verglichen mit den anderen Vorvätern. Nicht zuletzt diese Eigenheiten
mögen die Möglichkeit eröffnet haben, Henoch problemlos nicht nur
an die Erzähltraditionen der Wächtergeschichte anzubinden, deren
Spuren sich in Gen 6,1–4 finden. Sie erlaubten es auch, ihn in ein ange-
lologisches Setting einzubinden, wie es sich im Laufe der Zuspitzung
des Monotheismus zu entwickeln begann, wobei den Taten der Engelwesen nun sogar weltgeschichtliche Bedeutung zugeschrieben werden
konnte.

Henoch erscheint demnach als Figur, die sich in besonderem Maß
anerboten hat, Angelpunkt für unterschiedliche traditionelle Stoffe und
Konzeptionen zu werden – auch für solche, die etwa den Genesis-
Inhalten nicht direkt entsprechen. Wollte sie gegen einen gewissen
Verdruss gegenüber Traditionellem angehen, bot es sich für die Verfasserschaft an, sich über diese Inhalte hinaus zu wagen. Spannungen, die
sich dadurch ergeben konnten, wichen sie weitgehend aus, indem sie
gewisse Dinge ausblendeten oder aber unterschiedliche Stoffe kontex-
tuell derart stark aufeinander hin bezogen präsentierten, dass Verbin-
dendes in den Vordergrund rückte. Daraus wiederum lässt sich fol-
gern, dass die Stoffverschränkungen einem integrativ-vermittelnden
Anliegen entsprungen sein dürften. Eine polemische Spitze erkennt
man hinsichtlich der geographischen Lokalisierung der Niederkunft
der Wächterengel auf die Erde und hinsichtlich des Ortes, an dem die
Engel ihre Verurteilung durch Henoch entgegenzunehmen haben. Die
Polemik richtet sich dabei nicht gegen bestimmte innerjüdische Traditionsstränge, sondern gegen eine Region mit starker numinoser Aus-

strahlung, die einer phönizisch-hellenistischen Dominanz ausgesetzt
war.

Wie ließe sich nun aber eben angemessen auf den Punkt bringen,
was das ‚Henochische' am WB ist? Die Auffälligkeiten, die zu Beginn
des Kapitels genannt worden sind, gehören zweifellos dazu, fügen sich
aber problemlos ins Gesamtbild ein, dass es beim WB im Wesentlichen
um den Ruf nach einer Rückbesinnung auf das Althergebrachte und
die dazugehörige Lebensweise geht. COLLINS stellt in einer seiner Arbeiten fest, die Henochfigur erscheine als „an answer to the heroes for
whom the Babylonians claimed great wisdom and revelatory
power"[357]. Die dargelegten Beobachtungen lassen meines Erachtens
den Schluss zu, dass Henoch im WB bereits viel mehr als eine Antwort
auf babylonische Helden geworden ist. Er fungiert im WB als Figur, die
in vielschichtiger Weise auf Ansprüche von außen zu antworten erlaubt – aber dies nicht in apologetischem Sinne gegen außen, sondern
als Plausibilisierungsstrategie gegen innen.

---

357 COLLINS, Imagination (²1998) 46f.

6. Synthese

Im Mittelpunkt dieser Arbeit stand die Aufgabe, das WB aus einer religionshistorischen Perspektive als eigenständige Schrift auf seinen Aussagegehalt und sein theologisches Profil hin zu untersuchen. Der forschungsgeschichtliche Abriss hat gezeigt, dass zum WB zwar schon viel geforscht worden ist, dass jedoch dem literarischen Charakter des WB in seiner Endform bisher kaum ausreichend Beachtung geschenkt worden ist. In diesem Schlusskapitel sollen die Ergebnisse der Untersuchung rekapituliert und der Versuch unternommen werden, ein Gesamtbild zu skizzieren. Nicht zuletzt wird auf die Eingangsfrage zurückzukommen sein, wer aus welchen Motiven heraus daran interessiert gewesen sein könnte, die Welt als eine ‚Welt im Ausnahmezustand' zu präsentieren.

6.1. Das Wächterbuch als literarische Größe

Es zeigte sich, dass das WB trotz unterschiedlicher Formen, die es verwendet und auf eigentümliche Weise ineinander verschachtelt, eine Schrift ist, die es erlaubt, entlang ihres Aufbaus, ihrer Stoffe, Themen und deren Verarbeitung einen intendierten Sinnbildungsprozess zu erkennen. Als zentrale Passage erwiesen sich die Einleitungskapitel, die den Verständnishorizont für den als Erzählung gestalteten Hauptteil abgeben. Sie schlagen einen Bogen zur Leserschaft (vgl. insbesondere 1,2; 2–5) und signalisieren damit, dass der Hauptteil nicht nur eine unterhaltsame Story sein will, sondern Relevanz für die ‚gegenwärtige Generation' beansprucht. Thematisch rücken die Kapitel den Kontrast zwischen einer frevelhaften und einer gerechten Lebensweise ins Zentrum, wobei eine gerechte und somit richtige Lebensweise sehr allgemein als das Befolgen von Gottes Ordnung, eine falsche Lebensweise als das Missachten der Ordnung bestimmt wird (Kap. 2–5). Es wird verheißen, dass Gott auf dem Sinai erscheinen wird, um die Frevler zu richten. Der Verweis auf Gott als ‚Herr des Sinai', aber auch 1,8 und Kap. 5 deuten an, dass das Richten als rettender Akt für die Gerechten gedacht ist: Gott wird es ermöglichen, dass die Welt wieder ein Ort sein wird, an dem ein gesegnetes Leben geführt werden kann.

Der Hauptteil kann formal als eigenständige Erzähleinheit betrachtet werden, die aus einer Exposition (6,1–7,2), einer Komplikation (7,3–8,4) und einer Resolution (9–13,3) besteht, wobei diese Resolution in Frage gestellt wird (13,4–10), jedoch eine abschließende Bestätigung erhält (14–36). Bei näherem Hinsehen wird indessen deutlich, dass die Erzähleinheit inhaltlich an die Einleitung anknüpft und ihre Aussagen narrativ entfaltet. Durch die Erzählung von den Wächterengeln, ihren Taten und ihrem Schicksal wird der Leserschaft dargelegt, dass und inwiefern sich die Welt gegenwärtig in einem Ausnahmezustand befindet. Die Erzählung bestimmt gutes und schlechtes Tun erneut als das Respektieren bzw. Missachten der Ordnung Gottes. Durch das große Gewicht, das der Ankündigung eines unheilvollen Schicksals an die Wächterengel beigemessen wird (9–36), wird wie in der Einleitung unterstrichen, dass es wichtig ist, ein gutes Leben zu führen, also Gott und seine Ordnung zu respektieren und Gott damit nicht zuletzt als Schöpfer eines wunderbaren Universums zu erkennen und zu segnen (vgl. 36,4).

Bereits dieser kurze Durchgang verdeutlicht, was oben unter Kap. 5.5. bezüglich der Textfunktion detaillierter diskutiert worden ist: Das WB besitzt einen starken Appellcharakter, dem insbesondere Beachtung zu schenken ist, wenn nach der Absicht gefragt wird, die die Verfasserschaft mit der Schrift verfolgte. Die Untersuchung ergab, dass das WB nicht voraussetzt, dass die Adressaten und Adressatinnen die Gegenwart als Krisenzeit wahrnehmen. Es verwendet viel Mühe darauf, eine solche Wahrnehmung zu evozieren, was nach sich zieht, dass die Wertvorstellungen der Leserschaft in Frage gestellt werden. Das WB warnt insofern davor, sich Verlockungen der gegenwärtigen Zeit hinzugeben, durch die man die Ordnung Gottes aus den Augen verliert und sich gegen Gott stellt. Die Inszenierung von Gott als machtvollem, souveränem Herrscher, aber auch als Schöpfer eines perfekten Universums, lässt die Option absurd wirken, sich gegen ihn zu stellen.

Hinsichtlich der Geschichtskonzeption des WB zeigte sich ferner, dass es für eine angemessene Deutung des WB wichtig ist, den linearen Geschichtsverlauf ausreichend zu gewichten. Es ist ein Geschichtsverlauf, der keine Parallelsetzung der Gegenwart mit der Zeit akuter Not direkt vor der Flut zulässt. Die Gegenwart zeichnet sich durch eine eher latente Präsenz des Bösen aus. Eine Urzeit-Endzeit-Typologie, wie sie in der Sekundärliteratur oft postuliert wird, lässt sich damit nicht ausmachen, obschon es möglich ist, dass eine Grundschrift eingearbeitet worden ist, die eine solche enthalten hat (vgl. oben unter 5.3.2. und unter 5.5.).

Was formkritische Überlegungen angeht, wurde in Kap. 3 vorgeschlagen, der Überschrift des WB zu folgen und das WB als Segensrede zu bezeichnen. Die singuläre Struktur des WB ließ es erforderlich erscheinen, die Gattungsfrage im engeren Sinne offen zu lassen. Auf literarischer Ebene wird bereits durch diese Überschrift die Verheißungskompetenz Henochs und die Seriosität des Inhalts unterstrichen. Zudem spricht der Text damit die Leserschaft als (ferne) Nachkommenschaft Henochs an, was von einem Bemühen zeugt, sie von der ersten Zeile an und über die Einleitungskapitel hinaus in die Inhalte zu involvieren. Angesichts dessen, dass die Einleitung (1–5) und der Hauptteil (6–36) durch die Überschrift zusammengehalten werden, aber auch angesichts dessen, dass die Abschnitte auf inhaltlicher und textpragmatischer Ebene starke Parallelen aufweisen, kann rückblickend erwogen werden, statt von einer Einleitung und einem Hauptteil von einer zweifach entfalteten Segensrede zu sprechen. Ist von einer Einleitung und einem Hauptteil die Rede, weckt dies den Eindruck, es fehle ein Schlussteil. Der Textdurchgang hat jedoch gezeigt, dass vom Sinnbildungsprozess her kein solcher Schlussteil nötig ist. Das WB findet mit der Schlussdoxologie Henochs (36,4) einen starken Abschluss.[1] Vom WB als einer zweifach entfalteten Segensrede zu sprechen, rückt demgegenüber besser ins Blickfeld, dass die zwei Abschnitte eine stark aufeinander bezogene Einheit bilden.

Der Befund, dass auf die Überschrift nicht einfach eine Rede Henochs folgt, die der fernen Generation ein konkretes Schicksal verheißt, lässt schließlich danach fragen, inwiefern die Worte Henochs in ihrer zweifachen Entfaltung tatsächlich als Segensworte verstanden werden können. In dieser Hinsicht ist es erneut wichtig, den starken Appellcharakter des WB vor Augen zu haben. Somit wird offenkundig, dass der Text nicht nur den Segen bzw. Verheißungen allein, sondern in starkem Maße die Bedingung des Segens ins Zentrum stellt. Um dies zu tun, legt er starkes Gewicht darauf, zu illustrieren, wie das segensvolle Dasein verspielt werden kann (vgl. 1,9; 5,4 und schließlich die Wächtergeschichte selbst). Auffällig bleibt, dass die Bedingung sehr allgemein gefasst bleibt: Man soll Gott als Schöpfer und wahren Herrscher (an-)

---

1 Selbst wenn man davon ausgehen würde, dass das WB mit der ersten Reiseschilderung geendet hat, ließe sich der Hinweis auf den Gefängnisort für die Sterne und das Himmelsheer gut als Schlusspointe verstehen. Um die Wächtergeschichte in dieser kürzeren Form mit 1 Hen 1–5 zusammenzubringen, ist von Seiten der Leserschaft allerdings eine stärkere Rezeptionsleistung nötig. Die Schlussdoxologie von 36,4 erleichtert einen Rückbezug, indem sie (wie bereits andere Passagen der zweiten Reiseschilderung) eine explizitere Brücke zum Lesepublikum schlägt als der erste Reisebericht.

erkennen und seiner Ordnung treu folgen. Gewisse Präzisierungen, was den als falsch bewerteten Lebenswandel angeht, lassen sich von der Wächtergeschichte her erschließen: Sie entwirft das Bild einer Menschheit, die sich einst, beeinflusst durch ‚fremde Mächte', von Gott und seiner Ordnung abgewendet hat, wobei die schlechten Einflüsse dieser Mächte die Gegenwart noch immer prägen. Sie manifestieren sich gemäß der Wächtergeschichte im Bereich von Ideen und Techniken, die eine gefahrvoll-verlockende Note besitzen, und zwar insofern, als sie das Verlangen nach mehr wecken und zu stillen helfen, als Gott den Menschen zugedacht hat (vgl. oben unter 4.2.). Wertzuschätzen und zu verwirklichen, was Gott einem oder einer zugedacht hat, kann demgegenüber als richtige Lebensweise erkannt werden. Indem der Text diese Lebensweise in einer sehr allgemeinen Weise bestimmt und kaum Präzisierungen bietet, setzt er voraus, dass die Leserschaft entweder weiß, was sie beinhalten würde, oder sich dieses Wissen problemlos aneignen könnte, wenn sie dazu bereit wäre. Es stellt sich sogar die Frage, ob damit absichtlich ein relativ großer Freiraum für die konkrete Ausgestaltung der ethischen Grundeinsichten offen gelassen wird. Die Erwähnung des Sinai als Ort, an dem Gott als Richter auftreten wird (1,4, vgl. zudem den Rekurs darauf in 18,8 und Kap. 24–25), aber auch die Aufnahme von Jerusalem-Traditionen in der zweiten Reiseschilderung (Kap. 24–25; 26–27) legen nahe, dass es für Menschen als relevant angesehen wird, ihr Leben in einer sehr allgemein umrissenen Art an den israelitisch-jüdischen Traditionen auszurichten.

Die Diskussion vorherrschender Positionen zum WB (vgl. hauptsächlich oben unter Kap. 5) ließ zutage treten, wie wichtig es ist, dem literarischen Profil und dem Aussagegehalt des Textes gerade dann ausreichend Beachtung zu schenken, wenn dessen theologische Standpunkte und dessen historisch-theologischer Ort näher umrissen werden. Allzu schnell können sich ansonsten Fehldeutungen z. B. in Bezug auf die Gewichtung der Henochfigur und der Offenbarungen ergeben, die ihr zugeschrieben werden (vgl. oben unter 5.4.2. und 5.6.), in Bezug auf die Deutung des Befundes, dass eine Figur wie Mose unerwähnt bleibt (vgl. 5.4.1.), oder in Bezug auf die Tatsache, dass es im Text eine Gruppe von Engel ist, der es angelastet wird, die Menschheit verdorben zu haben (vgl. Exkurs 3 unter 5.2.). Wenn der Fokus in der Folge auf das WB als theologische Schrift gerichtet wird, impliziert dies ebenfalls eine Abstraktion von der literarischen Ebene, die aber eben möglichst an die Textbeobachtungen zurückgebunden bleiben muss.

6.2. Das Wächterbuch als theologische Schrift

Die Textuntersuchung brachte zutage, dass das WB eine konservative Stoßrichtung besitzt. Insbesondere vom Appellcharakter, aber auch von der Art und Weise her, wie die Schrift das Verhältnis zwischen Gott und seiner Schöpfung zeichnet (s. Kap. 5.2.), kann abgeleitet werden, dass die Verfasserschaft eine Abwendung vom Traditionellen konstatiert oder zumindest befürchtet haben muss. Sie dürfte das WB als Vehikel benutzt haben, um dessen bleibende Relevanz zu unterstreichen. Gleich zu Beginn markiert der Text, dass die Zuwendung zum machtvoll-rettenden Gott, der auf den Sinai treten wird, im Zentrum steht. Obwohl dies insgesamt nur schwach expliziert wird, obwohl die Erzählstoffe den geläufigen biblischen Stoffen gegenüber fremd wirken und obwohl mit Henoch eine Figur prominent gesetzt wird, die im Genesisbuch nur knapp Erwähnung findet, kann konstatiert werden, dass das gesamte WB um die Bedeutung des YHWH-Glaubens und der dazugehörigen israelitisch-jüdischen Traditionen kreist. Von einer gewissen Zurückhaltung im Explizieren, obschon das Israelitisch-Jüdische im Zentrum steht, zeugt ebenso die Eigentümlichkeit des WB, auf traditionelle Erzähltraditionen (Paradieserzählung; Geschichte um Kain und Abel; Fluterzählung) zurückzugreifen, um den Aussagegehalt des WB zu unterstreichen (s. insbesondere Kap. 5.3.2.). Schließlich bleibt Henoch selbst eine Figur der biblischen Urgeschichte und damit eine Traditionsfigur (vgl. oben Kap. 5.6.2.), und mit der Wächtergeschichte entfaltet das WB einen Stoff, der mit Gen 6,1–4 auch Eingang in die Tora gefunden hat.

Fasst man das der Leserschaft vermittelte theologische Programm des WB zugespitzt als Aufruf zusammen, sich nicht gegen Gott zu stellen, entpuppt sich vor dem Horizont der israelitischen Literatur selbst dieses als vertraut. Die (Un-)Treue gegenüber Gott, die damit problematisiert wird, ist ein Thema, das über die Geschichte Israels und Judas hinweg in den verschiedenen Traditionsströmen der israelitischen Literatur immer wieder virulent wurde und Entfaltung fand. Wenn das WB bei seiner Ausgestaltung des Themas die Ordnung Gottes ins Zentrum rückt, knüpft es deutlich an priesterschriftliche, aber auch an weisheitliche Vorstellungen an. Die Botschaft des WB, dass die Gunst Gottes verspielt werden kann und kollektiv mit weitreichenden Folgen auch verspielt worden ist, ruft deuteronomistisch geprägtes Gedankengut und bundestheologische Vorstellungen in Erinnerung.[2] Mit der

---

2 Vgl. zu dieser konzeptionellen Nähe bereits die Ausführungen zur im WB vermittelten Vorstellung des Erwähltseins oben unter 4.2.2.

Ankündigung eines künftigen, großen Gerichtes, durch das Gott einerseits Frevler zur Rechenschaft zieht und andererseits eine Heilszeit einleitet, entfaltet das WB schließlich einen Topos, der von der Schriftprophetie her geläufig ist. Gerade die dtn-dtr Bundestheologie, für deren Ausformulierung man an die Form des neuassyrischen Loyalitätseids anknüpfte (vgl. Dtn 13; 28), belegt, wie die Entfaltung des Themas der (Un-)Treue gegenüber Gott vom historischen Kontext geprägt ausfallen konnte.[3] Neben der Abhängigkeit von Traditionsströmen muss somit auch eine Prägung durch zeitgenössische Vorstellungen erwogen werden. In diesem Zusammenhang wurde oben unter Kap. 5.4.2. bereits auf den Zeus-Hymnus von Kleanthes aus dem 3. Jh. v. Chr. verwiesen, zu dem das WB hinsichtlich der Vorstellungswelt, die es vermittelt, bemerkenswerte Ähnlichkeiten aufweist. Inwiefern es sich dabei wie bei der dtn-dtr Entfaltung des Themas um eine durchaus reflektierte Aneignung von Ideen handeln dürfte, wird im folgenden Kapitel Thema sein.

Bereits in der Einleitung wurde darauf verwiesen, dass die These stark verbreitet ist, dass das WB eine innerjüdische Polemik insbesondere zwischen priesterlichen Gruppierungen bezeugt. Die Beobachtungen zum Aussagegehalt führten zum Schluss, dass eine solche These schwierig zu halten ist. Indem das Israelitisch-Jüdische sehr grundsätzlich und in Abgrenzung zum Untraditionell-Verlockenden bestimmt wird, scheint es im WB um das Bewahren nicht nur einer religiösen, sondern geradezu einer kulturellen Identität jenseits von theologischen Grabenkämpfen zu gehen. Dass kaum näher präzisiert wird, was unter der für die Menschen maßgeblichen Ordnung verstanden wird, könnte sogar dahingehend gedeutet werden, dass bewusst Interpretationsspielräume offen gehalten wurden. Auf ein integrierendes Bemühen lässt schließlich ein Vergleich mit den Konzeptionen verschiedener Traditionsströme schließen, wie er oben bereits angesprochen worden ist: Bleibt im WB unangefochten, dass Gott einen beständigen, perfekten Kosmos geschaffen hat (auf einer universalen Ebene herrscht damit eine permanente Heilszeit), räumt die Schrift zugleich der Vorstellung einer kollektiven negativen Schicksalsverfangenheit Platz ein, die ganze Generationen treffen und damit zu einer temporären Unheilszeit auf Erden führen kann. Auch in dieser Zeit kann und soll allerdings gerecht gelebt werden, was zumindest einer individuellen (damit aber eben auch einer jüdisch-kollektiven) Verbundenheit mit der Sphäre des Heils Ausdruck verleiht. Inwiefern in diesem Sinne gerade Henoch als

---

3   In den Worten JANOWSKIs wurde die Phraseologie neuassyrischer Vertragstexte „zum Unterpfand der Treue Jhwhs zu seinem Volk" umgedeutet [ders., Art. Bund (2006) 124]. Vgl. zum Thema u. a. OTTO, Ursprünge (1998) 37–50.

Vorbild präsentiert wird, kam unter 4.4.2. (zu 36,4) und 5.6. zur Sprache. Die Art und Weise, wie das WB die besagten Vorstellungen kombiniert, manifestiert sich in der Weisheitskonzeption des WB (vgl. 4.4.2. zu 1 Hen 24–25, aber auch 5.4.2.): Einerseits wird die optimistische weisheitliche Sichtweise geteilt, dass eine gerechte Person als eine der Weisheit zugewandte Person ein segensvolles Leben nicht nur verdient, sondern tatsächlich gewährt bekommt – unter ‚normalen' Umständen ist ihr der Segen der Weisheit vergönnt. Da die Gegenwart gemäß WB nun aber gerade dadurch geprägt ist, dass ein solcher Tun-Ergehen-Zusammenhang nicht garantiert ist, stellen Gerechtigkeit und Weisheit temporär auseinandergerissene Größen dar. Zwar ist es möglich und nötig, auch unter den gegebenen Umständen gerecht zu leben, doch die Gaben der Weisheit kann man damit nicht erwarten. Erst wenn der Zeitenlauf wieder ordentlich ist, werden auch die zwei Größen wieder zusammengehen.

Trotz des Befundes, dass das WB konzeptionell einen integrativen Charakter aufweist, bleibt es offensichtlich, dass das WB das Thema der (Un-)Treue gegenüber Gott gerade im Vergleich zu früheren israelitisch-jüdischen Schriften theologisch in einem neuen Gewand präsentiert. Ohne damit die Bedeutung textpragmatischer Aspekte und des ‚internationalen Zeitgeistes' aus dem Blick verlieren zu wollen, die das theologische Profil des WB beeinflusst haben (vgl. hierzu ausführlicher das nächste Kapitel), sollen in der Folge seine wichtigsten Eigentümlichkeiten herausgestrichen werden.

Universalismus

Im WB wird Gott als universaler Herrscher gezeichnet, als planvoller Schöpfer des gesamten Kosmos. Er ist Gott der gesamten Schöpfung und damit Gott aller Menschen, nicht nur eines ihrer Völker. Wenn er in rettendem Sinne Gericht halten wird, wird dies über die Menschen hinaus alle Geschöpfe betreffen. In Bezug auf den geschichtlichen und geographischen Horizont, der im WB in den Blick kommt, sind es entsprechend nicht mehr nur die Geschichte Israels und sein Land, die im Zentrum stehen. Thema sind die Geschichte der Menschheit, ihre Lebenswelt in umfassendem Sinne und damit auch kosmische, für Menschen normalerweise unzugängliche Regionen. Während durch Kap. 24–25 und 26–27 die universale Bedeutung von Jerusalem als geographischem Zentrum der Welt hervorgehoben wird, verweist 1,4 (implizit auch 18,8 und Kap. 24–25) durch die Ankündigung, dass Gott sein großes Gericht auf dem Sinai halten wird, parallel dazu unmissverständlich auch auf dessen universale Relevanz.

Das israelitisch-jüdische Gesetz als Teil der Schöpfungsordnung

Das Gesetzesverständnis des WB ist stark mit dem eben geschilderten universalistischen Ansatz verwoben. Wenn die Geschöpfe angehalten sind, nach Gottes Ordnung zu leben und wenn dies laut WB bedeutet, sich an die Schöpfungsordnung zu halten, bindet dies das israelitisch-jüdische Gesetz, das als das maßgebliche ‚rettende Wissen' (vgl. zu diesem Ausdruck oben unter 5.4.2.) im Zentrum bleibt, an die Schöpfung zurück und verleiht ihm einen naturrechtlichen Charakter. Im Rahmen von Reflexionen über die Verhältnisbestimmung zwischen Gesetz und Weisheit scheint ein solcher Gedanke vereinzelt bereits in früheren israelitisch-jüdischen Texten auf.[4] Erst im WB jedoch findet er sich zum relevanten Aussageelement einer umfangreichen Schrift ausgearbeitet.[5]

Individualismus

Mit dem ausgeprägten Universalismus hängt zusammen, dass dem WB auf soteriologischer Ebene ein individualistischer Zug eignet. Da alle Geschöpfe danach beurteilt werden, ob sie Gott gegenüber die richtige oder die falsche Haltung einnehmen, steht grundsätzlich jedes Geschöpf vor der Wahl, die Gunst Gottes – insbesondere nach der Lektüre des WB – einsichtig anzunehmen oder aber töricht abzulehnen. Keine Volkszugehörigkeit garantiert oder verbaut den Zugang zum Heil a priori.[6] Grundsätzlich sind alle Geschöpfe erwählt, doch jedes Geschöpf kann dieses Erwähltsein verspielen (zum ‚Erwähltsein' gemäß WB vgl. oben unter 4.4.2.).

---

4   Vgl. hierzu KRÜGER, Gesetz (2003); Art. Weisheit/Gesetz (2006).

5   Oben unter 5.4.2. wurde bereits auf Sir und Jub verwiesen, bei denen dann ein stärkeres Interesse als beim WB ausgemacht werden kann, die Rückbindung der Tora an die Schöpfungsordnung nicht nur festzuhalten, sondern der Leserschaft einsichtig zu machen.

6   Wie gesagt folgt Jub dem WB hinsichtlich der Vorstellung einer Anbindung der Tora an die Schöpfungsordnung, kombiniert sie allerdings explizit mit der Idee der Volkserwählung. Zwar verschwindet der Satan gemäß Jub in geschichtlichen Situationen, in denen sich fremde Völker Israel dienend unterwerfen (illustriert wird dies an Josef als Herrscher über Ägypten, vgl. Jub 40,9; 46,2), doch bleibt eine harsche Abgrenzung und der Gedanke einer schöpfungsgemäßen Vorrangstellung Israels tonangebend. Die Idee der Volkserwählung wird dann auch im Baruchbuch (Bar 3,9–4,4) mit der Idee verbunden, dass die Tora die wahre Weisheit des Schöpfergottes ist [vgl. hierzu STECK, Baruchbuch (1993) 159–161].

Die Engel, die über sich hinauswachsen

Treten Engelwesen in israelitisch-jüdischen Texten in ihrem Handeln oder ihrer Existenz üblicherweise auf Gott verweisend und ihm eng zugeordnet in Erscheinung, wird im WB das Motiv narrativ entfaltet, dass sich eine Engelgruppe auf einmal als eigentätige Größe ins Spiel bringt und das Weltgeschehen negativ zu beeinflussen beginnt.[7] Auf theologischer Ebene ist diese Motiventfaltung brisant, da die Engel damit eine Rolle übernehmen, die sowohl Gott als auch die Menschen bei der Frage nach der Existenz des Bösen in der Welt entlastet. Gott kann kein Vorwurf gemacht werden, das Böse gewollt zu haben. Es bleibt dabei, dass er eine perfekte, beständige Schöpfung geschaffen hat. Auf der Seite der Menschen ist Fehlverhalten noch immer ein Thema, denn die Einflüsse der Engeltaten sind gemäß WB noch präsent und die Menschen lassen sich weiter in Versuchung bringen, zu tun, was Gott für die Menschen nicht vorgesehen hat. Mit diesem Punkt geht jedoch einher, dass es auch Opfer der Untaten gibt: Selbst wenn man ein gutes Leben führt, garantiert dies (gegenwärtig) kein segensvolles Schicksal. Angesichts dessen kann das WB zu den Schriften gezählt werden, die den Tun-Ergehen-Zusammenhang problematisieren. Obschon daran festgehalten wird, dass er in normalen Zeiten und damit grundsätzlich gilt, wird auf die Gegenwart bezogen eine nüchternere Sicht vertreten, als sie etwa in den Reden von Ijobs Freunden (Ijob 3–27) zum Ausdruck kommt. Das Festhalten daran, dass es sich beim Nicht-Funktionieren nur um eine hauptsächlich den Wächterengeln anzulastende Ausnahme im Geschichtslauf handelt, unterscheidet die Position des WB wiederum wesentlich von Konzeptionen, wie sie sich in den Gottesreden des Ijobbuches und in Koh entfaltet finden. Im Unterschied zum WB versuchen Ijob und Koh, die Erfahrung des möglichen Scheiterns des Tun-Ergehen-Zusammenhangs auf einer grundlegenden Ebene mit der conditio humana zusammenzubringen. Mit der Vorstellung, dass sich die Seelen Verstorbener je nach Lebensweise und Schicksal gruppiert finden, verweist Kap. 22 auf die Idee einer Ausweitung des Tun-Ergehen-Zusammenhangs über den individuellen Tod hinaus. Eine solche Konzeption, die dann z. B mit Weish in vollem Umfang Entfaltung findet, bleibt im WB jedoch im Hintergrund.[8]

---

7   In Gen 6,1–4 fehlt die negative Bewertung der Tat der בני האלהים, sich Menschenfrauen zu nehmen. Von der Dynamik der Ereignisse her erinnert die Entfaltung des Motivs im WB damit eher an Jes 14,11ff. und an Ez 28, beides Stellen, die bildhaftspöttisch den gotteslästerlichen Hochmut von Herrschern thematisieren.

8   Zudem stellt sich natürlich die Frage nach der Wachstumsgeschichte von Kap. 22. Oben wurde bereits auf WACKER, Weltordnung (1982) verwiesen, die das Kapitel

Die Welt als eine Welt im Ausnahmezustand

Die Vorstellung, dass es (nun auf die Erfahrung eines Kollektivs bezogen) gute, heilvolle, aber auch schlechte, unheilvolle Zeiten gibt, ist ein Thema, das in der israelitisch-jüdischen Literatur eng mit dem Thema der (Un-)Treue gegenüber Gott verknüpft entfaltet wird. Parallel zur Konzeption des Tun-Ergehen-Zusammenhangs auf individueller Ebene wird eine als unheilvoll erfahrene Zeit üblicherweise unter Verweis auf das Missverhalten einer kollektiven Größe zu erklären versucht. Auch das WB rückt thematisch die Qualität von Zeiten in den Vordergrund. Die Gegenwart wird als einmalige Ausnahme- und Unheilszeit gegenüber normalen, segensvollen Zeiten gezeichnet. Erwecken insbesondere narrative und prophetische Texte deuteronomistischer Prägung schon fast den Eindruck, Unheilszeiten seien das Normale, während die Heilszeit eine utopische Größe bleibt, die sich nie wirklich einfangen lässt, erklärt das WB die utopische Vision kühn zum Normalfall, den es bereits gab und zu dem Gott irgendwann wieder zurückführen wird. Interessanterweise hält gerade diese Kühnheit zu Gelassenheit an, was die konkrete Umsetzung der Transformation zurück zur Heilszeit anbelangt. Wesentliches Thema bleibt, wie man sich als Mensch das Leben *gegenwärtig* einrichten kann und soll. Als menschlich-kollektive Größe, die es ins Zentrum stellt, wählt das WB mit der gesamten Menschheit die umfassendste Größe, die es gibt. Die Abfolge der Zeiten als Heilszeit – Unheilszeit – Heilszeit gestaltet sich damit als Abfolge weltgeschichtlicher Epochen. Geht Jes 63–66 so weit, in Bezug auf den Übergang zur endgültigen Heilszeit die Idee einer Neuschöpfung der Welt und sogar des Himmels zu entwickeln, bleibt das WB dabei, dass es um einen Wechsel allein der Zeit*qualität* geht. Die Vorstellung, Gott habe es nötig, eine zweite Schöpfung zu schaffen, würde dem für das WB zentralen Bild von Gott als perfektem Schöpfer und Herrscher entgegenlaufen. Obwohl sie die Erde mit all ihren Bewohnern und Bewohnerinnen betrifft, bleibt die Unheilszeit ‚nur' eine Ausnahmezeit, aus der der mächtige Gott als endgültiger Sieger über die Aufwiegler, die die Unheilszeit herbeigeführt haben, wieder herausführen wird. Bei der Frage nach dem Verschulden spielt es schließlich erneut eine Rolle, dass den Wächterengeln die Hauptschuld zugeschoben wird. Im WB ist zwar nicht direkt vom ‚Volk Israel' und in Abgrenzung zu ihm von

---

diesbezüglich untersucht, aber auch in einen Dialog mit der Vorstellungswelt von Israels Nachbarkulturen bringt. Der Textdurchgang zeigte auf, dass Kap. 22 in seiner Endform trotz seiner konzeptionellen Eigentümlichkeit in erster Linie das Bild von Gott als perfektem Richter unterstreicht, der bei seinem Urteilen in angemessener Art und Weise differenziert.

den ‚Fremdvölkern' die Rede (vgl. in diese Richtung höchstens 10,21). Dass die Hauptschuld bei den Engeln verortet wird, wirft dennoch ein spezifisches Licht auf beide Größen. Auf der einen Seite kann die Lebensweise der ‚Fremdvölker' gewissermaßen entlastend auf die Wissensvermittlung und damit auf eine Verblendung durch die Engel zurückgeführt werden. Israel auf der anderen Seite, dessen eigene Schuldgeschichte geflissentlich verschwiegen wird, vermag inmitten dieses falschen Eiferns als Pol des Heils und der Unschuld aufzustrahlen.

6.3. Warum eine ‚Welt im Ausnahmezustand'? Folgerungen zum historisch-theologischen Ort der Schrift

Gewisse Erwägungen zum historisch-theologischen Ort wurden bereits am Ende von Kap. 5.5. vorgenommen. Über die verschiedenen Kapitel hinweg bestätigte sich im Wesentlichen die Einschätzung WACKERs, dass mit dem WB ein Text vor uns liegt, mit dem einst gegen eine religiös-kulturelle Entfremdung angeschrieben wurde. Trotz universalem Fokus richtete sich hier jemand an ein jüdisches Publikum, dem die bleibende Signifikanz der israelitisch-jüdischen Tradition angesichts der „vermeintlichen Wahrheiten des ‚Zeitgeistes'"[9] einsichtig gemacht oder eingeprägt werden soll. Der Charakter der Schrift, die Entfaltung eingängiger, farbiger Erzählstoffe und vielleicht sogar die Abfassungssprache (Aramäisch) verweisen darauf, dass man ein breites Publikum im Blick hatte.

Wie es in der Einleitung dargelegt worden ist, lässt bereits der Handschriftenbefund den Schluss zu, dass sich das WB in einer Fassung, die der heutigen zumindest ähnlich gewesen sein dürfte, in das 3. Jh. v. Chr. datieren lässt. Die Untersuchungen auf inhaltlicher Ebene bestätigten eine solche Datierung: Für den Aussagegehalt wie die konzeptionelle Gestaltung des WB gibt die Zeit der ptolemäischen Vorherrschaft über Koilesyrien, insbesondere die Zeit zwischen Ptolemäus I. Soter (306/4–283/2) und Ptolemäus III. Euergetes (246–222), einen plausiblen Horizont ab.[10] Für das ptolemäische Reich war Koile-

---

9   WACKER, Weltordnung (1982) 313.
10   Die Quellenlage erschwert eine konkrete Datierung. Die Anfangsjahre unter Ptolemäus I. dürften ausgeklammert werden, da sich in dieser Zeit das ptolemäische Verwaltungssystem erst etablieren musste. Die Regierungszeit von Ptolemäus IV. Philopator (221–204) (und dann auch diejenige von Ptolemäus V.) kommen meines Erachtens weniger in Frage, da sich die Lage in Koilesyrien für die ptolemäische Seite gegenüber der seleukidischen Nachbarmacht mit dem sog. 4. Syrischen Krieg (221–217) generell verschlechtert hat. Die relative Ruhe, die militärisch unter den

syrien eine wichtige Außenbesitzung einerseits als Schutzgürtel gegenüber dem seleukidischen Reich, andererseits in wirtschaftlicher Hinsicht.[11] Es fand ein reger Handel statt, aber auch die Landwirtschaft
selbst wurde intensiviert. Als militärische Macht brauchte man Soldaten, wobei auch jüdische Männer in die Armee eingegliedert wurden
und entsprechend ,in der Welt herumkamen'.[12] Vor Ort wiederum
konnte man einen Hauch der ,weiten Welt' z. B. durch Handelsleute,
Sklaven und Sklavinnen oder durch Kleruchen (Militärsiedler) und ihre
Familien erheischen. Insgesamt war es eine Zeit, in der griechische
Vorstellungen und Techniken Palästina bis in die ländlichen Gegenden
hinein zu durchdringen begannen, in der ein Teil der jüdischen Bevölkerung aber auch selbst sehr mobil war und dadurch mit neuen Ideen
und Lebensweisen in Kontakt kam.[13] Wer geschickt war und nicht gerade am untersten Ende der sozialen Hierarchie stand, konnte sich
durchaus in das neue System eingliedern und davon profitieren.

Vor diesem Hintergrund wird die Adressatenschaft des WB plastischer. Obwohl es nicht an sozialen Problemen gefehlt haben dürfte,
müssen sich für einen großen Teil der jüdischen Bevölkerung unter
ptolemäischer Herrschaft im wahrsten Sinne des Wortes Welten geöff-
net haben. Auf philosophischer, religiöser, kultureller und wirtschaftlicher Ebene lockte Neues. Selbst dem ptolemäischen Heer als Soldat
beizutreten dürfte attraktiv gewesen sein, zumal auch dort Tüchtigkeit
belohnt worden ist.

Komplexer gestaltet sich die Frage nach der Verfasserschaft: Wer
hätte einen Grund, die beschriebene Entwicklung negativ zu deuten?
Unter 5.5. wurde bereits in Erwägung gezogen, dass es sich um Vertreter des religiösen Establishments handeln könnte, die befürchten mussten, durch die Veränderungen an Bedeutung und Einfluss zu verlieren.

Vorgängern in der Region herrschte und die das WB in meinen Augen voraussetzt,
kam damit zu einem Ende.

11 HÖLBL, Geschichte (1994) 24 betont etwa die Relevanz des Zugangs zu den Zedern-
wäldern des Libanon und zu den landwirtschaftlichen Produkten der Region (Ge-
treide, Öl, Wein), erwähnt aber auch, dass damit der Endpunkt des Karawanenwegs
aus Südarabien kontrolliert werden konnte. Für weitere Literatur zum Thema s. bereits oben unter 5.5. (speziell Anm. 306). Für den interessanten Versuch, die Lebensrealitäten in Palästina um 350 und um 250 v. Chr. aus Sicht zweier griechischer Rei-
senden zu beschreiben, s. KUHNEN, Israel (2004).

12 Vgl. z. B. der oben unter 5.5., Anm. 300 erwähnte Zenon-Papyrus P. Cairo Zen. 1,
59003: Tobias, in dessen Auftrag das Sklavenmädchen verkauft wird, wird dort als
Befehlshaber einer gemischt nichtjüdisch-jüdischen ptolemäischen Militärkolonie
ausgewiesen. Vgl. zum Thema insgesamt HENGEL, Juden (1976) 117f.155.

13 Auch die Entstehung der starken jüdischen Diaspora in Alexandria darf hierbei
nicht vergessen werden.

Falls Josephus' Schilderung der Ereignisse um den Hohenpriester Onias II. (um 250 v. Chr.) darin zuverlässig sind, dass dieser dem ptolemäischen Herrscher die Tributzahlungen verweigerte, veranschaulichen sie, dass in tempelnahen Kreisen nicht unbedingt Euphorie über die Einbindung ins ptolemäische Reich herrschte.[14] Auf theologischer Ebene passt zu einer tempelnahen Situierung der Verfasserschaft einerseits natürlich der Appell, bei einem traditionellen Lebenswandel zu bleiben bzw. zu einem solchen zurückzufinden.[15] Trifft es andererseits zu, dass das WB die Vorstellung reflektiert, in der Perserzeit habe man Gott im Lichte einer vollzogenen Heilswende gedient (vgl. hierzu oben unter 5.3.2.),[16] kann das WB zugleich als Plausibilisierung der Weiterexistenz der YHWH-Religion und ihres religiösen Zentrums nach dem Zusammenbruch der persischen Herrschaft und damit unter zeitgeschichtlich gänzlich neuen Vorzeichen verstanden werden: Eindringlich würde damit aufgezeigt, dass Israel nun gerade angesichts der ‚fremden Mächte', die zu einer Welt im Ausnahmezustand geführt haben, und angesichts der gegenwärtigen korrumpierten Welt mit ihren falschen Verlockungen den eigentlichen Zugang zum Heil gewährt und als Rettungsanker bereitsteht. Gegen die häufig geäußerte Vermutung, die Verfasserschaft sei geographisch dem Norden, der Region Galiläas, zuzuweisen, rückt also eine Verortung in Jerusalem selbst ins Blickfeld.[17]

Obwohl das WB zeitgenössische kulturelle Einflüsse negativ bewertet, fällt, wie es oben konstatiert wurde, gerade in Bezug auf das Gottesbild und das Gesetzesverständnis eine Prägung durch hellenistische Ideen auf. Einerseits ist es müßig, darauf zu verweisen, dass ‚Israel' ideell grundsätzlich nie eine von seiner Umwelt abgekapselte Größe gewesen ist. Andererseits konnte aufgezeigt werden, dass es für die Verfasserschaft des WB spezifische Gründe für eine Anlehnung an hellenistische Ideen gegeben haben dürfte. Hält man sich nochmals den Appellcharakter des WB, aber auch seine Adressatenschaft vor Augen, wie sie eben umrissen worden ist, lässt sich der Schluss ziehen, dass mit dem WB gegen eine gewisse Traditionsverdrossenheit angeschrieben wurde. Die Verfasserschaft dürfte daher einen Weg gesucht haben, mit dem Text letztlich doch auch Brücken zu schlagen. Inwiefern sich

---

14 Vgl. Josephus, Ant. 12,4,2ff. (§§ 160ff.).
15 Jedenfalls lässt sich dies noch für das 3. Jh. v. Chr. behaupten. Unter den Ereignissen um Antiochus IV. und mit Jason statt Onias III. als Hohem Priester änderte sich die Situation in der ersten Hälfte des 2. Jh. v. Chr.
16 Vgl. hierzu z. B. die Kategorisierung perserzeitlicher Literatur in SCHMID, Literaturgeschichte (2008) 144f.
17 Für konkrete Argumente gegen eine Lokalisierung in Galiläa vgl. oben unter 5.6.

in einem solchen Sinne Henoch als Brückenfigur verstehen lässt, wurde
unter 5.6. dargelegt. Die Textbeobachtungen lassen den Schluss zu,
dass sich im WB Traditionsbezüge generell minimiert und herkömmli-
che Vorstellungen bisweilen in einem beträchtlichen Maß transformiert
finden, um der Adressatenschaft konzeptionell entgegenzukommen –
trotz des Hauptanliegens, zu den israelitisch-jüdischen Traditionen
zurückzuführen. Dies wiederum leistet dem Verdacht Vorschub, dass
doch auch ein gewisser Ehrgeiz federführend war: Ein Ehrgeiz, zu veranschaulichen, dass die israelitisch-jüdische Tradition durchaus auch
im Rahmen zeitgenössischer Konzeptionen in einem guten Licht daste-
hen und mithalten kann.

Die Folgerungen, die sich aus den Textbeobachtungen für die Bestimmung des historischen und theologischen Ortes des WB ergeben,
zeigen, dass es für die Verfasserschaft auf mehreren Ebenen relevant
war, zu insinuieren, die Menschheit lebe gegenwärtig in einer ‚Welt im
Ausnahmezustand‘. Sich dieses Topos aus institutioneller Warte zu
bedienen, war allerdings heikler, als es sich die Verfasserschaft wohl
vorgestellt hat. So konnte der von institutioneller Seite her formulierte
Vorwurf eines korrumpierten Charakters der Welt auf die Institution
selbst zurückfallen. Wenn die so genannte Tiervision (1 Hen 85–90)[18] in
Erinnerung gerufen wird, bei der das Urteil über den zweiten Tempel
wenig freundlich ausfällt, könnte dies auf eine solche Kehrtwende in
der Bestimmung der ‚Heilsquelle‘ innerhalb der Henochliteratur selbst
verweisen.[19]

6.4. Schluss

Die Ergebnisse dieser Arbeit stellen einige gängige Ansichten zum WB
in Frage. Wie tragfähig die Thesen sind, die alternativ dazu präsentiert
werden, oder in welche Richtung sie modifiziert werden müssen, wird
sich im Rahmen der weiteren Diskussion um die Schrift weisen müssen. Von den konkreten inhaltlichen Schlussfolgerungen abgesehen
hoffe ich aufgezeigt zu haben, wie ertragreich es sein kann, das WB als

---

18 Vgl. hierzu umfassend TILLER, Commentary (1993).

19 In eine solche Richtung ließen sich nicht zuletzt die Beobachtungen HIMMELFARBs
zur Thematisierung des Tempels und seiner Priester in den drei Henochschriften
WB, Tiervision und Wochenapokalypse weiterführen [vgl. dies., Temple (2007)]. Sie
konstatiert deutliche Unterschiede zwischen dem WB auf der einen und den zwei
anderen Schriften auf der anderen Seite (zu meinen Vorbehalten ihrer These gegenüber, Henoch werde im WB als Priester gezeichnet und die Wächterengel würden
gewisse Priesterkreise repräsentieren, vgl. oben unter Exkurs 3).

literarische Größe und als eigenständige Schrift wahrzunehmen und zu
untersuchen. Die Arbeit blieb damit absichtlich eng auf das WB als
Einzeltext bezogen. Dass es notwendig ist, das WB damit nicht von
einem Dialog mit anderen Texten auszunehmen, mögen die Ausführungen dieses Schlussteils illustriert haben. Gerade einem breiten Dialog näher nachzugehen, der sich nicht nur auf so genannte apokalyptische oder protoapokalyptische Texte bezieht und nicht nur bezweckt,
eine Polemik zwischen so genannten zadokidischen und henochischen
Schriften herauszustellen, steht noch weitgehend aus.

Abkürzungsverzeichnis

Die Abkürzungen von Reihen, Handbüchern und Zeitschriften, aber auch der meisten Quellentexte folgen S. M. SCHWERTNER, Internationales Abkürzungsverzeichnis für Theologie und Grenzgebiete, Berlin/ New York ²1992. Zusätzlich oder alternativ werden folgende Abkürzungen benutzt:

1 Hen	Erstes (oder äthiopisches) Henochbuch
Ä	altäthiopische Handschriften (Geʿez)
Ar	aramäische Handschriften
ALD	Aramäisches Levi-Dokument
bT	Babylonischer Talmud
dtn	deuteronomisch
dtr	deuteronomistisch
DtrG	Deuteronomistisches Geschichtswerk
G	griechische Handschriften
G^A	Achmimfragmente, auch Gizehfragmente oder Codex Panopolitanus genannt
G^S	Chronographie des Synkellos
G^V	Codex Vaticanus Graecus 1809
G^{CB}	Chester-Beatty-Papyrus
WB	Wächterbuch

Literaturverzeichnis

ADLER, William, Enoch in Early Christian Literature, in: Achtemeier, Paul J. (Hg.), 1978 Seminar Papers. SBL.SPS 13/1, Missoula 1978, 271–286.

ALBANI, Matthias, Astronomie und Schöpfungsglaube. Untersuchungen zum astronomischen Henochbuch. WMANT 68, Neukirchen-Vluyn 1994.

— , ,Zadokite Judaism', ,Enochic Judaism' und Qumran. Zur aktuellen Diskussion um G. Boccaccinis ,Beyond the Essene Hypothesis', in: Frey, Jörg/Becker, Michael (Hgg.), Apokalyptik und Qumran. Einblicke 10, Paderborn 2007, 85–101.

ALBECK, Chanoch, Das Buch der Jubiläen und die Halacha, Berlin 1930.

ALBERTZ, Rainer, Religionsgeschichte Israels in alttestamentlicher Zeit 2: Vom Exil bis zu den Makkabäern. GAT 8, Göttingen 1992.

ALEXANDER, Philip S., From Son of Adam to Second God. Transformations of the Biblical Enoch, in: Stone, Michael E./Bergren, Theodore A. (Hgg.), Biblical Figures Outside the Bible, Harrisburg, PA 1998, 87–122.

AMELING, Walter, Art. Kleruchoi, in: Der Neue Pauly. Enzyklopädie der Antike 6 (1999) 598–601.

ANDERSON, Jeff S., From ,Communities of Texts' to Religious Communities. Problems and Pitfalls, in: Boccaccini, Gabriele (Hg.), Enoch and Qumran Origins. New Light on a Forgotten Connection, Grand Rapids, MI 2005, 351–355.

ARCARI, Luca (Hg.), The Book of the Watchers and Early Apocalypticism: A Conversation with Paolo Sacchi. Henoch 30, Brescia 2008.

ARGALL, Randal A., 1 Enoch and Sirach. A Comparative and Conceptual Analysis of the Themes of Revelation, Creation and Judgment. Early Judaism and Its Literature 8, Atlanta, GA 1995.

— , Competing Wisdoms. 1 Enoch and Sirach, in: Boccaccini, Gabriele (Hg.), The Origins of Enochic Judaism. Proceedings of the First Enoch Seminar, University of Michigan, Sesto Fiorentino, Italy, June 19–23, 2001. Henoch 24, Torino 2002, 169–178.

ASSMANN, Jan, Ma'at. Gerechtigkeit und Unsterblichkeit im alten Ägypten, München 1990.

ASSMANN, Jan/JANOWSKI, Bernd/WELKER, Michael, Richten und Retten. Zur Aktualität der altorientalischen und biblischen Gerechtigkeitskonzeption, in: dies. (Hgg.), Gerechtigkeit. Richten und Retten in der abendländischen Tradition und ihren altorientalischen Ursprüngen, München 1998, 9–35.

AUFFAHRT, Christoph/STUCKENBRUCK, Loren T. (Hgg.), The Fall of the Angels. Themes in Biblical Narrative 6, Leiden/Boston 2004.

AUSTIN, Michel, The Hellenistic World From Alexander to the Roman Conquest. A Selection of Ancient Sources in Translation, Cambridge 2006.

BÄBLER, Balbina/NÜNLIST, René, Art. Sirenen, in: Der Neue Pauly 11 (2001) 594.

BACHMANN, Veronika, Rezension Boccaccini/Collins 2007, in: ThZ 65 (2009), 192–194.

— , Rooted in Paradise? The Meaning of the 'Tree of Life' in 1 Enoch 24–25 Reconsidered, in: JSP 19 (2009). (In Vorbereitung)

BAGNALL, Roger S., The Administration of the Ptolemaic Possessions Outside Egypt. CSCT 4, Leiden 1976.

BALTZER, Klaus, The Covenant Formulary in Old Testament, Jewish and Early Christian Writings, Philadelphia 1971.

— , Das Bundesformular. WMANT 4, Neukirchen-Vluyn ²1964.

BARKER, Margaret, The Older Testament. The Survival of Themes from the Ancient Royal Cult in Sectarian Judaism and Early Christianity, London 1987.

— , The Lost Prophet. The Book of Enoch and Its Influence on Christianity, London 1988.

BARTELMUS, Rüdiger, Heroentum in Israel und seiner Umwelt. Eine traditionsgeschichtliche Untersuchung zu Gen. 6,1–4 und verwandten Texten im Alten Testament und der altorientalischen Literatur. AThANT 65, Zürich 1979.

BARTON, John, The Day of Yahweh in the Minor Prophets, in: McCarthy, Carmel/Healey, John F. (Hgg.), Biblical and Near Eastern Essays. FS Kevin J. Cathcart. JSOT.S 375, London 2004, 68–79.

BAUTCH, Kelley Coblentz, A Study of the Geography of 1 Enoch 17–19. "No One Has Seen What I Have Seen". Supplements to JSJ 81, Leiden/Boston 2003.

BAXTER, Wayne, Noachic Traditions and the Book of Noah, in: JSPE 15 (2006) 179–194.

BECK, Martin, Der „Tag YHWHs" im Dodekapropheton. Studien im Spannungsfeld von Traditions- und Redaktionsgeschichte. BZAW 356, Berlin/New York 2005.

BECKING, Bob, Expectations About the End of Time In the Hebrew Bible. Do They Exist?, in: Rowland, Christopher/Barton, John (Hgg.), Apocalyptic in History and Tradition. JSPE.S 43, Sheffield 2002, 44–59.

BEDENBENDER, Andreas, Der Gott der Welt tritt auf den Sinai. Entstehung, Entwicklung, und Funktionsweise der frühjüdischen Apokalyptik. Arbeiten zur neutestamentlichen Theologie und Zeitgeschichte 8, Berlin 2000.

— , Theologie im Widerstand. Die Antiochoskrise und ihre Bewältigung im Spiegel der Bücher Exodus und Richter, in: TeKo 23 (2000) 3–39.

— , Als Mose und Henoch zusammenfanden. Die Entstehung der frühjüdischen Apokalyptik als Reaktion auf die Religionsverfolgung unter Antiochus IV. Epiphanes, in: Lichtenberger, Hermann/Oegema, Gerbern S. (Hgg.), Jüdische Schriften in ihrem antik-jüdischen und urchristlichen Kontext. Studien zu den JSHRZ 1, Gütersloh 2002, 182–203.

— , Traces of Enochic Judaism Within the Hebrew Bible, in: Boccaccini, Gabriele (Hg.), The Origins of Enochic Judaism. Proceedings of the First

Enoch Seminar, University of Michigan, Sesto Fiorentino, Italy, June 19–23, 2001. Henoch 24, Torino 2002, 39–48.

—, The Place of the Torah in the Early Enoch Literature, in: Boccaccini, Gabriele/Collins, John Joseph (Hgg.), The Early Enoch Literature. Supplements to JSJ 121, Leiden/Boston 2007, 65–79.

BEENTJES, Pancratius C., The Book of Ben Sira in Hebrew. A Text Edition of All Extant Hebrew Manuscripts and a Synopsis of all Parallel Hebrew Ben Sira Texts. VT.S 68, Leiden/New York/Köln 1997.

BERGER, Klaus, Art. Henoch, in: RAC 14 (1988) 473–545.

—, Unterweisung in erzählender Form. Das Buch der Jubiläen. JSHRZ II/3, Gütersloh 1981.

BERNER, Christoph, Jahre, Jahrwochen und Jubiläen. Heptadische Geschichtskonzeptionen im Antiken Judentum. BZAW 363, Berlin/New York 2006.

BEYER, Klaus, Die aramäischen Texte vom Toten Meer. Samt den Inschriften aus Palästina, dem Testament Levis aus der Kairoer Genisa, der Fastenrolle und den alten talmudischen Zitaten, Göttingen 1984.

BHAYRO, Siam, The Shemihazah and Asael Narrative of 1 Enoch 6–11. Introduction, Text, Translation and Commentary with Reference to Ancient Near Eastern and Biblical Antecedents. AOAT 322, Münster 2005.

—, Noah's Library. Sources for 1 Enoch 6–11, in: JSPE 15 (2006) 163–177.

BICKERMANN, Elias, The Jews in the Greek Age, Cambridge, MA/London 1988.

BIEBERSTEIN, Klaus, Der lange Weg zur Auferstehung der Toten. Eine Skizze zur Entstehung der Eschatologie im Alten Testament, in: Bieberstein, Sabine/Kosch, Daniel (Hgg.), Auferstehung hat einen Namen. Biblische Anstöße zum Christsein heute. FS Hermann-Josef Venetz, Luzern 1998, 3–16.

—, Der Ort des jüngsten Gerichts. Die Entstehung der eschatologischen Erinnerungslandschaft Jerusalems. Habilitationsschrift Universität Freiburg, Schweiz, Freiburg, Schweiz/Jerusalem 1998. (Unveröffentlicht)

—, Die Pforte der Gehenna. Die Entstehung der eschatologischen Erinnerungslandschaft Jerusalems, in: Janowski, Bernd/Ego, Beate (Hgg.), Das biblische Weltbild und seine altorientalischen Kontexte. FAT 32, Tübingen 2001, 503–539.

—, Leiden erzählen. Sinnfiguren der Theodizee im Alten Testament. Nur eine Skizze, in: Michel, Andreas/Stipp, Hermann-Josef (Hgg.), Gott, Mensch, Sprache. FS Walter Gross. ATSAT 68, St. Ottilien 2001, 1–22.

BLACK, Matthew, Apocalypsis Henochi Graece. Fragmenta pseudepigraphorum quae supersunt graeca. Una cum historicorum et auctorum judaeorum hellenistarum fragmentis. PVTG 3, Leiden 1970.

—, The Book of Enoch or I Enoch. A New English Edition. In Consultation with James C. VanderKam. With an Appendix on the Astronomical Chapters (72–82) by Otto Neugebauer. SVTP 7, Leiden 1985.

BLASIUS, Andreas/SCHIPPER, Bernd Ulrich (Hgg.), Apokalyptik und Ägypten. Eine kritische Analyse der relevanten Texte aus dem griechisch-römischen Ägypten. OLA 107, Leuven/Paris/Sterling, VA 2002.

Boccaccini, Gabriele, Middle Judaism. Jewish Thought, 300 B.C.E. to 200 C.E., Minneapolis, MN 1991.

— , Middle Judaism and Its Contemporary Interpreters. Methodological Foundations for the Study of Judaisms, 300 BCE to 200 CE, in: Henoch 15 (1993) 207–234.

— , The Preexistence of the Torah. A Commonplace in Second Temple Judaism, or a Later Rabbinic Development?, in: Henoch 17 (1995) 329–350.

— , Beyond the Essene Hypothesis. The Parting of the Ways between Qumran and Enochic Judaism, Grand Rapids, MI 1998.

— , Roots of Rabbinic Judaism. An Intellectual History, from Ezekiel to Daniel, Grand Rapids, MI/Cambridge 2002.

— (Hg.), The Origins of Enochic Judaism. Proceedings of the First Enoch Seminar, University of Michigan, Sesto Fiorentino, Italy, June 19–23, 2001. Henoch 24, Torino 2002.

— (Hg.), Enoch and Qumran Origins. New Light on a Forgotten Connection, Grand Rapids, MI 2005.

— , Enochians, Urban Essenes, Qumranites: Three Social Groups, One Intellectual Movement, in: ders./Collins, John Joseph (Hgg.), The Early Enoch Literature. Supplements to JSJ 121, Leiden/Boston 2007, 301–327.

— (Hg.), Enoch and the Messiah Son of Man. Revisiting the Book of Parables, Grand Rapids, MI 2007.

Boccaccini, Gabriele/Collins, John Joseph (Hgg.), The Early Enoch Literature. Supplements to JSJ 121, Leiden/Boston 2007.

Böckler, Annette, Gott als Vater im Alten Testament. Traditionsgeschichtliche Untersuchungen zur Entstehung und Entwicklung eines Gottesbildes, Gütersloh 2000.

— , Unser Vater, in: Van Hecke, Pierre (Hg.), Metaphor in the Hebrew Bible. BEThL 187, Leuven 2005, 249–261.

Borger, Rykle, Die Beschwörungsserie Bīt Mēseri und die Himmelfahrt Henochs, in: JNES 33 (1974) 183–196.

Böttrich, Christfried, Gottesprädikationen im Jubiläenbuch, in: Albani, Matthias u. a. (Hgg.), Studies in the Book of Jubilees. TSAJ 65, Tübingen 1997, 221–241.

Bousset, Wilhelm, Neueste Forschungen auf dem Gebiet der religiösen Litteratur des Spätjudentums. II. Zur Litteratur der Makkabäerzeit (Fortsetzung), in: ThR 3 (1900) 369–381.

Brinker, Klaus, Linguistische Textanalyse. Eine Einführung in Grundbegriffe und Methoden. GGerm 29, Berlin ⁵2001.

Brutti, Maria, The Development of the High Priesthood During the Pre-Hasmonean Period. History, Ideology, Theology. Supplements to JSJ 108, Leiden 2006.

Bultmann, Rudolf, Geschichte und Eschatologie, Tübingen 1958.

Bussmann, Hadumod (Hg.), Lexikon der Sprachwissenschaft. Dritte, aktualisierte und erweiterte Auflage, Stuttgart 2002.

CAMPONOVO, Odo, Königtum, Königsherrschaft und Reich Gottes in den frühjüdischen Schriften. OBO 58, Freiburg, Schweiz 1983.

CANCIK-KIRSCHBAUM, Eva/EDER, Walter/KAHL, Jochem u. a., Art. Herrschaft, in: Der neue Pauly 5 (1998) 487–493.

— , Art. Herrscher, in: Der neue Pauly 5 (1998) 493–500.

CHARLES, Robert Henry, The Book of Jubilees or the Little Genesis, Translated from the Editor's Ethiopic Text, and Edited with Introduction, Notes, and Indices, London 1902.

— , The Book of Enoch or 1 Enoch. Translated from the Editor's Ethiopic Text, and Edited with the Introduction Notes and Indexes of the First Edition Wholly Recast Enlarged and Rewritten, Oxford 1912.

— , The Ethiopic Version of the Book of Enoch. Edited from the Twenty-three Mss, Together with the Fragmentary Greek and Latin Versions. Anecdota Oxoniensia; Semitic Series 9, Oxford 1906.

CHARLESWORTH, James H., Theodicy in Early Jewish Writings. A Selected Overview, in: Laato, Antti/De Moor, Johannes C. (Hgg.), Theodicy in the World of the Bible, Leiden 2003, 470–508.

— , What Is an Apocalyptic Text, and How Do We Know That: Seeking the Provenience of the Book of the Watchers, in: Henoch 30 (2008) 37–41.

COLLINS, John Joseph, Methodological Issues in the Study of 1 Enoch. Reflections on the Articles of P. D. Hanson and G. W. Nickelsburg, in: Achtemeier, Paul J. (Hg.), 1978 Seminar Papers. SBL.SPS 13/1, Missoula 1978, 315–322.

— , The Jewish Apocalypses, in: ders. (Hg.), Apocalypse. The Morphology of a Genre. Semeia 14, Atlanta, GA 1979, 21–59.

— , Towards the Morphology of a Genre, in: ders. (Hg.), Apocalypse. The Morphology of a Genre. Semeia 14, Atlanta, GA 1979, 1–20.

— , The Apocalyptic Technique. Setting and Function in the Book of Watchers, in: CBQ 44 (1982) 91–111.

— , Testaments, in: Stone, Michael E. (Hg.), Jewish Writings of the Second Temple Period. Apocrypha, Pseudepigrapha, Qumran Sectarian Writings, Philo, Josephus. The Literature of the Jewish People in the Period of the Second Temple and the Talmud 2, Assen 1984, 325–355.

— , Jewish Wisdom in the Hellenistic Age. Old Testament Library, Philadelphia 1997.

— , The Apocalyptic Imagination. An Introduction to Jewish Apocalyptic Literature, Grand Rapids, MI ²1998.

— , Between Athens and Jerusalem. Jewish Identity in the Hellenistic Diaspora, Grand Rapids, MI ²2000.

— , Theology and Identity in the Early Enoch Literature, in: Boccaccini, Gabriele (Hg.), The Origins of Enochic Judaism. Proceedings of the First Enoch Seminar, University of Michigan, Sesto Fiorentino, Italy, June 19–23, 2001. Henoch 24, Torino 2002, 57–62.

— , An Enochic Testament? Comments on George Nickelsburg's Hermeneia Commentary, in: Neusner, Jacob/Avery-Peck, Alan J. (Hgg.), George W. E.

Nickelsburg in Perspective. An Ongoing Dialogue of Learning 2.
Supplements to JSJ 80, Leiden 2003, 373–378.
— , How Distinctive was Enochic Judaism? in: Meghillot V–VI (2008), *17–*34.
COUGHENOUR, Robert A., Enoch and Wisdom. A Study of Wisdom Elements in
the Book of Enoch, Cleveland, OH 1972.
COWLEY, Roger W., The Biblical Canon of the Ethiopian Orthodox Church
Today, in: OS 23 (1974) 318–323.

DAVIDSON, Maxwell J., Angels at Qumran. A Comparative Study of 1 Enoch 1–
36, 72–108 and Sectarian Writings from Qumran. JSPE.S 11, Sheffield 1992.
DAVIES, Philip R., And Enoch Was Not, for Genesis Took Him, in: Hempel,
Charlotte/Lieu, Judith M. (Hgg.), Biblical Traditions in Transmission.
Essays in Honour of Michael A. Knibb. Supplements to JSJ 111, Leiden
2006, 97–107.
DEAN-OTTING, Mary, Heavenly Journeys. A Study of the Motif in Hellenistic
Jewish Literature. JudUm 8, Frankfurt a. M. 1984.
DELCOR, Mathias, Le mythe de la chute des anges et de l'origine des géants
comme explication du mal dans le monde dans l'apocalyptique juive:
histoire des traditions, in: RHR 190 (1976) 3–53.
DENIS, Albert-Marie, Introduction à la littérature religieuse judéo-hellénistique
1. Pseudépigraphes de l'Ancien Testament, Turnhout 2000.
DIETRICH, Walter, Gott als König. Zur Frage nach der theologischen und
politischen Legitimität religiöser Begriffsbildung (1980), in: ders.,
Theopolitik. Studien zur Theologie und Ethik des Alten Testaments,
Neukirchen-Vluyn 2002, 58–70.
DILLMANN, August, Das Buch Henoch übersetzt und erklärt, Leipzig 1853.
— , Liber Henoch aethiopice, ad quinque codicum fidem editus, cum variis
lectionibus cura Augusti Dillmann, Leipzig 1851.
DIMANT, Devorah, The Angels Who Sinned. Ph. D. diss. Hebrew University,
Jerusalem 1971. (Hebräisch, unveröffentlicht)
— , 1 Enoch 6–11. A Methodological Perspective, in: Achtemeier, Paul J. (Hg.),
1978 Seminar Papers. SBL.SPS 13/1, Missoula 1978, 323–339.
— , The Testament as a Literary Form in Early Jewish Pseudepigraphic
Literature, in: Krone, David (Hg.), Proceedings of the Eighth World
Congress of Jewish Studies. Division A: The Period of the Bible, Jerusalem
1982, 79–83.
— , The Biography of Enoch and the Books of Enoch, in: VT 33 (1983) 14–29.
— , Use and Interpretation of Mikra in the Apokrypha and Pseudepigrapha,
in: Mulder, Martin Jan (Hg.), Mikra. Text, Translation, Reading and
Interpretation of the Hebrew Bible in Ancient Judaism and Early
Christianity. CRI 1, Assen/Philadelphia 1988, 379–419.
— , 1 Enoch 6–11. A Fragment of a Parabiblical Work, in: JJS 53 (2002) 223–237.
— , Two "Scientific" Fictions. The So-called Book of Noah and the Alleged
Quotation of Jubilees in CD 16:3–4, in: Flint, Peter W. u. a. (Hgg.), Studies
in the Hebrew Bible, Qumran, and the Septuagint Presented to Eugene
Ulrich. VT.S 101, Leiden/Boston 2006, 230–249.

DiTOMMASO, Lorenzo, Apocalypses and Apocalypticism in Antiquity, in: Currents in Biblical Research 5 (2007) 235–286.367–432.

DIX, G. H., The Enochic Pentateuch, in: JThS 27 (1926) 29–42.

DOHMEN, Christoph, Art. Sinai/Sinaiüberlieferung, in: RGG⁴ 7 (2004) 1330–1332.

DÖRFEL, Donata, Engel in der apokalyptischen Literatur und ihre theologische Relevanz am Beispiel von Ezechiel, Sacharja, Daniel und Erstem Henoch. Theologische Studien, Aachen 1998.

DURAND, Xavier, Des Grecs en Palestine au IIIe siècle avant Jésus-Christ. Le dossier syrien des archives de Zénon de Caunos (261–252). CRB 38, Paris 1997.

EDELMANN, Diana Vikander, The Iconography of Wisdom, in: Amit, Yairah u. a. (Hgg.), Essays on Ancient Israel in Its Near Eastern Context. FS Nadav Na'aman, Winona Lake, IN 2006, 149–153.

EDER, Walter, Art. Herrscher IV: Griechenland und Rom, in: Der neue Pauly 5 (1998) 498–500.

EGO, Beate, „Denn er liebte sie" (Tob 6,15 Ms. 319). Zur Rolle des Dämons Asmodäus in der Tobit-Erzählung", in: Lange, Armin/Lichtenberger, Hermann/Römheld, K. F. Diethard (Hgg.), Die Dämonen. Die Dämonologie der israelitisch-jüdischen und frühchristlichen Literatur im Kontext ihrer Umwelt = Demons. The Demonology of Israelite-Jewish and Early Christian Literature in Context of their Environment, Tübingen 2003, 309–317.

—, Henochs Reise vor den Thron Gottes (1 Hen 14,8–16,4). Zur Funktion des Motivs der Himmelsreise im Wächterbuch (1 Hen 1–36), in: Frey, Jörg/Becker, Michael (Hgg.), Apokalyptik und Qumran. Einblicke 10, Paderborn 2007, 105–121.

ELLIOTT, Mark A., The Survivors of Israel. A Reconsideration of the Theology of Pre-Christian Judaism, Grand Rapids, MI 2000.

—, Covenant and Cosmology in the Book of the Watchers and the Astronomical Book, in: Boccaccini, Gabriele (Hg.), The Origins of Enochic Judaism. Proceedings of the First Enoch Seminar, University of Michigan, Sesto Fiorentino, Italy, June 19–23, 2001. Henoch 24, Torino 2002, 23–38.

ERHO, Ted M., The Ahistorical Nature of 1 Enoch 56:5–8 and Its Ramifications upon the Opinio Communis on the Dating of the Similitudes of Enoch, in: JSJ 40 (2009), 23–54.

ESHEL, Esther/ESHEL, Hanan, Toponymic Midrash in 1 Enoch and in Other Second Temple Jewish Literature, in: Boccaccini, Gabriele (Hg.), The Origins of Enochic Judaism. Proceedings of the First Enoch Seminar, University of Michigan, Sesto Fiorentino, Italy, June 19–23, 2001. Henoch 24, Torino 2002, 115–130.

—, New Fragments from Qumran. 4QGenF, 4QISAB, 4Q226, 8QGEN, and XQPAPENOCH, in: DSD 12 (2005) 134–157.

ESHEL, Hanan/ESHEL, Esther, Separating Levi from Enoch: Response to 'Enoch, Levi, and Peter: Recipients of Revelation in Upper Galilee', in: Neusner, Jacob/Avery-Peck, Alan J. (Hgg.), George W. E. Nickelsburg in Perspective.

An Ongoing Dialogue of Learning 2. Supplements to JSJ 80, Leiden/Boston 2003, 458–468.

FELBER, Anneliese, Die Henochgestalt in der Patristik, in: Protokolle zur Bibel 11 (2002) 21–32.

FELDMAN, Ariel, 1Q19 ('Book of Noah') Reconsidered, in: Henoch 31 (2009). (In Vorbereitung)

FITZMYER, Joseph Augustine, The Genesis Apocryphon of Qumran Cave I. A Commentary. BibOr 18A, Roma ²1971.

FLEMMING, Johannes, Das Buch Henoch. Äthiopischer Text. TU 22/1, Leipzig 1902.

FOHRER, Georg, Der Tag JHWHs, in: ders., Studien zum Alten Testament (1966–1988). BZAW 196, Berlin 1991, 32–44.

FREYNE, Seán, Galilean Studies: Old Issues and New Questions, in: Zangenberg, Jürgen (Hg.), Religion, Ethnicity, and Identity in Ancient Galilee. A Region in Transition. WUNT 210, Tübingen 2007, 13–29.

FRÖHLICH, Ida, Time and Times and Half a Time. Historical Consciousness in the Jewish Literature of the Persian and Hellenistic Eras. JSPE.S 19, Sheffield 1996.

— , "Invoke at any time …" Apotropaic Texts and Belief in Demons in the Literature of the Qumran Community, in: BN 137 (2008) 41–74.

GARCÍA MARTÍNEZ, Florentino G., 4QMes. Aram. y el Libro de Noé, in: Salmanticensis 28 (1981) 195–232.

— , Qumran and Apocalyptic. Studies on the Aramaic Texts from Qumran. StTDJ 9, Leiden/New York/Köln 1992.

— , Wisdom at Qumran: Worldly or Heavenly?, in: ders. (Hg.), Wisdom and Apocalypticism in the Dead Sea Scrolls and in the Biblical Tradition. BEThL 168, Leuven 2003, 1–15.

— , Conclusion: Mapping the Threads, in: Boccaccini, Gabriele/Collins, John Joseph (Hgg.), The Early Enoch Literature. Supplements to JSJ 121, Leiden/Boston 2007, 329–335.

GEHRKE, Hans-Joachim, Geschichte des Hellenismus. Oldenbourg Grundriss der Geschichte 1A, München ³2003.

GIL, Moshe, Enoch in the Land of Eternal Life, in: Tarbiz 38 (1968–1969) 322–337. (Hebräisch)

GLASSON, Thomas Francis, Greek Influence in Jewish Eschatology. With Special Reference to the Apocalypses and Pseudepigraphs. BMSPCK, London 1961.

GOLDSCHMIDT, Lazarus, Der babylonische Talmud. Nach der ersten zensurfreien Ausgabe unter Berücksichtigung der neueren Ausgaben und handschriftlichen Materials neu übertragen von Lazarus Goldschmidt, Berlin 1929–1936.

GRABBE, Lester L., The Social Setting of Early Jewish Apocalypticism, in: JSPE 4 (1989) 27–47.

— , Judaic Religion in the Second Temple Period. Belief and Practice from the Exile to Yavneh, London 2000.

— , A History of the Jews and Judaism in the Second Temple Period 1: Yehud. A History of the Persian Province of Judah. Library of Second Temple Studies 47, London/New York 2004.

— , The Law, the Prophets, and the Rest. The State of the Bible in Pre-Maccabean Times, in: DSD 13 (2006) 319–338.

GREENFIELD, Jonas C./STONE, Michael E., Enochic Pentateuch and the Date of the Similitudes, in: HThR 70 (1977) 51–65.

— , The Books of Enoch and the Traditions of Enoch, in: Numen 26 (1979) 89–103.

GRELOT, Pierre, La géographie mythique d'Hénoch et ses sources orientales, in: RB 65 (1958) 33–69.

— , La légende d'Henoch dans les apocryphes et dans la Bible. Origine et signification, in: RSR 46 (1958) 5–26.181–210.

HANDY, Lowell K., Among the Host of Heaven. The Syro-Palestinian Pantheon as Bureaucracy, Winona Lake, IN 1994.

HANSON, Paul David, Rebellion in Heaven, Azazel, and Euhemeristic Heroes in 1 Enoch 6–11, in: JBL 96 (1977) 195–233.

HARDMEIER, Christof/HUNZIKER-RODEWALD, Regine, Texttheorie und Texterschließung. Grundlagen einer empirisch-textpragmatischen Exegese, in: Utzschneider, Helmut/Blum, Erhard (Hgg.), Lesarten der Bibel. Untersuchungen zu einer Theorie der Exegese des Alten Testaments, Stuttgart 2006, 13–44.

HARTMAN, Lars, Asking for a Meaning. A Study of 1 Enoch 1–5. CB.NT 12, Lund 1979.

HÄUSL, Maria, Gott als Vater und Mutter und die Sohnschaft des Volkes in der Prophetie. Rezeption mythischer Vorstellungen, in: Irsigler, Hubert (Hg.), Mythisches in biblischer Bildsprache. Gestalt und Verwandlung in Prophetie und Psalmen. QD 209, Freiburg/Basel/Wien 2004, 258–289.

HELLHOLM, David, The Problem of Apocalyptic Genre and the Apocalypse of John, in: Semeia 36 (1986) 13–64.

HEMPEL, Charlotte, Rezension Boccaccini 2002, in: VT 54 (2004) 277.

HENDEL, Ronald, The Nephilim were on the Earth: Genesis 6:1–4 and its Ancient Near Eastern Context, in: Auffarth, Christoph/Stuckenbruck, Loren T. (Hgg.), The Fall of the Angels. Themes in Biblical Narrative 6, Leiden 2004, 11–34.

HENGEL, Martin, Judentum und Hellenismus. Studien zu ihrer Begegnung unter besonderer Berücksichtigung Palästinas bis zur Mitte des 2. Jh.s v. Chr. WUNT 10, Tübingen ²1973, ³1988.

— , Juden, Griechen und Barbaren. Aspekte der Hellenisierung des Judentums in vorchristlicher Zeit, Stuttgart 1976.

HENGEL, Martin/SCHWEMER, Anna Maria (Hgg.), Königsherrschaft Gottes und himmlischer Kult im Judentum, Urchristentum und in der hellenistischen Welt. WUNT 55, Tübingen 1991.

HIEKE, Thomas, Eschatologie, in: Berlejung, Angelika/Frevel, Christian (Hgg.), Handbuch theologischer Grundbegriffe zum Alten und Neuen Testament (HGANT), Darmstadt 2006, 7–12.

HIMMELFARB, Martha, A Report of Enoch in Rabbinic Literature, in: Achtemeier, Paul J. (Hg.), 1978 Seminar Papers. SBL.SPS 13/1, Missoula 1978, 259–269.

— , Ascent to Heaven in Jewish and Christian Apocalypses, New York 1993.

— , Levi, Phinehas, and the Problem of Intermarriage at the Time of the Maccabean Revolt, in: Jewish Studies Quarterly 6 (1999) 3–12.

— , The Book of the Watchers and the Priests of Jerusalem, in: Boccaccini, Gabriele (Hg.), The Origins of Enochic Judaism. Proceedings of the First Enoch Seminar, University of Michigan, Sesto Fiorentino, Italy, June 19–23, 2001. Henoch 24, Torino 2002, 131–135.

— , Earthly Sacrifice and Heavenly Incense. The Law of the Priesthood in *Aramaic Levi* and *Jubilees*, in: Reed, Annette Yoshiko/Boustan, Ra ʿanan S. (Hgg.), Heavenly Realms and Earthly Realities in Late Antique Religions, Cambridge 2004, 103–122.

— , A Kingdom of Priests. Ancestry and Merit in Ancient Judaism, Philadelphia 2006.

— , Temple and Priests in the Book of the Watchers, the Animal Apocalypse, and the Apocalypse of Weeks, in: Boccaccini, Gabriele/Collins, John Joseph (Hgg.), The Early Enoch Literature. Supplements to JSJ 121, Leiden/Boston 2007, 219–235.

HOFFMANN, Andreas Gottlieb, Das Buch Henoch in vollständiger Übersetzung (2 Bde.). Die Apokalyptiker der älteren Zeit unter Juden und Christen 1, Jena 1833–1838.

HOFFMANN, Heinrich, Das Gesetz in der frühjüdischen Apokalyptik. StUNT 23, Göttingen 1999.

HOFFMANN, Paul, Die Toten in Christus. Eine religionsgeschichtliche und exegetische Untersuchung zur paulinischen Eschatologie. NTA.NF 2, Münster ³1978.

HÖLBL, Günther, Geschichte des Ptolemäerreiches. Politik, Ideologie und religiöse Kultur von Alexander dem Großen bis zur römischen Eroberung, Darmstadt 1994.

HOLLANDER, Harm W., Art. Testamentliteratur, in: RGG⁴ 8 (2005) 176–177.

HOLLANDER, Harm W./DE JONGE, Marinus, The Testaments of the Twelve Patriarchs. A Commentary. SVTP 8, Leiden 1985.

HORSLEY, Richard A., Scribes, Visionaries, and the Politics of Second-Temple Judea, Louisville 2007.

HUNTER, Richard, Theocritus. Encomium of Ptolemy Philadelphus. Text and Translated with Introduction and Commentary. Hellenistic Culture and Society 39, Berkeley 2003.

IRSIGLER, Hubert (Hg.), Mythisches in biblischer Bildsprache. Gestalt und Verwandlung in Prophetie und Psalmen. QD 209, Freiburg/Basel/Wien 2004.

ISAAC, Ephraim, 1 (Ethiopic Apocalypse of) Enoch, in: Charlesworth, James H. (Hg.), The Old Testament Pseudepigrapha 1: Apocalyptic Literature and Testaments, New York/London 1983, 5–89.

JACKSON, David R., Enochic Judaism. Three Defining Paradigm Exemplars. Library of Second Temple Studies 49, London 2004.

JAMES, Edwin Oliver, The Tree of Life. An Archaeological Study. SHR 11, Leiden 1966.

JANOWSKI, Bernd, Art. Gericht Gottes II: Altes Testament, in: RGG⁴ 3 (2000) 733–734.

—, Das biblische Weltbild, in: ders./Ego, Beate (Hgg.), Das biblische Weltbild und seine altorientalischen Kontexte. FAT 32, Tübingen 2001, 3–26.

—, Art. Bund I: AT, in: Berlejung, Angelika/Frevel, Christian (Hgg.), Handbuch theologischer Grundbegriffe zum Alten und Neuen Testament (HGANT), Darmstadt (2006) 124.

JANSEN, Herman Ludin, Die Henochgestalt. Eine vergleichende religionsgeschichtliche Untersuchung. SNVAO.HF 1, Oslo 1939.

JANSSEN, Enno, Testament Abrahams, in: Lichtenberger, Hermann (Hg.), Unterweisung in lehrhafter Form. JSHRZ III/2, Gütersloh 1975, 193–256.

JENNI, Ernst, Das Wort ʿōlām im Alten Testament, in: ZAW 64 (1952) 197–248.

—, Das Wort ʿōlām im Alten Testament (Fortsetzung), in: ZAW 65 (1953) 1–35.

JEREMIAS, Jörg, Theophanie. Die Geschichte einer alttestamentlichen Gattung. WMANT 10, 2., überarbeitete und erweiterte Auflage, Neukirchen-Vluyn 1977.

—, Art. Theophanie II, in: RGG⁴ 8 (2005) 336–338.

JOHANNSEN, Nina, Art. Tyche (Τύχη, Τύχα), in: Der Neue Pauly 12 (2002) 936–937.

JÜNGLING, Hans-Winfried, „Was anders ist Gott für den Menschen, wenn nicht sein Vater und seine Mutter?" Zu einer Doppelmetapher der religiösen Sprache, in: Dietrich, Walter/Klopfenstein, Martin A. (Hgg.), Ein Gott allein? Jahweverehrung und biblischer Monotheismus im Kontext der israelitischen und altorientalischen Religionsgeschichte. OBO 139, Freiburg, Schweiz/Göttingen 1994, 365–386.

KEEL, Othmar, Die Welt der altorientalischen Bildsymbolik und das Alte Testament. Am Beispiel der Psalmen, Göttingen ⁵1996.

—, Die Geschichte Jerusalems und die Entstehung des Monotheismus. OLB 4,1, Göttingen 2007.

—, Gott weiblich. Eine verborgene Seite des biblischen Gottes, Freiburg, Schweiz 2008.

KLAUCK, Hans-Josef, Unterweisung in lehrhafter Form. 4. Makkabäerbuch. JSHRZ III/6, Gütersloh 1989.

KNIBB, Michael A., The Ethiopic Book of Enoch (2 Bde.), Oxford 1978.

—, Christian Adoption and Transmission of Jewish Pseudepigrapha. The Case of 1 Enoch, in: JSJ 32 (2001) 396–415.

—, Interpreting the Book of Enoch. Reflections on a Recently Published Commentary, in: JSJ 33 (2002) 437–450.

— , The Book of Enoch in the Light of Qumran Wisdom Literature, in: García Martínez, Florentino (Hg.), Wisdom and Apocalypticism in the Dead Sea Scrolls and in the Biblical Tradition. BEThL 168, Leuven 2003, 193–210.

— , The Use of Scripture in 1 Enoch 17–19, in: García Martínez, Florentino/Luttikhuizen, Gerard P. (Hgg.), Jerusalem, Alexandria, Rome. FS A. Hilhorst. Supplements to JSJ 82, Leiden 2003, 165–178.

— , The Book of Enoch or Books of Enoch? The Textual Evidence for 1 Enoch, in: Boccaccini, Gabriele/Collins, John Joseph (Hgg.), The Early Enoch Literature. Supplements to JSJ 121, Leiden/Boston 2007, 21–40.

KOCH, Klaus, Wind und Zeit als Konstituenten des Kosmos in phönikischer Mythologie und spätalttestamentlichen Texten, in: Dietrich, Manfried/Loretz, Oswald (Hgg.), Mesopotamica – Ugaritica – Biblica. FS Kurt Bergerhof. AOAT 232, Neukirchen-Vluyn 1993, 59–91.

— , Monotheismus und Angelologie, in: Dietrich, Walter/Klopfenstein, Martin A. (Hgg.), Ein Gott allein? Jahweverehrung und biblischer Monotheismus im Kontext der israelitischen und altorientalischen Religionsgeschichte. OBO 139, Freiburg, Schweiz/Göttingen 1994, 565–581.

— , Die Profeten I. Assyrische Zeit. Urban-TB 280, 3., völlig neu bearbeitete Auflage, Stuttgart 1995.

— , Einleitung zur Apokalyptik (1982), in: ders., Vor der Wende der Zeiten. Beiträge zur apokalyptischen Literatur. Gesammelte Aufsätze 3. Herausgegeben von Uwe Glessmer und Martin Krause, Neukirchen-Vluyn 1996, 109–134.

— , Ṣädaq und Maʿat. Konnektive Gerechtigkeit in Israel und Agypten?, in: Assmann, Jan u. a. (Hgg.), Gerechtigkeit. Richten und Retten in der abendländischen Tradition und ihren altorientalistischen Ursprüngen, München 1998, 37–64.

— , Response to 'The Apocalyptic Construction of Reality in 1 Enoch', in: Neusner, Jacob/Avery-Peck, Alan J. (Hgg.), George W. E. Nickelsburg in Perspective. An Ongoing Dialogue of Learning 1. Supplements to JSJ 80, Leiden/Boston 2003, 44–55.

— , The Astral Laws as the Basis of Time, Universal History, and the Eschatological Turn in the Astronomical Book and the Animal Apocalypse of 1 Enoch, in: Boccaccini, Gabriele/Collins, John Joseph (Hgg.), The Early Enoch Literature. Supplements to JSJ 121, Leiden/Boston 2007, 119–137.

KOENEN, Klaus, Altes Testament, in: ders./Kühschelm, Roman, Zeitenwende. Die Neue Echter Bibel – Themen 2, Würzburg 1999, 10–56.

KOLENKOW, Anitra Bingham, The Genre Testament and Forecasts of the Future in the Hellenistic Jewish Milieu, in: JSJ 6 (1975) 57–71.

— , The Genre Testament and the Testament of Abraham, in: Nickelsburg, George W. E. (Hg.), Studies on the Testament of Abraham. SCSt 6, Atlanta, GA 1976, 139–152.

— , Testaments I: The Literary Genre 'Testament', in: Kraft, Robert A./Nickelsburg, George W. E. (Hgg.), Early Judaism and its Modern Interpreters. BIMI 2, Philadelphia/Atlanta 1986, 259–267.

KRISPENZ, Jutta, Wie viele Bäume braucht das Paradies? Erwägungen zu Gen II 4B–III 24, in: VT 54 (2004) 301–318.

KRÜGER, Thomas, Kohelet (Prediger). BK 19, Neukirchen-Vluyn 2000.

—, Gesetz und Weisheit im Pentateuch, in: Fischer, Irmtraud u. a. (Hgg.), Auf den Spuren der schriftgelehrten Weisen. FS Johannes Marböck. BZAW 331, Berlin 2003, 1–12.

—, Art. Weisheit/Gesetz, in: Berlejung, Angelika/Frevel, Christian (Hgg.), Handbuch theologischer Grundbegriffe zum Alten und Neuen Testament (HGANT), Darmstadt 2006, 60–65.

KÜCHLER, Max, Schweigen, Schmuck und Schleier. Drei neutestamentliche Vorschriften zur Verdrängung der Frauen auf dem Hintergrund einer frauenfeindlichen Exegese des Alten Testaments im antiken Judentum. NTOA 1, Freiburg, Schweiz 1986.

KUHNEN, Hans-Peter, Palästina in griechisch-römischer Zeit. Mit Beiträgen von Leo Mildenberg und Robert Wenning. Handbuch der Archäologie; Vorderasien 2/2, München 1990.

—, Israel unmittelbar vor und nach Alexander dem Großen. Geschichtlicher Wandel und archäologischer Befund, in: Alkier, Stefan/Witte, Markus (Hgg.), Die Griechen und das antike Israel. Interdisziplinäre Studien zur Religions- und Kulturgeschichte des Heiligen Landes. OBO 201, Freiburg, Schweiz/Göttingen 2004, 1–27.

KVANVIG, Helge S., Roots of Apocalyptic. The Mesopotamian Background of the Enoch Figure and of the Son of Man. WMANT 61, Neukirchen-Vluyn 1988.

—, Origin and Identity of the Enoch Group, in: Boccaccini, Gabriele (Hg.), The Origins of Enochic Judaism. Proceedings of the First Enoch Seminar, University of Michigan, Sesto Fiorentino, Italy, June 19–23, 2001. Henoch 24, Torino 2002, 207–212.

—, The Watchers Story, Genesis and *Atra-ḫasīs*, a Triangular Reading, in: Boccaccini, Gabriele (Hg.), The Origins of Enochic Judaism. Proceedings of the First Enoch Seminar, University of Michigan, Sesto Fiorentino, Italy, June 19–23, 2001. Henoch 24, Torino 2002, 17–21.

—, Gen 6,3 and the Watcher Story, in: Henoch 25 (2003) 277–300.

—, Jubilees. Between Enoch and Moses. A Narrative Reading, in: JSJ 3 (2004) 243–261.

—, Cosmic Laws and Cosmic Imbalance. Wisdom, Myth and Apocalyptic in Early Enochic Writings, in: Boccaccini, Gabriele/Collins, John Joseph (Hgg.), The Early Enoch Literature. Supplements to JSJ 121, Leiden/Boston 2007, 139–158.

—, Enoch – From Sage to Visionary Apocalyptist, in: Henoch 30 (2008) 48–51.

LAATO, Antti/DE MOOR, Johannes C., Theodicy in the World of the Bible. The Goodness of God and the Problem of Evil, Leiden 2003.

LANGE, Armin, Interpretation als Offenbarung. Zum Verhältnis von Schriftauslegung und Offenbarung in apokalyptischer und nichtapokalyptischer Literatur, in: García Martínez, Florentino (Hg.),

Wisdom and Apocalypticism in the Dead Sea Scrolls and in the Biblical Tradition. BEThL 168, Leuven 2003, 17–33.

LANGE, Armin/LICHTENBERGER, Hermann/RÖMHELD, K. F. Diethard (Hgg.), Die Dämonen. Die Dämonologie der israelitisch-jüdischen und frühchristlichen Literatur im Kontext ihrer Umwelt = Demons. The Demonology of Israelite-Jewish and Early Christian Literature in Context of their Environment, Tübingen 2003.

LANGLOIS, Michaël, Le premier manuscrit du *Livre d'Hénoch*. Étude épigraphique et philologique des fragments araméens de 4Q201 à Qumrân. Lectio divina, Paris 2008.

LAURENCE, Richard, The Book of Enoch the Prophet. An Apocryphal Production Supposed to Have Been Lost for Ages But Discovered at the Close of the Last Century in Abyssinia. Now First Translated from an Ethiopic Ms. in the Bodleian Library, Oxford 1821.

— , Libri Enoch Versio Aethiopica, Oxoniae 1838.

LE ROUX, J. H., The Use of Scripture in 1 Enoch 6–11, in: Neotest. 17 (1983) 28–39.

LEUENBERGER, Martin, Konzeptionen des Königtums Gottes im Psalter. Untersuchungen zu Komposition und Redaktion der theokratischen Bücher IV–V im Psalter. AThANT 83, Zürich 2004.

— , Segen und Segenstheologien im alten Israel. Untersuchungen zu ihren religions- und theologiegeschichtlichen Konstellationen und Transformationen. AThANT 90, Zürich 2008.

LIMBECK, Meinrad, Die Ordnung des Heils. Untersuchungen zum Gesetzesverständnis des Frühjudentums. KBANT, Düsseldorf 1971.

LOADER, William, Enoch, Levi, and Jubilees on Sexuality. Attitudes towards Sexuality in the Early Enoch Literature, the Aramaic Levi Document, and the Book of Jubilees, Grand Rapids, MI/Cambridge 2007.

LODS, Adolphe, Le Livre d'Hénoch. Fragments grecs découverts à Akhmîm (Egypte) publiés avec les variantes du texte Ethiopien traduits et annotés, Paris 1892.

MACASKILL, Grant, Revealed Wisdom and Inaugurated Eschatology in Ancient Judaism and Early Christianity. Supplements to JSJ 115, Leiden 2007.

MACH, Michael, Entwicklungsstadien des jüdischen Engelglaubens in vorrabbinischer Zeit. Texte und Studien zum antiken Judentum 34, Tübingen 1992.

MAIER, Johann, Zwischen den Testamenten. Geschichte und Religion in der Zeit des Zweiten Tempels. NEB Ergänzungsband zum Alten Testament 3, Würzburg 1990.

MARBÖCK, Johannes, Das Gebet um die Rettung Zions in Sir 36,1–22 (G: 33,1–13a; 36,16b–22) im Zusammenhang der Geschichtsschau Ben Siras, in: ders., Gottes Weisheit unter uns. Zur Theologie des Buches Sirach, herausgegeben von Irmtraud Fischer. Herders biblische Studien 6, Freiburg/Basel u. a. 1995, 149–166.

— , Gottes Weisheit unter uns. Zur Theologie des Buches Sirach, herausgegeben von Irmtraud Fischer. Herders biblische Studien 6, Freiburg/Basel u. a. 1995.

MAZZINGHI, Luca, Qohelet and Enochism. A Critical Relationship, in: Boccaccini, Gabriele (Hg.), The Origins of Enochic Judaism. Proceedings of the First Enoch Seminar, University of Michigan, Sesto Fiorentino, Italy, June 19–23, 2001. Henoch 24, Torino 2002, 157–167.

MEISSNER, Burkhard, Hellenismus. Geschichte Kompakt, Darmstadt 2007.

METZENTHIN, Christian, Jesaja-Auslegung zu Qumran. AThANT 98, Zürich 2010.

MICHEL, Diethelm, Art. Gericht Gottes, in: NBL 1 (1991) 801–807.

MILIK, Jozef T., 1Q19–1Q19bis. Livre de Noé, in: ders./Barthélemy, Dominique (Hgg.), Qumran Cave I. DJD 1, Oxford 1955, 84–86, 152.

— , Hénoch au pays des aromates (ch. xxvii à xxxii). Fragments araméens de la grotte 4 de Qumran, in: RB 65 (1958) 70–77.

— , The Books of Enoch. Aramaic Fragments of Qumrân Cave 4, Oxford 1976.

MOLENBERG, Corrie, A Study of the Roles of Shemihaza and Asael in 1 Enoch 6–11, in: JJS 35 (1984) 136–146.

MORELAND, Milton, The Inhabitants of Galilee in the Hellenistic and Early Roman Periods, in: Zangenberg, Jürgen (Hg.), Religion, Ethnicity, and Identity in Ancient Galilee. A Region in Transition. WUNT 210, Tübingen 2007, 133–159.

MÜLLER, Klaus W., König und Vater. Streiflichter zur metaphorischen Rede über Gott in der Umwelt des Neuen Testaments, in: Hengel, Martin/Schwemer, Anna Maria (Hgg.), Königsherrschaft Gottes und himmlischer Kult im Judentum, Urchristentum und in der hellenistischen Welt. WUNT 55, Tübingen 1991, 21–43.

MÜNCHOW, Christoph, Ethik und Eschatologie. Ein Beitrag zum Verständnis der frühjüdischen Apokalyptik mit einem Ausblick auf das Neue Testament, Berlin 1981.

NEWSOM, Carol A., The Development of 1 Enoch 6–19. Cosmology and Judgment, in: CBQ 42 (1980) 310–329.

NICKELSBURG, George W. E., Apocalyptic and Myth in 1 Enoch 6–11, in: JBL 96 (1977) 383–405.

— , Reflections upon Reflections. A Response to John Collins' "Methodological Issues in the Study of 1 Enoch", in: Achtemeier, Paul J. (Hg.), 1978 Seminar Papers. SBL.SPS 13/1, Missoula 1978, 311–314.

— , Enoch, Levi, and Peter. Recipients of Revelation in Upper Galilee, in: JBL 100 (1981) 575–600.

— , Jewish Literature Between the Bible and the Mishnah, Philadelphia 1981.

— , The Books of Enoch in Recent Research, in: RStR 7 (1981) 210–217.

— , Rezension Barker 1987, in: JBL 109 (1990) 335–337.

— , The Apocalyptic Construction of Reality in 1 Enoch, in: Collins, John Joseph/Charlesworth, James H. (Hgg.), Mysteries and Revelations.

Apocalyptic Studies since the Uppsala Colloquium. JSPE.S 9, Sheffield
      1991, 51–64.
—   , Enochic Wisdom. An Alternative to the Mosaic Torah?, in: Magness,
      Jodi/Gitin, Seymour (Hgg.), Hesed ve-emet. FS Ernest S. Frerichs. BJSt 320,
      Atlanta, GA 1998, 123–132.
—   , 1 Enoch 1. A Commentary on the Book of 1 Enoch, Chapters 1–36; 81–108.
      Hermeneia, Minneapolis 2001.
—   , From Roots to Branches. 1 Enoch in its Jewish and Christian Contexts, in:
      Lichtenberger, Hermann/Oegema, Gerbern S. (Hgg.), Jüdische Schriften in
      ihrem antik-jüdischen und urchristlichen Kontext. Studien zu den JSHRZ 1,
      Gütersloh 2002, 335–346.
—   , Response to Klaus Koch, in: Neusner, Jacob/Avery-Peck, Alan J. (Hgg.),
      George W. E. Nickelsburg in Perspective. An Ongoing Dialogue of
      Learning 1. Supplements to JSJ 80, Leiden/Boston 2003, 56–59.
—   , Enochic Wisdom and Its Relationship to the Mosaic Torah, in: Boccaccini,
      Gabriele/Collins, John Joseph (Hgg.), The Early Enoch Literature.
      Supplements to JSJ 121, Leiden/Boston 2007, 81–94.
NIELSEN, Kirsten, There is Hope for a Tree. The Tree as Metaphor in Isaiah.
      JSOT.S 65, Sheffield 1989.

OEGEMA, Gerbern S., Das Äthiopische Henochbuch (JSHRZ V/6), in:
      Supplementa. Einführung zu den Jüdischen Schriften aus hellenistisch-
      römischer Zeit. Apokalypsen. JSHRZ VI, Gütersloh 2001, 131–150.
OLSON, Daniel C., 1 Enoch, in: Dunn, James D. G./Rogerson, John W. (Hgg.),
      Eerdmans Commentary on the Bible, Grand Rapids, MI/Cambridge 2003,
      904–940.
—   , Enoch. A New Translation, North Richland Hills, TX 2004.
OLYAN, Saul M., A Thousand Thousands Served Him. Exegesis and the
      Naming of Angels in Ancient Judaism. TSAJ 36, Tübingen 1993.
OTTO, Eckart, Die Ursprünge der Bundestheologie im Alten Testament und im
      Alten Orient, in: Zeitschrift für altorientalische und biblische
      Rechtsgeschichte 4 (1998) 1–84.

PIOVANELLI, Pierluigi, 'Sitting by the Waters of Dan,' or the 'Tricky Business' of
      Tracing the Social Profile of the Communities that Produced the Earliest
      Enochic Texts, in: Boccaccini, Gabriele/Collins, John Joseph (Hgg.), The
      Early Enoch Literature. Supplement to JSJ 121, Leiden/Boston 2007, 257–
      281.
PLÖGER, Otto, Theokratie und Eschatologie. WMANT 2, Neukirchen-Vluyn
      ³1968.
—   , Sprüche Salomos. BK 17/1, Neukirchen-Vluyn 1981.
POMYKALA, Kenneth E., A Scripture Profile of the Book of the Watchers, in:
      Evans, Craig A./Talmon, Shemaryahu (Hgg.), The Quest for Context and
      Meaning. Studies in Biblical Intertextuality. FS James A. Sanders. Biblical
      Interpretation Series 28, Leiden/New York/Köln 1997, 263–284.
PREUSS, Horst Dietrich, Art. עוֹלָם ʿôlām/עֹלָם ʿālam, in: ThWAT 5 (1986) 1144–1159.

PRUSAK, Bernard P., Woman: Seductive Siren and Source of Sin? Pseudepigraphal Myth and Christian Origins, in: Ruether, Rosemary (Hg.), Religion and Sexism. Images of Woman in the Jewish and Christian Traditions, New York 1974, 89–116.

RAU, Eckhard, Kosmologie, Eschatologie und die Lehrautorität Henochs. Traditions- und formgeschichtliche Untersuchungen zum äth. Henochbuch und zu verwandten Schriften, Hamburg 1974.

REED, Annette Yoshiko, The Textual Identity, Literary History, and Social Setting of 1 Enoch. Reflections on George Nickelsburg's Commentary on 1 Enoch 1–36; 81–108, in: Archiv für Religionsgeschichte 5 (2003) 279–296.

—, Heavenly Ascent, Angelic Descent, and the Transmission of Knowledge in 1 Enoch 6–16, in: dies./Boustan, Ra'anan S. (Hgg.), Heavenly Realms and Earthly Realities in Late Antique Religions, Cambridge 2004, 47–66.

—, Fallen Angels and the History of Judaism and Christianity. The Reception of Enochic Literature, New York 2005.

—, Interrogating "Enochic Judaism": 1 Enoch as Evidence for Intellectual History, Social Realities, and Literary Tradition, in: Boccaccini, Gabriele (Hg.), Enoch and Qumran Origins. New Light on a Forgotten Connection, Grand Rapids, MI 2005, 336–344.

—, The Origins of the Book of the Watchers as "Apocalypse" and Its Reception as "Apocryphon", in: Henoch 30 (2008) 55–60.

REEVES, John C., Heralds of That Good Realm. Syro-Mesopotamian Gnosis and Jewish Traditions. Nag Hammadi and Manichaean Studies 41, Leiden/New York 1996.

—, Complicating the Notion of an "Enochic Judaism", in: Boccaccini, Gabriele (Hg.), Enoch and Qumran Origins. New Light on a Forgotten Connection, Grand Rapids, MI 2005, 373–383.

REITERER, Friedrich V./NICKLAS, Tobias/SCHÖPFLIN, Karin (Hgg.), Angels. The Concept of Celestial Beings – Origins, Development and Reception. Deuterocanonical and Cognate Literature Yearbook, Berlin/New York 2007.

RENDTORFF, Rolf, How to Read the Book of the Twelve as a Theological Unity, in: SBL 1997 Seminar Papers. One Hundred Thirty-Third Annual Meeting, November 22–25, 1997, San Francisco. SBL.SPS 36, Atlanta 1997, 420–432.

—, Alas for the Day! The "Day of the LORD" in the Book of the Twelve (1998), in: ders., Der Text in seiner Endgestalt. Schritte auf dem Weg zu einer Theologie des Alten Testaments, Neukirchen-Vluyn 2001, 253–264.

—, Der ,Tag Jhwhs' im Zwölfprophetenbuch, in: Zenger, Erich (Hg.), ,Wort Jhwhs, das geschah ...' (Hos 1,1). Studien zum Zwölfprophetenbuch. Herders biblische Studien 35, Freiburg i. Br./Basel/Wien 2002, 1–11.

ROMM, James S., The Edges of the Earth in Ancient Thought. Geography, Exploration, and Fiction, Princeton, NJ 1992.

ROOKE, Deborah W., Zadok's Heirs. The Role and Development of the High Priesthood in Ancient Israel. OTM, Oxford 2000.

ROSENKRANZ, Simone, Vom Paradies zum Tempel, in: Lauer, Simon/Ernst,
Hanspeter (Hgg.), Tempelkult und Tempelzerstörung (70 n. Chr.). FS
Clemens Thoma. JudChr 15, Bern/New York 1995, 27–131.
ROWLAND, Christopher, Art. Enoch חנוך, in: van der Toorn, Karel u. a. (Hgg.),
Dictionary of Deities and Demons in the Bible, Leiden/Boston/Köln ²1999,
301–304.
RUBINKIEWICZ, Ryszard, Die Eschatologie von Hen 9–11 und das Neue
Testament. Österreichische biblische Studien 6, Klosterneuburg 1984.
— , The Book of Noah (1 Enoch 6–11) and Ezra's Reform, in: FolOr 25 (1988)
151–155.

SACCHI, Paolo, Il *Libro dei Vigilanti* e l'apocalittica, in: Henoch 1 (1979) 42–98.
— , Die Macht der Sünde in der Apokalyptik, in: JBTh 9 (1994) 111–124.
— , Jewish Apocalyptic and Its History. JSPE.S 20, Sheffield 1997.
— , The History of the Second Temple Period. JSOT.S 285, Sheffield 2000.
— , The *Book of the Watchers* as an Apocalyptic and Apocryphal Text, in:
Henoch 30 (2008) 9–26.
SÆBØ, Magne, Art. יום jôm IV: Theologische Gebrauchsweisen, in: ThWAT
(1982) 580–586.
SANDERS, Ed Parish, Paul and Palestinian Judaism. A Comparison of Patterns of
Religion, London 1977.
SAUER, Georg, Jesus Sirach/Ben Sira, ATD Apokryphen 1, Göttingen 2000.
SCHAPER, Joachim, Priester und Leviten im achämenidischen Juda. Studien zur
Kult- und Sozialgeschichte Israels in persischer Zeit. FAT 31, Tübingen
2000.
SCHELLENBERG, Annette, Erkenntnis als Problem. Qohelet und die
alttestamentliche Diskussion um das menschliche Erkennen. OBO 188,
Freiburg, Schweiz/Göttingen 2002.
SCHMID, Hans Heinrich, Gerechtigkeit als Weltordnung. Hintergrund und
Geschichte des alttestamentlichen Gerechtigkeitsbegriffes. BHTh 40,
Tübingen 1968.
SCHMID, Konrad, Literaturgeschichte des Alten Testaments. Eine Einführung,
Darmstadt 2008.
SCHMITT, Hatto H., Art. Herrscherkult, in: ders./Vogt, Ernst (Hgg.), Kleines
Lexikon des Hellenismus, Wiesbaden ²1993, 243–253.
SCHMITT, Hatto H./Vogt, Ernst (Hgg.), Lexikon des Hellenismus, Wiesbaden
2005.
SCHRENK, Gottlob, Art. ἐκλεκτός C: ἐκλεκτός und der Erwählungsgedanke in der
Apokalyptik, in: ThWNT 4 (1942) 188–190.
SCHROER, Silvia, Das „Kommen des Tages" und unsere Zeitrechnung – ein
Einwurf, in: Dietrich, Walter (Hg.), Der Tag wird kommen. Ein
interkontextuelles Gespräch über das Buch des Propheten Zefanja. SBS 170,
Stuttgart 1996, 84–87.
— , Die Weisheit hat ihr Haus gebaut. Studien zur Gestalt der Sophia in den
biblischen Schriften, Mainz 1996.

—, Art. Lebensbaum II: Altorientalische und antike Kunst, in: RGG⁴ 5 (2002) 150–151.

SCHÜNGEL-STRAUMANN, Helen, Genesis 1–11. Die Urgeschichte, in: Schottroff, Luise/Wacker, Marie-Theres (Hgg.), Kompendium Feministische Bibelauslegung, 2., korrigierte Auflage, Gütersloh 1999, 1–11.

SCHWABL, Hans, Aus der Geschichte der hymnischen Prooimien. Homer, Hesiod, Arat, Lukrez – und ein Blick auf den Zeushymnus des Kleanthes, in: Wiener humanistische Blätter 43 (2001) 39–105.

SCHWESIG, Paul-Gerhard, Die Rolle der Tag-JHWHs-Dichtungen im Dodekapropheton. BZAW 366, Berlin/New York 2006.

SCOTT, James M., Rezension Bautch 2003, in: Review of Biblical Literature 3 (2005).

SEEBASS, Horst, Art. בָּחַר. II. Etymologie, Ableitungen, III. Gebrauch im AT, in: ThWAT 1 (1973) 593–608.

SKINNER, Quentin, Meaning and Understanding in the History of Ideas, in: Ders., Visions of Politics 1: Regarding Method, Cambridge 2002, 57–89.

STECK, Odil Hannes, Das apokryphe Baruchbuch. Studien zu Rezeption und Konzentration „kanonischer" Ueberlieferung. FRLANT 160, Göttingen 1993.

—, Die Prophetenbücher und ihr theologisches Zeugnis. Wege der Nachfrage und Fährten zur Antwort, Tübingen 1996.

STEINER, Richard C., The Heading of the Book of the Words of Noah on a Fragment of the Genesis Apocryphon. New Light on a 'Lost' Work, in: Dead Sea Discoveries 2 (1995) 66–71.

STEINMETZ, Peter, Die Stoa, in: Flashar, Hellmut (Hg.), Die Philosophie der Antike 4/2: Die hellenistische Philosophie. Grundriss der Geschichte der Philosophie, Basel 1994, 491–716.

STEINS, Georg, Kanonisch lesen, in: Utzschneider, Helmut/Blum, Erhard (Hgg.), Lesarten der Bibel. Untersuchungen zu einer Theorie der Exegese des Alten Testaments, Stuttgart 2006, 45–64.

STOCK-HESKETH, Jonathan, Circles and Mirrors. Understanding 1 Enoch 21–32, in: JSPE 21 (2000) 27–58.

STOLZ, Fritz, Art. Paradies I: Religionsgeschichtlich, in: TRE 25 (1995) 705–708.

—, Art. Paradies II: Biblisch, in: TRE 25 (1995) 708–711.

STONE, Michael E., The Book of Enoch and Judaism in the Third Century BCE, in: CBQ 40 (1978) 479–492.

—, The Book(s) Attributed to Noah, in: DSD 13 (2006) 4–23.

STOWASSER, Martin, Heil und Gericht im „Buch der Wächter". Ein Versuch zu einem synchronen Verständnis von 1 Hen 1–36, in: Protokolle zur Bibel 13 (2004) 25–47.

STROTMANN, Angelika, „Mein Vater bist du!" (Sir 51,10). Zur Bedeutung der Vaterschaft Gottes in kanonischen und nichtkanonischen frühjüdischen Schriften. FTS 39, Frankfurt am Main 1991.

—, Die Vaterschaft Gottes in der Bibel, in: Biblisches Forum. Zeitschrift für Theologie aus biblischer Perspektive 1 (2002) 1–14. (http://www.bibfor.de/archiv/02-1.strotmann.pdf)

STUCKENBRUCK, Loren T., The Book of Giants from Qumran. Text, Translation, and Commentary. TSAJ 63, Tübingen 1997.

—, The "Angels" and "Giants" of Genesis 6:1–4 in Second and Third Century BCE Jewish Interpretation. Reflection on the Posture of Early Apocalyptic Traditions, in: DSD 7 (2000) 354–377.

—, 201 2–8. 4QEnoch^a ar, in: Alexander, Philip u. a. (Hgg.), Qumran Cave 4 XXVI: Cryptic Texts and Miscellanea, Part 1. DJD 36, Oxford 2000, 3–7.

—, 203. 4QEnochGiants^a ar, in: Alexander, Philip u. a. (Hgg.), Qumran Cave 4 XXVI: Cryptic Texts and Miscellanea, Part 1. DJD 36, Oxford 2000, 8–41.

—, Genesis 6:1–4 as the Basis for Divergent Readings During the Second Temple Period, in: Boccaccini, Gabriele (Hg.), The Origins of Enochic Judaism. Proceedings of the First Enoch Seminar, University of Michigan, Sesto Fiorentino, Italy, June 19–23, 2001. Henoch 24, Torino 2002, 99–106.

—, Giant Mythology and Demonology: From the Ancient Near East to the Dead Sea Scrolls, in: Lange, Armin/Lichtenberger, Hermann/Römheld, K. F. Diethard (Hgg.), Die Dämonen. Die Dämonologie der israelitisch-jüdischen und frühchristlichen Literatur im Kontext ihrer Umwelt = Demons. The Demonology of Israelite-Jewish and Early Christian Literature in Context of their Environment, Tübingen, 2003, 318–338.

—, 'Angels' and 'God'. Exploring the Limits of Early Jewish Monotheism, in: ders./North, Wendy E. S. (Hgg.), Early Jewish and Christian Monotheism. JSNT.S 263, London 2004, 45–70.

—, The Origins of Evil in Jewish Apocalyptic Tradition. The Interpretation of Genesis 6:1–4 in the Second and Third Centuries B.C.E, in: ders./Auffahrt, Christoph (Hgg.), The Fall of the Angels. Themes in Biblical Narrative 6, Leiden 2004, 87–118.

—, Rezension Nickelsburg 2001, in: Review of Biblical Literature 1 (2005).

—, 1 Enoch 91–108. Commentaries on Early Jewish Literature, Berlin/New York 2007.

—, The Early Traditions Related to 1 Enoch from the Dead Sea Scrolls: An Overview and Assessment, in: Boccaccini, Gabriele/Collins, John Joseph (Hgg.), The Early Enoch Literature. Supplements to JSJ 121, Leiden/Boston 2007, 41–63.

SULLIVAN, Kevin P., Wrestling with Angels. A Study of the Relationship between Angels and Humans in Ancient Jewish Literature and the New Testament. AGJU 55, Leiden 2004.

SUTER, David Winston, Fallen Angel, Fallen Priest. The Problem of Family Purity in I Enoch 6–16, in: HUCA 50 (1979) 115–135.

—, Revisiting 'Fallen Angel, Fallen Priest', in: Boccaccini, Gabriele (Hg.), The Origins of Enochic Judaism. Proceedings of the First Enoch Seminar, University of Michigan, Sesto Fiorentino, Italy, June 19–23, 2001. Henoch 24, Torino 2002, 137–142.

—, Mapping the First Book of Enoch: Geographical Issues in George Nickelsburg's Commentary, in: Neusner, Jacob/Avery-Peck, Alan J. (Hgg.), George W. E. Nickelsburg in Perspective. An Ongoing Dialogue of Learning 2. Supplements to JSJ 80, Leiden 2003, 387–394.

—, Why Galilee? Galilean Regionalism in the Interpretation of 1 Enoch 6–16, in: Henoch 25 (2003) 167–212.

—, Theodicy and the Problem of the "Intimate Enemy", in: Boccaccini, Gabriele (Hg.), Enoch and Qumran Origins. New Light on a Forgotten Connection, Grand Rapids, MI 2005, 329–335.

—, Temples and the Temple in the Early Enoch Tradition: Memory, Vision, and Expectation, in: Boccaccini, Gabriele/Collins, John Joseph (Hgg.), The Early Enoch Literature. Supplements to JSJ 121, Leiden/Boston 2007, 195–218.

TASKER, David R., Ancient Near Eastern Literature and the Hebrew Scriptures about the Fatherhood of God. Studies in Biblical Literature 69, Bern/New York u. a. 2004.

THOM, Johan Carl, Aspects of the Form, Meaning and Function of the Book of Watchers, in: Neotest. 17 (1983) 40–49.

—, Cleanthes' Hymn to Zeus. Text, Translation, and Commentary. Studien und Texte zu Antike und Christentum 33, Tübingen 2005.

TIGCHELAAR, Eibert J. C., Rezension Barker 1988, in: JSJ 20 (1989) 207–208.

—, Prophets of Old and the Day of the End. Zechariah, the Book of Watchers and Apocalyptic. OTS 35, Leiden/New York/Köln 1996.

—, Eden and Paradise. The Garden Motif in Some Early Jewish Texts (1 Enoch and Other Texts Found at Qumran), in: Luttikhuizen, Gerard P. (Hg.), Paradise Interpreted. Representations of Biblical Paradise in Judaism and Christianity. Papers Given at a Conference, Groningen, June 1998. Themes in Biblical Narrative 2, Leiden 1999, 37–62.

—, Some Remarks on the Book of the Watchers, the Priests, Enoch and Genesis, and 4Q208, in: Boccaccini, Gabriele (Hg.), The Origins of Enochic Judaism. Proceedings of the First Enoch Seminar, University of Michigan, Sesto Fiorentino, Italy, June 19–23, 2001. Henoch 24, Torino 2002, 143–145.

—, Rezension Bhayro 2005, in: JSJ 39 (2008) 376–378.

TIGCHELAAR, Eibert J. C./GARCÍA MARTÍNEZ, Florentino G., 4QAstronomical Enoch[a-b] ar, in: Alexander, Philip u. a. (Hgg.), Qumran Cave 4 XXVI: Cryptic Texts and Miscellanea, Part 1. DJD 36, Oxford 2000, 95–171.

TILLER, Patrick A., A Commentary on the Animal Apocalypse of I Enoch. Early Judaism and Its Literature 4, Atlanta, GA 1993.

—, Rezension Nickelsburg 2001, in: Review of Biblical Literature 6 (2005).

TRIMPE, Birgit, „Ich schaue auf die Erde und siehe, sie ist tohu-wabohu" (Jer 4,23). Eine intertextuelle Auslegung von Jer 4,23–28 und Gen 1, in: BiKi 53 (1998) 135–139.

UHLIG, Siegbert, Apokalypsen. Das äthiopische Henochbuch. JSHRZ V/6, Gütersloh 1984.

UTZSCHNEIDER, Helmut, Was ist alttestamentliche Literatur? Kanon, Quelle und literarische Ästhetik als LesArts alttestamentlicher Literatur, in: ders./Blum, Erhard (Hgg.), Lesarten der Bibel. Untersuchungen zu einer Theorie der Exegese des Alten Testaments, Stuttgart 2006, 65–83.

288 Literaturverzeichnis

Utzschneider, Helmut/Blum, Erhard (Hgg.), Lesarten der Bibel. Untersuchungen zu einer Theorie der Exegese des Alten Testaments, Stuttgart 2006.

van der Toorn, Karel, Scribal Culture and the Making of the Hebrew Bible, Cambridge, MA 2007.

van Peursen, Wido, Qumran Origins. Some Remarks on the Enochic/Essene Hypothesis, in: RdQ 78 (2001) 241–253.

VanderKam, James C., The Theophany of 1 Enoch 1:3b–7,9, in: VT 23 (1973) 129–150.

—, Enoch and the Growth of an Apocalyptic Tradition. CBQ.MS 16, Washington 1984.

—, The Book of Jubilees. CSCO 511 (= Scriptores aethiopici 88), Leuven 1989.

—, Biblical Interpretation in 1 Enoch and Jubilees, in: Charlesworth, James H./Evans, Craig A. (Hgg.), The Pseudepigrapha and Early Biblical Interpretation. JSPE.S 14 (= Studies in Scripture in Early Judaism and Christianity 2), Sheffield 1993, 96–125.

—, Enoch. A Man for All Generations. Studies on Personalities of the Old Testament, Columbia, SC 1995.

—, 1 Enoch, Enochic Motifs, and Enoch in Early Christian Literature, in: ders./Adler, William (Hgg.), The Jewish Apocalyptic Heritage in Early Christianity. CRI III/4, Assen 1996, 33–101.

—, The Origins and Purposes of the Book of Jubilees, in: Albani, Matthias u. a. (Hgg.), Studies in the Book of Jubilees. TSAJ 65, Tübingen 1997, 3–24.

—, The Interpretation of Genesis in 1 Enoch, in: Flint, Peter W. (Hg.), The Bible at Qumran. Text, Shape, and Interpretation. Studies in the Dead Sea Scrolls and Related Literature, Grand Rapids, MI 2001, 129–148.

—, Response to George Nickelsburg, '1 Enoch: A Commentary on the Book of 1 Enoch: Chapters 1–36; 81–108', in: Neusner, Jacob/Avery-Peck, Alan J. (Hgg.), George W. E. Nickelsburg in Perspective. An Ongoing Dialogue of Learning 2. Supplements to JSJ 80, Leiden 2003, 379–386.

—, From Joshua to Caiaphas. High Priests after the Exile, Minneapolis 2004.

—, Too Far Beyond the Essene Hypothesis?, in: Boccaccini, Gabriele (Hg.), Enoch and Qumran Origins. New Light on a Forgotten Connection, Grand Rapids, MI 2005, 388–393.

—, Mapping Second Temple Judaism, in: Boccaccini, Gabriele/Collins, John Joseph (Hgg.), The Early Enoch Literature. Supplements to JSJ 121, Leiden/Boston 2007, 1–20.

Venter, Pieter M., Spatiality in Enoch's Journeys (1 Enoch 12–36), in: García Martínez, Florentino G. (Hg.), Wisdom and Apocalypticism in the Dead Sea Scrolls and in the Biblical Tradition. 51st Session of the Colloquium Biblicum Lovaniense Held from July 31 to August 2, 2002 at Leuven. BEThL 168, Leuven 2003, 211–230.

Vielhauer, Philipp/Strecker, Georg, Die Apokalyptik, in: Schneemelcher, Wilhelm (Hg.), Neutestamentliche Apokryphen in deutscher Übersetzung 2, Tübingen ⁶1997, 492–508.

VOLLENWEIDER, Samuel, Zwischen Monotheismus und Engelchristologie. Überlegungen zur Frühgeschichte des Christusglaubens, in: ders., Horizonte neutestamentlicher Christologie. Studien zu Paulus und zur frühchristlichen Theologie. WUNT 144, Tübingen 2002, 3–27.

VON NORDHEIM, Eckhard, Die Lehre der Alten 1: Das Testament als Literaturgattung im Judentum der hellenistisch-römischer Zeit. ALGHJ 13, Leiden 1980.

—, Die Lehre der Alten 2: Das Testament als Literaturgattung im Alten Testament und im Alten Vorderen Orient. ALGHJ 18, Leiden 1985.

WACKER, Marie-Theres, Weltordnung und Gericht. Studien zu 1 Henoch 22. FzB 45, Würzburg 1982.

—, „Rettendes Wissen" im äthiopischen Henochbuch, in: Löning, Karl (Hg.), Rettendes Wissen. Studien zum Fortgang weisheitlichen Denkens im Frühjudentum und im frühen Christentum. Veröffentlichungen des Arbeitskreises zur Erforschung der Religions- und Kulturgeschichte des Antiken Vorderen Orients und des Sonderforschungsbereichs 493 3 (= AOAT 300), Münster 2002, 115–154.

WANKE, Gunther, ‚Eschatologie'. Ein Beispiel theologischer Sprachverwirrung, in: KuD 16 (1970) 300–312.

WEINFELD, Moshe, Art. בְּרִית, in: ThWAT 1 (1973) 781–808.

WERMAN, Cana, Qumran and the Book of Noah, in: Chazon, Esther G./Stone, Michael E. (Hgg.), Pseudepigraphic Perspectives. The Apocrypha and Pseudepigrapha in Light of the Dead Sea Scrolls. Proceedings of the International Symposium of the Orion Center for the Study of the Dead Sea Scrolls and Associated Literature, 12–14 January, 1997. StTDJ 31, Leiden/Boston/Köln 1999, 171–181.

WICKE-REUTER, Ursel, Göttliche Providenz und menschliche Verantwortung bei Ben Sira und in der frühen Stoa. BZAW 298, Berlin/New York 2000.

WINTER, Urs, Frau und Göttin. Exegetische und ikonographische Studien zum weiblichen Gottesbild im Alten Israel und in dessen Umwelt. OBO 53, Freiburg, Schweiz/Göttingen 1983.

WISCHMEYER, Oda, Orte der Geschichte und der Geschichtsschreibung in der frühjüdischen Literatur, in: Becker, Eve-Marie (Hg.), Die antike Historiographie und die Anfänge der christlichen Geschichtsschreibung. BZNW 129, Berlin 2005, 157–169.

WITTE, Markus, Die biblische Urgeschichte. Redaktions- und theologiegeschichtliche Beobachtungen zu Genesis 1,1–11,26, BZAW 265, Berlin/New York 1998.

WRIGHT, Archie T., The Origin of Evil Spirits. The Reception of Genesis 6:1–4 in Early Jewish Literature. WUNT (Reihe 2) 198, Tübingen 2005.

—, Evil Spirits in Second Temple Judaism. The Watcher Tradition as a Background to the Demonic Pericopes in the Gospels, in: Henoch 28 (2006) 141–159.

WRIGHT, Benjamin G. III, Sirach and 1 Enoch. Some Further Considerations, in: Boccaccini, Gabriele (Hg.), The Origins of Enochic Judaism. Proceedings of

the First Enoch Seminar, University of Michigan, Sesto Fiorentino, Italy, June 19–23, 2001. Henoch 24, Torino 2002, 179–187.
— , "Fear the Lord and Honor the Priest". Ben Sira as Defender of the Jerusalem Priesthood, in: Beentjes, Pancratius C. (Hg.), The Book of Ben Sira in Modern Research. Proceedings of the First International Ben Sira Conference 28–31 July 1996, Soesterberg, Netherlands. BZAW 255, Berlin/New York 1997, 189–222.
— , Wisdom, Instruction, and Social Location in Sirach and 1 Enoch, in: Chazon, Esther G. u. a. (Hgg.), Things Revealed. Studies in Early Jewish and Christian Literature. FS Michael E. Stone. Supplements to JSJ 89, Leiden 2004, 105–121.
— , 1 Enoch and Ben Sira: Wisdom and Apocalypticism in Relationship, in: Boccaccini, Gabriele/Collins, John Joseph (Hgg.), The Early Enoch Literature. Supplements to JSJ 121, Leiden/Boston 2007, 159–176.

YARBRO COLLINS, Adela, Introduction, in: dies. (Hg.), Early Christian Apocalypticism. Genre and Social Setting. Semeia 36, Decatur, GA 1986, 1–11.

ZAGER, Werner, Rezension Bedenbender 2000, in: ThLZ 127 (2002) 634–636.
ZENKERT, Georg, Art. Naturrecht 1: Philosophisch, in: RGG⁴ 6 (2003) 129–132.
ZWICKEL, Wolfgang, The Huleh Valley from the Iron Age to the Muslim Period, in: Zangenberg, Jürgen (Hg.), Religion, Ethnicity, and Identity in Ancient Galilee. A Region in Transition. WUNT 210, Tübingen 2007, 163–192.

Stellenregister

Kursive Seitenzahlen verweisen auf Einträge in den Fußnoten.

10,17	74.*126*	14,8	149
10,18	180	14,20	*112*
10,21	*58.72.88.128*.259	14,22	117.*120*
10,22	71–72.152.*157*.158.*159*	15	126.129.156
11	96	15–16	34.76–77.151.207.*218*
11,1	89.154	15,1	*126*.235
11,1–2	180.193	15,2	132.141.*236*
11,2	152.*157*.158.*159*.163	15,2–4	133
12	21.*75*	15,3	*77*.135.*159*
12ff.	208	15,3–7	76.162
12–36	*11*.31.36.75–107	15,3–6	*35*
12–16	9.11.*14.54.76.77.78*.133.135.	15,4	*77*.128.*159*
	137.*140.141.146*.147.148.	15,4–12	132
	136.148.156.*173*.217	15,5	151
12–13	163.205	15,6	*157*.158.*159*
12,1	*11.76*	15,7	77
12,1–13,3	*36*	15,7b–16,2	*38*
12,1–3	235	15,8ff.	130
12,3	9.*43*.111.*112*.156.*159*.166.235	15,8–12	*68*
12,4	*126.159*.162.235	16	23
12,4–13,5	207	16,1	*159*.163
12,4–6	*9*	16,3	*78*
12,6	*159*.163	17ff.	8.156
13	246	17–36	20.22–25.57.78–107
13,1–3	*9*	17–32	12
13,4	54.112	17–19	9.10.11.23.*54*.78.79f.
13,4–10	*9.36*.250		81–82.*189*
13,5	*236*	17,1	41
13,6	*54*.236	18	83.*87.102.120*.148
13,6–7	235	18–19	39–43
13,7	246	18,1–5	102
13,7–16,4	*54*	18,6–8	87
13,7–9	245	18,8	93.167.242.252.255
13,8–10	50	18,11	79f.
14	133.137.156	18,15	*111*
14–36	*36*.48.50.205.250	18,16	81
14–19	10	19,1	82
14,1	9.111.*159*.162	19,1–2	25.81
14,1ff.	235	19,2	*67.79.80.82.129*
14,1–7	207	20	10.11.23.24.49.57.81.83f.
14,2	*110.111*		96.*107*.165.206.*225*
14,2–16,2	*9*	20–36	9.23.49
14,3	*126.149*.151.156	20–32	24.*50*
14,4	*159*.163	20,1–7	*84*
14,5	*157.158.159*.163	20,7	83.*102*
14,6	72	21	40f.43.*87*.148

Rabbinica

bT Avoda Zara 3b	*122*	Sefer Serubbabel	*185*
Pirqe Rabbi Eliezer		TJon	
14a ii	*93*	Gen 6,2	*67*